L'enfant du *Titanic*

Leah Fleming

L'enfant du *Titanic*

Roman

Traduit de l'anglais par Françoise Rose

Titre original : *The Captain's daughter*
Publié par Simon & Schuster.

Tous les personnages et les événements de ce livre, autres que ceux appartenant explicitement au domaine public, sont fictifs, et toute ressemblance avec des personnes réelles, vivantes ou mortes, serait pure coïncidence.

Édition du Club France Loisirs,
avec l'autorisation des Éditions Belfond.

Éditions France Loisirs,
123 boulevard de Grenelle, Paris
www.franceloisirs.com

Le Code de la propriété intellectuelle n'autorisant, aux termes des paragraphes 2 et 3 de l'article L. 122-5, d'une part, que les « copies ou reproductions strictement réservées à l'usage privé du copiste et non destinées à une utilisation collective » et, d'autre part, sous réserve du nom de l'auteur et de la source, que les « analyses et les courtes citations justifiées par le caractère critique, polémique, pédagogique, scientifique ou d'information », toute représentation ou reproduction intégrale ou partielle, faite sans le consentement de l'auteur ou de ses ayants droit ou ayants cause, est illicite (article L. 122-4). Cette représentation ou reproduction, par quelque procédé que ce soit, constituerait donc une contrefaçon sanctionnée par les articles L. 335-2 et suivants du Code de la propriété intellectuelle.

© Leah Fleming 2012. Tous droits réservés.
Et pour la traduction française,
© Belfond, un département de Place des éditeurs, 2012

ISBN : 978-2-298-05388-3

Première partie

Les sœurs du *Titanic*

1912-1914

1

Angleterre, avril 1912

Ils étaient arrivés beaucoup trop tôt. Plantée au milieu d'un amoncellement de valises, de sacs et de ballots, l'œil rivé sur la tour de l'horloge, May Smith guettait le bruit de la locomotive dans le lointain, l'odeur du charbon en combustion, le nuage de suie et la bouffée d'air chaud, tous ces signes qui annonceraient l'approche du train à destination de Londres. Le quai de la gare de Trinity Street se remplissait peu à peu de voyageurs ; certains portaient des mallettes, d'autres des paquets, tous arboraient un air affairé. Elle tourna son regard vers son mari qui avait revêtu ses habits du dimanche, un pardessus de seconde main en tweed et un chapeau en feutre. Il tenait dans ses bras leur fille Ellen, habillée d'un manteau et d'un bonnet neufs. À l'abri du châle dans lequel elle l'avait emmitou- flée pour la protéger du vent froid soufflant de la lande, la petite ouvrait de grands yeux, étonnée par tant d'agitation, tant de bruits nouveaux pour elle – et pour eux aussi : le ferraillement des chariots à bagages que poussaient les porteurs, les portières qui claquaient, les coups de sifflet qui leur parvenaient du quai opposé.

Leur train ne tarderait plus à entrer en gare. C'était le premier de la journée, celui que prenaient les hommes d'affaires en costume chic et chapeau melon, celui qui transportait le coton du Lancashire vers la capitale. Elle avait envie de s'exclamer, comme l'aurait fait une gamine : « Devinez où nous allons ? Jamais vous ne le croirez », mais bien sûr, elle garda le silence, ivre de joie et en même temps un peu honteuse de son excitation.

Tous ces gens avaient l'habitude de voyager, contrairement à elle qui s'était mise sur son trente et un pour l'occasion – sa veste trois-quarts bleu marine à taille cintrée dont la basque s'évasait sur sa jupe longue en serge, ses bottines luisantes comme des miroirs, ses cheveux blonds enroulés en un chignon bien net sous un canotier en paille noire à large bord. Des articles résistants et peu salissants, qu'elle pourrait garder pendant toute la durée de ce long voyage, du moins l'espérait-elle.

Mentalement, elle dressa une fois de plus l'inventaire de ses provisions : des sandwiches et des pommes dans une boîte métallique, un biberon pour Ellen, des biscuits de qualité supérieure et des bonbons à sucer au cas où ils se sentiraient malades, un livre d'images, des couches propres et un linge humide dans une trousse de toilette.

« Il est en retard, murmura-t-elle, mais Joe se contenta de rire.

— C'est nous qui étions bien trop en avance. Regarde, le signal sur la voie vient de changer. Il sera là d'une minute à l'autre, dit-il en se penchant par-dessus le bord du quai, à la vive inquiétude de May.

— Recule, le morigéna-t-elle. Tu vas faire peur à Ellen, sans parler de moi. » Les locomotives la terrifiaient, elles lui évoquaient d'immenses dragons noirs crachant du feu. Elle sentit une rafale de vent, un souffle brûlant sur ses joues ; un rugissement assourdissant emplit ses oreilles tandis que le monstre faisait son apparition et s'arrêtait dans un grincement d'essieux, entouré d'une nuée de vapeur.

« Tu as tous nos billets ? » demanda-t-elle à Joe pour la énième fois.

Effrayée par le vacarme, Ellen commença à pleurer.

« Donne-la-moi ! s'exclama vivement May en refermant sur l'enfant une étreinte protectrice. Chut, c'est seulement un petit tchou-tchou qui va nous emmener vers un nouveau monde. Dis adieu à Bolton. En route pour l'aventure ! »

Ils montèrent dans le compartiment de seconde classe au milieu de la bousculade générale. Joe s'assura que leur malle avait bien été chargée dans le fourgon à bagages avant de s'asseoir. Ellen continuait à protester.

« Elle sera vite calmée », déclara May en souriant aux autres voyageurs qui les considéraient d'un air consterné. Elle n'avait pas d'autre ressource que de fourrer un gâteau sec dans la main du bébé, en espérant que cela suffirait à le consoler. Et de fait, quelques secondes plus tard, Ellen s'arrêta de hurler pour mâchonner béatement son biscuit.

May posa sur ses compagnons de voyage un regard agacé. Elle avait tout autant qu'eux le droit de se trouver ici. Joe et elle étaient peut-être orphelins, mais ils avaient un oncle en Amérique, prêt à leur servir de garant et à leur offrir une nouvelle existence.

Elle aperçut son reflet dans la vitre et sourit. Elle n'était sans doute pas une beauté, toutefois elle avait les joues roses, le corps robuste, et le travail ne lui faisait pas peur. Si ce que l'on racontait était vrai, elle était exactement le genre de fille qui pourrait s'épanouir pleinement dans le Nouveau Monde. Néanmoins, c'était une chance que la petite Ellen ait hérité des boucles dorées de son père et de ses yeux bleus comme la mer. Cette mer qu'ils n'avaient encore jamais vue, mais sur laquelle ils vogueraient bientôt...

2

Le glas des cloches de la cathédrale résonna à travers la ville pendant que la famille se rassemblait près du portail ouest pour former un cortège. Dissimulant son chagrin sous son voile de dentelle noire, Celestine Parkes s'agrippa au bras de son père quand ses frères hissèrent le cercueil sur leurs épaules. La charge ne devait pas être bien lourde. Louisa, sa mère, n'avait plus que la peau et les os dans les derniers jours de sa maladie.

Celeste s'en voulait d'être arrivée trop tard pour lui dire un dernier au revoir. Le bateau de New York avait été retardé par la tempête, mais les funérailles avaient été repoussées jusqu'à son arrivée à Lichfield, où résidait sa famille. Cela avait été un choc pour elle de voir sa mère, autrefois si belle, réduite à l'état de squelette, presque méconnaissable.

D'un seul coup, le vent se leva, balayant le parvis et faisant tourbillonner les feuilles mortes au-dessus des pavés tandis que la procession funèbre, précédée par le doyen du chapitre, pénétrait lentement dans la nef sonore.

L'espace d'une seconde, Celeste songea à son propre foyer et à son fils bien-aimé, si loin là-bas, de l'autre côté de l'océan. Elle ne put s'empêcher de penser à la longue traversée qui l'attendait, mais chassa aussitôt ces idées de son esprit. L'heure était trop solennelle pour des préoccupations de cet ordre.

Elle effleura le manteau de laine à col de renard qu'elle portait par-dessus la robe de deuil brodée de perles de jais ayant appartenu à sa mère, de même que ses longs gants noirs. C'était réconfortant de sentir sur sa peau la caresse de ces manches qui avaient gardé la forme des bras de Louisa, de respirer la senteur familière de l'eau de lavande qui imprégnait l'étoffe. Le chapeau de feutre qui cachait ses exubérantes boucles rousses était maintenu en place par des épingles en jais léguées par sa grand-mère. Celeste n'avait eu que peu de temps pour s'acheter des vêtements de deuil convenables et elle espérait seulement avoir fait le bon choix. Louisa Forester avait toujours été très élégante, et sa fille voulait lui faire honneur dans la mort pour témoigner de l'amour qu'elle lui avait voué de son vivant.

Je ne t'ai pas dit au revoir, se lamentait-elle en pleurant chaque nuit depuis son retour. Au moins cette cérémonie lui apporterait-elle une consolation. En tant que fille d'un évêque, Louisa serait traitée avec tous les honneurs et enterrée sous le tertre herbeux, tout près de la cathédrale.

Plus tard, quand tout fut terminé et qu'ils eurent bu du thé et grignoté des viandes froides dans le réfectoire du séminaire, Celeste regagna en compagnie de ses frères leur demeure de Streethay, la Maison-Rouge, ainsi nommée à cause de la couleur de ses briques et des fleurs de toutes les nuances de rose et de pourpre qui ornaient ses parterres à la belle saison. Ce fut là que leur père leur annonça la nouvelle.

« Maintenant que vous voici tous réunis, je veux vous informer que je ne resterai pas ici. Un logement m'attend à Vicar's Close. Je serai ainsi plus proche de votre mère et aussi de la ville, où je pourrai me rendre utile.

— Nous ne pouvons pas vivre ici sans toi, répondit Selwyn, qui était avocat et effectuait chaque jour le trajet jusqu'à Birmingham.

— Bien sûr que si. Un jour tu te marieras et ta femme n'aura aucune envie de s'occuper d'un vieil homme. Bertram est à l'université, il a besoin d'un endroit où séjourner pendant les vacances, et Celeste aussi, si jamais elle parvient à amener sa famille jusqu'ici, dit son père en regardant la photo souriante de son petit-fils Roddy qui occupait la place d'honneur sur la cheminée. Ta mère adorait cette photographie», ajouta-t-il d'une voix douce. Puis, s'arrachant à sa rêverie, il reprit : «Celestine, ma chérie, tu devrais choisir quelques objets pour les rapporter chez toi.»

Mais Celeste n'était pas d'humeur à piller cette maison emplie de souvenirs sacrés. Elle verrait cela le moment venu.

Inconscient de sa détresse, son père insista : «Prends le linge de table. Ta maman brodait si joliment… Elle aurait aimé que ces ouvrages te reviennent.»

Les larmes aux yeux, Celeste toucha la nappe, à présent couverte de vases de fleurs et de cartes de condoléances. «Merci, murmura-t-elle. Mais pas tout de suite.»

Comprenant enfin son état d'esprit, son père lui saisit la main. «Ne t'inquiète pas, ta mère sera toujours dans ton cœur. Elle ne te quittera jamais. Vous vous comporterez tous comme elle l'aurait fait elle-même, j'en suis sûr. Elle vous a bien éduqués.

Et à ton retour aux États-Unis, tu vas avoir la joie de retrouver ta famille aimante, ma chérie. »

Elle aurait dû parler à ce moment-là, mais quelque chose l'en empêcha. L'heure était mal choisie pour faire part au vieil homme de ses problèmes, si terribles qu'ils pussent être.

3

En découvrant Londres et ses bâtiments majestueux, May fut emplie d'admiration. Elle leva vers Big Ben un regard incrédule et entrevit la Tour de Londres du haut du pont. Ils passèrent la nuit dans une pension à la propreté douteuse, près de St Paul. Après avoir posé les yeux sur le visage crasseux de la logeuse, May s'empressa de retourner les matelas pour vérifier qu'ils ne recelaient pas de punaises. Dépaysée par ce changement de décor, Ellen dormit mal et ils ne purent fermer l'œil. Si c'était ainsi chaque nuit, déclara May, la traversée allait être infernale, et ils ne seraient plus que des loques à l'arrivée. Joe éclata de rire et l'emporta dans une valse folle tout autour de la chambre. Elle ne put s'empêcher de rire à son tour, tant son énergie et son enthousiasme étaient contagieux.

Très tôt le lendemain matin, ils s'offrirent le luxe de prendre un taxi jusqu'à la gare de Waterloo et achetèrent des cartes postales qu'ils envoyèrent à leurs amis avant le départ. May contemplait avec émerveillement le défilé d'omnibus, de carrioles et de chevaux, d'hommes poussant des voitures à bras. C'était la première fois qu'elle observait l'effervescence d'une grande ville dans la lueur de l'aube.

Et penser que la prochaine métropole où ils poseraient le pied serait New York ! Mais ils devraient d'abord affronter tellement de risques… Quand le train arriva dans le port de Southampton, elle aperçut la mer grise et l'immense navire, avec le drapeau de la compagnie White Star ondulant au sommet de son mât. Il dominait les arbres et les maisons de toute sa hauteur, et le cœur de May se mit à battre à grands coups. Impossible de faire demi-tour, à présent. Ils devaient s'en remettre à l'équipage pour les transporter de l'autre côté de l'océan, vers leur nouvelle vie.

Quand ils atteignirent l'embarcadère, May vit la masse gigantesque du *Titanic* et ses quatre cheminées se dresser au-dessus d'eux, et elle frissonna malgré elle. Les cheminées peintes en crème et noir couronnaient un mur de tôle de trente mètres de haut, une véritable montagne d'acier.

« Comment cette chose peut-elle flotter ? » murmura May d'une voix étranglée, tandis qu'ils se joignaient à la file d'attente des passagers du pont C. Elle était tellement impressionnée par la taille du paquebot qui allait être leur maison pour la semaine à venir qu'elle trébucha sur l'ourlet de la jupe de la femme qui la précédait. Celle-ci se retourna et lui lança un regard noir.

« Tu as déjà le mal de mer ? J'ai l'impression que tu n'as pas le pied marin, plaisanta Joe, mais cela ne la fit pas rire.

— Mes pieds ne veulent pas monter sur ce bateau, chuchota-t-elle.

— Ne dis pas de bêtises, répliqua son mari, devinant ses pensées. Dieu Lui-même ne réussirait pas à couler ce navire ! »

May ne put réprimer un frémissement quand ils s'enfoncèrent dans les entrailles du paquebot à travers un dédale de coursives étroites. Elle avait toujours eu peur de l'eau, même lorsqu'il s'agissait d'une simple promenade en barque sur le lac de Queens Park, à Belmont, bien que Joe lui eût appris à nager la brasse dans le réservoir.

On les conduisit vers une cabine toute propre et lambrissée de pin, une parmi les dizaines d'autres bordant un couloir au sol recouvert de linoléum, aussi large qu'une rue principale. Il était encombré de familles bruyantes, d'enfants courant dans tous les sens et s'interpellant avec animation dans un brouhaha de langues étrangères. L'air était empli d'odeurs bizarres, épices, fumée de tabac, sueur, se mêlant à celle de la peinture fraîche.

Dans la cabine, May s'assit sur l'une des couchettes et, machinalement, s'y étendit pour s'assurer qu'elle n'y serait pas trop à l'étroit. « Nous avons un vrai matelas, cette fois », remarqua-t-elle. Tout était neuf : les draps, les serviettes, le revêtement de sol. « Je n'arrive pas à respirer, ici, dit-elle. C'est propre, mais... » Se ressaisissant, elle poursuivit : « Allons sur le pont. Je me sentirai mieux dès que j'aurai respiré un peu d'air frais. »

Joe portant Ellen, ils suivirent des couloirs et gravirent des escaliers, en quête d'un espace libre d'où ils pourraient observer les mouettes. «Nous allons bientôt lever l'ancre», cria Joe, et May lut sur son visage un enthousiasme sincère. Se détournant, elle regarda, avec un sentiment proche de l'envie, les autres passagers étreindre leurs proches pour leur dire au revoir. Joe et elle n'avaient pratiquement pas de famille. Tous leurs espoirs reposaient sur l'«oncle» George qui habitait l'Idaho. Si heureux qu'ils fussent tous les trois, ce serait merveilleux de faire partie d'un clan plus vaste.

C'était étrange de penser qu'ils ne reverraient peut-être jamais l'Angleterre, ni l'Union Jack flottant au vent, qu'ils n'entendraient plus résonner l'accent du Lancashire… Où trouverait-elle une bonne tasse de thé correctement préparé? Elle avait entendu dire qu'on ne buvait que du café, aux États-Unis.

Elle ne voulait pas regarder s'éloigner sa terre natale ni assister aux adieux larmoyants des gens qui s'attardaient sur le quai pour entrevoir une dernière fois les êtres chers. La journée avait été longue et elle avait envie d'explorer un peu plus l'intérieur du paquebot. Si elle se perdait, les stewards l'aideraient à retrouver son chemin, et elle avait soigneusement mémorisé le numéro de leur cabine. Ils y resteraient enfermés pendant sept nuits – un peu plus ou un peu moins, en fonction du temps qu'il ferait, se dit-elle en soupirant.

Plus tard dans la soirée, Joe marchait de long en large dans la minuscule chambre, l'air impatient. «Pourquoi te terres-tu ici comme un crabe dans son

19

trou, alors qu'il nous reste tant de choses à découvrir ? Il y a un pianiste et des chanteurs dans la salle à manger, nous pourrions les écouter tout en nous restaurant. Je n'ai jamais vu une telle variété de mets : tourtes, pâtisseries, salades... Nous devrions nous remplir le ventre pendant que nous le pouvons.

— Vas-y tout seul, gémit May depuis sa couchette. Je ne crois pas que mon estomac me permette d'avaler la moindre bouchée. Et je n'ai pas envie de bouger. La salle à manger doit être bondée à présent. Nous ne connaissons personne et la moitié des gens que j'ai croisés depuis que nous avons embarqué toute cette troupe à Cherbourg ne parlent pas un mot d'anglais. Quel raffut ils font, ceux-là !

— Nous sommes tous dans le même bateau, mon amour, rétorqua Joe en souriant. Tout le monde veut tenter sa chance dans le Nouveau Monde. Tu ne peux pas le leur reprocher.

— Je ne leur reproche rien. Simplement, je me sens plus en sécurité ici. Je ne sais pas comment l'expliquer, mais j'aime mieux rester dans la cabine, avec toutes mes affaires autour de moi.

— Personne ne va te voler quoi que ce soit.

— On ne sait jamais. »

En dépit de ses appréhensions, May dormit bien durant cette première nuit de leur traversée. Les repas servis dans la salle à manger étaient délicieux et ils apaisèrent ses maux d'estomac. C'était un tel plaisir de ne pas avoir à cuisiner soi-même et de se faire servir ! De plus, cela leur donnait la possibilité, à Joe et elle, de se promener sur le pont en laissant

Ellen trottiner entre eux deux sur ses jambes encore chancelantes. Après l'escale en Irlande, il n'y aurait plus rien d'autre que la vaste mer grise entre eux et leur destination finale. Elle devait essayer de se détendre et d'apprécier pleinement ce voyage qu'ils n'effectueraient sans doute qu'une fois dans leur vie.

Il faisait froid et elle se félicita d'avoir pris sa veste en lainage et incité Joe à mettre son pardessus. Ellen était engoncée dans plusieurs couches de tricot, un manteau de feutre, un bonnet et des bottines en cuir qu'une voisine lui avait données et qu'elle avait mises de côté en attendant le jour où l'enfant commencerait à marcher pour de bon. C'était bizarre de se dire que sa fille fêterait son premier anniversaire à des milliers de kilomètres du lieu qui l'avait vue naître...

Elle leva les yeux pour admirer le ciel constellé d'étoiles. « Crois-tu que nous ayons eu raison de partir ? »

Joe hocha la tête et, d'un sourire, balaya ses inquiétudes. « Jusqu'à présent, tout se passe à merveille. Nous sommes en de bonnes mains. » Il pointa le doigt vers le pont supérieur où le capitaine, reconnaissable à sa barbe blanche, passait l'équipage en revue avant de regagner sa passerelle. « C'est forcément un as pour qu'on lui ait confié le commandement de ce paquebot dès son voyage inaugural, non ? Profites-en, car nous n'aurons sûrement pas l'occasion de renouveler l'expérience. »

4

À travers son voile noir, Celeste contempla le navire qui allait la ramener en Amérique. Ses pieds lui parurent de plomb tandis qu'elle longeait la passerelle d'embarquement de la première classe, précédée par son frère qui filait comme une flèche, mourant d'envie d'inspecter le transatlantique de la proue à la poupe.

«Attends-moi!» appela-t-elle.

Selwyn se retourna et sourit. «Dépêche-toi, lambine, j'aimerais voir pourquoi on fait tant d'histoires au sujet de ce *Titanic*, et puis père veut que tu fasses la connaissance de cette chère vieille dame, la tante de l'archidiacre…

— Mon chaperon. Franchement, une femme mariée ne pourrait-elle pas être admise à bord sans une duègne pour veiller sur elle? J'espère que Mme Grant n'est pas aussi insupportable que celle qui m'a escortée à l'aller. Elle voyait bien que je me rongeais d'inquiétude pour maman, mais elle n'a pas cessé de bavarder comme une pie pendant toute la traversée.

— Grover a bien insisté sur le fait que tu ne devais pas voyager seule, répondit Selwyn. Même si je ne comprends pas pourquoi il ne t'a pas accompagnée lui-même. Nous étions tous désireux de connaître le petit Roddy. Notre pauvre maman ne l'aura jamais vu…

— Je sais, mais mon mari est un homme très occupé.

— C'était ta mère que tu enterrais, pour l'amour de Dieu ! Tu aurais bien eu besoin de quelqu'un pour te soutenir durant le voyage, en de telles circonstances. » Selwyn n'était pas du genre à mâcher ses mots. C'était l'une des choses que Celeste appréciait en lui.

« Vous avez tous pris grand soin de moi. Je vais bien. Évidemment, j'aurais aimé avoir ma petite famille autour de moi, mais Grover dit que les enterrements ne sont pas pour les enfants.

— Il aurait pu faire un effort, sœurette.

— Je sais… Seulement, il… » Comment pouvait-elle lui expliquer que Grover ne s'intéressait guère à l'Angleterre ni à sa belle-famille ? Tout ce à quoi elle pouvait penser, en cet instant, c'était qu'elle allait bientôt retrouver son fils et sa vie de tous les jours à Akron, dans l'Ohio, et pour cela, elle devait grimper sur le dos de cette monstrueuse baleine qui l'emporterait vers l'ouest.

Selwyn l'aida à s'installer dans sa cabine et s'assura qu'elle y aurait toutes ses aises et ne serait pas dérangée. Si la traversée était aussi pénible qu'à l'aller, cinq semaines plus tôt, elle allait passer un mauvais moment et ne quitterait guère sa couchette.

Les appartements de première classe étaient situés sur les ponts supérieurs ; ils étaient reliés aux salons et salles de réception par des couloirs revêtus d'épais tapis. Sa cabine était éclairée par des lampes électriques et le lit à montants de cuivre était garni de somptueux draps de coton fin et d'un édredon. Les murs étaient tendus de papier peint floqué, comme dans les grands hôtels, et l'on avait disposé des fleurs fraîches un peu partout ; le parfum des lys, des freesias et du jasmin réussissait à peine, toutefois, à masquer l'odeur de peinture qui flottait encore dans la pièce. Et si elle avait besoin de quoi que ce soit, des hôtesses seraient constamment à sa disposition, par une simple pression du doigt sur un bouton mural.

Ils trouvèrent la vieille veuve, Mme Grant, en haut du grand escalier, près de l'horloge entourée de magnifiques sculptures. Selwyn s'arrêta pour admirer la courbure élégante des marches et l'extraordinaire verrière en forme de dôme à travers laquelle le soleil brillait sur les balustrades de chêne ouvragé. « Cette rampe ne te donne-t-elle pas envie de faire des glissades, sœurette ? s'enquit-il en souriant. Je n'ai jamais rien vu de pareil. »

Ada Grant leur expliqua qu'elle allait rendre visite à sa sœur qui vivait en Pennsylvanie. Elles n'eurent pas le temps de faire plus ample connaissance car la sirène du départ mugissait déjà, et Celeste lui promit de prendre le thé avec elle un peu plus tard.

Le moment était venu pour Selwyn de quitter le navire, mais Celeste lui saisit les mains et, les larmes aux yeux, s'accrocha à lui. « J'aurais aimé rester plus longtemps près de vous…

— Du calme, ma vieille. Maman repose en paix à présent. Au revoir et bonne chance, dit Selwyn en la serrant dans ses bras. Bon voyage et tout ça, et n'attends pas si longtemps pour revenir nous voir. Sinon, Roddy portera déjà des pantalons quand nous finirons par le rencontrer ! » Sur ces mots, il s'éloigna à grands pas et disparut au détour du couloir.

Celestine le suivit d'un regard éploré. Jamais elle ne s'était sentie aussi seule…

Ce dont elle avait besoin, c'était de respirer un grand bol d'air frais et de contempler une dernière fois les quais. Elle devait dire au revoir à son pays natal. « Conduis-toi comme doit le faire une Britannique et endure ton chagrin », se réprimanda-t-elle intérieurement, se rappelant les paroles de son père quand il l'avait surprise en train de pleurer dans sa chambre, le soir précédent. Elle n'avait pas eu le courage de lui révéler la cause réelle de ses larmes.

Se drapant dans son manteau de deuil neuf et ajustant solidement son chapeau et son voile au moyen d'épingles, elle suivit le couloir lambrissé, foulant l'épais tapis de deux tons de bleu différents. Il semblait y avoir à chaque tournant des stewards souriants pour la guider vers le pont-promenade.

Le paquebot se mettait en mouvement, et elle voulait le voir sortir de son dock et virer de bord pour franchir l'embouchure de la rivière d'où il traverserait la Manche pour gagner Cherbourg. La France serait leur première escale.

Une foule s'était rassemblée le long des bastingages tandis que le beuglement des sirènes résonnait à travers la ville. À terre, des gens grimpés sur des poteaux, penchés aux fenêtres ou juchés sur un perchoir quelconque leur adressaient de grands signes de la main et des cris d'encouragement.

Tiré par de petits remorqueurs, le *Titanic* s'éloigna lentement du quai, puis manœuvra de façon à pointer sa proue vers l'aval.

Et voilà, ils étaient partis. C'était le moment d'explorer les autres parties de ce palace flottant, mais d'abord, elle devait prendre le thé avec son chaperon, Mme Grant, qui l'attendait au Café Parisien.

«Quelle modernité, n'est-ce pas? On se croirait sur une véranda, et le treillage en osier orné de lierre est tellement réaliste, ne trouvez-vous pas? Ils ont vraiment pensé à tout. De l'air et de la lumière à profusion, sans parler de la vue sur la mer. Cette traversée s'annonce des plus agréables, n'est-ce pas votre avis?»

Celeste s'efforça de prendre une mine enthousiaste, mais tout ce à quoi elle pouvait penser, c'était à Selwyn en train de s'en retourner vers la maison familiale – et à ce qui l'attendait, elle, à Akron.

Un peu plus tard, elle alla flâner sur le pont et prêta une oreille ravie aux accents d'une musique familière que l'orchestre du bord jouait non loin de là. Elle avait vu des panneaux indiquant l'emplacement d'un gymnase, d'une piscine et aussi d'un bain turc, dans l'entrepont. Elle se dirigea vers le salon de lecture et chercha un coin tranquille pour y lire le roman qu'elle avait emporté, *Chez les heureux du monde,* d'Edith Wharton. Elle devait mettre à profit ce qu'il lui restait de temps libre. C'était peut-être ici qu'elle viendrait chercher refuge durant la journée, parmi les fauteuils moelleux et les écritoires. La pièce était décorée dans le style georgien, avec des lambris peints en blanc, un mobilier sobre et une baie surplombant le pont-promenade et laissant entrer la lumière. Ici, elle pourrait se blottir au fond d'un siège et s'évader par la lecture.

Mais, à mesure que les flots les entraînaient de plus en plus loin du rivage, elle sentit son estomac se rebeller. Il était temps de regagner la sécurité de son lit à colonnes, jusqu'à ce que cette sensation désagréable se fût dissipée. Tout ce luxe ne remplaçait pas le bonheur, mais il rendait assurément le malheur plus supportable.

5

On était dimanche matin, et May avait entendu dire qu'un service religieux se tiendrait quelque part sur le pont supérieur. Elle s'enquit auprès d'un steward de l'endroit exact.

« C'est réservé aux passagers des première et seconde classes, madame, répondit-il en la toisant de haut en bas.

— J'appartiens à l'Église anglicane, alors dites-moi où je puis pratiquer mon culte, dans ce cas ? répliqua-t-elle, refusant de se laisser intimider par ses manières brusques.

— Je vais me renseigner, soupira-t-il. Attendez-moi. »

À en juger par les allées et venues qui suivirent, sa demande avait semé un certain désarroi parmi le personnel, mais, finalement, un steward la conduisit vers le pont supérieur et, après avoir ouvert plusieurs cloisons coulissantes, la fit entrer dans le saint des saints. «Vous aviez raison, madame. Tout le monde a le droit d'assister à l'office.»

Ici, nulle odeur de ragoût, de sauce ou de sueur rance ne venait troubler l'atmosphère. Il flottait dans l'air un parfum d'arums, d'œillets et de fumée de cigare, et les tapis aux motifs luxuriants sous les pieds de May étaient voluptueusement épais. Elle se sentait mal à l'aise dans ses vêtements bon marché, mais personne ne parut même la remarquer tandis qu'ils parcouraient le pont. Le steward lui fit presser le pas, jusqu'à ce qu'ils parviennent dans un salon somptueux, meublé de fauteuils en cuir disposés en rangs et d'une chaire tout au fond.

«Installez-vous dans les derniers rangs, s'il vous plaît. Ils sont réservés aux visiteurs.» Par ce terme, il entendait les passagers de troisième classe, comprit May, et elle fut soulagée de voir qu'elle n'était pas la seule âme intrépide à s'aventurer en territoire inconnu. Un bon nombre de ces sièges étaient déjà occupés, et elle s'assit à côté d'une femme portant un manteau des plus ordinaires et un chapeau dépourvu de chic.

«Vous êtes venue voir comment vivent les richards ? demanda celle-ci. Regardez-moi ces bibis ! Je suis sûre que chacun d'eux coûterait une année du salaire de nos hommes. Mais je dois reconnaître que le spectacle vaut le coup d'œil. À ce qu'il paraît, les plus grosses fortunes du monde se trouvent à bord : Astor, Guggenheim... Et je parie que certaines de ces belles dames ne sont pas leurs épouses légitimes. J'en ai vu une qui tenait dans ses bras un chien portant un collier de diamants, je vous demande un peu ! » Elle continua à jacasser, citant des noms qui n'évoquaient rien à May.

Puis le capitaine Smith arriva, accompagné de plusieurs membres de l'équipage chargés de liasses de feuillets sur lesquels étaient imprimées les paroles des hymnes. Ils les distribuèrent à la ronde, et le commandant célébra ensuite un office bref, mais auquel nul n'aurait pu trouver à redire. Les gens chantaient à mi-voix, avec bienséance. Cependant, May raffolait des beaux cantiques, et quand ils en arrivèrent à « Ô Dieu, notre refuge à travers les âges », elle ne put s'empêcher d'entonner l'air avec ferveur, de son timbre de soprano éclatant, jusqu'à ce que des visages surpris se tournent vers elle. Elle rougit et baissa le ton.

D'un regard subreptice, elle observa plus attentivement le capitaine Smith. Avec sa chevelure argentée et sa silhouette corpulente, il paraissait plus âgé qu'elle ne s'y était attendue. Subitement, elle songea à l'assemblée qui s'était réunie sans elle aujourd'hui dans sa paroisse de Deane, et un accès de panique la submergea. Elle était ici, étrangère parmi des étrangers, à bord d'un vaisseau d'acier à la merci des vagues. Et demain, les filles de l'usine prendraient place devant leurs machines pour entamer sans elle une nouvelle semaine...

Chassant ces pensées, elle promena les yeux alentour. C'était l'occasion ou jamais d'avoir un aperçu de cet univers où les passagers portaient

29

des fourrures et des chapeaux exquis, des manteaux de velours et des bottines du cuir le plus fin. Elle n'avait jamais vu cadre plus somptueux. Les lambris muraux étaient ornés de fleurs et de feuilles sculptées dans le chêne. Joe aurait sûrement pu lui expliquer tous les secrets de leur fabrication, lui qui était si habile menuisier. Et, au-dessus de sa tête, des luminaires en forme de dôme étaient suspendus au plafond décoré de moulures complexes.

Pas étonnant que l'on ait posté des stewards devant chaque porte pour veiller à ce que les miséreux comme elle soient promptement reconduits à leur entrepont! Ils étaient peut-être tous égaux devant le Seigneur, pensa-t-elle en souriant tristement, mais à bord de ce paquebot britannique, comme partout dans le royaume, chacun devait rester à sa place. Elle se sentait honorée de se trouver dans la même pièce que tous ces grands personnages, même si ce n'était que pour quelques minutes. Elle trouvait tout à fait normal d'être exclue de ce domaine enchanté. Ces gentlemen et ces ladies avaient payé leurs billets beaucoup plus cher, ils méritaient donc tout ce faste. Ils appartenaient à un autre monde que le sien.

Attachait-on la même importance aux différences sociales en Amérique, se demanda-t-elle, ou était-ce vraiment la terre de la liberté?

6

Pour Celeste, ce dimanche fut une journée sans événement marquant. Elle avait un peu mal au cœur et chipota son déjeuner pendant que la vieille Mme Grant luttait contre une effroyable indigestion. En esprit, Celeste se préparait déjà à affronter les rigueurs de la vie conjugale et de ses devoirs. Cette idée l'emplissait de crainte. Seule la perspective de revoir Roddy lui mettait un peu de baume au cœur, et elle s'imaginait par avance la joie de leurs retrouvailles.

Elle passa l'après-midi à se promener sur le pont et à écouter de la musique, et très vite, ce fut l'heure de revêtir sa robe de soirée pour se rendre de nouveau dans la salle à manger.

Dans le menu pantagruélique en dix services, elle choisit le consommé Olga, le saumon poché sauce mousseline et le sauté de poulet, cependant elle ne se sentit pas de taille à affronter le plat de résistance – agneau, bœuf ou caneton. Elle refusa le punch à la romaine, goûta à la caille rôtie et aux asperges vinaigrette, mais le foie gras fut au-dessus de ses forces. Il lui restait juste assez de place pour les pêches en gelée de chartreuse. Quant aux boissons, elle s'en tint résolument à l'eau, dédaignant les vins sélectionnés pour accompagner les mets. Le vin lui montait à la tête et la rendait chagrine.

Quand elle regagna sa cabine, une hôtesse vint l'aider à se déshabiller. La jeune femme rit lorsque Celeste porta une main à son estomac en gémissant.

«Vous n'avez encore rien vu, madame. Nous allons bientôt arriver dans le "Trou du Diable", là où les icebergs flottent sur une mer bouillonnante.

— Oh, ne me dites pas ça! s'exclama Celeste en s'efforçant de prendre un ton badin. Je ne vais plus arriver à dormir, à présent.

— Mais si, je vous l'assure. Rien de tel qu'un repas copieux, de l'air frais et la musique de l'orchestre de M. Hartley pour vous aider à passer une bonne nuit.»

Et de fait, Celeste s'assoupit rapidement, mais pour se réveiller aux environs de minuit, son estomac se révoltant contre sa gloutonnerie. C'est alors qu'elle sentit comme une légère vibration, un frémissement, une secousse qui fit tinter la carafe d'eau sur sa table de chevet et propulsa le verre à l'autre bout de la surface d'acajou. Puis le moteur parut s'arrêter en cahotant, tel celui d'un train arrivant en gare. Irritée d'avoir été tirée du sommeil, elle se retourna dans son lit et retomba dans la somnolence. Mais soudain, des bruits retentirent dans le couloir: pas ceux qu'auraient pu produire de joyeux noctambules regagnant leur cabine, mais des pas pressés, des claquements de portes qui s'ouvraient et se refermaient en toute hâte. Aussitôt, elle bondit du lit, consciente qu'il se produisait quelque chose d'anormal.

Enfilant son kimono de soie japonais par-dessus sa chemise de nuit, elle sortit dans le couloir. «Que se passe-t-il?» demanda-t-elle à la cantonade. Elle pensa à Mme Grant, qui était dure d'oreille. Avait-elle été prévenue?

« Le bateau a heurté un iceberg, cria quelqu'un.

— Non! pas du tout… Pas de panique, lança l'hôtesse qui l'avait aidée à se dévêtir quelques heures plus tôt. Il n'y a pas de quoi s'alarmer, mais, par précaution, nous souhaiterions que vous montiez tous sur le pont. Couvrez-vous chaudement, s'il vous plaît, et prenez aussi votre gilet de sauvetage. Je vous aiderai si vous n'arrivez pas à le décrocher. »

Celeste revêtit sa veste noire, passa sa jupe par-dessus sa chemise de nuit, happa son manteau de lainage épais et son étole en fourrure, et chaussa ses bottines. Sans réfléchir, elle s'empara de son sac, d'une photo de Roddy et des bagues offertes par Grover. Tout le reste pouvait attendre son retour.

7

May n'avait jamais connu de dimanche soir aussi gai. Elle avait battu du pied au son des banjos et des accordéons dans le salon de troisième, parmi le fracas des sabots et des bottines martelant le plancher, et regardé les couples virevoltant au rythme de danses étrangères, les enfants faisant des glissades et se mettant dans les jambes des danseurs, comme dans n'importe quelle fête paroissiale.

Avant de regagner leur cabine, Joe et elle firent une promenade sur le pont afin de contempler les étoiles, mais, à cause du froid, ils ne purent y demeurer très longtemps, surtout avec le bébé endormi sur l'épaule de son père.

« Toutes ces constellations ! s'extasia Joe. Regarde, là, c'est le baudrier d'Orion. Et là-bas, l'étoile Polaire qui guide les navigateurs. Tu te sens un peu plus détendue, à présent, mon amour ?

— Oui, un peu, mais allons nous coucher. Encore une journée de passée », répondit May qui avait hâte de retrouver la terre ferme. On ne la reprendrait pas de sitôt à monter à bord d'un bateau, se jura-t-elle en son for intérieur.

« Je veux que chaque minute de cette traversée reste gravée dans ma mémoire, reprit Joe. Qui aurait cru que toi et moi, nous franchirions l'océan ? Je ne donnerais pas ma place pour tout l'or du monde.

— J'espère que nous n'aurons pas à le regretter, rétorqua-t-elle d'un air sombre.

— Qu'est-ce que ça signifie ? Tu crois que nous avons eu tort de partir ?

— Bien sûr que non… Mais toute une semaine en mer, c'est trop long. Et puis, il fait trop froid, et nous sommes trop loin de la terre. » Il ne servait à rien de prétendre que ses inquiétudes étaient envolées. Elle savait que le pire était encore devant eux. Au bar, elle avait entendu des gens parler d'icebergs et de vagues aussi hautes que la flèche d'un clocher. Des propos absurdes, tenus sous l'empire de la boisson, elle le savait bien, mais elle ne pouvait s'empêcher de penser qu'ils contenaient sans doute un grain de vérité.

« Où est passé ton sens de l'aventure? Ne joue pas les rabat-joie.

— Je suis désolée, mais c'est ce que je ressens, dit-elle, au bord des larmes à présent. Ne te moque pas de moi. Je n'y peux rien.

— Je sais, et même si tu es une éternelle angoissée, je ne t'en aime pas moins, murmura Joe en l'attirant à lui pour lui caresser la joue. Tu es gelée. Pardon, mon amour. Descendons dans notre cabine, que je te réchauffe un peu! ajouta-t-il d'un ton malicieux, et May joignit son rire au sien.

— Vous ne manquez pas de toupet, jeune homme. Sachez que je suis une femme mariée et respectable.

— Je suis moi-même un homme marié, par conséquent, tout est pour le mieux. »

May dormit d'un sommeil profond, repue d'amour, d'air frais et de nourriture un peu trop riche. Ellen reposait à poings fermés et elle ne se réveilla même pas quand des bruits retentirent dans le couloir. Des portes claquèrent, puis on frappa à leur porte. Joe alla ouvrir et l'inquiétude de May ne fit que croître quand elle constata qu'il mettait du temps à revenir.

« Que se passe-t-il? Des ivrognes qui font du tapage? demanda-t-elle. S'ils réveillent le bébé, ils vont m'entendre!

— Ce n'est rien... nous avons simplement heurté un bloc de glace, semble-t-il. Nous devons tous nous habiller et enfiler nos gilets de sauvetage... par mesure de précaution, la rassura Joe. Couvre-toi chaudement, ma chérie. Il doit faire frisquet, là-haut.

— Quelle heure est-il ? Je n'ai rien senti, et toi ? » s'enquit-elle en descendant du lit. Lorsqu'elle posa le pied sur le sol, elle prit conscience que celui-ci n'était pas tout à fait à l'horizontale. « À quoi jouent-ils, à nous faire lever ainsi en pleine nuit ?

— Il vaut mieux t'habiller et faire ce qu'on te dit, c'est tout. Et emmitoufle bien Ellen également. Il ne faudrait pas qu'elle attrape un rhume, pas vrai ? » Il parlait d'une voix calme, mais elle le sentit fortement ébranlé.

Saisissant tout ce qui lui tomba sous la main, elle enfila un cardigan, une veste et une jupe chaude par-dessus sa chemise de nuit, chaussa ses bottines et releva hâtivement ses cheveux en chignon avant de se coiffer d'un bonnet.

« Tu as pris notre argent, Joe ?

— Ne t'en fais pas, tout est dans mon porte-feuille, ainsi que nos billets et l'adresse de George. Suis-moi, et ne me perds pas de vue. Ce n'est proba-blement rien de plus qu'un exercice d'évacuation. »

Ils essayèrent de ne pas réveiller l'enfant, mais elle s'agita et se mit à pleurer pendant qu'ils l'emmaillotaient dans plusieurs couches de vêtements. Le cœur de May battait la chamade.

Dans le couloir, c'était le chaos. Les gens vocifé-raient dans un tumulte de langues étrangères, se poussant et se bousculant les uns les autres. Le paquebot tangua de nouveau et tout le monde se mit à hurler.

« Que se passe-t-il ? demanda Joe à un steward.

—Rien de très grave... Nous avons frôlé un iceberg et le bateau a pris un peu d'eau. Le commandant veut que les femmes et les enfants se dirigent vers les canots de sauvetage, par mesure de précaution. La file d'attente est un peu longue, ne vous affolez pas.»

Le paquebot émettait des grincements bizarres, les lumières clignotaient et un cri monta de la foule, réclamant l'ouverture des portes en fer forgé, mais les stewards demeurèrent intraitables.

«Par pitié, laissez les femmes et les gosses monter sur le pont! implora un vieil Irlandais.

—Pas avant qu'on m'en ait donné l'ordre», riposta l'un des employés, de l'autre côté des grilles. May lut sur son visage la panique à l'état brut et comprit que le pire était arrivé.

«Nous ne pourrons jamais quitter le navire, Joe, si nous attendons qu'on nous ouvre, chuchota-t-elle. Je le sais. Tout comme j'ai su que ce paquebot nous porterait malheur dès que j'ai posé les yeux sur lui. Me croiras-tu à présent? Nous ne pouvons pas rester ici... Si nous voulons demeurer en vie, nous devons partir immédiatement.»

8

Les passagers de première classe furent conduits sur le pont-promenade, où des officiers les dirigèrent vers les points de rassemblement. Celeste n'avait pas encore aperçu Mme Grant, mais elle n'avait aucune raison de penser que la vieille dame n'avait pas été réveillée par les stewards, comme elle-même l'avait été. Soudain, à sa grande horreur, un soutier surgit devant eux, le visage couvert de suie, de brûlures et de sang, brandissant sa main dont tous les doigts avaient été arrachés. Incapable de parler, il se contentait d'agiter ce moignon.

L'officier le plus proche se rua vers lui pour le repousser. « Pas ici ! » vociféra-t-il, mais l'un des passagers s'élança.

« Sommes-nous en danger ? demanda-t-il au blessé, en se plaçant devant sa femme et son petit garçon pour les protéger de cette vision d'épouvante.

— En danger ? Foutre oui, brailla l'homme. C'est l'enfer, là-dessous. Le bateau est en train de couler ! »

Brusquement confrontée à la terrible réalité, Celeste sentit une terreur indicible s'emparer de son être. Les officiers se transformèrent rapidement en gardiens autoritaires pour les regrouper avec efficacité autour des différents postes de rassemblement, en veillant à ne laisser passer personne d'autre. Il était un peu plus d'une heure du matin et les étoiles brillaient d'un éclat vif dans la nuit glaciale.

Celeste continua à chercher Mme Grant des yeux, sans réussir à la trouver. « Je dois redescendre, dit-elle en esquissant un pas vers l'escalier. Il y a une vieille dame dure d'oreille… »

Un officier lui barra le passage. «Vous n'irez nulle part, mademoiselle.

— Mais elle est vieille et pratiquement sourde!

— Les stewards s'occuperont d'elle. Restez où vous êtes, c'est tout!»

Elle se vit contrainte de suivre les autres sur le pont des embarcations où l'on était en train de dérouler les cordages arrimant les canots aux bossoirs. Beaucoup des femmes qui l'entouraient n'étaient pas vêtues aussi chaudement qu'elle, et certaines tenaient des petits enfants enroulés dans des couvertures pour les préserver du froid.

«Mettez les canots à la mer! réclamèrent des voix innombrables.

— Les femmes et les enfants d'abord! cria un officier, le visage grave. Uniquement les femmes et les enfants!»

On affala deux embarcations qui disparurent bientôt à leur vue. Celeste fut scandalisée de voir l'une d'elles presque vide. Mais elle demeura immobile, scrutant vainement la foule pour tenter de distinguer Mme Grant.

Quand la troisième chaloupe fut à moitié pleine, un matelot la saisit par le bras. «Il est temps d'y aller, madame, ordonna-t-il.

— Je ne peux pas! protesta-t-elle, se figeant sur place.

— Oh si, vous le pouvez, et vous allez le faire!» Refermant les bras autour de sa taille, il l'entraîna vers le canot et l'y jeta presque. Elle atterrit lourdement, puis, reprenant aussitôt ses esprits, s'assit sur l'un des sièges. Levant les yeux, elle vit certaines de ses compagnes de voyage refuser d'embarquer, s'agrippant à leurs époux et secouant la tête, tandis que l'embarcation continuait à descendre et passait devant les ponts inférieurs. Des gens se penchaient aux hublots, appelant désespérément à l'aide, mais la chaloupe ne s'arrêta pas pour les prendre à son bord.

Celeste n'osait pas regarder le vide en dessous d'elle. Le canot oscilla violemment et des enfants hurlèrent de frayeur. Enfin, il se posa sur l'eau avec fracas, dans un jaillissement d'écume ; elle découvrit alors les icebergs se dressant au-dessus de leurs têtes telles des montagnes bleues, l'un d'eux terminé par un double pic, d'une beauté sinistre, et elle sentit le froid qui émanait d'eux s'étendre sur la mer gelée.

9

Serrant Ellen contre sa poitrine, Joe poussa May dans la direction d'où ils étaient venus et, petit à petit, ils se frayèrent un chemin dans le dédale des coursives. Trouvant une porte ouverte, ils montèrent sur le pont où des gens se pressaient déjà en nombre. May entendit de la musique quelque part au-dessus d'eux. Il n'y avait pas de canots de sauvetage sur ce pont-ci. Un homme en uniforme ouvrit une grille donnant accès à la première classe, et il ordonna aux femmes de se diriger vers le grand escalier menant au pont supérieur. Mais les hommes forcè-rent le passage, refusant d'être séparés de leurs familles terrorisées.

« Je n'aime pas ça, Joe.

— Continue d'avancer, mon amour. Ellen est en sécurité avec moi. Il vaut mieux faire ce qu'ils disent. Je suis sûr que tout a été soigneusement organisé. »

Un courant d'air froid les parcourut brusquement quand ils émergèrent sur le pont des embarcations parmi une masse de gens en pleurs s'accrochant les uns aux autres.

« Où sont les canots ? s'enquit Joe en regardant les bossoirs vides.

— Tu fais bien de le demander, mon gars, rétorqua une voix bourrue à l'accent écossais. Ils sont tous partis... Il y en avait pas assez pour nous autres. »

Le bateau tangua de nouveau, donnant dange-reusement de la gîte. May se cramponna à Joe, en s'efforçant de ne pas céder à la panique.

« Qu'allons-nous faire à présent ? » murmura-t-elle, ne supportant pas de penser au sort qui les attendait. L'idée de nager dans cette eau noire la terrifiait, mais rester à bord et se noyer...

« Il y a des chaloupes à bâbord ! cria quelqu'un. Venez, suivez-moi ! » Ce ne leur fut pas facile de progresser sur le sol incliné sans perdre l'équilibre, de ne pas se perdre dans la bousculade. Quand ils atteignirent l'autre côté du navire, les chaloupes avaient également disparu, mais des hommes essayaient sans succès de détacher les canots pliables.

«Retournez à tribord. Il y a d'autres canots pliables là-bas, commanda un matelot, en pointant le doigt vers May et le bébé d'un air effaré. Les femmes et les enfants devraient avoir quitté le bord depuis longtemps!»

Joe entraîna May à l'écart de la foule, mais elle se raidit. «C'est inutile... Nous n'avons aucune chance, n'est-ce pas? gémit-elle, la voix étranglée par la panique.

— Il y a forcément d'autres embarcations. Ils ne nous abandonneraient pas face au danger... pas les petits bébés!» s'écria Joe, le visage sombre, en la serrant plus fort contre lui. Luttant pour rester debout sur le pont qui s'inclinait de plus en plus, il s'égosilla: «Nous allons sauter à l'eau, May. Ellen ne risque rien avec moi. Je l'ai attachée à mon torse, sous mon manteau. Nous devons y aller tout de suite, pendant que les canots sont encore assez près pour nous recueillir!

— Je n'irai nulle part sans toi! hurla-t-elle, les yeux écarquillés de terreur à la vue de la mer qui se rapprochait sans cesse.

— Nous devons sauter, mon amour, insista Joe en s'emparant de sa main. Ensemble, nous y arriverons. Nous n'avons pas fait tout ce chemin pour mourir comme des rats. Tiens-moi la main, et bonne chance, mais si la chance n'est pas de notre côté, nous nous reverrons au paradis. Là-haut, personne ne pourra plus nous séparer.»

Surgissant de nulle part, une énorme vague s'abattit sur eux, les balayant du pont. L'eau glacée transperça May comme un coup de poignard, lui coupant le souffle, tandis que, toussant et crachant, elle se débattait pour remonter à la surface et scruter les ténèbres, en quête de Joe.

Elle essaya d'appeler, fouettant l'eau dans ses efforts maladroits pour surnager. Le gilet, miraculeusement, lui permit de garder la tête hors des flots. Le rugissement des vagues dans ses oreilles noyait tous les autres bruits. Ses bras tournoyaient comme des hélices inutiles et ses vêtements entravaient ses mouvements, tandis qu'elle se démenait pour s'éloigner du navire en train de sombrer. Elle ne devait pas perdre Joe et Ellen de vue, mais il faisait tellement sombre, et elle avait tellement froid...

Elle crut apercevoir le contour d'une tête, mais il y avait tant de gens dans l'eau autour d'elle, certains flottant sur le ventre, tels des morceaux d'épave. Ses membres essayèrent d'effectuer des mouvements de natation, se libérant soudainement de leurs entraves dans un accès de panique frénétique, mais ils semblaient de plomb, et sa brasse, pas assez vigoureuse pour la propulser dans cette mer glacée qui l'enserrait dans son étau. Haletante, elle reprit sa respiration et redressa la tête pour tenter de discerner Joe. Il dérivait de plus en plus loin d'elle, hors de sa portée. Elle battit des bras comme un automate, en faisant appel à ses dernières forces. Elle entrevit une ultime fois la tête de Joe trouant la surface, la petite Ellen emportée par les flots comme un paquet de chiffons. Avec l'énergie du désespoir, elle essaya de les rattraper. Mais déjà Ellen était hors d'atteinte, et la tête de Joe disparut tout à coup. Elle devait sauver son bébé. « J'arrive ! » voulut-elle crier, mais sa bouche se remplit d'eau salée, étouffant ses cris, l'asphyxiant. Elle commençait à se sentir molle et somnolente, ses mouvements s'engourdirent et ses espoirs furent bientôt réduits à néant.

Il n'y eut plus que l'obscurité et la mort, des visages vides dont les yeux contemplaient fixement les étoiles implacables. La mer était jonchée de tonneaux, de bouteilles, de malles, de seaux à charbon, de plantes en pots, de chaises longues. Elle n'arriverait pas à se frayer un chemin parmi tous ces détritus, elle n'arriverait pas à retrouver Joe.

« Prenez-moi tout de suite, faites-moi couler, Seigneur », supplia-t-elle. À quoi bon vivre si les seuls êtres auxquels elle tenait étaient partis sans elle ? « J'arrive ! J'arrive. » Sa voix devint de plus en plus faible, tandis que, fermement maintenue par le gilet de sauvetage, elle s'éloignait inexorablement de l'endroit où elle avait aperçu son mari et son bébé pour la dernière fois.

Ses doigts étaient trop engourdis pour s'accrocher aux débris flottants. Des bouées inutiles passèrent près d'elle, et un froid mortel l'envahit peu à peu. La lumière s'éteignit dans ses yeux et sa voix n'était plus qu'un chuchotis quand elle renonça à lutter, s'abandonnant aux flots ténébreux.

10

Muette d'horreur, Celeste regarda le gigantesque navire sombrer peu à peu et les passagers désespérés plonger dans l'eau glacée.

« Nous devons nous éloigner avant d'être aspirés par le tourbillon ! glapit une femme serrant un pékinois entre ses bras. Il ne faudrait pas que tous ces gens essaient de grimper à bord et nous fassent chavirer.

— Mais nous devons les sauver ! protesta Celeste. Il reste de la place… »

Ignorant ses prières, les hommes continuèrent à ramer, laissant de plus en plus loin derrière eux le navire en perdition.

« Arrêtez, par pitié ! implora la jeune femme. Imaginez que ce soit un de vos proches, votre épouse, votre enfant… Les laisseriez-vous mourir ? »

Un à un, les hommes relevèrent leurs avirons et le canot dériva lentement vers le paquebot.

La lumière d'une torche troua l'obscurité, parcourant la surface en quête de survivants.

« Il y en a une, ici ! Elle remue les lèvres. C'est une toute jeune femme. » Au moyen de son grappin, le matelot ramena le corps vers l'embarcation et un autre membre de l'équipage l'aida à le hisser à bord.

Oubliant le froid qui s'était emparé de son propre corps, Celeste s'empressa de frictionner la jeune fille pour la ramener à la vie. La rescapée ouvrit

45

brièvement les yeux et tenta de secouer la tête en marmonnant des mots inaudibles.

«Non, non... mon bébé est dans l'eau... Allez les chercher! Joe... Laissez-moi partir!» En toute hâte, Celeste l'enveloppa dans une couverture. «Non, murmura la rescapée. Ramenez-moi là-bas... mon bébé... laissez-moi... Joe, j'arrive!» Elle voulut se redresser et leva une main engourdie pour leur indiquer la direction, mais ses doigts recroquevillés refusèrent de se déplier.

«Étendez-la au fond, avec les morts. Regardez dans quel état elle est. Elle n'en a plus pour longtemps.

— Non, je vais m'occuper d'elle, répondit Celeste d'une voix pressante. Son bébé est dans l'eau. Pour l'amour de Dieu, faites demi-tour pour essayer de le retrouver!

— Faites taire cette satanée bonne femme, s'il vous plaît! bougonna une voix assourdie sous un châle.

— Nous ne nous en sortirons jamais si nous continuons à repêcher tous ces miséreux, renchérit la femme au petit chien. Ils finiront par nous faire chavirer!

— Taisez-vous donc, espèce de garce égoïste! Et vous vous prétendez chrétienne? Ne soyez donc pas si cruelle, riposta Celeste, avec une telle véhémence qu'elle en fut elle-même surprise. Cette malheureuse a tout perdu, et vous restez assise là, avec votre toutou sur les genoux! Nous devons à tout prix essayer de sauver d'autres passagers.

— Je suis désolé, madame, mais nous ne pouvons pas aller plus loin. Le paquebot est en train de couler et nous risquerions d'être entraînés par les remous, cria le matelot. Nous en avons repêché quelques-uns. Comment celle-ci a-t-elle pu tenir si longtemps, je n'arrive pas à le comprendre, mais ça suffit à présent. Je ne veux pas mettre en danger notre vie à tous. Allez, vous autres, à vos avirons!»

La jeune femme grelottait et se mit à pleurer quand Celeste drapa une deuxième couverture autour d'elle. «Restez tranquille, à présent... Courage! Vous êtes en sécurité ici», dit-elle en la prenant dans ses bras. Un peu de chaleur humaine dans cette obscurité, c'était tout ce qu'elle pouvait offrir à l'infortunée. «Nous devons tous rester calmes.»

Tandis qu'elle s'efforçait de consoler sa compagne en la berçant contre elle, l'eau s'agita avec bruit tout près d'eux. Un bras jaillit à la surface, déposant un ballot ruisselant sur les genoux d'un jeune garçon frissonnant. «Prenez cet enfant!» cria une voix brusque. Celeste crut entrevoir une barbe blanche à la lueur de la lanterne.

«C'est le capitaine Smith... Monsieur! Commandant... Nous allons vous hisser à bord», s'exclama un marin, en tendant la main vers l'homme.

Le bras hésita une seconde, puis disparut. «Bonne chance, les gars, faites votre devoir.»

Et le silence retomba.

«Donnez ce mioche à sa mère», brailla le matelot, et le petit paquet fut bientôt déposé dans les bras de la jeune femme, emmitouflé dans des couvertures sèches. Sortant tout à coup de sa torpeur, elle le serra contre elle, submergée par le soulagement, palpant dans la pénombre le visage de l'enfant, caressant sa joue glacée, tendant l'oreille pour percevoir son souffle. En l'entendant gémir, elle pleura de gratitude.

11

Hébétée, May pressait éperdument son bébé contre son cœur, sans parvenir à croire à ce miracle. Dans le noir, elle sentait le petit corps tiède et bien vivant, respirant doucement dans son sommeil. Si seulement elle pouvait écarter les couvertures pour embrasser sa joue duvetée... Mais le froid de l'Atlantique était bien trop âpre pour qu'elle se risquât à découvrir l'enfant.

«Comment un drame aussi effroyable peut-il se produire par une si belle nuit?» murmura la femme à côté d'elle. Ensemble, elles regardèrent le paquebot se soulever dans un dernier sursaut d'agonie, pointant sa proue vers le ciel tel un doigt accusateur. De terribles clameurs s'élevèrent alors – les derniers passagers s'étaient jetés à la mer et se débattaient en appelant leur mère ou en invoquant Dieu et tous ses saints.

Elles supplièrent une nouvelle fois leurs compagnons de faire demi-tour, mais ils se montrèrent inflexibles.

« C'est trop dangereux, déclara l'un des hommes d'équipage. Nous ne pouvons plus rien pour eux. »

La jeune femme baissa la tête, résignée, et May détourna son regard de cette vision insoutenable, s'enfouissant sous les couvertures pour ne plus entendre les appels de détresse.

Si Ellen avait pu être sauvée, il restait un espoir que Joe l'eût également été, se dit-elle, et son cœur s'allégea à cette pensée. *Même si je marche dans la vallée des ténèbres, Je ne crains aucun mal.* Les paroles du psaume lui vinrent spontanément aux lèvres, et elle pria tout bas pour ces âmes perdues, en voulant croire de toutes ses forces que Joe se trouvait à bord d'une autre chaloupe. Relevant la tête, elle tendit l'oreille, guettant des appels dans le lointain. Mais seul un silence sinistre régnait désormais sur l'océan.

« Ils ont tous disparu, à présent, murmura la jeune femme à côté d'elle. Leurs souffrances sont terminées, mais la nôtre ne fait que commencer. Les hommes d'équipage se sont montrés un peu rudes envers vous, il ne faut pas leur en vouloir. La peur nous pousse parfois à faire des choses terribles. Dieu merci, votre bébé est sain et sauf… Allez, mes amis, ramenez-nous vers les autres canots. Ils doivent nous chercher.

— C'est sûr, m'dame, et les embarcations doivent rester groupées », répondit le matelot en charge de leur chaloupe, dans la lumière mouvante du fanal oscillant à sa proue.

Bientôt, ils rejoignirent la flottille silencieuse, chapelet de petits bateaux ballottés par les vagues, tels des jouets d'enfant sur une mare immense.

L'aube se leva peu à peu. May n'avait jamais eu aussi froid de sa vie. Chose incroyable, le bébé dormait toujours. Des heures s'écoulèrent sans rien d'autre que la glace à perte de vue et le clapotement des rames cinglant l'eau. Ses membres étaient devenus insensibles tant elle était transie, et elle avait du mal à ne pas sombrer dans la somnolence. En esprit, elle voyait Joe en train de nager vers un canot, puis d'être repêché par des mains secourables. Il était en vie quelque part sur l'océan, comme elle, les cherchant et priant pour qu'ils soient bientôt réunis. Elle s'accrocha à cet espoir comme à un radeau.

« Gardez les yeux ouverts, tout le monde. Ne vous endormez pas, ou vous risquez fort de ne jamais vous réveiller », les mit en garde un matelot. C'était difficile de ne pas se laisser aller au sommeil et à l'ignorance bienheureuse qu'il apporterait, mais elle demeura vigilante, à l'affût du moindre changement dans la respiration régulière du bébé. Chaque fois que sa tête commençait à dodeliner, elle se redressait en sursaut. Et puis soudain un cri s'éleva, une lueur apparut à l'horizon, une vraie lumière cette fois, pas une fausse aurore, et une fusée décrivit dans le ciel une trajectoire flamboyante.

« Les secours arrivent ! Regardez là-bas, un navire ! Réveillez-vous ! Nous sommes sauvés ! »

12

Fascinée par tant de beauté, Celeste contemplait les icebergs qui les environnaient. Sous le soleil levant, ils scintillaient tels des joyaux. Parmi eux se trouvait le monstre qui avait provoqué ce désastre. Que la nature était donc cruelle de se servir d'une telle splendeur pour semer la mort et la destruction...

La mer se fit houleuse, secouant l'embarcation de côté et d'autre, comme pour empêcher toute tentative de sauvetage. Le navire approchait. Celeste enroula sa couverture encore sèche autour du bébé.

« Est-ce que ça va ? murmura-t-elle à l'oreille de May. Voulez-vous que je tienne l'enfant ?

— Non, je vous remercie. Vous vous êtes montrée si bonne envers moi, et je ne connais même pas votre nom.

— Celestine Parkes. Je rentrais chez moi, à Akron. Et ce petit bout de chou ? s'enquit-elle en effleurant le bras du bébé.

— Elle s'appelle Ellen, et moi May Smith. Mon mari, Joe, doit se trouver sur un autre canot. Nous nous rendons dans le Midwest, c'est lui qui a l'adresse et tous nos papiers. »

Celeste se rendit compte que la pauvre fille n'avait pas encore mesuré l'ampleur de la tragédie qu'elles venaient de vivre. Il y avait fort peu de chances que son époux eût été secouru. « Qu'allez-vous faire ? murmura-t-elle.

— Nous nous en sortirons, chuchota May au bébé endormi dans son giron. Tout va s'arranger. »

Ce fut seulement lorsque la lumière du jour se fit plus vive et que le vaisseau devint de plus en plus gros à l'horizon que May desserra un peu les couvertures emmaillotant Ellen. Elle lui paraissait minuscule – comme si elle avait rétréci dans l'eau, songea-t-elle confusément – et elle ne se réveillait toujours pas... Mieux valait ne pas la déranger. Quelle histoire elle aurait à raconter à Joe, quand elle le retrouverait ! Comment on l'avait sortie de l'eau à demi morte, comment le bébé avait été repêché cinq minutes plus tard... Elle se sentait si lasse, tout le corps endolori. Elle frissonna. Un regard sur sa fille la réconforterait.

Dans la clarté qui baignait maintenant l'embarcation, elle écarta l'étoffe entourant le petit visage.

Les yeux qui rencontrèrent les siens avaient l'éclat du charbon noir. Des yeux qu'elle n'avait jamais contemplés de sa vie. Ceux d'Ellen étaient bleus. Ravalant le cri qui montait dans sa gorge, elle rabattit la couverture pour ne plus les voir, horrifiée par cette découverte, le cœur battant à grands coups.

Nul ne prêtait attention à May. À bord de l'embarcation, tous étaient trop occupés à acclamer le vaisseau qui venait les secourir. Elle jeta un autre regard furtif au bébé, pour se trouver de nouveau face à ces yeux inconnus qui la dévisageaient sous un bonnet de dentelle, la transperçant jusqu'à l'âme. Elle scruta les traits minuscules pour s'assurer qu'elle ne rêvait pas. D'après ce qu'elle en distinguait sous l'amas de couvertures, les vêtements eux aussi étaient différents de ceux d'Ellen.

Tremblante, elle se rencogna dans son siège tandis que le paquebot s'approchait d'eux à toute vapeur. Quelque chose n'allait pas. Il y avait eu une erreur.

Elle se retourna pour regarder tout ce qui se trouvait derrière eux, cette mer meurtrière, si calme et si traîtresse, puis contempla une fois de plus l'enfant levant vers elle de grands yeux étonnés, comme pour demander : qui es-tu ?

C'était tout ce qui lui restait de ce naufrage, cet enfant de la mer, le fils ou la fille d'une autre.

13

Avec une excitation grandissante, Celeste observait le navire approcher. Elle soupira de soulagement à l'idée que leur calvaire allait bientôt prendre fin. Dût-elle vivre jusqu'à cent ans, elle n'oublierait jamais ce qu'elle avait vu au cours de cette nuit.

Les obsèques de sa mère lui semblaient bien loin à présent. Au moins avait-elle été ensevelie dignement, contrairement à tous ces malheureux qui s'étaient débattus parmi les blocs de glace jusqu'au moment où ils avaient renoncé, à bout de forces. Elle espérait que ce que l'on racontait au sujet de la noyade était vrai, et qu'à la fin, c'était comme de se laisser glisser dans le sommeil…

Contrairement aux passagers de première classe, ceux de l'entrepont avaient été avertis trop tard, c'était flagrant. Selon que l'on était riche ou pauvre, le règlement ne s'appliquait pas de la même façon. C'était une honte.

Qu'étaient ses petits problèmes mesquins, comparés à ceux des femmes qui avaient vu leurs époux se noyer sous leurs yeux ? Elle devait serrer les dents, à présent, et retourner à Akron et à l'odeur de ses usines chimiques, pour retrouver son petit Roddy chéri, et aussi Grover et leurs difficultés conjugales. Le répit aurait été de courte durée : un enterrement et un naufrage, on ne pouvait guère considérer cela comme des vacances.

« C'est le *Carpathia* ! Il va nous prendre à son bord. » De faibles hourras s'élevèrent. Ils seraient bientôt hors de danger. Celeste se tourna vers sa compagne, en se demandant comment les enfants et les blessés pourraient gravir les échelles pour accéder au pont. Elle resterait près de ses protégés jusqu'à ce qu'ils soient en sécurité.

14

Assise près du bastingage, May contemplait la vaste étendue argentée au côté des autres veuves, en priant pour que d'autres chaloupes apparaissent. On les avait hissées à bord du *Carpathia* au moyen d'un filet, comme une cargaison : elle était trop faible et trop engourdie par le froid pour emprunter l'échelle de corde. Certaines paraissaient gelées, vêtues seulement d'un châle par-dessus leur chemise de nuit ; d'autres étaient drapées dans des fourrures, serrant contre elles des enfants débraillés et hébétés, enveloppés dans des couvertures. Mais toutes ici étaient égales dans la souffrance.

Il régnait sur le paquebot un silence étrange, troublé seulement par les survivants se traînant désespérément d'un pont à l'autre en demandant des nouvelles de leurs proches. « Avez-vous vu… ? » « Dans quel canot étiez-vous ? » « Avez-vous aperçu mon mari ? » Les femmes étrangères étaient réunies par petits groupes, tentant de comprendre la situation, tandis que les interprètes agitaient les bras en montrant la mer et en secouant la tête. May les entendit pousser des cris de douleur en prenant conscience qu'elles étaient désormais seules au monde, et qu'il ne leur restait rien d'autre que les vêtements qu'elles avaient sur le dos.

Elle demeura prostrée dans sa chaise longue, emmitouflée dans des couvertures, refusant de quitter le pont. Elle dormirait ici, au besoin. Comment pourrait-elle jamais redescendre dans les entrailles d'un navire ? Elle but à petites gorgées le café au goût bizarre, additionné d'alcool, qu'on lui avait donné, serrant la tasse dans ses mains pour se réchauffer, une douleur brûlante parcourant ses doigts gourds à mesure que la vie revenait en eux.

Hier encore, elle était bien au chaud avec Joe dans leur cabine, en route vers une nouvelle vie, avant que ces terribles événements viennent les séparer. Joe et Ellen avaient-ils disparu à jamais ? Comme c'était cruel de n'avoir pu leur dire adieu… Pas de mots tendres, pas de baisers, seulement des gesticulations frénétiques dans l'eau glacée, dans un effort désespéré pour rester en vie. Elle avait perdu son meilleur ami, son âme sœur, et leur enfant chérie, la chair de sa chair. Elle s'agrippa éperdument au parapet, espérant encore voir apparaître une nouvelle chaloupe à l'horizon.

Elle entendit d'autres femmes raconter leur histoire au commandant du *Carpathia*, la ressassant sans fin comme si elles s'efforçaient de trouver un sens à la tragédie de cette terrible nuit.

Soudain, le bruit d'une dispute lui parvint : une mère arrachait un bébé des bras d'une autre. « C'est mon enfant ! Vous avez pris mon Philly ! Rendez-le-moi ! »

L'autre femme, une étrangère, se cramponnait farouchement au bébé. « *No ! No ! È il mio bambino !* »

Un officier intervint pour les séparer. « Que se passe-t-il ?

— Cette femme a pris mon fils, Philip. Nous étions dans des canots différents. Elle a volé mon fils ! »

Une petite foule s'attroupa autour des deux rescapées en larmes. « Le capitaine Rostron réglera cette affaire en privé », déclara l'officier. Prenant le bébé, il disparut avec lui dans l'escalier, suivi des deux femmes gémissantes.

Profondément troublée par cette scène, May comprit qu'elle devait retirer le bonnet de dentelle dissimulant les traits de l'enfant, et se forcer à déambuler sur le pont de manière que les gens puissent admirer ses cheveux d'un noir lustré et qu'éventuellement, quelqu'un le reconnaisse.

« N'est-elle pas adorable ? Et elle ne porte pas la moindre marque, après une telle épreuve, s'extasia un couple, se tenant jalousement par le bras.

— C'est le capitaine en personne qui l'a secourue et hissée dans l'embarcation quelques instants après qu'on m'eut repêchée. Mais il a refusé de monter à bord, c'est ce que m'a raconté un matelot, n'est-ce pas… ? » Elle chercha des yeux sa nouvelle amie, quêtant son approbation, mais celle-ci se trouvait trop loin pour l'entendre.

« Vous avez entendu ça ? Le capitaine Smith a sauvé ce bébé. Il mérite une médaille », dit une autre femme en caressant les boucles du nourrisson.

May parcourut le navire en tous sens, en laissant l'enfant bien en vue, mais nul ne le revendiqua comme le sien. Et ce fut alors que, peu à peu, l'idée se fit jour dans son esprit : le bébé était certainement orphelin, elle pouvait le garder. Il était un peu plus jeune qu'Ellen, brun de peau et d'yeux, mais parfait.

Elle trouva un endroit à l'écart pour retirer les couvertures et examiner la layette neuve offerte par des passagers du *Carpathia*. Elle ne put s'empêcher d'en admirer la qualité. Une layette digne d'une princesse, en linon fin et laine de mérinos, ainsi qu'une brassière bordée de dentelle et un joli bonnet garni d'un ruché, qu'on lui avait donnés de bon cœur. La jeune femme rousse qui l'avait prise en amitié lui avait promis que les vêtements qui lui appartenaient lui seraient rendus lavés et repassés.

Discrètement, elle défit les langes du bébé, tremblante d'anxiété. À son immense soulagement, elle constata que c'était bien une fille. La tentation de la garder se fit de plus en plus grande. Cette enfant avait besoin d'une mère, elle serait mieux près d'elle qu'à l'orphelinat. Elle pouvait l'affirmer en connaissance de cause, ayant elle-même grandi dans une de ces institutions avant d'être placée comme domestique, sans aucune famille pour se soucier d'elle jusqu'à ce qu'elle rencontre Joe. Son esprit lui donnait l'impression d'être paralysé. Elle se mit à pleurer dans sa couverture, à la pensée qu'elle devrait prendre seule une décision aussi capitale.

L'engourdissement de ses membres se dissipait peu à peu, pour laisser place à une sourde douleur dans les articulations.

Elle savait bien que, lorsque le médecin du bord avait examiné l'enfant pour s'assurer qu'elle n'avait pas souffert de son expérience, elle aurait dû tout lui avouer. Mais elle ne pouvait se résoudre à prononcer les mots qui les sépareraient à jamais. Peut-être plus tard, quand ils auraient débarqué, confesserait-elle la vérité. Mais, dans le secret de son cœur, elle était convaincue qu'elle n'en ferait rien.

« C'est le destin qui nous a réunies, toi et moi. Le dernier cadeau du capitaine. Nous ne dirons rien à personne ! » chuchota-t-elle à l'oreille de la petite, qui déjà pressait sa bouche contre son sein, réclamant la tétée, en levant vers elle des yeux affamés.

« Ella a faim, dit en souriant sa nouvelle amie, Celeste Parkes – son nom lui revint brusquement en mémoire.

— Je n'ai plus de lait », murmura May. Sa fille avait été sevrée quelques mois plus tôt.

« Cela ne me surprend pas, le choc a été suffisant pour tarir la lactation, répondit Celeste. Je vais aller lui chercher un biberon. »

Quand la jeune femme se fut éloignée, May se pencha vers le bébé. « Je ne vais pas te donner à des étrangers après tout ce que nous avons traversé ensemble. À partir de maintenant, c'est moi qui vais m'occuper de toi. »

Le paquebot faisait route vers le lieu du naufrage. Les passagers avaient été priés de ne pas rester sur le pont et, en outre, il pleuvait, pourtant May s'obstina, refusant de descendre. Elle vit des objets pâles flottant au loin – des épaves et des cadavres, et tourna le dos à la mer. Il ne servait à rien de se torturer. Joe ne reviendrait pas, ni la petite Ellen.

Soudain, elle sut qu'elle n'aurait pas le courage de partir seule pour l'Idaho. Et elle ne pouvait pas non plus retourner à Bolton. Comment expliquerait-elle les changements physiques qui s'étaient produits chez Ellen ? Ella. Mme Parkes avait mal entendu le nom de l'enfant, mais cela convenait parfaitement à May. Ella était à la fois suffisamment proche du prénom inscrit sur l'acte de naissance, et assez différent pour ne pas lui transpercer le cœur chaque fois qu'elle le prononcerait. Déjà, un plan prenait forme dans son esprit, afin que nul ne décèle la supercherie.

Toutes les deux, elles devaient partir aussi loin que possible de la mer et des souvenirs de cette terrible nuit, quelque part où personne ne les connaissait, où elle pourrait repartir de zéro et vivre en paix ce mensonge. Elle avait survécu pour veiller sur ce bébé. Ella serait désormais sa raison de vivre.

15

Un peu plus tard au cours de cette longue matinée, on rassembla les survivants afin de dresser une liste.

« Votre nom ? demanda l'officier, en consultant son registre pour vérifier que tous les rescapés avaient bien été inscrits.

— Mary Smith, mais on m'appelle May, répondit May avec hésitation, en regardant Celeste. Mon mari, Joseph Smith, a vingt-sept ans. Il est menuisier de son métier », ajouta-t-elle, en posant sur lui un regard chargé d'espoir.

L'officier détourna les yeux. « Et le bébé ?

— Ellen Smith... Ella, comme nous l'appelons le plus souvent. C'est le capitaine Smith qui l'a sauvée, ajouta-t-elle, non sans une certaine fierté.

— Elle dit vrai, demandez au matelot qui était sur notre canot. Il a essayé de persuader le capitaine de monter à bord… mais il s'est éloigné à la nage, acquiesça Celeste.

— Je vois. Et vous êtes… ?

— Celestine Parkes. Mme Grover Parkes, d'Akron. Nous nous trouvions sur la même chaloupe, cette dame et moi. Avez-vous une Mme Grant à bord ?

— Nous n'avons pas encore terminé le recensement, répondit l'homme en secouant la tête. Le *Carpathia* va inspecter le lieu du naufrage, puis nous regagnerons New York. Aussi, je vous suggère de descendre dans la salle à manger où l'on vous donnera toutes les instructions nécessaires. Un office à la mémoire des disparus se tiendra dans un petit moment.

— Mais cette dame a besoin de vêtements neufs, comme vous pouvez le voir, objecta Celeste.

— Les passagères du *Carpathia* se chargeront de tout cela quand vous serez descendues. Il ne faut pas rester dehors avec le bébé, insista-t-il. Vous trouverez en bas tout ce qui vous est nécessaire.

— Merci », murmura Celeste, tandis que l'officier se dirigeait déjà vers un autre groupe.

May était toujours aussi réticente. « Je ne peux pas descendre. Je ne m'en sens pas capable.

— Je vais vous aider. Laissez-moi prendre la petite Ella. Elle est si mignonne ! Et comme elle est brune… tout à fait différente de vous. » Celeste s'interrompit, craignant d'avoir offensé sa compagne. Elle pouvait lire la panique sur son visage ; sans doute était-elle encore en train de revivre les atrocités de la nuit.

« Joe était très brun. Il y avait du sang gitan dans sa famille », répondit May sans la regarder. Elle eut du mal à prononcer le nom de son époux à voix haute.

« Vraiment ? Elle a des yeux de braise. Les yeux de mon fils, Roderick, sont si clairs qu'ils paraissent argentés. Il est en sûreté à la maison, près de son père. Je suis allée en Angleterre pour assister aux obsèques de ma mère, à Lichfield. » Celeste se tut brusquement. Elle n'avait pas l'habitude de se confier à des inconnus, mais elle et May ne l'étaient plus l'une pour l'autre, après avoir traversé ensemble l'une des pires épreuves qu'on puisse imaginer. « Appelez-moi Celeste, je vous en prie… Je crains que mes parents ne se soient un peu laissé emporter par leur enthousiasme. J'étais leur dernière-née, la seule fille dans une tribu de garçons, et ma mère voulait remercier le ciel pour ma naissance !

— Je suis désolée pour votre maman. Ce doit être un crève-cœur de vivre si loin de chez soi, répondit May en posant précautionneusement le pied sur les marches.

— Papa est bien entouré. Et il faut que je retourne auprès de mon petit garçon. Il n'a que deux ans, et il me manque énormément.

— Nous nous rendions dans l'Idaho. J'ai oublié l'adresse, c'est Joe qui l'avait sur lui… Où se trouve Akron ? »

Après avoir suivi un long couloir, elles poussèrent une porte pour pénétrer dans une vaste salle à manger remplie de gens qui avaient l'air désemparé.

« C'est dans l'Ohio, près d'une ville appelée Cleveland. Ce n'est pas aussi joli que ma bonne vieille ville de Lichfield, mais c'est là que j'ai désormais mon foyer. L'Amérique est un immense pays ; vous vous y habituerez vite.

— Oh, non. Je vais rentrer en Angleterre. Je ne peux pas rester ici, plus maintenant.

— Il est trop tôt pour prendre une décision. Attendez de voir comment les choses tourneront.

— Je veux rentrer chez moi. Il n'y a rien pour nous, en Amérique. C'était le rêve de Joe, pas le mien. » Les lèvres de May se mirent à trembler. Jamais elle ne s'était sentie si seule, si loin de tout ce qu'elle connaissait. « On nous donnera un billet de retour, n'est-ce pas ?

— Oui, j'en suis sûre. » Face à son air affolé, Celeste eut envie de la rassurer. « Ne vous inquiétez pas. Je vous aiderai. La White Star Line devra vous indemniser pour la perte que vous avez subie. À présent, je dois partir à la recherche de Mme Grant... J'espère de tout mon cœur qu'elle aura survécu.

— Merci, vous avez été très bonne. » May se remit à trembler et Celeste la fit asseoir dans un coin tranquille. « Joe avait tant de projets en tête... Je n'arrive pas à croire à ce qui nous est arrivé. Qu'avons-nous fait pour mériter cela, Celestine ?

— Nous n'avons pas commis d'autre faute que de confier nos vies à la White Star Line. Elle devra en répondre devant la justice. Et maintenant, reposez-vous. Vous vous sentirez mieux après un bon bain, et dans des vêtements propres. Donnez-moi Ella, et j'irai avec elle me mettre en quête de ma vieille dame. Votre petite fille sera en sécurité avec moi, et elle attendrira peut-être suffisamment les cœurs pour que j'obtienne des informations.

— Non ! s'écria May avec force, avant de reprendre, d'un ton d'excuse : Je préfère la garder près de moi. Je ne veux pas la perdre de vue. »

La pauvre femme se cramponnait à son précieux fardeau comme si sa vie en dépendait. Sans doute était-elle encore sous le choc, se dit Celeste en remontant sur le pont. Levant la tête vers le mât, elle vit que le drapeau était en berne. Bientôt, ils se réuniraient tous pour l'office religieux. Elle n'enviait pas celui qui présiderait à cette triste cérémonie, mais il fallait rendre un dernier hommage aux morts.

16

Après la cérémonie, les survivants se rassemblèrent dans le salon de première classe. May et Celeste se tenaient en silence parmi les autres rescapés dont beaucoup paraissaient en état de choc. On murmurait que certains étaient décédés à bord et qu'ils seraient ensevelis en mer un peu plus tard dans l'après-midi. Celeste, qui n'avait toujours pas d'information au sujet de Mme Grant, se rendit dans le bureau du commissaire de bord pour demander une fois de plus si l'on avait des nouvelles de la vieille dame. Cette fois, la réponse fut positive : elle se trouvait à l'infirmerie, car elle souffrait d'un refroidissement. Celeste se précipita à son chevet, mais la malade était endormie sous sédatif. Elle passa ensuite à la lingerie pour récupérer les vêtements d'Ella, et l'une des passagères du *Carpathia* lui remit une robe de couleur vive en lainage doux avec un corsage à pinces, qui lui allait comme un gant. Elle la revêtit pour donner sa robe noire à nettoyer et à repasser. D'instinct, elle pressentait que May, veuve de si fraîche date, préférerait cette tenue de deuil à l'autre, beaucoup trop voyante.

En traversant la salle à manger, elle remarqua un groupe de femmes assises en cercle, drapées dans des fourrures et des châles en cachemire, autour d'une femme corpulente qui faisait un discours.

« Voyons, mesdames, nous ne pouvons pas rester là sans rien faire ! Avant de quitter ce navire, nous devons former un comité et adopter des résolutions énergiques. Cette catastrophe va ébranler l'opinion mondiale, et des têtes doivent tomber. Tous ces malheureux se retrouvent sans rien sur le dos, sans un sou en poche. Qui veillera à ce qu'ils obtiennent justice ? Que vont-ils devenir quand nous débarquerons à New York, si nous ne nous mettons pas à l'œuvre dès maintenant ?

— Mais, madame Brown, c'est à la White Star Line qu'il incombe d'assumer ses responsabilités et de les aider, pas à nous », objecta une dame à son côté.

La grosse femme secoua la tête et leva la main. « Je sais ce que c'est d'être sans le sou. L'Amérique peut faire de vous un homme riche ou bien un mendiant. J'ai eu de la chance, mon mari a trouvé de l'or, mais il y a une chose dont je suis sûre : qui ne réclame rien n'a rien ! »

Celeste s'approcha. L'oratrice était enflammée par l'indignation, et sa voix exprimait exactement ce qu'elle ressentait elle-même. À son propre étonnement, elle se montra assez téméraire pour intervenir. « Vous avez tout à fait raison. J'étais à bord d'un des canots de sauvetage quand on a repêché une malheureuse jeune femme. Elle a perdu tout ce qu'elle possédait au monde : son mari, leurs billets de transport, leur argent. Leur bébé a été sauvé, Dieu merci, mais elle est sans ressources. »

Mme Brown sourit à la nouvelle venue. « Vous voyez ? C'est exactement ce que je voulais dire... Bienvenue. Joignez-vous à nous, ma sœur. Nous avons besoin de femmes comme vous. Qui remerciera le capitaine Rostron et son équipage, si nous ne le faisons pas ? Qui s'assurera que les immigrants reçoivent des dédommagements, si nous ne le faisons pas ? Quand nous débarquerons, ce sera le chaos. Tout le monde voudra les aider sur le moment, mais une fois que ces pauvres diables seront dispersés, il faudra bien que quelqu'un continue à veiller à leurs besoins.

— Mais, ma chère Margaret, votre démarche n'est-elle pas un peu prématurée ? Le gouvernement les prendra certainement en charge, déclara une passagère de première enroulée dans une étole de renard.

— Ethel, le gouvernement est un ramassis de crétins, si vous me passez l'expression. Ce sont les femmes qui, de tout temps, ont pris soin des autres, et il en sera toujours ainsi. Nous devons faire en sorte que personne ne souffre de la faim à cause de ce désastre ; que les enfants reçoivent une bonne éducation. Combien de pères, riches ou pauvres, ont-ils trouvé la mort ? Combien le *Titanic* a-t-il fait d'orphelins ? Qui enterrera les corps gelés de ces malheureux ? Il faut mettre toute notre compassion féminine dans cette tâche. La charité s'accompagne parfois d'une insupportable froideur. Je vais faire circuler une feuille. Inscrivez-y vos nom et adresse, ce que vous êtes prêtes à faire et combien vous êtes disposées à donner pour aider tous ces infortunés. Et parlez-en autour de vous, mes sœurs ! Racontez l'histoire à tout le monde et faites la quête. Agir, c'est bien mieux que pleurer dans votre tasse de café. »

Celeste se mit à applaudir, enthousiasmée par ce discours passionné. Elle ne pouvait se contenter de demeurer simple spectatrice, alors qu'il y avait tellement de détresse autour d'elle.

Quand cette réunion impromptue eut pris fin, Mme Brown s'avança vers Celeste avec un sourire radieux. « Où allez-vous, ma sœur ?

— Je rentre chez moi, à Akron, dans l'Ohio. J'ai beaucoup aimé ce que vous avez dit. Je souhaiterais apporter ma contribution.

— J'ai entendu dire qu'il se trouvait à bord de pauvres femmes qui se rendaient elles aussi là-bas, pour travailler dans les usines de caoutchouc, et qui ont perdu leurs hommes… Une de vos célébrités locales, Walter Douglas, le fils du fondateur de Quaker Oats, a péri dans le naufrage.

Sa veuve est là-bas, ajouta-t-elle en indiquant une femme pleurant dans un coin. Elle n'a pas encore surmonté le choc, mais elle s'en remettra... Je voudrais m'assurer que nous remercierons l'équipage comme il le mérite, pas par une simple lettre, mais par un gage réel de notre reconnaissance, ajouta-t-elle.

— Une médaille, peut-être ? suggéra Celeste.

— Excellente idée ! Une médaille qui serait remise à chacun des matelots lors d'une cérémonie... Pas tout de suite, bien sûr. Cela nous demandera un peu d'organisation... Vous seriez prête à participer ? demanda Margaret Brown, en posant sur elle un regard qui excluait d'avance toute tentative de dérobade.

— Mais je vis dans l'Ohio...

— Et alors ? Moi, je vis dans l'Ouest. Il y a des trains. Nous tiendrons une autre assemblée avant l'arrivée. Bienvenue à bord. Vous êtes... ?

— Mme Grover Parkes.

— Mais votre nom à vous ? C'est lui qui m'intéresse, pas celui de votre époux.

— Celestine Rose... Celeste », bredouilla-t-elle. Elle commençait à se demander si elle ne s'était pas engagée un peu trop vite.

« Quel nom divin ! gloussa Margaret Brown. Vous êtes anglaise. Il y a beaucoup d'Anglais à bord, voyez si vous pouvez plaider notre cause auprès d'eux et n'acceptez aucun refus. S'ils ne veulent pas nous aider, au moins obtenez qu'ils nous fassent un don, ou qu'ils nous laissent leur adresse pour que nous puissions les relancer plus tard. »

Celeste soupira en regardant cette maîtresse femme se diriger vers les Astor, d'un air résolu et empli d'assurance.

Si seulement elle pouvait lui ressembler, se dit-elle. Si seulement les critiques constantes de Grover ne lui avaient pas fait perdre toute estime d'elle-même... Son mari aurait vite fait de cataloguer Mme Brown comme une de ces dames patronnesses se mêlant de tout et possédant plus d'argent que de bon sens. Mais il se serait trompé. C'était le genre de femme qui réussissait à faire bouger les choses, et Celeste resterait à ses côtés quoi qu'il advienne, en espérant qu'un peu de sa hardiesse et de son énergie déteindraient sur elle.

17

À son retour, Celeste trouva May assoupie. Elle se réveilla en sursaut et caressa en soupirant la robe noire que Celeste lui tendait. « Comment pourrai-je jamais vous remercier ? Quel beau tissu ! »

Celeste ne lui dit pas combien Grover attachait d'importance à ce qu'elle s'habillât comme il convenait à une femme de son rang. Elle devait arborer en toutes circonstances une tenue digne de l'épouse d'un homme d'affaires prospère, parée des étoffes les plus fines et des accessoires les plus luxueux. Pour Grover, l'apparence primait sur le tout le reste, songea-t-elle avec amertume. Pourtant, ainsi que le *Titanic* venait de le démontrer de façon aussi tragique, les apparences se révélaient souvent trompeuses...

«Voyons si elle vous va. Nous pourrons toujours reprendre l'ourlet.»

May hésita. «Il y a des femmes ici qui se promènent avec une couverture enroulée à la taille en guise de jupe. Cette robe est trop belle pour moi.

— Ne dites pas de bêtises. Voilà les vêtements de votre bébé, tout frais lavés et repassés. La dentelle de la chemise de nuit est absolument exquise. Elle est faite à la main, et celle du bonnet aussi... Êtes-vous dentellière?

— Oh! répondit May d'une voix éteinte, c'est un cadeau. J'étais au service de la femme du propriétaire d'une filature de Lostock, près de Bolton, dans le temps. Quand elle a appris que j'attendais un bébé, elle m'a donné toutes sortes de vêtements. Ceux-là devaient faire partie du lot», ajouta-t-elle, stupéfaite de s'entendre mentir avec autant d'aplomb et d'aisance. Elle n'avait jamais contemplé de sa vie de dentelle aussi raffinée.

«Ils ont l'air anciens. Je n'ai jamais rien vu de semblable.

— C'est sans doute un peu trop luxueux pour un bout de chou comme elle, dit May en rougissant. Je crois que ça va aller. Allez donc boire un peu de thé. Vous avez été très serviable, mais nous arriverons à nous débrouiller.»

Sans se laisser démonter par cette manière un peu brusque de la congédier, Celeste répondit : «Nous avons commencé ce voyage ensemble et nous le finirons ensemble. J'ai tout mon temps. Vous avez besoin que l'on vous aide et que l'on vous informe de vos droits. Je pourrai vous trouver un hébergement à New York. Vous êtes déjà bien assez occupée avec Ella.

— Êtes-vous toujours aussi autoritaire? demanda May, avec un sourire qui dévoila une rangée de dents mal alignées.

— Seulement quand j'ai raison, répliqua sa compagne, souriant à son tour. Je me surprends moi-même, quelquefois. J'aimerais que vous fassiez de nouveau examiner ces mains, poursuivit-elle en s'emparant des mains de May pour inspecter ses doigts enflés. «Un bain chaud pourrait peut-être les soulager. Je peux me charger d'Ella. Quel âge a-t-elle, ce petit amour?

— Elle aura un an en mai, répondit May sans réfléchir, et s'en repentant aussitôt.

— Vraiment? Elle est si menue… Roddy était deux fois comme elle, à cet âge.

— Elle est née à sept mois. Elle était minuscule à sa naissance, et il lui faut plus de temps qu'aux autres pour se développer.» Comment pouvait-elle débiter autant de mensonges?

« J'adorerais avoir une petite fille. Peut-être qu'un jour…, murmura Celeste, le regard soudain triste et lointain. Roddy a presque trois ans. Comme ils grandissent vite, n'est-ce pas? N'oubliez pas de télégraphier à votre famille pour les informer que vous êtes saine et sauve.

— Nous n'avons aucune famille. Nous n'en avons jamais eu. Il n'y avait que nous trois, et maintenant, Ella est tout ce qu'il me reste.

— Oh! c'est tellement injuste… Je suis désolée. Mais vous avez bien un parent dans l'Idaho?

— L'oncle George? Je ne l'ai jamais rencontré. C'est lui qui a payé les billets, mais Joe les avait rangés dans son manteau…» Ses yeux se remplirent de larmes. «Je ne sais même pas où nous allions au juste. N'est-ce pas incroyable? Joe était comme ça. Je n'avais pas vraiment envie de partir…» Les larmes se mirent à ruisseler sur ses joues sans qu'elle essaie de les réprimer.

«Pleurez tout votre saoul, May. Cela vous fera du bien. Vous avez fait preuve d'un tel courage… Si cet oncle George s'est porté garant de vous, les services de l'immigration doivent avoir son adresse. Je veillerai à ce qu'ils vous renseignent.

— Je ne mérite pas votre bonté, Celeste. Je me rends ridicule en me donnant ainsi en spectacle, dit May en reniflant.

— Ne dites pas de sottises. Il va y avoir un office funèbre pour les naufragés décédés à bord. Je pense que nous devrions y assister. Cela vous aiderait. Mon père est pasteur, et il affirme que dire adieu aux défunts apaise notre âme. Nous nous soutiendrons l'une l'autre.

— Ne devriez-vous pas aller là-haut? s'enquit May en levant son regard vers le pont supérieur, où les passagers de première classe se tenaient par petits groupes, bavardant et fumant.

— Ma place est près de vous. Je ne vous quitterai pas», répondit Celeste en lui prenant la main. Pour May, c'en était trop, et elle se remit à pleurer.

«Joe ne reviendra pas, n'est-ce pas?

— Il reste encore un espoir. Un autre navire a pu recueillir des survivants.

— Il est mort. Je le sens ici, murmura May en montrant son cœur. J'aurais dû mourir aussi.

— Ne dites pas une chose pareille ! Pensez à votre fille. Ella va avoir besoin de vous plus que jamais, à présent.

— Vous avez raison, soupira May en caressant la tête du bébé. Tous les enfants ont besoin d'une mère. » Tu n'es peut-être pas de mon sang, songea-t-elle en plongeant ses yeux dans ceux de la petite inconnue, mais je te promets de faire de mon mieux.

18

New York, quartier sud de Manhattan

Angelo Bartolini allait être en retard au travail, mais il voulait absolument mettre les dernières touches à la décoration de son appartement sur Baxter Street. Il avait tellement attendu ce jour ! Il était impatient de revoir Maria et de faire la connaissance de leur bébé, et il ne voulait pas qu'elle soit déçue en découvrant son nouveau foyer.

Son oncle Salvi et sa tante Anna l'avaient aidé à meubler le minuscule deux-pièces : un lit, un berceau, une table, deux chaises et une armoire à vêtements, rien ne manquait à leur confort. Il recula d'un pas pour admirer son œuvre et sourit. C'était un vrai palais, avec ces rideaux de dentelle tout neufs, et même une coupe de fruits en provenance de la boutique de Salvi sur Mulberry Street. Tout devait être parfait pour leurs retrouvailles.

Il effleura la carte postale dans la poche de son bleu de travail. C'était une photo du plus somptueux paquebot au monde : celui sur lequel sa femme et sa petite fille venaient le rejoindre à New York pour entamer ensemble une nouvelle vie. Placé sous de tels auspices, l'avenir s'annonçait radieux.

Un peu plus tard, tandis qu'il travaillait sur son échafaudage à une hauteur vertigineuse au-dessus des rues de Manhattan, ses pensées revenaient sans cesse aux préparatifs qu'il restait à accomplir. Il y aurait un grand repas de famille. Anna et ses filles s'en chargeraient, mais il devait aller à l'épicerie afin de remplir le placard à provisions.

« Angelo ! Attention ! » cria un de ses collègues. Il avait eu un instant de distraction, car quelqu'un courait dans la rue en criant à tue-tête. Le mot « *Titanic* » résonna à ses oreilles et il vit des femmes en tablier se rassembler au coin de Mulberry Street, des hommes tourner frénétiquement les pages des journaux.

« Que se passe-t-il ? » demanda-t-il à son équipier. Rocco haussa les épaules, mais un autre brailla : « Il paraît qu'un bateau a coulé... Le *Titanic* a fait naufrage... »

Le sang d'Angelo se glaça. Jetant son sac à outils sur son épaule, il descendit l'échafaudage à toute allure et se précipita dans la rue, le sang battant à ses tempes, transpirant d'anxiété. Il aperçut le titre d'un quotidien et, de joie, tomba à genoux : NAUFRAGE DU *TITANIC* : TOUS LES PASSAGERS SAUVÉS ! Si c'était dans le journal, ça devait être vrai. Les journaux ne mentaient pas.

Il se remit pourtant à courir, suivant la populace avide de nouvelles jusqu'à l'attroupement qui s'était formé sur Broadway devant les bureaux de la White Star Line et se répandait jusque dans Bowling Green Park, de l'autre côté de l'avenue. Tout le monde voulait des informations, n'importe lesquelles, mais les rumeurs qui circulaient parmi la foule n'avaient rien de rassurant et l'anglais d'Angelo n'était pas assez bon pour lui permettre de tout saisir.

« *Per favore*... S'il vous plaît, pouvez-vous me dire ce qui se passe ? » répétait-il sans fin, sa casquette à la main, en s'efforçant de ne pas trembler. Des visages qui avaient paru soulagés au début s'étaient tendus. « *Molti morti*... Beaucoup de morts. Le paquebot a coulé, à ce qu'on dit, mais le navire qui a recueilli les passagers accostera ce soir. Il subsiste un espoir... »

Il resta là, au cas où on leur communiquerait d'autres informations et où on accrocherait la liste des survivants sur le tableau d'affichage. Le jour déclina peu à peu et la nouvelle de l'arrivée du *Carpathia* se propagea bientôt de bouche en bouche. Seuls les parents des passagers seraient autorisés à se rendre au port.

Bien avant la nuit, des milliers de gens commencèrent à se rassembler sur le quai 54 pour suivre le dernier acte de la tragédie, se bousculant pour être aux premières loges. La police avait mis des barrières en place. Serrant son ticket jaune dans sa main crispée, grelottant sous la pluie, Angelo fut emmené avec les autres vers le débarcadère, où on le dirigea vers la porte B, car les rescapés avaient été répartis par ordre alphabétique. Dans les rues alentour, déjà bondées de curieux, la foule continuait à affluer. Riches et pauvres se pressaient, épaule contre épaule, impatients d'apercevoir le paquebot transportant les rescapés, tandis que non loin de là, ambulances, limousines et taxis venaient s'aligner derrière les corbillards. La vue des véhicules mortuaires glaça Angelo jusqu'aux os.

Dans la baie, toutes les embarcations semblaient converger vers le phare d'Ambrose, pour guetter l'arrivée du *Carpathia*. La mer était agitée, mais le brouillard commençait à se dissiper. Un cri s'éleva quand le paquebot apparut à l'horizon, énorme silhouette noire se découpant dans le lointain, un panache de fumée montant de sa cheminée.

Les chaussures d'Angelo étaient trempées et il tapa des pieds pour rétablir la circulation dans ses orteils engourdis. Il croisa les bras autour de son torse, en essayant de réprimer ses tremblements. *Ô mon Dieu, je vous en prie, faites qu'elles soient saines et sauves!* implora-t-il silencieusement, en serrant avec force le crucifix accroché à son cou, comme un talisman.

19

Secoué par de fortes rafales de vent et battu par la pluie, après une longue traversée retardée par le brouillard, le *Carpathia* franchit le détroit pour faire son entrée dans le port de New York. May et Celeste contemplaient les flots tumultueux où dansait une flottille de petits bateaux actionnant leurs sirènes pour leur souhaiter la bienvenue. À leur bord, des reporters brandissaient des pancartes promettant de fortes sommes aux survivants qui leur accorderaient l'exclusivité de leurs récits. Des photographes faisaient crépiter leurs flashes au magnésium, anxieux d'obtenir les premières photos des rescapés du *Titanic*. Sur le pont, les deux femmes demeuraient silencieuses, regardant cette effervescence d'un œil morne.

« Nous allons devenir une grosse attraction », murmura enfin Celeste, mais sa compagne, perdue dans ses pensées, ne l'écoutait pas. Ce moment aurait dû être le plus grisant de sa vie. Joe se serait penché par-dessus le bastingage pour lui montrer les gratte-ciel… Toutefois, en cet instant, devant ces hauts immeubles et ces ponts se profilant sur le ciel nocturne, elle ne ressentait rien d'autre qu'une douloureuse lassitude. Elle ne voulait pas être un objet de pitié ou de curiosité. Tout ce qu'elle souhaitait, c'était prendre le premier navire à destination de l'Angleterre, mais cela ne serait sans doute pas possible avant des jours. Elle ne possédait que des vêtements d'emprunt et ses propres frusques, roulées en un petit ballot, et n'avait même pas en poche de quoi se payer un repas.

On regroupa les survivants en différents points du paquebot. Ils étaient plus de sept cents entassés pêle-mêle, et on allait maintenant les répartir en fonction de leurs catégories. Celeste débarquerait la première et repartirait chez elle, loin d'ici. May allait devoir se débrouiller seule.

Comme si elle avait lu dans ses pensées, Celeste passa son bras sous le sien. «Ne vous inquiétez pas. Je ne vous quitterai pas. Je vais rester près de vous jusqu'à ce qu'on vous ait trouvé un logement. Si Akron n'était pas si loin, je vous emmènerais chez moi. »

Celeste fut bientôt conduite vers le débarcadère avec les autres passagers de première classe, mais elle se retourna pour lui faire signe, en disant : « Je vous attendrai près du portillon. » May n'était pas sûre qu'elle tienne parole. Une fois qu'elle serait entre les bras aimants de son époux, celui-ci s'empresserait de la ramener dans leur foyer et ce serait la fin de cette amitié inattendue. Mieux valait s'en tenir à son propre plan et essayer de s'en sortir toute seule. Celeste et elle étaient pareilles à deux vaisseaux se croisant dans la nuit, et le caractère poignant de cette image lui serra le cœur. Elle avait entendu raconter que d'autres navires se trouvaient à proximité du lieu du naufrage et qu'ils n'étaient pas venus à leur secours. S'ils l'avaient fait, un plus grand nombre de gens auraient pu être sauvés.

Il se pouvait encore que des proches d'Ella attendent sur le quai et qu'on la lui prenne aussi.

May avait réfléchi à cette éventualité tout au long de cette traversée interminable à bord du *Carpathia* et élaboré des explications à peu près plausibles. Il était préférable que Celeste n'en sache rien.

Ce ne fut qu'à vingt-trois heures, une heure plus tard, que les rescapés de troisième classe purent débarquer, après qu'on les eut une nouvelle fois contrôlés et classés par ordre alphabétique comme de la paperasse, qu'on leur eut distribué des tickets et des bons de nourriture, ainsi que quelques dollars d'argent de poche. Au moment de quitter le paquebot, May s'agrippa à la passerelle, brusquement prise de frayeur. Ses jambes refusaient de bouger et elle crut qu'elle allait vomir.

« Je ne peux pas descendre, murmura-t-elle à l'hôtesse qui se tenait derrière elle.

— Mais si, vous pouvez, répondit celle-ci d'une voix pressante. Il n'y a plus rien qui vous retienne ici, mon chou. »

Oh si, il y avait quelque chose : le *Carpathia* était le dernier lien la rattachant à Joe. En le quittant, elle les abandonnerait pour toujours, Ellen et lui.

Elle serra Ella plus étroitement contre elle, dissimulant les cheveux noirs sous le bonnet. *Je ne veux pas renoncer à toi, plus maintenant…* Mais elle savait qu'elle y serait peut-être obligée.

Contraignant ses membres raidis à lui obéir, elle descendit lentement la passerelle. Sur le quai, des centaines de badauds contenus par des barrières de sécurité attendaient en faisant de grands signes. En dehors des familles des rescapés, personne n'était autorisé à s'approcher, pour préserver ces émouvantes retrouvailles des regards indiscrets. À contrecœur, May repoussa le bonnet de dentelle pour découvrir le petit visage et son sourire gracieux qui aurait attendri les cœurs les plus secs. Elle passa lentement devant la foule massée contre les barrières et ralentit encore le pas en arrivant près de l'endroit réservé aux proches, redoutant que l'un d'eux ne se mette à crier en reconnaissant le bébé. Mais nul ne l'arrêta pour réclamer l'enfant – seulement des hommes qui brandissaient des photos en hurlant des questions dans une langue étrangère.

Effrayée par le bruit et les lumières vives, Ella se mit à pleurer. May avait le cœur au bord des lèvres. Elle avait soigneusement répété l'histoire qu'elle raconterait pour se justifier : la petite lui avait été confiée par le capitaine Smith, pas moins, et il lui avait bien recommandé de ne la remettre qu'à un membre de sa famille. Elle s'attarda sur le quai, tremblant que quelqu'un ne se manifeste au dernier moment, et finit par franchir le portillon S en laissant échapper un profond soupir de soulagement.

C'est alors qu'elle aperçut Celeste au côté d'un homme en pardessus et chapeau melon, qu'elle présuma être son mari.

« Enfin ! Je suis désolée qu'on vous ait fait attendre si longtemps, mais nous étions tellement nombreux…, s'écria la jeune femme en tendant les bras vers Ella.

— Vous êtes sans doute monsieur Parkes ? demanda May, tandis que l'homme ôtait son chapeau en souriant.

— Non, madame, je suis Jack Bryden. » Ils se serrèrent la main, et il laissa à Celeste le soin de lui donner quelques explications.

« C'est l'un des directeurs de l'entreprise de mon mari. Celui-ci l'a chargé de me raccompagner à la maison. Je lui ai dit que je ne pouvais pas rentrer tout de suite. Je resterai ici jusqu'à ce que vous soyez prête à partir.

— Mais, madame, j'ai pour instruction expresse de vous ramener chez vous par le premier train. Votre famille a hâte de vous revoir.

— Je n'en doute pas. Je vous remercie, Jack, mais, comme je vous l'ai dit, j'ai d'abord une tâche importante à remplir. »

Il y avait dans la voix de Celeste une note de sarcasme que May ne lui avait encore jamais entendue. Elle était bouleversée de voir autour d'elle tant de veuves et d'orphelins. Les morts devaient se compter par centaines… Brusquement, elle se sentit faible, à bout de forces.

« Il faut que je m'asseye.

— Ne vous inquiétez pas, un taxi nous attend, répondit M. Bryden. J'ai pris le tramway en compagnie d'un jeune homme originaire d'Akron. J'aimerais savoir s'il a retrouvé les siens. Auriez-vous par hasard rencontré des gens du nom de Wells, venant du pays de Galles ? »

Toutes deux secouèrent la tête. Il y avait trop de survivants à bord du *Carpathia* pour qu'elles puissent se souvenir des noms.

«Quittons ces lieux de désolation. On nous a réservé des chambres dans un hôtel convenable et je crois que la petite Ella a besoin d'être changée», déclara Celeste avec autorité, en prenant le bras de May.

20

Quand tous les passagers eurent quitté le bord, on releva la passerelle et le silence retomba sur la foule. Il ne restait plus sur le quai que quelques retardataires. Angelo avait tellement crié que sa voix s'était enrouée. S'il brandissait sa photo plus haut et parvenait à se frayer un passage jusqu'au premier rang, peut-être Maria, en voyant son propre portrait, comprendrait-elle qu'il était ici et ferait-elle demi-tour pour le retrouver?

Il vit passer des médecins et des infirmières poussant des fauteuils roulants vides. Il avait assisté au débarquement des premiers passagers: des femmes couvertes de fourrures et portant des chapeaux, visiblement secouées, mais dignes. Il y avait eu une bousculade, des gens s'étaient rués vers les rescapés en poussant des cris de joie. Beaucoup avaient quitté le port en toute hâte, accrochés au bras de leur femme ou de leur mari; d'autres marchaient avec difficulté en s'appuyant sur une canne, le visage tanné par l'air marin, les épaules voûtées par l'accablement.

Il avait mal au bras à force de tenir la photo en l'air. Les derniers passagers de troisième classe étaient en train de franchir la porte B. Aucun d'eux ne lui prêta attention. Leurs regards éteints trahissaient l'épuisement et la peur. Il attendit, attendit, jusqu'à ce qu'ils soient tous partis. Personne d'autre n'apparut. Il devait absolument trouver la liste des passagers et la vérifier. Il avait dû se produire une erreur. Il courut vers les autres portillons, suppliant les stewards de regarder la photo. Maria et la petite devaient forcément se trouver quelque part. «S'il vous plaît… S'il vous plaît, ma femme, ma *bambina*.»

«Tout le monde est parti, mon gars. Rentre chez toi. Il n'y a plus personne ici, à part les membres d'équipage.

—Vous êtes sûr? Regardez, c'est ma femme…»

Aveuglé par les larmes, il s'élança sous la pluie en criant «Maria!» avant de s'écrouler sur le sol comme un homme ivre. Une dame en voile de deuil l'aida à se relever. Il sortit pesamment dans la nuit noire, croisant en chemin d'autres personnes effondrées de chagrin, des hommes barbus implorant le ciel à grands cris. C'est alors qu'il aperçut quelque chose gisant sur le sol, une *scarpetta*, un petit chausson de bébé en dentelle semblable à ceux que confectionnaient Maria et sa *mamma*, un motif qu'il aurait reconnu n'importe où.

Il le ramassa et l'examina attentivement. Oui, c'était bien de la dentelle italienne appliquée sur un chausson en tissu, du même modèle que ceux que les femmes de son village cousaient pour leurs bébés. Il avait grandi parmi les dentelles : c'était ainsi que les villageoises se faisaient un peu d'argent, en les vendant sur les marchés. Le dessin de celle-ci était typique de sa région natale. Son cœur fit un bond.

Il sourit, submergé par le soulagement. Il avait dû les manquer dans cette foule. Elles étaient passées sans qu'il les voie. Ce ne pouvait être que ça. Fourrant le chausson dans sa poche, il se dirigea d'un pas vif vers le chapiteau qui avait été dressé par les associations charitables.

« Maria, Alessia, où êtes-vous ? Je suis là. Je vous ai attendues. Regardez, le bébé a perdu un chausson. Je viens de le retrouver, clama-t-il.

— Allons, mon fils, calmez-vous, lui dit un prêtre qu'il ne connaissait pas. Ce n'est qu'un chausson ; ne vous montez pas la tête ainsi.

— Non, c'est celui de mon bébé. Je le reconnais. C'est… Elles ont dû se rendre à l'adresse que je leur avais donnée ! »

Il fendit la foule, aiguillonné par un nouvel espoir. Quand il arriverait à Baxter Street, il les trouverait là à l'attendre devant la porte fermée. Un peu contrariées peut-être, mais vivantes. Elles ne devaient pas rester dehors par ce froid. Il devait se dépêcher. Il ne voulait pas les perdre une seconde fois.

21

Au cours des jours qui suivirent, May et Celeste reçurent force marques de sympathie et offres d'assistance. Les dames du Comité de secours aux femmes arrivèrent, chargées d'une quantité inépuisable de provisions. En fait, sympathie était un mot bien faible pour exprimer la compassion qu'on leur prodiguait à toutes.

«Regardez! s'exclama May à la ronde. Ils sont neufs!» On leur avait apporté des vêtements de toutes formes et de toutes tailles, d'excellente qualité, certains en provenance de grands magasins qui avaient fait don de portants entiers de blouses, de cardigans, de pantalons, ainsi que de caisses remplies de corsets et de sous-vêtements, de gants et de bas. Il y avait également des jarretières, des épingles à cheveux et des bottines de toutes les pointures, à lacets ou à boutons, et même une boîte de serviettes hygiéniques, ce dont May se montra reconnaissante, car le choc émotionnel avait fait venir ses règles plus tôt.

Les femmes se ruèrent pour essayer les robes et les chaussures, cherchant fébrilement leur taille.

Pendant un instant, elles ne furent plus que des enfants lâchées dans une boutique de jouets. Chacune d'elles reçut une valise accompagnée d'une carte de condoléances des donateurs. Des centaines de lettres et de cartes avaient été envoyées au Star Hotel, sur Clarkson Street, où

May résidait avec Celeste en compagnie d'autres rescapés.

« Une cérémonie se tiendra ce soir à la cathédrale. Nous devrions y aller, proposa Celeste.

— Ce n'est sûrement pas destiné aux gens comme moi. De plus, je ne veux pas confier Ella à des étrangers.

— Pourquoi ne pourriez-vous pas y assister ? Emmenez donc la petite. Les fidèles pourront ainsi voir en chair et en os les veuves et les orphelins qui ont besoin de leur aide financière, et cela ne pourra qu'être utile à notre cause.

— Je ne suis ni une mendiante ni un phénomène de foire, répliqua May d'un ton irrité.

— Ne soyez pas si susceptible. Ces gens veulent seulement se sentir utiles. Un regard à Ella, et ils ouvriront tout grand leur porte-monnaie.

— Je préfère ne pas y aller.

— Comme vous voudrez, répondit Celeste qui se détourna en se mordant la lèvre. J'essayais simplement de vous aider. »

May se rendit compte qu'elle l'avait blessée. « Allez à cette cérémonie sans moi. Je suis fatiguée, et je ne vous serais pas d'une compagnie bien agréable ce soir. Je dois déjà faire appel à toutes mes forces pour tenir jusqu'à la fin de la journée. »

À Manhattan, on ne parlait plus que du naufrage du *Titanic* et des événements qui s'y rattachaient ; dans chaque quartier, on célébrait des offices à la mémoire des disparus, et les églises, tant épiscopales que presbytériennes ou catholiques, ouvraient toutes grandes leurs portes. Celeste s'éclipsait fréquemment pour rencontrer des journalistes et essayer de récolter des fonds pour le comité de secours pendant que la tragédie suscitait l'intérêt du public.

Une réelle camaraderie s'était établie entre les rescapés qui ressassaient leur histoire dans une sorte d'hébétude. De petits groupes s'étaient formés, mais Celeste avait été jusqu'ici pour May son unique source de réconfort. Désormais, elle ne devrait plus compter que sur elle-même.

Sensible à tous ces changements et à l'agitation qui régnait en permanence autour d'elles, Ella était d'humeur grognonne. Bien moins placide désormais, elle observait tout le monde avec des yeux immenses. Elle était vêtue comme une petite princesse et passait de bras en bras telle une poupée, chacune s'extasiant sur elle et voulant la cajoler. May savait que les autres veuves y trouvaient un dérivatif à leur chagrin, mais elle aurait souhaité garder l'enfant pour elle seule.

Des employés des services sociaux vinrent la voir pour lui faire remplir une fiche de renseignements et l'informer qu'ils pouvaient lui réserver une place à bord du *Celtic* qui partirait la semaine suivante vers l'Angleterre, si elle désirait rentrer chez elle.

« Y a-t-il quelqu'un là-bas que vous souhaitiez prévenir de votre arrivée ? demanda le fonctionnaire.

— Tous ceux que j'aime reposent au fond de la mer, répondit-elle, et il inclina la tête d'un air compatissant. Une fois à Liverpool, je me débrouillerai. »

Mais pour Celeste, il n'était pas question de l'abandonner à son sort. « Mme Smith va remplir tous les formulaires et elle percevra les compensations qui leur sont dues, à son enfant et à elle, par la compagnie White Star Line et les fonds de secours. May, il faudra leur donner une adresse où ils feront suivre le courrier, pour vous tenir informée. Vous devez comprendre qu'en tant que personne à charge, vous êtes en droit de réclamer des indemnités. Elle n'a plus de mari et plus aucun bien sur terre, il ne lui reste rien, ajouta-t-elle à l'intention des fonctionnaires. Son garant dans l'Idaho a été prévenu, mais Mme Smith n'a plus aucune envie de rester en Amérique.»

May n'avait ni l'énergie ni l'assurance nécessaires pour défendre elle-même ses intérêts. Elle ne souhaitait qu'une chose : partir d'ici. «Je veux rentrer chez moi, mais je ne sais pas ce que je ferai ensuite. Je ne peux pas retourner à Bolton sans Joe. Je ne me sens pas la force de revoir les gens qui nous connaissaient tous les deux. Je n'ai aucune idée de ce que je vais devenir...

— Eh bien, moi, j'en ai une, déclara Celeste d'un ton péremptoire Si vous désirez vraiment repartir de zéro, je pense avoir trouvé la solution. Mais tout d'abord, je tiens à vous montrer les beautés de cette ville. Vous ne pouvez pas repartir sans avoir vu Central Park.

— Vous croyez ?

— Cela vous fera du bien.»

Quand Celeste avait une idée en tête, il était difficile de la lui retirer. May n'était absolument pas tentée par cette promenade. C'était au bras de Joe qu'elle aurait dû la faire, pas à celui d'une étrangère, si bienveillante fût-elle. Elle ne voulait pas non plus que les gens s'apitoient sur Ella et la prennent en photo.

Elle n'arrivait toujours pas à croire que personne, au cours de cette semaine, que ce fût à bord du navire ou sur la terre ferme, ne fût venu réclamer le bébé. Tenir Ella dans ses bras l'empêchait de penser à Ellen, qui la visitait chaque nuit dans ses rêves, tendant les mains vers elle quand elle trébuchait dans ses petits souliers de cuir. Elle se réveillait en criant son nom et c'était toujours Celeste qui accourait à son chevet.

« Ce n'était qu'un rêve. Ella est saine et sauve. Vous aussi. Rendormez-vous. »

Si elle savait…, se disait May, amèrement.

22

Angelo courut tout le long du chemin, inquiet à l'idée que sa famille était en train de se morfondre sous la pluie. Hors d'haleine, il s'écria : « Maria, je suis là… » Puis il vit le visage de l'oncle Salvi penché vers lui dans l'escalier, la mine soucieuse et tendue.

« Angelo, nous avons appris la nouvelle. Nous t'attendions.

— Elles ne sont pas encore arrivées ? dit-il en s'affalant sur les marches. Maria avait pourtant l'adresse… »

Ils attendirent une heure de plus. Angelo marchait de long en large, dévoré par l'angoisse. «Encore une petite heure, et elles seront là. C'est une ville immense. Maria ne me laisserait pas…

— Il est tard à présent. Rentrons chez moi. Tu ne dois pas rester seul ce soir.

— Non, je vais les attendre, au cas où elles arriveraient. Elles ont fait un si long voyage… Je ne peux pas leur faire faux bond.

— Elles ne viendront plus, Angelo. Elles n'étaient pas sur le bateau, n'est-ce pas ?

— Mais j'ai le chausson du bébé, regarde… De la dentelle toscane. Je la reconnaîtrais entre mille. N'en avions-nous pas apporté un rouleau entier pour la revendre aux magasins de modes ? Je t'en prie, attendons encore un peu, Salvi. »

C'était l'aube quand son oncle l'emmena, tel un enfant en pleurs et marmonnant pour lui-même, vers son échoppe et la chaleur de son foyer. Salvi et son épouse, Anna, firent venir le docteur Fortuna qui, voyant l'état d'Angelo, lui administra un sédatif. Ils l'obligèrent à s'étendre sur le divan, refusant de le laisser rentrer dans son petit appartement désert.

«Il faut que je retourne là-bas. J'aurai peut-être des nouvelles », implora-t-il. Des visiteurs vinrent leur offrir des gâteaux et des fleurs, ainsi que leurs condoléances. Il se sentait en proie à une étrange fièvre, glacé et brûlant à la fois, à bout de souffle, incapable de travailler ni de penser et réclamant éperdument sa femme.

Le prêtre de sa paroisse, le père Bernardo, venait le voir chaque jour pour le réconforter et il lui proposa de dire une messe à l'intention de Maria et de sa fille.

« Ton cœur est brisé, mais il finira par cicatriser. Seule la prière pourra apaiser ta souffrance. Elles sont dans un monde meilleur », lui assurait-il.

Mais Angelo refusait de l'écouter. « Je les veux près de moi. Elles se trouvent quelque part dans cette ville, je le sais. J'ai mis des annonces dans les magasins et dans les journaux italiens. Regardez, dit-il, s'animant soudain, j'ai reçu une lettre d'une femme qui dit avoir vu Maria à bord du bateau, avec notre bébé. Elle est certaine qu'il s'agit de mon épouse, mais elle doit faire un long trajet pour me rencontrer, alors je lui ai envoyé de l'argent.

— Comment s'appelle-t-elle ? demanda Bernardo. Montre-moi cette lettre.

— La signora Bruno… Tenez, lisez.

— Est-elle venue ?

— Pas encore, mais ça ne saurait tarder. »

Le prêtre soupira. « Je ne pense pas que cette personne se manifeste. Elle a empoché tes dollars, c'est tout ce qui l'intéressait. Il se trouve toujours des scélérats pour profiter de la misère humaine. La ville grouille d'escrocs qui se font passer pour des survivants du *Titanic* afin d'obtenir de l'argent et des traitements de faveur, ou donnent de faux espoirs à des gens désespérés, en leur racontant des mensonges pour mieux les dépouiller. Je suis désolé.

— Je ne renoncerai pas, mon père. J'ai le chausson de mon enfant. Elle est ici, je le sais. Elle a été enlevée, ou pire… » Il se remit à marcher de long en large.

« Arrête, mon fils. La douleur t'égare. Cela fait plus d'une semaine que les rescapés sont arrivés, à présent. Tu dois regarder la vérité en face. Elles n'ont pas survécu. Pourquoi certains ont-ils été sauvés et tant d'autres ont-ils péri, c'est un mystère qui dépasse mon entendement. Il va y avoir une enquête sur les circonstances de ce naufrage. La vérité éclatera au grand jour. Jusque-là, sois courageux. Salvi et Anna se font un tel souci à ton sujet ! Je leur ai dit qu'il fallait te laisser le temps de surmonter le choc, que tu finirais par te reprendre. Tu es jeune et fort. Ne me déçois pas. Accepte cette épreuve, mon fils. »

23

Celeste et May échangèrent des adieux émus sur le quai où le *Celtic* se préparait à lever l'ancre. Les membres de l'équipage du *Titanic* qui avaient réchappé au naufrage ne seraient pas du voyage. Ils avaient immédiatement été séparés des autres survivants et reçu l'interdiction de quitter le territoire, car ils allaient devoir témoigner devant une commission d'enquête. Celeste était disposée à apporter son propre témoignage, mais les autorités n'avaient guère paru s'y intéresser. Elle avait relaté la conduite héroïque du capitaine Smith et le sauvetage du bébé, mais n'avait pu se souvenir du nom d'aucun des autres passagers du canot de sauvetage qui aurait pu confirmer son récit.

« Comment vous remercier ? sanglota May en l'étreignant avec force. Vous nous avez sauvé la vie. Je ne vous oublierai jamais.

— Nous sommes sœurs, désormais, répondit Celeste, sans pouvoir se retenir de pleurer à son tour. Les sœurs du *Titanic*, liées à jamais par cette expérience effroyable. Écrivez-moi sans faute pour me dire comment les choses se passent pour vous à Lichfield. Promettez-le-moi et peut-être qu'un jour, si Dieu le veut, je viendrai avec Roddy et nous nous retrouverons. En vous écrivant, je penserai à ma ville natale. Vous serez un lien de plus avec ma patrie.

— Je présume que vous allez être très occupée avec les différents comités. Vous n'êtes pas obligée d'écrire, vous savez. Je n'oublierai jamais votre bonté. Oh ! et remerciez votre mari de vous avoir laissée rester jusqu'au bout à mes côtés. Il doit être impatient de vous revoir.

— Je vous écrirai, et je vous enverrai une photo de Roderick. Et vous, envoyez-m'en une d'Ella et de vous. La catastrophe du *Titanic* doit rester dans les mémoires à jamais. Il faudra raconter à vos compatriotes tout ce que vous avez vu cette nuit-là, sans rien omettre, le meilleur comme le pire. Une telle tragédie ne doit jamais se reproduire. »

Elles levèrent toutes les deux les yeux vers le paquebot, et May frémit d'appréhension.

Celeste se prit à hésiter. Pourquoi ne se résignait-elle pas à la voir s'en aller ? « Rien ne vous oblige à repartir si tôt. Vous pouvez rester ici et reprendre des forces avant d'affronter une nouvelle traversée. Je sais ce que vous êtes en train de penser : comment pourrai-je remonter sur un bateau ? »

May s'efforça de faire preuve de bravoure et tenta de sourire. « Je veux simplement rentrer chez moi. Il n'y a aucun avenir pour nous en Amérique. Nous nous en sortirons, maintenant que vous m'avez trouvé une place. Nous serons bien mieux dans notre pays.

— Tenez, reprit Celeste en lui glissant dans la main une flasque en argent. Quelqu'un m'avait donné ça à bord du *Carpathia* pour me réconforter. C'est du cognac français d'excellente qualité. Cela vous réchauffera et vous aidera à dormir.

— Merci, mais je n'ai jamais bu d'alcool de ma vie et je ne vais pas commencer maintenant. Je préfère m'en tenir au thé sucré et au chocolat.

— Vous êtes une femme tellement courageuse ! Je suis fière de vous avoir connue. Comment faites-vous pour rester si calme ? demanda Celeste, les larmes aux yeux.

— C'est elle qui me donne la force de continuer, répondit May en montrant le bébé assoupi.

— Écrivez-moi, May, je vous en prie. Racontez-moi ce qui se passe, parlez-moi de ma bonne ville de Lichfield. Je vous en serai immensément reconnaissante. Ma terre natale me manque tellement, parfois…

— Je ferai de mon mieux. Je ne suis pas habituée à manier la plume, sauf pour rédiger des listes et ce genre de choses. Je n'ai jamais eu personne à qui écrire, mais j'essaierai. J'espère seulement que ce machin flotte mieux que l'autre, ajouta May avec un sourire désabusé. Je ne me serais jamais crue capable de faire une plaisanterie de ce genre. Qu'est-ce qui m'arrive ?

— Vous avez changé, voilà tout. Aucun de nous ne sera plus jamais le même après ce qui est arrivé. Mais nous avons survécu et nous continuerons à le faire. Regardez comme vous avez été courageuse, et quelle volonté il vous faut pour braver de nouveau l'océan qui vous a… » Elle s'interrompit, puis reprit : « Bonne chance et bon voyage. »

Les larmes affluèrent à ses yeux tandis qu'elle embrassait le bébé et serrait May dans ses bras une dernière fois. « Partez avant que je me rende complètement ridicule. Je n'oublierai jamais votre courage. Vous m'avez ouvert les yeux. Je vois désormais les choses sous un jour entièrement différent. »

24

Chaque jour, depuis qu'il avait récupéré des forces, Angelo empruntait inlassablement le même parcours pour se rendre aux bureaux de la White Star Line. Il avait entendu dire que la liste des passagers comportait des erreurs. À son entrée, l'employé leva les yeux et soupira bruyamment en le reconnaissant.

« Encore vous ! Écoutez, je vous l'ai déjà dit cent fois, si nous recevons de nouvelles informations, nous vous préviendrons par télégramme. Nous avons votre adresse.» Les employés de la compagnie s'étaient montrés compréhensifs au début, mais au fil des semaines, ils avaient fini par perdre patience à force d'entendre quotidiennement Angelo les supplier de vérifier une nouvelle fois la liste des rescapés. «Votre femme et votre bébé ont bien embarqué à Cherbourg, mais elles n'ont pas survécu. Toutes les informations concordent : elles ne figurent sur aucune liste, malheureusement.»

Comme il insistait, les gens qui attendaient derrière lui commencèrent à s'impatienter. Angelo prit conscience qu'il devait avoir l'air d'un dément : il ne s'était pas rasé depuis la veille et il semblait complètement perdu. Lui-même se demandait parfois s'il n'était pas en train de devenir fou. Il se retourna pour montrer le petit chausson.

«Qui volerait un chausson de bébé? demanda-t-il, prenant les clients à témoin.

— Certains passagers voleraient ses puces à un chien, s'ils en avaient la possibilité, maugréa un homme.

— Je suis désolé, intervint l'employé. Rentrez chez vous et écrivez à la famille restée au pays, quel qu'il soit, que les nouvelles ne sont pas bonnes.

— Comment pourrais-je annoncer à sa *mamma* que sa fille est morte par ma faute? C'est moi qui l'ai fait venir ici, en lui promettant une vie meilleure. Ses parents en mourront, s'ils apprennent ça.

— Écoutez, mon gars, il faut regarder la vérité en face. Elles ont disparu et vous devez annoncer la nouvelle à la famille avec le plus de ménagement possible.

— Et si elles étaient en train d'errer dans les rues à ma recherche ? »

L'employé ôta ses lunettes à monture de corne et les essuya en secouant la tête. « Si vous continuez, je vais devoir appeler le directeur. »

Il n'y avait plus rien à ajouter, mais Angelo brandit une fois de plus le chausson devant son auditoire. « Je vais devoir porter ce poids pendant le reste de mon existence. J'ai tué mon bébé, murmura-t-il. Et je ne l'ai même jamais tenu dans mes bras. Ma petite fille est née après mon départ. » Sortant de sa poche une photo en lambeaux, il poursuivit : « Voilà tout ce qu'il me reste, cette photo de ma Maria et de mon Alessia.

— Un bien joli nom, s'apitoya une femme.

— C'était celui de ma grand-mère, répondit-il en se signant.

— Allons, à présent, partez. Trouvez un endroit où vous pourrez boire un café, ça vous calmera, lui lança l'employé. Vous ne pouvez pas continuer à perdre votre temps ici au lieu de travailler.

— Comment peut-on travailler quand on a tout perdu ? Pourquoi cela nous est-il arrivé, à nous ? Qu'avaient-elles fait pour mériter une telle fin ?

— Je n'en sais rien, mon gars. Nul ne peut dire pourquoi le Tout-Puissant en épargne certains, et pas les autres. Je suis navré, mais il faut partir à présent. Il y a d'autres personnes derrière vous. »

Comme Angelo se dirigeait vers la sortie, l'homme ajouta d'une voix hésitante. « Bonne chance ! Peut-être un jour connaîtrez-vous la vérité. »

Quelqu'un gratifia Angelo d'une tape amicale dans le dos, quelqu'un d'autre lui pressa doucement le bras. Mais ces marques de sympathie ne lui procurèrent aucun réconfort.

25

Le retour à Akron se déroula dans une ambiance lugubre. Celeste regardait fixement par la vitre du compartiment pendant que Jack Bryden jacassait sans arrêt, évoquant les malheurs de la famille Wells dont deux des fils avaient péri dans le naufrage. Ils rentraient cinq jours plus tard que prévu. C'était un geste de défi de la part de Celeste, une façon de se venger de la déception qu'elle avait éprouvée en voyant que Grover ne s'était même pas donné la peine de venir l'accueillir à son arrivée. Si elle l'avait vu sur le quai, empli d'inquiétude à son sujet, les choses auraient été différentes. Toutes ces manifestations de joie auxquelles elle avait assisté lors du débarquement, ces cris, cette émotion à l'état brut, lui faisaient sentir d'autant plus cruellement l'indifférence de son époux à son égard. Elle n'avait manqué à personne, la vie à Akron se poursuivait très bien sans elle. Roddy lui-même voyait parfois davantage sa nounou, Susan, que sa mère. Tout cela devait changer. En guise de comité d'accueil, il n'y avait eu que ce pauvre Jack, qui l'attendait drapé dans son imperméable, comme si elle était une simple cliente venue visiter les locaux de la Diamond Rubber Company. Elle avait eu envie de lui hurler dessus, mais on ne pouvait pas en vouloir au messager porteur d'une mauvaise nouvelle.

Les réunions avec Margaret Brown et ses amies avaient fait naître en elle une ardeur insoupçonnée. Elle devait à tout prix poursuivre sa campagne en faveur des survivants, et puis il y avait la réception en l'honneur de l'équipage du *Carpathia* à organiser. Elle avait téléphoné à Grover avant-hier pour l'informer de ce délai supplémentaire. Il avait répondu que sa mère avait prévu de donner une soirée pour fêter son retour, et qu'ils allaient être obligés de la repousser. Manifestement, ce changement de programme le contrariait. Il avait ensuite déclaré qu'une voiture viendrait les chercher à la gare.

Quand le véhicule s'engagea dans l'allée de leur imposante demeure près de Portage Hill, flanquée, à chacun de ses angles, de tourelles couvertes de lierre qui la faisaient ressembler davantage à une forteresse qu'à une maison, elle se demanda comment elle allait y être accueillie. Levant les yeux, elle aperçut Grover en train de la regarder d'une fenêtre du premier étage, et elle frissonna.

La bonne l'attendait devant la porte. «Bienvenue chez vous, madame Parkes. Nous sommes très heureux de vous revoir saine et sauve.

— Merci, Minnie, répondit-elle en souriant. Où est mon petit Roddy?

— Il est sorti avec sa nourrice. Nous ne savions pas à quelle heure votre train arriverait, et Monsieur a dit à Susan de l'emmener faire une petite promenade pour profiter du soleil. Je suis sûre qu'ils ne tarderont pas à rentrer.»

Celeste sentit son cœur se serrer sous l'effet de la déception.

«Monsieur est dans son bureau. Il a demandé que vous alliez le voir dès que vous y serez disposée.»

En entendant cela, son appréhension redoubla. Elle était tombée en disgrâce. Tout devait se payer, et Grover considérait sans doute qu'en prolongeant son séjour à New York elle lui avait désobéi. À pas pesants, elle gravit le large escalier de chêne menant au bureau, tel un enfant convoqué chez le directeur de son école pour recevoir sa punition. Son courage tout neuf la désertait déjà.

«Enfin! Ferme la porte», ordonna Grover en se détournant de la fenêtre pour avancer vers elle. Il darda sur elle un regard flamboyant de colère. «Comment oses-tu arriver si tard? J'avais donné pour instruction à Bryden de te ramener directement ici, et tu n'en as tenu aucun compte, rugit-il, son teint rubicond s'empourprant encore.

— Je sais, j'en suis navrée, mais il y avait tant de gens qui avaient besoin de mon aide, des survivants... C'était terrible, Grover. Tu n'en aurais pas cru tes yeux. Je ne pouvais pas les abandonner ainsi.

— Je ne veux pas écouter tes excuses, répliqua-t-il avec un geste dédaigneux de la main. Tu as bien abandonné ta famille pendant des semaines, et ça ne semble pas t'avoir dérangée.

— Ma mère est morte. Je ne pouvais pas faire autrement que me rendre là-bas.

— Tu ne semblais pas très pressée de rentrer. Va te changer. Nous devons nous rendre à la réception.

— Je ne veux pas partir sans avoir vu Roddy. Il m'a tellement manqué...

— Il est sorti avec Susan. Elle est davantage une mère pour lui que tu ne l'es, toi. Il s'apercevra à peine que tu es revenue.

— Comment peux-tu dire une chose pareille ? Je voulais l'emmener avec moi en Angleterre, mais tu n'as pas voulu. Ma mère ne l'avait jamais vu. Et maintenant, il est trop tard. » Elle était au bord des larmes. Elle savait qu'il était inutile de discuter avec lui quand il était de cette humeur.

« Fais ce que je te dis, et ôte ces frusques miteuses. Tu ressembles à une vulgaire ouvrière.

— Je suis en deuil.

— Tu ne le porteras pas ici, en tout cas. Le noir ne te sied pas.

— Il sied à mon état d'esprit, après ce que j'ai vu, ce que j'ai enduré ! » riposta-t-elle sèchement.

Le coup qu'il lui assena dans l'épaule la projeta contre le bureau. Elle s'affala au sol.

« Je ne souffrirai pas qu'on me désobéisse dans ma propre maison, tonna-t-il. Tu as ignoré mes instructions. Tu sais à quoi tu t'exposes, quand tu te comportes ainsi. » Il la dominait de toute sa taille, la transperçant de ses yeux gris, durs et froids comme le silex. Celeste essaya de se redresser.

« J'ai manqué me noyer et tu voudrais que je me pomponne pour assister à une soirée ? Grover, s'il te plaît...

— Tu devrais t'en montrer reconnaissante. Ma mère prépare cette réception depuis des jours. Toute la crème de la société locale a envie d'entendre ta relation de ces événements. »

Celeste porta une main à son épaule qui l'élançait douloureusement. Elle se sentait désorientée, en proie au vertige, après sa chute. « Je suis fatiguée. Je n'ai aucune envie d'assister à des mondanités.

— Ce dont tu as envie n'a aucune importance, aboya Grover.

— Je t'en prie, une autre fois, implora-t-elle.

— Va dans la chambre. Tu as besoin d'une bonne leçon. Je vais t'en donner une que tu n'oublieras pas de sitôt. »

Elle vit une flamme mauvaise danser dans son regard et comprit ce qui l'attendait. « Oh ! pas maintenant, je t'en supplie ! Ne vois-tu pas que j'ai mal ? Pour l'amour de Dieu, ne me prends pas maintenant.

— Tu es mon épouse et tu ne peux me nier ce droit. Va dans la chambre, si tu ne veux pas que je t'y traîne par les cheveux. J'aurais pourtant cru que tu savais désormais qui était le maître dans cette maison. Je ne me laisserai pas humilier par une femme indocile. »

26

À bord du *Celtic*, May resta cloîtrée dans sa cabine, loin des regards inquisiteurs. Elle savait que les autres passagers mouraient d'envie de l'interroger sur son effroyable expérience et de caresser le bébé.

Elle voyageait cette fois en deuxième classe, et elle était sûre que Celeste n'était pas étrangère à ce privilège inattendu. Elle ne méritait pas une amie comme elle. Elle lui devait la vie. Jamais elle n'oublierait ces quelques jours passés à New York en sa compagnie. Elle s'était promenée en calèche dans Central Park, avait dégusté des sodas à la glace, fait des emplettes chez Macy's en essayant de ne pas rester bouche bée devant une telle profusion d'articles de luxe et toutes ces élégantes dames en capeline sirotant leur thé dans le restaurant et s'extasiant sur Ella. Rien de tout cela n'était réel. Plus rien ne l'était depuis qu'elle avait embarqué sur le *Titanic*, il y aurait bientôt deux semaines de cela.

Dans sa poche se trouvait la lettre que Celeste lui avait remise à l'intention d'un des pasteurs de la cathédrale de Lichfield, et qui n'était autre que son propre père, le chanoine Forester. Il l'aiderait à trouver un emploi convenable, avait affirmé son amie. May ne savait pas très bien ce qu'était un chanoine, ni où se trouvait exactement Lichfield, sinon que c'était à proximité de Birmingham.

Chaque fois que les machines du bateau se mettaient à vibrer ou se taisaient, elle sentait la panique monter en elle. C'était à peine si elle osait monter sur le pont. Et il lui était difficile de trouver le sommeil, enfermée dans cette cabine, si confortable fût-elle.

Quand Ella se réveilla à l'aube pour réclamer son premier biberon, May l'habilla chaudement et se força à arpenter le pont avec elle, en regardant la mer. Il n'y avait personne pour les voir, hormis les matelots qui se contentèrent de lui sourire en la laissant seule avec ses pensées. Sans doute pressentaient-ils qu'elle préférait ne pas évoquer ce qui lui était arrivé.

Celeste estimait peut-être qu'il était nécessaire de faire connaître leur expérience au monde entier, de clamer leur histoire haut et fort, mais elle préférait pour sa part ne plus jamais en reparler, aussi longtemps qu'elle vivrait, et elle avait supplié son amie d'informer seulement le chanoine qu'elle avait perdu son mari dans la catastrophe, sans entrer dans les détails.

« Je n'ai pas envie qu'on nous prenne en pitié et qu'on nous montre du doigt dans la rue », avait-elle expliqué. C'était à cette seule condition qu'elle avait accepté son offre généreuse. L'anonymat. La possibilité de recommencer sa vie de zéro. Celeste n'avait pas eu d'autre choix que de s'incliner devant sa volonté.

Le 25 avril, sous un ciel gris mouette, le bateau arriva en vue des côtes britanniques. Bientôt, ils atteindraient Liverpool. May décida qu'il lui restait une dernière tâche à accomplir.

Puisque l'enfant et elle allaient entamer une nouvelle existence, elle devait détruire tous les objets susceptibles de lui rappeler sa terrible expérience : sa chemise de nuit raidie par le sel, les vêtements du bébé, tout ce qui permettait de les identifier comme des passagères du *Titanic*. Elle alla chercher les affaires, les fourra dans la poche de son manteau neuf et regagna le pont. Profitant de ce que personne ne l'observait, elle jeta ses habits à la mer. Gonflés par le vent, ils s'éloignèrent au fil de l'eau, tels des cadavres de noyés. Au rappel de ce souvenir effroyable, elle détourna les yeux, horrifiée.

Puis elle caressa la robe d'Ella et sa magnifique bordure de dentelle, le petit bonnet, et l'unique chausson. Elle avait perdu l'autre le jour où elles avaient débarqué à New York. Elle n'avait encore jamais remarqué combien le motif était exquis. C'était une sorte de frise représentant les animaux de l'arche de Noé, deux par deux – des chiens, des chevaux, des chevreuils et une colombe aux ailes déployées. Un véritable chef-d'œuvre. On voyait que la dentellière y avait mis tout son amour et sa fierté.

Avant même que le train arrive à la gare de Trent Valley, May aperçut les trois flèches de la cathédrale. Les Trois Dames du Val, comme les avait appelées Celeste. Elle contempla les maisons bordant les voies, faites de briques d'un rose bleuté, et non d'un rouge brillant comme celles du Lancashire.

C'était une belle journée de printemps et les arbres reverdis chatoyaient dans le soleil. On se croirait à la campagne, se dit May en admirant ce paysage, si différent de celui de Bolton, hérissé de cheminées d'usine.

Heureusement, dès sa sortie de la gare, elle trouva un omnibus pour se rendre en ville. Quelques instants plus tard, elle arriva sur la place du marché. Elle alla dans un café pour étancher sa soif et mettre un peu d'ordre dans son apparence avant de franchir la courte distance qui la séparait de la cathédrale. Les rues pittoresques semblaient sorties tout droit d'un livre d'images. Elle passa devant un étang où nageaient des canards et s'arrêta pour admirer les cerisiers en fleur. De l'autre côté de l'étendue d'eau se dressaient de hauts bâtiments de brique dont les jardins descendaient jusqu'aux berges. Comme on était loin du monde qu'elle avait connu jusque-là! Cet air pur, ces rues pavées et ces maisons anciennes… Peut-être Celeste avait-elle raison et que cette ville serait, pour Ella et elle, un havre idéal.

Celeste lui avait donné l'adresse de son père ainsi que des instructions détaillées, mais, en dépit de tous ses efforts, elle ne parvint pas à trouver la maison. Elle fit le tour de la cathédrale jusqu'au portail ouest et demanda son chemin à une passante qui portait un panier d'osier. La femme lui indiqua une porte en arcade qui ouvrait sur une minuscule place entourée de maisons basses blotties pêle-mêle autour d'un carré de légumes.

« Qui cherchez-vous ? s'enquit la femme, en souriant à Ella qui venait de se réveiller.

— Le chanoine Forester.

— Il habite au numéro quatre. C'est celui dont la fille se trouvait sur le *Titanic*. Elle a été sauvée, le Seigneur en soit remercié! Quelle terrible tragédie, n'est-ce pas ? »

May hocha la tête sans répondre et se dirigea vers la porte, en espérant que c'était effectivement la bonne. Elle frappa. Un homme aux cheveux blancs, le visage tout ridé mais souriant, vint lui ouvrir aussitôt.

« Ah ! Je crois deviner qui vous êtes. Entrez, entrez, madame Smith. Avez-vous fait bon voyage ?

— Vous savez qui je suis ?

— Bien sûr. Celeste nous a prévenus de votre arrivée par télégramme. Comment va mon insubmersible fille ? s'enquit-il, avec des yeux pétillants dans lesquels transparaissait sa générosité.

— Je ne puis vous dire à quel point elle s'est montrée bonne envers moi…

— Tout le portrait de sa chère maman. Asseyez-vous. Je vais faire du thé. Ma gouvernante n'est pas venue aujourd'hui, ce qui explique le désordre », ajouta-t-il d'un ton d'excuse, en s'emparant d'une pile de paperasses afin de libérer une chaise.

May posa Ella sur un fauteuil, en l'entourant de coussins cabossés et poussiéreux. « Laissez-moi vous aider. Si vous me dites où trouver les choses, je peux… » La pièce était un fouillis de livres, de revues et de coupures de journaux. Toutes les surfaces en étaient couvertes.

« J'étais en train de découper tous les articles relatifs au naufrage. Je me demandais si on y parlait de vous deux, mais jusqu'ici, je n'ai rien trouvé… Je les enverrai à Celeste. Je suis désolé pour la perte que vous avez subie, madame Smith.

— Nous étions en route vers l'Idaho… afin d'y entamer une nouvelle existence. » May sentit venir les larmes, comme chaque fois qu'elle repensait à Joe. Mais elle devait contenir son désespoir.

« C'est une véritable bénédiction d'avoir cette enfant pour vous consoler.

— Oui, répondit-elle très vite, pour couper court à d'autres questions. Elle est tout ce qui compte pour moi désormais. Mon pauvre mari avait tant de rêves pour son avenir ! Il désirait qu'elle reçoive une bonne éducation, et je ferai tout pour la lui donner. Je vais devoir travailler pour deux à présent, et c'est pourquoi je suis ici. » Ayant dit ce qu'elle avait à dire, elle s'affaira à disposer des tasses et des soucoupes sur un plateau tandis que le chanoine mettait la bouilloire sur le feu.

« Je comprends parfaitement, dit-il. Ne vous inquiétez pas, il ne manque pas de travail à Lichfield pour les personnes honnêtes. Je suis sûr que je vous trouverai quelque chose. Avez-vous une quelconque qualification ?

— J'ai d'abord été employée comme bonne à tout faire, et j'ai travaillé ensuite dans les filatures. Je peux obtenir des références, mais cela risque de prendre un certain temps, répondit-elle avec quelque appréhension, car cela l'obligerait à donner sa nouvelle adresse aux gens qu'elle avait connus à Bolton.

— La parole de ma fille me suffit. En général, elle est très bon juge des caractères. » Il se tut, comme s'il se rappelait un épisode particulier, puis soupira. « Buvons un peu de thé, et nous examinerons ensemble les différentes possibilités qui s'offrent à vous. »

Tandis qu'il remplissait les deux tasses, May sortit de son sac un biscuit qu'elle tendit au bébé. « Il me faudrait un travail qui me permette de garder mon enfant près de moi. Je ne peux... Je ne veux pas la confier à des étrangers... pas tout de suite.

—Je suis certain que nous trouverons une solution. Une fois que les gens connaîtront votre situation…

—Non ! s'écria-t-elle d'un ton alarmé, en manquant lâcher sa tasse. S'il vous plaît, monsieur, je ne désire pas que l'on apprenne… Il est préférable que nul n'en sache rien. J'ai vu comment certains des survivants étaient harcelés par les journalistes.

—Cela ne durera pas, ma chère. Les gens ont la mémoire courte, mais au moins le fonds de secours aux rescapés a-t-il pu profiter de l'émotion suscitée parmi le public pour récolter des dons avant qu'elle retombe. Des milliers de livres sterling ont déjà été recueillies. Tout le monde a envie d'aider les victimes, de leur manifester leur solidarité. Mais je comprends que vous teniez à votre tranquillité. Ce à quoi je pensais, c'était au séminaire, de l'autre côté de la place. Ils ont toujours besoin de personnel pour les cuisines ou la blanchisserie. J'en ai déjà touché un mot à l'épouse du directeur, Mme Phillips, et elle est tout à fait disposée à vous faire visiter les lieux et à vous expliquer en quoi consisterait votre travail. Et il sera sans doute possible de vous trouver un logement à proximité. »

May acquiesça avec gratitude. « Merci, je pense que cela me conviendrait parfaitement. » Tout en buvant une gorgée de thé, elle songea que la personne qui s'occupait du ménage ne semblait pas très compétente. La petite cuisine n'était pas très propre et plusieurs tasses étaient ébréchées.

Quand ils eurent terminé, le chanoine conduisit May et Ella jusqu'à la maison du directeur du séminaire, où une domestique les informa que sa maîtresse se trouvait à la cathédrale.

« Je peux attendre, déclara May, songeant que le moment était peut-être mal choisi.

— Et si nous allions là-bas ? Je pourrais ainsi vous montrer ce magnifique édifice et vous présenter à Mme Phillips. Il faut battre le fer pendant qu'il est chaud », proposa le vieil homme, sans attendre sa réponse.

May ne put s'empêcher de sourire. Comme il ressemblait à Celeste, avec ses manières directes et sa vivacité !

Ils entrèrent dans la cathédrale par une porte latérale et May sentit aussitôt descendre sur elle une sensation de froid et d'humidité. Impressionnée, elle leva la tête pour contempler la voûte. Le silence qui régnait ici avait quelque chose d'écrasant.

« Puis-je m'asseoir un instant ? murmura-t-elle.

— Bien sûr. Je vais voir si je puis trouver Mme Phillips. »

Un instant plus tard, May le vit revenir en compagnie d'une femme corpulente. Tous deux marchaient d'un pas déterminé en faisant résonner les dalles sous leurs pieds. Elle s'arma de courage en vue de cette rencontre, consciente que c'était peut-être leur unique chance, à l'enfant et elle.

27

Celeste était fière de faire partie du Comité des survivants. Il lui avait fallu user d'un subterfuge pour pouvoir se rendre à cette assemblée, chaperonnée bien sûr par sa belle-mère, Harriet Parkes, qui voyait là l'occasion de côtoyer les membres les plus influents de la haute société new-yorkaise et avait été vivement contrariée d'apprendre qu'elle ne pourrait pas assister à la cérémonie de remise des médailles.

C'était également en jouant sur les ambitions de Grover qu'elle avait réussi à le persuader qu'il serait profitable à la Diamond Rubber Company de faire un don généreux à la cause.

Sa belle-mère avait couru tous les ateliers de couture de Cleveland afin de trouver une tenue digne d'un tel événement. Celeste, quant à elle, serait en noir. Elle portait toujours le deuil de sa mère, loin du regard de Grover, mais, à la maison, elle était forcée de se vêtir de mauve ou de gris.

Plus elle entendait parler de Margaret Brown, devenue à présent une héroïne nationale, plus elle lisait d'articles à son sujet, et plus elle admirait sa détermination. Elle s'était battue pour mettre sur pied l'association avant même l'arrivée à New York. Les sommes récoltées s'élevaient déjà à plusieurs centaines de milliers de dollars. Celeste elle-même y avait contribué activement, en organisant des ventes de tableaux et d'objets artisanaux, en donnant des goûters et des soirées musicales, à l'image de celles qui avaient lieu à New York.

Elle avait été tellement occupée qu'elle avait à peine eu le temps de penser à sa triste situation conjugale. Et puis il y avait eu les lettres de son père, lui racontant comment « la petite May », ainsi qu'il l'appelait, s'acclimatait à sa nouvelle vie.

C'est une travailleuse acharnée, qui ne rechigne jamais à la tâche. Elle se charge même de mon ménage, et a transformé mon antre en une merveille d'ordre et de propreté, si bien que je ne retrouve plus rien. Mais je ne saurais lui en vouloir, car ses intentions étaient bonnes. Son bébé fait le délice des dames du quartier, qui ne savent rien de la tragédie qui l'a conduite ici. De cette façon, les journalistes la laissent tranquille, et je respecte sa volonté. Elle ressemble à une petite souris trottinant à toute vitesse sur les pavés, maigre à faire peur, mais elle semble plutôt heureuse. Tu as bien fait de l'envoyer ici. C'est un ange qui se dissimule sous cette frêle apparence, me dis-je parfois…

Le ton de la première lettre de May, rédigée d'une écriture enfantine et appliquée, était un peu plus réservé.

Chère Madame Parkes,

J'espère que cette lettre vous trouvera en bonne santé, comme je le suis moi-même. Votre père a fait preuve envers nous d'une vraie charité chrétienne. Mon emploi au séminaire me convient parfaitement. J'ai trouvé un logement tout près de là, dans Dam Street, chez une certaine Mme Allsop, qui m'a dit avoir fait autrefois la lessive pour votre mère. Elle s'occupe d'Ella pendant que je suis au travail. Ce n'est pas la solution

112

idéale, mais il faut bien que je gagne notre vie et je ne peux pas emmener le bébé avec moi.

Les rues ici sont très plates, et je peux donc promener la petite facilement, dans le landau donné par ma logeuse. Votre père va bien. J'ai mis un peu d'ordre chez lui, et j'espère qu'il en est satisfait. Les érudits comme lui ont tendance à se laisser envahir par les livres, n'est-ce pas? Votre frère Selwyn est venu me voir et m'a demandé de vos nouvelles.

Avec mes sentiments les meilleurs,

Mary Smith, dite May.

P.-S. J'ai oublié de vous remercier du cadeau que vous avez offert à Ella pour son anniversaire. Vous n'auriez pas dû. C'est une très jolie robe. Elle vous envoie sa photo en retour. Désolée d'avoir cet air ahuri, j'ai été surprise par l'éclair du magnésium.

Celeste soupira en se remémorant ces lignes. Comme elle aurait aimé se trouver à Lichfield pour la floraison des cerisiers, promener Roddy autour de l'étang, prendre le thé sur la place du marché! Elle enviait May, mais, grâce à ses lettres, au moins pouvait-elle vivre ce rêve par procuration et s'imaginer là-bas...

Le capitaine Rostron se vit remettre une coupe en argent en témoignage de gratitude pour son héroïsme et sa promptitude à secourir les survivants, ainsi qu'un parchemin joliment encadré sur lequel étaient imprimées les résolutions prises par les rescapées lors de leur première assemblée, la nuit du 17 avril. Mme Brown remercia ensuite l'équipage de la part de tous.

«Vous êtes accourus à notre secours sur une mer en furie, aussitôt que vous avez appris la catastrophe. Sans votre courage, aucun de nous n'aurait survécu.»

Celeste vit que le capitaine semblait presque gêné par ces éloges.

«Merci», murmura-t-il en inclinant la tête. Puis il prit une profonde inspiration et poursuivit: «Je ne sais comment vous remercier pour ce témoignage… l'honneur que vous m'avez accordé… cette superbe coupe de l'amitié. J'ai seulement essayé d'accomplir mon devoir envers mes semblables, d'abord en tant que marin, et aussi en tant qu'homme. Ce n'est pas à moi qu'il faut rendre hommage, mais à mes matelots. Je tiens à les remercier ici pour leur loyauté, leur bravoure et leur confiance. Et je remercie également le comité, non seulement en mon nom, mais aussi en celui de mon épouse et de ma famille. De génération en génération, mes descendants se transmettront avec fierté le souvenir de ce moment.»

Le président du comité, M. Seward, se tourna alors vers l'équipage. «Lorsque nous avons vu surgir le *Carpathia* dans la lumière de l'aube, nos cœurs se sont remplis d'une immense gratitude. En témoignage, nous aimerions offrir une médaille à chacun d'entre vous.» Celeste avait déjà pu admirer ces médailles, en or pour les officiers, en argent et en bronze pour les autres. Elles représentaient, gravé en bas-relief, le navire fendant les flots à toute vapeur. Au revers, on pouvait lire cette inscription: «Au capitaine et à l'équipage, en remerciement de leur conduite héroïque.»

Tout le monde applaudit, et Celeste sentit une boule se former dans sa gorge.

La mauvaise humeur de Harriet se dissipa lorsqu'elles assistèrent au concert à la mémoire des disparus qui eut lieu le dimanche au théâtre du Moulin-Rouge, à Broadway. Les artistes les plus divers y participèrent : orchestres militaires venus des forts voisins, fanfares navales de l'arsenal de Brooklyn, chorales d'enfants, et quelques-uns des plus célèbres musiciens du moment. Ce fut un spectacle merveilleux, propre à mettre un peu de baume au cœur des familles endeuillées.

« Vous n'allez pas nous laisser en plan maintenant, Celeste, n'est-ce pas ? » Margaret Brown l'avait repérée et avait profité de l'entracte pour la rejoindre. « Votre belle-fille a si loyalement soutenu notre cause, madame Parkes », ajouta-t-elle à l'intention de Harriet.

Celle-ci rougit et s'empressa de répondre : « Bien sûr que non. Mais elle n'a pas besoin de rester ici pour se rendre utile. Elle a déjà obtenu un don de plusieurs centaines de dollars de la société dirigée par son mari, la Diamond Rubber Company.

— Vraiment ? Je suis ravie de l'apprendre, car nous allons avoir du pain sur la planche si nous voulons dédommager ceux qui ont tout perdu. Je peux donc compter sur vous à la prochaine assemblée, Celeste ? Nous avons le projet de faire construire un mémorial, ainsi que différents monuments à travers le pays. »

Celeste acquiesça, et Margaret lui adressa un clin d'œil avant de les quitter.

« C'est donc elle, l'insubmersible Molly Brown ? s'exclama Harriet, en suivant la silhouette corpulente d'un regard ébahi.

— Chut, ne l'appelez pas ainsi ! Ceux qui la connaissent se gardent bien d'utiliser ce surnom. Elle le déteste. C'est une véritable force de la nature, rien ne peut l'arrêter. Si quelqu'un peut réussir à ériger un monument, c'est elle, et je vous parie qu'il sera maous !

— Ne soyez pas vulgaire, ma chère, cela ne vous sied pas, la tança sa belle-mère, sans quitter des yeux l'imposante silhouette en capeline et robe de soie criarde. Elle n'est guère raffinée, mais riche comme Crésus. Vous n'allez pas me faire croire qu'elle puisse être de vos amies, n'est-ce pas ? Cette allure tapageuse, ces manières effrontées…

— Cette femme a un cœur plus grand que le navire qui a failli l'entraîner par le fond, un cœur d'or, débordant de générosité, et c'est tout ce qui compte, n'est-ce pas votre avis ? Je ferais n'importe quoi pour l'aider », répliqua Celeste, bien résolue à avoir le dernier mot. Sur ce, elle planta là sa belle-mère, muette de stupeur.

28

Chère May,

Quel plaisir j'ai eu en recevant votre lettre ! La prochaine fois, écrivez-moi deux pages, je vous en prie. Comment trouvez-vous Lichfield ? Êtes-vous allée voir les défilés pendant la semaine de Pentecôte ? J'ai toujours raffolé des processions et des tournois sportifs, mais ce que je préfère, c'est la foire, voir toutes ces personnes parées de leurs plus beaux atours, avec leurs capelines... L'atmosphère est toujours très joyeuse et, bien sûr, les rues sont remplies de visiteurs. Il n'existe rien de semblable à Akron, seulement un cirque itinérant de temps en temps et la kermesse de la paroisse.

Nous avons remis la coupe et les médailles au capitaine Rostron. Harriet, ma belle-mère, a insisté pour me servir de chaperon. Elle a surtout été impressionnée par les bijoux et les chapeaux des élégantes. Et nous projetons maintenant d'ériger un monument national. Si je promets à Harriet qu'elle pourra m'accompagner lors de mes voyages mensuels à New York afin d'y faire du shopping, je pense que Grover ne verra aucune objection à ces escapades.

Il est très protecteur vis-à-vis de moi, ce qui est parfois assez ennuyeux, mais je suis déterminée à participer à la campagne que nous avons lancée pour récolter des fonds.

Avez-vous eu l'occasion de vous rendre à la Maison-Rouge ? C'est là que j'ai grandi. Le jardin y est magnifique en cette saison, tout en teintes roses et pourpres. Mes frères doivent êtres partis faire leur randonnée pédestre en Écosse, comme tous les ans, je présume. Ella marche-t-elle à présent ? Roddy a une trottinette et nous l'emmènerons bientôt dans la région des Grands Lacs. Il pousse tellement vite qu'il va falloir d'ici peu

lui couper les cheveux et lui faire porter un pantalon.
J'appréhende le moment où il cessera d'être un bébé.
Écrivez-moi très vite, s'il vous plaît.
Votre amie sincère par-delà l'océan,
Celeste.

Ses lettres à la main, May se dirigeait d'un pas pressé vers Cathedral Close, par ce froid matin de novembre. On était lundi, le jour où elle faisait le ménage chez le chanoine Forester, et la cathédrale se dressait de façon menaçante au-dessus d'elle sous un ciel sombre chargé de neige. Elle se félicitait d'avoir chaudement emmitouflé Ella dans des jambières de laine et un gros manteau.

Elle n'aimait pas confier le bébé aux soins de Mme Allsop, mais sa logeuse était plutôt gentille et emmenait la petite avec elle dans son landau pour aller au marché. Le lundi était toujours un jour difficile, néanmoins elle trouvait le temps d'effectuer son travail chez le chanoine avant de se rendre au séminaire. Elle priait Mme Allsop de venir se promener avec Ella autour de la place, afin que May puisse lui faire signe par la fenêtre, ou s'éclipser sous un prétexte quelconque pour la prendre un instant dans ses bras. L'enfant se mettait à hurler dès que May la reposait, et celle-ci en éprouvait un terrible sentiment de culpabilité. Mais elle était bien obligée de travailler pour gagner leur subsistance…

Ella commençait déjà à marcher et à babiller. Le bon air du Staffordshire lui réussissait, et elle était en pleine santé. Avec ses boucles qui dansaient sous son bonnet et ses yeux noir de jais toujours pétillants, elle ne passait pas inaperçue. C'était une enfant tellement gracieuse et souriante ! Son bébé à elle aurait-elle attiré autant de regards admiratifs ? se demandait May.

Il ne s'écoulait pas un jour sans qu'elle songe douloureusement à sa fille et à Joe, se rappelant leurs promenades dans Queens Park, où ils observaient les nounous poussant des landaus de luxe. Parfois, ils prenaient le tram pour aller à la campagne, dans les environs de Barrow Bridge, et s'asseyaient dans l'herbe avec des cornets de crème glacée. Leur bonheur avait été de courte durée… Mais elle devait supporter en silence la douleur de ses rêves quotidiens, dans lesquels elle voyait le visage de son bébé disparaître sous les vagues, toujours un peu plus loin de sa portée. Une nuit, elle s'était réveillée en criant et avait vu Ella debout dans son berceau, la contemplant de ses grands yeux noirs baignés de larmes.

Cette lettre lui annonçait un changement bénéfique, mais elle voulait d'abord la montrer au chanoine. Elle n'avait aucun problème pour lire, mais certaines phrases étaient un peu difficiles à comprendre, et pourquoi voulaient-ils qu'elle ouvre un compte en banque ? Celeste aurait su lui fournir toutes les explications nécessaires, elle qui venait d'un monde où les banquiers, les notaires et les mots compliqués n'avaient rien d'intimidant, un monde dont May ignorait tout.

Elle lui écrirait une autre lettre d'ici à Noël, en y joignant une carte et les moufles qu'elle avait tricotées pour Roddy. Les premières fois, elle n'avait pas très bien su quoi lui raconter, mais cela lui était devenu de plus en plus facile et elle commençait à prendre plaisir à cette correspondance.

Et elle avait hâte à présent de lui apprendre la bonne nouvelle. À l'instigation du chanoine Forester, elle avait adressé une requête au fonds de secours aux rescapés du *Titanic*, à Londres, en exposant sa situation. Sa déclaration n'avait rien de mensonger : elle était veuve avec un enfant à élever.

Ses lunettes perchées sur le bout de son nez, le vieil homme parcourut attentivement la lettre. « Vous allez toucher quinze shillings et six pence par semaine, dont trois shillings d'allocation pour votre enfant. Ils ont joint un chèque représentant les arriérés. Vous devez aller le déposer tout de suite à la banque.

— Mais je n'ai pas de compte bancaire. Comment fait-on pour en ouvrir un ? » Les gens comme elle ne fréquentaient pas les banques. Elle gardait ses sous dans une boîte à thé sur la cheminée.

« Il suffit d'apporter ce chèque à la banque qui se trouve au coin de Market Street, de signer les formulaires qu'on vous présentera, et on vous donnera un livret. Votre argent sera en sécurité. Cela vous offrira de nouvelles possibilités, ajouta-t-il en souriant.

— Lesquelles ? demanda May, levant les yeux de sa tâche.

— Trouver un logement bien à vous. Louer une petite maison, par exemple.

— Mais qui s'occuperait d'Ella, dans ce cas ?

— Vous aurez les moyens d'engager quelqu'un, ou alors de travailler moins.

— Je ne vais pas rester assise à me tourner les pouces, je n'ai pas été habituée à cela», se récria May, terrifiée à la seule perspective de longues journées d'oisiveté.

« J'aurais pensé qu'élever un enfant était en soi une occupation suffisamment absorbante, répondit le chanoine. Vous ne semblez pas particulièrement ravie à l'idée de percevoir un revenu régulier, poursuivit-il, en voyant sa mine anxieuse.

— Excusez-moi. Les banques, les chèques... Tout cela me dépasse un peu. Que vont penser les gens ?

— Nul n'en saura rien, à part l'employé de banque, et il est tenu à la discrétion.

— Et pendant combien de temps me versera-t-on cet argent ? reprit-elle, tout en continuant sa besogne.

— Jusqu'à ce que vous quittiez ce monde, ma chère. Ou que vous vous remariiez. Ella pourra ainsi poursuivre ses études aussi longtemps qu'elle le souhaitera.

— Je ne me remarierai pas. Mais cela me semble trop beau pour être vrai », soupira May, sans cesser de frotter vigoureusement le carrelage. Comment faisait-il pour le salir autant ?

« Pensez à ce que vous avez perdu, madame Smith. Aucune indemnité au monde ne peut compenser une telle tragédie, n'est-ce pas ? »

May s'essuya le front et haussa les épaules. «C'est vrai. Quand même, je n'ai jamais possédé autant d'argent...

— Eh bien, faites-le fructifier. Prenez ce qui vous est dû, et n'en parlons plus. L'argent vous permet de faire vos propres choix, mon enfant, et, si vous le placez bien, quoi que l'avenir vous réserve, vous ne serez pas démunie. »

29

Noël 1912

Chère Celeste,

J'espère que ce colis arrivera avant Noël. Il commence à faire froid ici, et il souffle un de ces vents paresseux qui vous passe à travers le corps au lieu de vous contourner, comme disait mon Joe. Il me manque encore plus, maintenant que les fêtes approchent. J'ai emmené Ella voir le Père Noël, mais elle a eu peur de sa barbe blanche et s'est mise à pleurer. Je dois aussi vous faire part d'une bonne nouvelle. Le fonds de secours aux survivants du Titanic *nous verse une pension hebdomadaire. J'ai un livret d'épargne, ce qui me tracassait un peu, au début. Mais c'est toujours le même employé qui s'occupe de moi et il est obligé de respecter le secret professionnel, à ce qu'on m'a dit.*

Ci-joint des moufles bien chaudes que j'ai tricotées pour Roddy. Je présume qu'il y a beaucoup de neige par chez vous. Les sachets de lavande viennent de la Maison-Rouge. Ils vous rappelleront votre jardin et vous aideront à dormir. Votre frère m'a dit de me servir, et c'est ce que j'ai fait. M. Selwyn aime bien plaisanter. Il me surnomme « la reine de Mai ». Il a fabriqué une petite brouette pour Ella, ce que j'ai trouvé très gentil de sa part.

Votre père a entamé sa tournée de distribution de colis alimentaires aux pauvres de la paroisse. Je

122

commence à m'habituer aux usages d'ici et aux offices de la cathédrale, même si j'assiste le plus souvent à ceux de St Chad. Non, je ne suis pas retournée à Bolton. Je préfère laisser cette partie de ma vie derrière moi. Oui, j'ai assisté à la fameuse chevauchée du shérif tout autour de la ville. Quel spectacle, toutes ces dames assises en amazone sur leurs montures ! Et les quantités de crottin qu'il a fallu ramasser après leur passage… Les jardiniers les suivaient à la trace, armés de pelles et de seaux. J'aurais une peur bleue de monter à cheval, mais peut-être un jour Ella pourra-t-elle faire du poney. J'ai vu une photo de vous en tenue d'écuyère, quand vous étiez enfant.

Il faut que je retourne à ma pâtisserie. Je confectionne des tartelettes aux fruits secs pour votre papa. C'est le cuisinier du séminaire qui m'a donné la recette.

Nos meilleurs vœux à vous et à votre famille,
May et Ella

« Regarde, Roddy, ces petites moufles ne sont-elles pas adorables ? Nous allons y coudre un cordon afin que tu ne les perdes pas », dit Celeste, en déballant le colis de May, qui embaumait la lavande. C'était le dernier cadeau qui restait sous l'immense sapin installé dans l'entrée.

Les yeux écarquillés d'émerveillement, Roddy courait de l'un à l'autre, sous le regard attendri des domestiques. Susan avait pris son jour de repos et Celeste avait donc son fils pour elle seule à leur retour de l'église.

Les parents de Grover allaient arriver d'une minute à l'autre pour partager le repas de Noël. Comme elle regrettait les plats traditionnels de son pays natal, et surtout ces tartelettes à la pâte fondante, bourrées de fruits secs aromatisés d'épices… Mais il lui faudrait se contenter d'un succédané de plum-pudding qui n'aurait jamais le même goût que celui de là-bas.

Elle savait déjà que, après le déjeuner, ils resteraient tous assis dans le salon sans avoir grand-chose à se dire, et elle ne voulait pas que Grover vide toute la carafe de whisky, qu'il semblait avoir déjà sérieusement entamée.

Son époux jeta un regard à la photo de May vêtue d'une robe noire ornée d'un joli col en dentelle, et tenant sur ses genoux une ravissante enfant toute vêtue de blanc.

« Comment cette maigrichonne a-t-elle pu enfanter une fille aussi belle ? railla-t-il.

— Oh ! ne sois pas méchant ! Son mari avait du sang gitan, c'est à lui que leur fille ressemble.

— Il devait également être aveugle, pour épouser une aussi chétive créature », répliqua-t-il en tirant sur son cigare. Les lettres de May ne présentaient aucun intérêt à ses yeux, et pourtant, bizarrement, elles semblaient l'agacer. « Et que cherche-t-elle à obtenir de toi, cette fois-ci, ta chère protégée ? »

Celeste l'ignora.

La carte envoyée par Selwyn était illisible, et Bertie s'était borné à griffonner quelques lignes sur ses exploits lors des championnats d'aviron. C'était May qui se révélait en fait la plus douée pour les échanges épistolaires et la tenait informée de l'état de santé de son père. Celeste gardait ses lettres dans un tiroir de son bureau, afin de pouvoir les relire et les serrer contre son cœur. C'était sa bouée de sauvetage, son dernier lien avec la demeure familiale.

Depuis qu'elle faisait partie du Comité de secours aux femmes, Celeste avait retrouvé un but dans la vie et le sentiment d'être utile. Il n'était plus question pour elle de rester confinée à la maison, parée comme une poupée attendant le bon vouloir d'un enfant capricieux. Et les dates marquées dans son agenda ne correspondaient plus simplement à des expéditions dans les magasins, des dîners de gala ou des fêtes paroissiales.

Elle regarda son mari, maintenant affalé dans son fauteuil à l'autre bout de la pièce.

Grover était une brute, et elle ne supportait plus de vivre avec lui. Il devenait de plus en plus difficile de dissimuler leurs disputes à Roddy. Pendant la journée, il allait au jardin d'enfants, mais, le soir, elle devait s'assurer qu'il était profondément endormi avant d'oser tenir tête à son époux.

La fête de Noël avait été gâchée par les soucis professionnels de Grover. Le président de la Diamond Rubber Company, Frederick Barber, avait pris sa retraite après une algarade lors de la dernière séance du conseil d'administration. Grover avait intrigué pour obtenir son poste, mais il avait été évincé et cela l'avait mis dans une humeur noire.

«Allons prendre l'air, proposa-t-elle. Cela aiguisera notre appétit et Roddy pourra faire un peu d'exercice. Je lui mettrai ses moufles neuves et il pourra jouer avec la batte et la balle qu'il a reçues.

— Vas-y, j'ai du travail.

— Mais c'est le jour de Noël, protesta-t-elle. Une fête familiale. Tes parents vont arriver. Oh! fais donc un petit effort!» Dès qu'elle eut prononcé ces mots, elle comprit qu'elle avait commis une erreur.

« Un effort ! Que crois-tu que je fasse à longueur de journée ? Ces lettres d'Angleterre te tournent la tête. Cette femme cherche à profiter de toi, c'est tout. Tu ne penses plus qu'à cette maudite histoire du *Titanic*. Ne crois-tu pas qu'il serait temps de mettre fin à ces balivernes ?

— May est seule, et moi aussi. Ses lettres me rappellent la maison.

— Ta maison, c'est ici. Comment peux-tu te sentir seule ? Tu n'es jamais là. Combien de voyages as-tu faits cette année ? Ça me coûte une fortune en notes d'hôtel. Tu ferais bien d'en finir avec ces dépenses inutiles.

— J'emmène ta mère avec moi. Cela lui fait du bien de changer d'air.

— L'air des grands magasins, surtout ! Papa se plaint, lui aussi.

— Ne nous querellons pas, cela perturbe Roddy. Il ne faut pas lui gâcher cette journée.

— Tu le gâtes trop. Il te suit comme un toutou. »

Comment ai-je pu succomber à son charme superficiel et à la régularité de ses traits, lors de cette visite à Londres ? Personne ne m'avait prévenue qu'il ne fallait jamais se fier aux apparences. Elle était trop jeune et trop inexpérimentée, à l'époque, pour ne pas croire à ses promesses mensongères. Ses parents avaient eux aussi été séduits par la prestance de Grover et son assurance typiquement américaine. À présent, ses yeux étaient froids et vitreux, l'alcool lui avait épaissi la taille et couperosé le teint. Mais c'était lui qui détenait le pouvoir. Lui qui réglait les factures et tenait les cordons de la bourse.

«Viens, Roddy, nous allons nous couvrir chaudement et aller à la rencontre de grand-maman et grand-papa, pour laisser ton papa travailler en paix.»

30

Les rues grouillaient de spectateurs venus assister au grand défilé de la Saint-Patrick, l'une des plus importantes fêtes célébrées à New York. Cette année, la procession avait lieu le 15 mars, et non le 17 comme à l'accoutumée, car c'était la semaine sainte. Sur les trottoirs se pressaient des familles entièrement vêtues de vert. Des danseurs virevoltaient sur la chaussée poussiéreuse au son des orchestres. Angelo les observa un petit moment, les narines chatouillées par des arômes de marrons grillés et de pop-corn.

Salvi et Anna avaient drapé leur *bambino* dans une écharpe verte. Ils étaient contents, parce que ces festivités étaient bonnes pour leur commerce, mais lui se sentait effroyablement malheureux.

Les parents de Maria lui avaient fait parvenir une nouvelle lettre bordée de noir pour le supplier de rentrer au *paese*. Mais comment pourrait-il leur faire face, alors qu'il avait envoyé sa femme et son bébé à la mort ?

La lettre ne contenait pas la moindre trace de reproche. Celui qui l'avait rédigée d'une écriture si appliquée avait soigneusement pesé ses mots, pour exprimer seulement une sincère compassion.

Quand on quitte sa terre natale pour un nouveau monde, on sait ce que l'on perd, mais l'on ne sait jamais ce que l'on va trouver. Dieu a choisi de rappeler à Lui Maria et Alessia. Qui sommes-nous pour Lui en demander la raison ? Le père Alberto dit que nous ne l'apprendrons que lorsque nous les aurons rejointes dans la vie éternelle.

Il ne leur avait pas parlé du chausson orné de dentelle toscane. Il était inutile de leur donner de faux espoirs ou de raviver les siens. Après des mois de recherches, il n'avait toujours pas obtenu davantage d'informations, seulement le témoignage d'une femme qui pensait avoir vu Maria dansant une gigue irlandaise dans le salon du *Titanic*, sans pouvoir l'affirmer avec certitude. Cette scène le hantait. Maria avait toujours adoré danser, et il l'imaginait, ses pieds touchant à peine le sol tandis qu'elle tourbillonnait autour de la pièce en riant.

Elles auraient dû être en train d'admirer le spectacle avec lui, le bébé perché sur ses épaules, Maria à son côté, dans la robe blanche à dentelles dont elle était si fière. Son talent aurait certainement trouvé à s'exercer. Elle avait emporté tous ses outils : son coussin et son tambour, ses fuseaux et quelques-uns de ses plus beaux patrons. Elle comptait enseigner son art et vendre ses créations. Il repensa au chausson posé sur l'autel qu'il avait aménagé, devant le portrait de son épouse et de leur fille et la statue de la Madonna del Carmine. Et si elle avait vendu les chaussons à une passagère ? Si c'était un autre bébé qui les avait portés ? Cette pensée lui était intolérable.

Il regarda les spectateurs se signer avec ferveur au passage de la statue de la Vierge, portée sur les épaules de robustes terrassiers irlandais. De l'autre côté de la rue, un groupe de leurs compatriotes agitaient les bras, le visage hilare. Une jeune fille se tenait en retrait, enveloppée dans un châle, coiffée d'un canotier de paille, les yeux baissés. Sentant son regard posé sur elle, elle releva la tête et lui sourit. Il se détourna vivement, troublé par l'émoi que ce sourire suscitait en lui.

Comment pouvait-il faire les yeux doux à une fille, alors que son épouse était disparue depuis moins d'un an ? Mais il avait tellement envie d'un peu de réconfort… Honteux, il s'éloigna, tandis que les musiciens en uniforme vert continuaient à défiler, emplissant l'air fétide de leurs joyeux accords. On étouffait dans cette foule, et il avait grand besoin d'un verre. Il en avait constamment besoin, ces derniers temps. La bouteille était devenue sa consolatrice, sa fidèle compagne. Elle l'aidait à s'endormir.

Il tourna le dos à la procession. Il avait vu suffisamment de familles heureuses pour aujourd'hui. Ce qu'il voulait, à présent, c'était de l'alcool bien raide, un bar bon marché et quelques heures d'oubli dans les ruelles de Mulberry Bend.

Il se réveilla sur le sol puant d'un asile de nuit. On lui avait vidé les poches. Il empestait la bibine et bien pire encore. Il ne se rappelait plus comment il était arrivé dans ce bouge, mais une migraine atroce lui vrillait les tempes. Avait-il bu du whisky de contrebande avec des collègues irlandais pour arroser la fête de leur saint patron ? Qu'est-ce que ça pouvait bien faire ? Plus rien n'importait maintenant qu'il avait perdu sa paie, ou plutôt ce qu'il en restait. Il devait aller se changer avant de se présenter devant Salvi et Anna, s'il ne voulait pas qu'ils s'effraient à la vue du clochard qu'il était devenu.

31

Manifestement, leurs lettres avaient dû se croiser. May s'assit sur un banc du parc pour relire la sienne une fois de plus avant de la poster.

Chère Celeste,

Juste un petit mot, pour une fois. Je n'arrive pas à croire qu'il se soit écoulé un an depuis cette nuit fatidique où nous nous sommes connues. J'ose à peine songer aux jours à venir, quand le nom du Titanic *sera de nouveau sur toutes les lèvres et dans tous les journaux. Des commémorations se tiendront à travers tout le pays. Cela me brise le cœur de me dire que je n'ai même pas une tombe sur laquelle déposer un bouquet à la mémoire de Joe, et quand je pense à notre bonheur passé, à tout ce qui nous a été si cruellement arraché, j'ai encore du mal à l'accepter.*

Votre père a déposé de votre part des fleurs sur la sépulture de votre maman. La compagnie de celle-ci lui manque beaucoup, surtout le soir. C'est le moment où les couples s'asseyent pour manger et bavarder au coin de la cheminée, un moment d'intimité et de bien-être dont sont privés les veuves et les endeuillés.

C'est drôle, la façon dont vous m'avez appris à converser sur le papier. J'aime m'imaginer que nous sommes simplement en train de bavarder devant une tasse de thé, comme je le faisais autrefois avec mes camarades de l'usine. Au séminaire, les employées ont tendance à rester entre elles. Il y en a une que je n'aime pas, une dénommée Florrie Jessup, curieuse comme une fouine. Je l'évite autant que je peux.

Votre papa nous a invitées à prendre le thé le 15, ce dont je lui suis reconnaissante. Lui seul sait à quel point cette date funeste restera à jamais marquée dans ma mémoire. J'apporterai des éclairs, je sais qu'il les apprécie.

Jamais je ne vous remercierai assez de m'avoir donné cette chance de vivre à l'abri des regards apitoyés. Aussi longtemps que je vivrai, je vous en serai redevable et si je puis faire quoi que ce soit pour vous aider en retour, il vous suffira de me le demander. Nous venons peut-être de milieux complètement différents, mais, grâce à cette correspondance, j'ai l'impression qu'une profonde amitié s'est installée entre nous. J'espère de tout mon cœur que vous partagez ce sentiment.

Dieu vous bénisse,
May et Ella.

« Il n'y avait rien pour moi dans le courrier, Minnie ? » s'enquit Celeste, étonnée. Cela faisait maintenant des semaines qu'elle n'avait reçu aucune nouvelle de May, ce qui était inhabituel, surtout à l'approche de ce triste anniversaire. Pour la énième fois, elle vérifia les lettres déposées sur le plateau d'argent dans l'entrée.

« Désolée, madame, je n'ai rien vu, répondit la bonne, le regard fuyant.

— J'attendais une lettre d'Angleterre, expliqua Celeste en soupirant.

— De votre amie du *Titanic* ? » demanda Minnie. Tous les domestiques étaient au courant de sa correspondance avec May et décollaient les timbres à la vapeur à l'intention de Roddy, qui avait entamé une collection. « Il va y avoir une grande cérémonie en ville à la mémoire des disparus, et aussi une messe à l'église catholique. »

Celeste espérait se rendre à New York pour assister aux commémorations solennelles qui se tiendraient là-bas, mais il lui était de plus en plus difficile d'obtenir l'autorisation de Grover. Cependant, il lui était venu une idée qui fonctionnerait peut-être, si elle la lui présentait habilement. Ils pourraient y aller ensemble, en emmenant Roddy. Le petit garçon ne voulait plus la quitter d'une semelle, et Susan lui avait dit qu'il recommençait même à mouiller son lit.

« Nous n'allons pas ennuyer M. Parkes avec ça. Il a déjà tellement de soucis en tête », avait répondu Celeste. Pourquoi se sentait-elle toujours obligée de lui trouver des excuses ? Elle savait qu'il aurait été capable de punir Roddy, ce qui n'aurait servi qu'à aggraver les choses. Un voyage en famille leur ferait du bien à tous les trois, et apporterait peut-être à l'enfant un sentiment de sécurité. Pourquoi aurait-elle dû choisir entre sa famille et la tâche qu'elle s'était donnée ? Écrire à May lui permettrait de s'éclaircir les idées. Sur le papier au moins, elle pouvait se montrer un peu plus sincère envers elle-même.

Je crois que nos lettres ont dû se croiser encore une fois. C'est amusant, non, que nous éprouvions toujours le besoin de prendre la plume au même moment ? Un an a passé, mais j'entends encore les appels de ces malheureux se débattant dans l'eau. J'essaie de faire en sorte que toutes ces voix continuent à se faire entendre.

Pour être franche, certaines des réunions du Comité des survivants sont passablement ennuyeuses. Les femmes peuvent défendre leur position aussi ardemment que les hommes, et certaines crient plus fort que les autres pour imposer leur point de vue…

Elle continua dans cette veine, en prenant bien soin de ne pas se donner trop d'importance.

Parfois, quand je vais aux ateliers de couture avec les autres dames de la paroisse, j'ai envie de me mettre à hurler en écoutant leurs cancans. Je leur parle des discussions auxquelles j'ai assisté à New York, des suffragettes réclamant le droit de vote pour les femmes, et ma belle-mère me regarde d'un air horrifié. « Si vous avez des fréquentations pareilles, je ne crois pas que Grover le tolère longtemps. »

J'ai essayé d'expliquer pourquoi les hommes ne veulent pas que nous jouions un rôle aussi important que le leur sur la scène mondiale. Oh ! voilà que je m'exprime exactement comme dans ces pamphlets ! Je suis déchirée entre mes devoirs de mère et d'épouse, et mon sens civique. Je me demande ce qu'il reste de la jeune fille que j'ai été, celle qui avait tant de rêves… Si j'étais en Angleterre, est-ce que je m'enchaînerais

133

aux grilles et défilerais au côté de Mme Pankhurst[1] ? Je l'espère sincèrement.

Comme je suis égoïste de me plaindre de mon sort alors que vous devez songer à ces pauvres âmes dont la voix s'est tue à jamais ! Pardonnez ce manque de délicatesse. J'ai hâte d'avoir de vos nouvelles, il me semble qu'il y a des semaines que je n'en ai reçu. J'espère que vous trouverez un endroit paisible pour y pleurer votre époux bien-aimé. Ne restez plus aussi longtemps sans m'écrire.

Avec vous dans le souvenir et le chagrin,
Celeste.

Elle chercha un timbre, mais il n'y en avait plus dans son écritoire. Grover ne verrait pas d'inconvénient à ce qu'elle lui en prenne un. Il n'était pas nécessaire de lui dire que la lettre était destinée à May. Elle se dirigea vers son bureau, hésita un instant sur le seuil, au souvenir des coups qu'elle avait reçus la dernière fois qu'elle s'était risquée à le franchir.

Elle regarda dans le plateau d'argent posé sur la table. Rien. Elle n'oserait jamais fouiller ses tiroirs, et, de toute façon, ils étaient généralement fermés à clé.

En se penchant pour s'en assurer, elle remarqua dans la corbeille à papier une enveloppe portant un timbre britannique et dont l'écriture lui parut familière. Une lettre de May, qu'il avait de toute évidence ouverte et jetée après l'avoir lue. La pièce tournoya autour d'elle quand elle se rendit compte

---

1. Emmeline Pankhurst (1858-1928) : militante féministe qui organisa des manifestations spectaculaires pour le vote des femmes au Royaume-Uni. *(N.d.T.)*

qu'elle ne lui avait jamais été remise ; d'après le cachet de la poste, elle était arrivée quelques jours plus tôt seulement. May n'aurait bien sûr pas oublié d'écrire à son amie à la veille du premier anniversaire de la tragédie.

C'en était trop. Celeste se mit à sangloter tandis qu'elle relisait la missive, avant de la remettre là où elle l'avait trouvée. La colère bouillonnait en elle. Ils pouvaient être deux à jouer à ce petit jeu, se dit-elle, décachetant la lettre qu'elle venait de rédiger pour y ajouter un post-scriptum.

> *P.-S. Votre lettre vient juste d'arriver. Je vous en prie, ne tenez pas compte de mes reproches absurdes, mais, puisque vous me proposez votre aide, j'ai effectivement une requête à vous présenter. Elle vous paraîtra sans doute bizarre, mais je vous expliquerai cela plus tard. À compter de maintenant, écrivez-moi s'il vous plaît à l'adresse suivante, et non plus à mon domicile : Mme Parkes, c/o bureau de poste d'Akron.*

C'était tout ce qu'elle pouvait faire dans l'immédiat. Si Grover pensait avoir réussi à briser leur amitié, il baisserait sa garde. Il était loin de se douter qu'il était seulement parvenu au résultat opposé. En la touchant en son point le plus sensible, il l'avait renforcée dans sa détermination. Nul ne l'empêcherait d'écrire à qui elle voudrait. Si c'était une guerre, elle avait remporté la première escarmouche. Mais elle pressentait qu'il lui faudrait livrer des batailles bien plus dures avant de pouvoir crier victoire.

May relut trois fois de suite l'étrange lettre de Celeste, en tentant d'en comprendre le sens. Dans la partie du milieu, il n'était question que du vote des femmes et d'une certaine Alice Paul qui avait fait la grève de la faim en Angleterre avant de partir se battre pour la cause des suffragettes aux États-Unis.

J'ai adhéré au Comité national pour le suffrage des femmes. Je me sens tenue d'apporter ma contribution à cette cause. Pourquoi la moitié de la population n'aurait-elle pas son mot à dire dans les affaires du pays ? Vingt millions de femmes se voient refuser le droit de vote. Alice affirme que chacun de nos efforts compte...

May poursuivit sa lecture, en proie à une profonde perplexité ; le changement d'adresse la déconcertait particulièrement. Le post-scriptum semblait avoir été griffonné à la hâte. Il était arrivé quelque chose, May en était persuadée, et cela l'inquiétait. Celeste ne semblait pas dans son état normal.

En relisant les passages dans lesquels son amie décrivait ses activités, elle eut honte de son existence si tranquille en comparaison. Elle accomplissait ses tâches domestiques, chez les autres et dans son propre foyer. Elle devait s'occuper d'Ella, et la pension qu'elle touchait désormais l'y aidait beaucoup. Tous les dimanches, elle s'asseyait au fond de la vieille église de Netherstowe pour tenter d'apaiser son esprit tourmenté. C'était difficile de devoir mentir dans ses lettres, de dissimuler la vérité sur Ella, mais l'enfant faisait tellement partie de sa vie à présent qu'elle ne pourrait jamais renoncer à elle.

Étrange, cette façon qu'elles avaient toutes deux de laisser transparaître leurs soucis sans jamais les formuler vraiment. Mais la faute qu'elle avait commise était bien trop terrible pour qu'elle puisse jamais l'avouer par lettre.

Et, ce qui n'arrangeait rien, elle s'était querellée avec Florrie Jessup, qui l'avait vue sortir de la banque un après-midi.

« Ce n'est pas souvent qu'on voit l'une de nous avec un livret d'épargne », avait fait remarquer Florrie, une curiosité mauvaise dans le regard.

May avait cru bon de se justifier. « Mon mari a péri en mer et je touche une pension de veuve, avait-elle expliqué, tenaillée par l'envie de tourner les talons à l'indiscrète.

—Vraiment ? On se demandait comment tu faisais pour vous nipper si bien, la gamine et toi, avec le salaire de misère qu'ils nous donnent là-bas », avait persiflé celle-ci, avec un geste du menton en direction de Cathedral Close, avant de poser son regard sur l'élégant manteau noir de sa collègue.

Cette phrase avait suscité une vive inquiétude chez May qui avait toujours redouté de faire l'objet de commérages. « Ella reçoit des colis d'Amérique, avait-elle avancé.

—Ah bon ? T'as de la famille là-bas ? C'est comme ça que t'as eu ce boulot ? Tu fais le ménage chez le chanoine, maintenant, et à ce qu'on dit, Letty Fagan n'a pas apprécié qu'il la renvoie pour te donner sa place. Si tu veux mon avis, ma petite, ce n'est pas très correct. Les gens vont penser que Letty ne faisait pas bien son travail. »

May s'était empourprée. « Ma foi, la maison était un peu en désordre lors de ma première visite. J'ai cru qu'il n'avait personne pour tenir son ménage.

— Qu'est-ce qu'une fille comme toi allait faire chez quelqu'un comme lui, d'abord ? avait repris Florrie avec hargne, en se campant fermement devant elle, comme pour lui barrer le passage.

— J'ai rencontré sa fille un jour…, avait commencé May, comprenant aussitôt qu'elle venait de commettre une grosse erreur.

— Elle vit en Amérique, mariée à une huile. Elle était sur le *Titanic*. Comment ça se fait que tu la connaisses ?

— Oh ! par des amis de ma paroisse, c'est une longue histoire… » Poussant le landau, elle avait fait mine de contourner Florrie, mais celle-ci n'avait pas bougé d'un pouce.

« Je suis surprise que tu prennes la peine de venir travailler, avec toutes ces belles relations, et une pension par-dessus le marché. »

Les hostilités étaient ouvertes. Comment May pouvait-elle se défendre ? « Tu te trompes. J'aime mon travail. Je suis seule pour élever ma fille, il faut que je gagne notre vie. » Elle avait voulu s'éloigner, mais Florrie l'avait saisie par le bras.

« Pas si vite ! C'est pas ce que j'ai entendu dire. Tu as refusé de t'inscrire à la coopérative des femmes[1].

---

1. Allusion à la Women's Cooperative Guild, organisation fondée en 1883 en Angleterre, militant pour l'amélioration de la condition des femmes et particulièrement celles de la classe ouvrière. *(N.d.T.)*

— Qui t'a raconté ça ? s'était exclamée May, pressée de fuir ces accusations. Chaque fois que je m'absente, je dois confier la petite à quelqu'un. Cela me coûte de l'argent, avait-elle riposté.

— Eh bien moi, madame Smith, si toutefois c'est réellement ton nom, je vais te donner un conseil gratuit. Dans cette ville, il y a les dignitaires, et il y a ceux qui travaillent. Cathedral Close ou Market Square. Tu ne peux pas avoir un pied dans chaque camp. Soit tu es avec eux, soit tu es avec nous, vu ?

— Je ne suis pas d'ici. Je suis du Lancashire, et je n'ai pas à prendre parti», avait répliqué May, hérissée de colère.

Vive comme l'éclair, Florrie avait aussitôt répondu : «Peut-on savoir ce qui t'a poussée à venir ici, dans ce cas ?

— J'étais veuve, avait soupiré May d'une voix faible. Une femme n'a-t-elle pas le droit de vouloir fuir des souvenirs douloureux ?»

Sans manifester la moindre sympathie, Florrie s'était alors écartée, en lançant moqueusement : «Pardonnez-moi ma hardiesse, votre seigneurie, mais, les autres filles et moi, on se demandait si par hasard tu ne serais pas une veuve de la main gauche, si tu vois ce que je veux dire.

— Et que veux-tu dire au juste ?» s'était enquise May en regardant son adversaire droit dans les yeux.

Celle-ci en avait été momentanément troublée, et c'était avec le rouge aux joues qu'elle avait expliqué : «Ma foi, on se disait que peut-être, quelqu'un t'avait expédiée ici pour se débarrasser de toi et de la gamine, en te donnant assez d'argent pour que tu ne fasses pas d'histoires…

— Comment oses-tu insinuer ce genre de chose ? Joseph était mon époux, nous nous connaissions depuis notre enfance. Et cela fait seulement un an qu'il est mort, ajouta-t-elle, les yeux emplis de larmes.

— Ne te mets pas dans un état pareil ! Je ne voulais pas t'offenser, mais tu es tellement réservée… Les gens sont bien forcés de se poser des questions, non ?

— Qu'est-ce que ça peut bien vous faire, à eux comme à toi ? avait rétorqué May d'un ton cinglant. À présent, si tu n'y vois pas d'inconvénient, j'ai encore des courses à faire.

— Tu es bien mystérieuse, décidément. Mais ne t'en fais pas, je finirai par découvrir la vérité. Une pension de veuve, mon œil ! » Avec un rire méchant, Florrie était partie à grands pas, laissant May au bord de la nausée. C'en était fait de la tranquillité à laquelle elle tenait tant. La dernière chose qu'elle voulait, c'était bien être la cible des médisances des autres lingères du séminaire. C'était vrai qu'elle ne se mêlait guère à elles, mais avec ses différents emplois et les soins à donner à Ella, elle n'en avait pas le temps. Sans compter qu'elle était constamment fatiguée, car elle avait toujours autant de mal à trouver le sommeil.

Sa seule amie se trouvait de l'autre côté de l'océan, et elle aussi commençait à se comporter bizarrement. Pouvait-on vraiment parler d'amitié, d'ailleurs, alors qu'elles ne s'étaient vues que pendant une très courte période et dans des circonstances aussi exceptionnelles ? Cependant, elle puisait dans cette relation une force et un réconfort immenses, et leur correspondance lui donnait la possibilité d'exprimer ses sentiments, de déverser ce qu'elle avait sur le cœur. Une femme comme Celeste ne continuerait pas à lui écrire si elle n'en avait pas envie.

Si seulement elle osait lui avouer la vérité au sujet d'Ella ! Peut-être alors arriverait-elle à dormir... Mais c'était un secret trop lourd pour le confier à quiconque. Je suis une menteuse, une voleuse et une dissimulatrice, soupira-t-elle intérieurement, même si mon acte m'a paru justifié sur le moment.

32

Il était arrivé, ce jour qu'Angelo redoutait tant. Il se leva de bonne heure pour aller au travail, en jetant un coup d'œil attristé au petit autel qu'il avait installé dans un coin de la pièce, avec le chausson et la photographie. Il partageait la chambre des fils de Salvi. Lui et son épouse avaient insisté pour qu'il vienne vivre chez eux, maintenant qu'il avait perdu son appartement, parce qu'il avait plusieurs mois de loyer en retard.

« Aucun Bartolini ne dormira dehors tant que je vivrai. Mon frère me tuerait, avait déclaré son oncle. Mais tu as intérêt à retrouver un boulot et à te ressaisir, sinon, gare. »

Petit à petit, Angelo avait réussi à remonter la pente et à demeurer suffisamment sobre pour garder un emploi. Par ce matin de printemps clair et froid, planté sur le toit d'un immeuble de Manhattan, il contemplait, par-delà les gratte-ciel et les ponts, le fleuve qui descendait vers le port, en se remémorant cette terrible nuit, il y avait de cela un an exactement.

Tous les jours, il se rendait ponctuellement à son chantier, montait sur des grues et escaladait des échafaudages pour se percher tout en haut du bâtiment en construction. Le travail était la clé, le travail était une consolation et il était de nouveau considéré comme un ouvrier assez fiable pour qu'on le préfère à des hommes plus expérimentés.

Aujourd'hui, il finirait un peu plus tôt que d'habitude, mettrait sa plus belle chemise et son veston, et irait assister à la messe commémorative dans l'ancienne cathédrale St Patrick de Mulberry Street. Là, il allumerait un cierge pour Maria et leur enfant, au côté des autres parents endeuillés.

Il connaissait de vue un bon nombre d'Irlandais, à présent, les vieilles femmes et les jeunes filles, les terrassiers aux cheveux roux qui s'agenouillaient près de lui. Saint-Pat, comme ils l'appelaient affectueusement, était pour eux comme un phare dans la nuit, un lieu où ils pouvaient respirer le parfum de l'encens, trouver le calme et la sécurité dans cette ville exubérante.

Angelo préférait l'ancienne cathédrale à la nouvelle. Elle lui rappelait sa terre natale. La pierre était fraîche au toucher. Tel un bon pasteur, le père Bernardo les avait aidés à traverser ces temps difficiles, mais cette messe rappelait cruellement à Angelo le souvenir de cette nuit pluvieuse...

La fille au châle écossais, celle qu'il avait aperçue lors du défilé, était assise une rangée devant lui, ses boucles cuivrées ramassées en une torsade lui tombant au milieu du dos. Elle sanglotait si fort qu'une des sœurs lui tapota le bras.

« Allons, Kathleen, ils sont auprès des anges, désormais... Je sais que c'est dur, mais ils ne voudraient pas vous voir dans un état pareil. »

Angelo lutta pour contenir ses propres larmes. Il ne savait que trop bien ce que cette jeune fille devait éprouver en cet instant même. La messe finie, il se leva pour sortir, mais les sœurs les invitèrent à se diriger vers la salle paroissiale. « Ce qu'il vous faut à présent, c'est une bonne tasse de thé bien fort. Elle vous attend au fond de la salle. Vous aussi, Angelo. Après une dure journée de labeur, vous devez avoir soif. »

Il aurait préféré un tonneau de whisky, mais il sourit et se joignit aux autres. Un peu gênés, ils s'assirent autour de la table dressée à leur intention – étrangers réunis par une chaîne d'événements tragiques. Angelo faillit s'étrangler avec le thé au lait trop sucré. La fille au châle le regarda et lui sourit. Elle avait les yeux les plus verts qu'il eût jamais contemplés, de la couleur du marbre poli. Il lui rendit son sourire et elle rougit.

« Ma sœur Mary Louise avait embarqué à Queenstown, chuchota-t-elle. Et vous ?

—Mon épouse, répondit-il, Maria. Et notre *bambina*. Elles étaient venues d'Italie pour embarquer à Cherbourg.

—Mon pauvre, murmura-t-elle, avec un hochement de tête apitoyé. Le chagrin ne s'efface jamais, n'est-ce pas ?»

Tout à coup, il fut content d'avoir changé de chemise et discipliné ses cheveux noirs, soulagé qu'Anna ait insisté pour qu'il fasse un brin de toilette avant de se rendre à la messe.

Tout le monde buvait son thé en conversant poliment dans diverses langues. Dans quelques instants, ils se sépareraient jusqu'à l'année prochaine...

Sur les marches de la cathédrale, la jeune Irlandaise hésita et resserra son châle autour de ses épaules pour lui laisser le temps de la rattraper. Il ne faisait pas encore nuit et il se sentit irrésistiblement attiré vers elle. « C'est une *bella notte*, une belle soirée pour la promenade, la *passeggiata*, comme on dit dans mon pays, dit-il en courbant sa haute taille vers la silhouette menue.

—Oui, c'est vrai, il fait trop beau pour rester enfermé», répondit-elle. Ils échangèrent un regard timide, avant de détourner rapidement les yeux.

« Je m'appelle Kathleen O'Leary. Et vous ? Je ne peux pas me promener avec un inconnu, ajouta-t-elle.

—Angelo Bartolini», répondit-il en soulevant sa casquette et en s'inclinant.

Elle prit son bras et ils s'éloignèrent à pas lents pour se perdre dans l'agitation de Manhattan, sous le regard bienveillant du père Bernardo qui avait observé la scène depuis le parvis. Le prêtre sourit et murmura pour lui-même : « Les voies du Seigneur sont impénétrables. »

33

Novembre 1913

Je suis désolée d'avoir tellement tardé à vous écrire, mais je viens d'apprendre une bien étrange nouvelle. On a lancé une souscription publique pour édifier un mémorial au capitaine Smith, et j'ai pensé que vous aimeriez le savoir. Je ne sais pas encore où il sera situé exactement, quelque part dans son Staffordshire natal, ou peut-être même ici. Je crois qu'il s'agira d'une statue à son effigie. C'était dans un article du Lichfield Mercury. *Je me réjouis qu'on se décide enfin à lui rendre hommage. Quand nous ne serons plus là, ces monuments resteront pour rappeler au monde le courage des hommes et des femmes qui ont donné leur vie pour nous sauver.*

La seule mention du nom du commandant me donne des sueurs froides. Il y a eu tellement de rapports le rendant responsable de la catastrophe et affirmant qu'il naviguait à une vitesse excessive, mais je refuse de blâmer ce pauvre homme ou qui que ce soit d'autre. Cette nuit me hantera pendant le reste de mes jours, et rejeter la faute sur l'un ou sur l'autre n'y changera rien. Je pensais qu'une fois que la date anniversaire serait passée, je me sentirais mieux, mais il n'en est rien. Je préférerais pouvoir tout oublier, pas vous ?

Je suis contente d'avoir quelqu'un avec qui partager ce que je ressens. Seule une personne qui a vu ce que nous avons vu peut comprendre à quel point ces souvenirs sont terrifiants.

Dans les journaux, on parle beaucoup, ces derniers temps, de renforcer notre armée et notre marine pour affronter le Kaiser, s'il devait nous menacer un jour. Un champ de tir a même été installé dans un pré non loin d'ici, et Selwyn va régulièrement s'y entraîner. Si vous comptiez nous rendre visite prochainement, pour Noël par exemple, il vaudrait mieux le faire au plus vite, ma chère amie, au cas où… Espérons qu'il s'agit seulement d'une fausse alarme. En tout cas, ce serait merveilleux de vous voir, vous et votre famille.

Celeste rangea la lettre dans son bureau et referma le tiroir à clé. Les dernières lignes avaient semé l'inquiétude dans son esprit. Peut-être devrait-elle tenter de convaincre Grover d'entreprendre le voyage avec elle. Un Noël en famille dans sa chère Angleterre leur ferait le plus grand bien à tous les trois.

Elle choisit soigneusement son moment. Le dîner, composé des plats préférés de son mari, avait été parfait : une tourte au poulet suivie de pêches au sirop garnies de crème. Roddy était dans sa chambre avec la nounou, tout se passait bien.

« J'aimerais fêter Noël auprès de papa et de mes frères. Nous pourrions y aller tous ensemble, dit-elle en souriant. On dit qu'il pourrait bientôt y avoir une guerre en Europe. Papa n'est pas en très bonne santé depuis quelque temps, et il aimerait voir notre petit Roderick. L'année a été particulièrement éprouvante, avec ces terribles inondations à Dayton au printemps, et j'ai eu tellement à faire avec le comité… Le docteur a suggéré qu'un changement de décor me serait profitable. »

Il y eut un silence, durant lequel Grover reposa lentement sa serviette sur la table en la dévisageant d'un regard dur.

« Tes voyages incessants dans le Sud ne te suffisent pas ? J'aurais cru que tu étais dégoûtée des trains et à plus forte raison des bateaux. Ta place est ici, avec nous, pour les fêtes de Noël.

— Je le sais, mais mon père serait tellement heureux de nous avoir près de lui...

— Tes frères peuvent fort bien lui tenir compagnie.

— Je lui manque. Et Roddy aimerait bien faire la connaissance de son grand-père et du pays de ses ancêtres.

— Tu n'emmèneras pas mon garçon de l'autre côté de l'Atlantique, ni maintenant ni jamais, et certainement pas sur cette île perdue, noyée dans le brouillard et la pluie. J'ai trop de travail pour t'accompagner. Ton père n'a qu'à venir ici, pour changer... » Grover tendit la main vers sa boîte à cigares pour lui signifier que la discussion était close.

« Oh ! mais c'est tellement différent là-bas... Je t'en prie, penses-y. Il faut que Roddy connaisse son grand-père.

— Il a tous les grands-parents qu'il lui faut ici. Vas-y toute seule si tu y tiens, mais à tes propres frais. Le garçon restera avec Susan, comme la dernière fois.

— Mais dans sa lettre, May dit... » Les mots s'échappèrent de sa bouche avant qu'elle ait pu les en empêcher.

« May ! J'en ai par-dessus la tête de t'entendre rabâcher ce nom ! Pourquoi as-tu décidé de jouer les bienfaitrices auprès de cette mauviette pleurnicheuse, c'est quelque chose qui me dépasse. Crois-tu que je ne sais pas que tu continues à lui envoyer des cadeaux ruineux ? Mère dit que tu dépenses tout l'argent que je te donne dans les boutiques de confection, pour acheter des vêtements à sa gamine.

— Peut-être que si j'avais une petite fille à moi… » Celeste s'interrompit en le voyant hausser les sourcils devant cette insolence. Évoquer de nouveau ce sujet ne pouvait que lui attirer des ennuis. Grover ne lui faisait jamais l'amour sans prendre le soin d'enfiler ces horribles préservatifs.

« Voilà que tu recommences ! Tu ne penses qu'à ça. Nous avons déjà un héritier. Il commence à ressembler à un être humain, maintenant qu'il ne porte plus de couches. Je n'ai aucune envie de te voir à nouveau grosse et laide, en train de baver d'admiration au-dessus d'un berceau comme une paysanne ignorante. Et puis, ce n'est pas comme si tu avais jamais pris plaisir à faire des bébés, n'est-ce pas ? Tu n'es rien d'autre qu'une vieille fille frigide, au fond. Je n'aurais jamais dû t'épouser. »

Reste calme, ne lui réponds pas, s'exhorta intérieurement Celeste. Mais elle ne put maîtriser bien longtemps sa colère et, malgré elle, une réplique mordante jaillit de ses lèvres.

« Et toi, tu es une brute dépourvue de pitié, qui prend toujours ce qu'il veut quand il veut, sans se soucier que je sois malade ou fatiguée. Tu sais que j'ai toujours voulu une grande famille. Comment peux-tu me refuser le droit d'avoir un autre enfant?»

Grover se leva d'un bond et l'empoigna par les cheveux. Ses peignes et son crépon à chignon tombèrent à terre. «Tu es allée trop loin, ma petite. Ne va pas croire que j'ignore ce que tu lis en cachette, toutes ces brochures, tous ces pamphlets sur l'émancipation des femmes et le droit de vote. Je ne veux pas de ces saletés dans ma maison! Je te laisse gaspiller ton temps avec le comité du *Titanic*, parce que là, au moins, tu te fais des relations. Des épouses d'hommes influents qui pourraient être utiles à mon entreprise. Les autres ne sont qu'une bande de bas-bleus, et je ne veux plus que tu les fréquentes. Elles détestent les hommes, toutes autant qu'elles sont. La seule place qui convienne aux femelles de leur sorte, c'est dans un lit, les jambes en l'air. Elles auraient besoin d'une bonne leçon, et toi aussi.» L'arrachant de son siège, il l'entraîna vers l'escalier.

«Non, je t'en supplie, pas maintenant, tu vas réveiller Roddy. Calme-toi. Il faut que nous discutions...»

Il n'était pas question qu'elle s'excuse de lui avoir dit ses quatre vérités. Elle voulut lui échapper, mais il la poussa en avant, en la saisissant de nouveau par les cheveux. «Monte, et tais-toi! Tu devrais pourtant savoir qu'on ne discute pas mes ordres. Dépêche-toi!

—Non!» hurla-t-elle, sans se soucier d'être entendue par les domestiques. Il lui assena une violente gifle, la traîna jusqu'à la chambre et, d'un coup de poing dans l'estomac, la projeta sur le lit.

« Tu es ma femme et je te baiserai quand je le veux et où je le veux.

— Ce n'est pas juste, gémit Celeste en se débattant pour échapper à son étreinte. Qu'ai-je dit pour que tu me traites ainsi ? Je ne me soumettrai plus à cet acte dégradant…

— Oh si ! tu vas le faire ! » Elle lut la haine dans son regard, mais aussi une brève hésitation, et saisit sa chance.

« Pourquoi me hais-tu, Grover ? Qu'ai-je fait pour que tu me traites ainsi ? Il doit exister d'autres moyens de régler nos problèmes », implora-t-elle, cherchant à le raisonner. Quand elle se tourna vers lui, elle vit danser une étrange lueur dans son regard, et il la contempla avec mépris, comme si elle n'était que de la boue sur ses chaussures.

« Toi et tes manières de mijaurée ! J'aurais dû savoir que c'était une erreur d'épouser une fille de pasteur. Tu n'as jamais été une véritable épouse pour moi. Tu es maigre, tu as la poitrine plate et tu nous regardes de haut, ma famille et moi, comme si nous ne valions rien.

— Je n'ai jamais rien fait de tel, et si je suis maigre, les soucis en sont la cause. »

Pour toute réponse, il la frappa à la mâchoire, et elle sentit ses dernières forces l'abandonner.

« Ne discute pas ! Ferme-la, ou tu en prendras d'autres. Je suis ton mari. Tu me dois tout, le toit que tu as sur la tête, la nourriture que tu manges. Sans moi, tu n'es rien. Les femmes comme toi ne sont que des idiotes qui se donnent de grands airs.

— Je parie que tu ne dis pas ça des filles de chez Lily, murmura-t-elle. C'est bien là-bas que tu vas chercher ton plaisir ?

— Et après ? Ces filles savent comment satisfaire un homme, contrairement à toi, espèce de garce frigide. Tu te crois spéciale, hein ? Une survivante du *Titanic*… Laisse-moi te dire une chose : je préférerais te savoir au fond de l'océan. Tu n'en as toujours que pour Roddy, rien d'autre ne compte pour toi, à part Margaret Brown et ses amies. J'en ai marre que tu me considères comme quantité négligeable. Je ne t'ai pas choisie entre tant d'autres pour que tu me ridiculises.

— C'est injuste et c'est faux. Veux-tu dire que tu es jaloux de notre fils, ou de la vie que je mène hors de la maison ? Tu n'as aucune raison de l'être. Je pensais que tu serais fier que j'essaie d'aider les autres. Pourquoi es-tu si fâché ? Je t'en prie, tu me fais mal… Ne pouvons-nous pas en discuter calmement ? » haleta-t-elle. Elle comprit aussitôt son erreur.

« Je vais te montrer ce que c'est d'avoir mal ! » dit-il en la forçant à se coucher sur le ventre. Puis il lui remonta sa jupe, lui arracha son pantalon et lui écarta les jambes.

Elle sentit la nausée monter dans sa gorge. Elle ne pouvait rien faire d'autre qu'enfoncer son visage dans la courtepointe et endurer le supplice. Mais elle ne crierait pas, elle ne se débattrait pas, elle ne lui montrerait pas à quel point il la faisait souffrir. Tandis qu'elle suffoquait à demi, les lèvres écrasées contre la soie de l'édredon, elle se jura que plus jamais il ne lui infligerait cela. Elle le tuerait plutôt.

Jamais elle ne s'était sentie si seule, et pourtant une flamme brûlait en elle. Je te hais, se répéta-t-elle en silence, comme une prière, jusqu'à ce qu'il cesse de la pilonner. *Je trouverai un moyen d'en sortir. Je n'ai pas survécu au naufrage du* Titanic *pour finir ainsi.*

Ensuite, elle resta étendue sur le lit, à bout de forces mais le cœur empli de défi.

C'est alors qu'elle se retourna et découvrit le visage ensommeillé de Roddy, la regardant d'un air étonné et serrant contre lui son ours en peluche préféré.

« Pourquoi tu es couchée ? Tu es malade, maman ? demanda-t-il, pendant qu'elle essayait de se redresser.

— Oui, un peu, mais retourne vite au lit, mon chéri.

— Tu m'as réveillé. J'ai entendu crier. Papa est encore fâché ?

— Non, non. Seulement fatigué. Il travaille trop dur. Il n'aime pas que nous fassions du bruit.

— Qu'est-ce que tu as à la figure ? »

Celeste tressaillit en portant une main à sa bouche ensanglantée. « Ta stupide maman est tombée et elle s'est cognée », répondit-elle. C'était un fait nouveau et inquiétant. Grover ne l'avait jamais frappée au visage auparavant. « Retourne te coucher, à présent. » Elle voulut se lever, mais la pièce se mit à tanguer. Rassemblant tout ce qu'il lui restait de forces, elle le reconduisit dans sa chambre.

Si seulement elle avait quelqu'un ici à qui se confier, quelqu'un qui l'encouragerait à dire la vérité! Mais Grover l'avait dissuadée de se faire des amies. Il affirmait que les femmes qu'ils connaissaient ne cherchaient qu'à promouvoir la carrière de leurs maris.

Ses beaux-parents risquaient de venir le lendemain. Elle devrait rester au lit et dire qu'elle avait attrapé un rhume, ou un mensonge du même genre. Personne d'autre ne devait la voir dans cet état.

Elle avait besoin qu'on l'aide. Qu'on lui dise ce qu'elle devait faire pour échapper à cet enfer. Mais vers qui pourrait-elle se tourner? Il y avait bien les dames de l'église épiscopale où elle enseignait le catéchisme. Mais depuis que Grover avait été promu au conseil d'administration de la Diamond Rubber Company, elles la tenaient à l'écart, en dépit de toutes ses avances amicales.

Il n'y avait dans tout le pays qu'une seule femme à qui elle faisait confiance, et qui avait les épaules assez larges pour la soutenir. Une femme dont le visage buriné montrait qu'elle connaissait la vie. Margaret Tobin Brown. Elle était séparée de son mari et ne devait donc rien ignorer des difficultés de la vie conjugale. Pourtant, Celeste aurait eu l'impression de trahir Grover en se livrant à elle. Pour le meilleur et pour le pire: elle avait prononcé le serment du mariage en toute sincérité.

Grover lui avait offert un monde nouveau, une vie confortable et un fils adorable. En échange de quoi? La tête lui tournait, elle ne savait plus où elle en était.

Au matin, elle trouva sur le seuil de sa chambre un bouquet de roses rouges et crème, sans un mot d'accompagnement. Devait-elle y voir des excuses, ou un avertissement? Dans l'un et l'autre cas, elle devait trouver un moyen de se libérer de cette cage dorée.

34

Angelo marchait de long en large sur le trottoir enneigé en attendant la fermeture de la boutique de bonneterie. Il n'osait pas entrer, avec tous ces articles de lingerie féminine exposés dans la vitrine. Cela faisait à présent plus de six mois qu'il voyait régulièrement Kathleen O'Leary. Il avait tenu cette relation secrète jusqu'ici, mais il voulait maintenant la présenter à l'oncle Salvi et à la tante Anna.

Quelquefois, il se disait qu'il était encore tôt pour fréquenter une autre femme. Il avait essayé d'expliquer à Kathleen que Maria serait toujours son épouse et qu'il ne cherchait rien d'autre qu'une amitié.

La jeune fille l'avait transpercé de ses yeux d'un vert incomparable. « Et qu'est-ce qui te fait croire que j'attends autre chose? avait-elle répliqué. Si je dois me marier un jour, ce sera avec un homme de chez moi, un Irlandais qui saura parler aux femmes, lui. » Cette réflexion avait fait à Angelo l'effet d'une claque en pleine figure, puis il avait décelé une lueur d'espièglerie dans le regard de Kathleen.

Les Irlandais et les Italiens travaillaient peut-être côte à côte, mais les premiers étaient ici depuis plus longtemps, avec leurs propres coutumes, leurs fêtes et leur langue. Et ils pratiquaient même la foi catholique avec plus de ferveur encore.

La famille d'Angelo avait d'abord émis des doutes sur cette amitié, avant de lui suggérer d'amener Kathleen à dîner afin qu'ils puissent la jauger. Mais il n'avait pas jugé utile de lui faire subir une telle inquisition avant d'avoir la certitude qu'elle était bien la femme qu'il lui fallait. C'était une citadine, une vendeuse qui vivait dans une pension tenue par des gens originaires de Dublin. En Irlande, elle avait travaillé comme domestique et avait émigré aux États-Unis avec l'espoir d'une vie meilleure. Elle était aussi fière que jolie, et elle avait même la langue acérée, une fois qu'elle avait surmonté sa timidité initiale.

Quand ils se voyaient, ils se promenaient au hasard des rues, s'asseyaient dans des cafés, flânaient dans le parc ou allaient à une séance de cinématographe. Le moment était venu de mettre les choses au clair. C'était tout juste s'il osait lui tenir la main, et il ne savait plus très bien où il en était.

Il remonta le col de sa veste pour se préserver de la fraîcheur du soir. Elle était en retard. Lui aurait-elle posé un lapin ?

Et soudain, il l'aperçut, franchissant la porte d'un pas pressé, tenant d'une main son béret vert, ses boucles dansant autour de son visage comme d'habitude. Elle portait une longue veste sur une jupe entravée et des bottines impeccables, d'une élégance toute citadine.

« Où allons-nous ce soir ? Il fait trop froid pour traîner dehors, déclara-t-elle en passant son bras sous celui d'Angelo qui ne se sentit plus de joie.

— Que dirais-tu d'aller dîner chez ma tante et mon oncle ? Ils aimeraient bien rencontrer ma promise, lâcha-t-il d'un trait, et il comprit aussitôt, en voyant son expression, que c'était un mot malheureux.

— C'est ta façon de me demander en mariage ? Est-ce ainsi que tu t'y es pris, la première fois ? »

Il secoua la tête, confus. « Nous étions en Italie. Là-bas, il y a des coutumes à respecter, il faut rencontrer la famille, prendre des engagements, tu sais ?

— Non, je ne sais pas. Je suis irlandaise et quand un gars demande la main d'une fille, il s'agenouille devant elle et il y met les formes. Je ne suis pas un article de second choix. Bonsoir ! » Tournant les talons, elle partit dans la direction opposée en essayant de ne pas déraper sur le verglas.

« *Per favore, Katerina*, qu'ai-je fait de mal ?

— Tout. » Elle s'arrêta, soupira. « Depuis six mois, j'use mes semelles à force de me balader avec toi dans toute la ville, et tu n'as jamais abordé le sujet. Aujourd'hui, tu voudrais m'exhiber devant des étrangers, sans même m'avoir prévenue, sans me laisser la possibilité de changer de vêtements. Nous ne sommes ni en Italie, ni à Dublin. Ici, c'est New York, et les femmes ont aussi leur mot à dire quand il s'agit de mariage. Si cela ne m'arrive qu'une fois dans la vie, je veux faire les choses dans les règles. Et si tu veux m'épouser, tu dois me faire la cour en bonne et due forme. Tu dois arriver à me convaincre que je pourrais passer le reste de mes jours près de toi, dit-elle en revenant vers lui.

— Alors, que fait-on maintenant?

— On va en discuter tout en marchant. En Amérique, tout peut être différent, si on le veut.

— Mais j'ai promis à Anna de t'amener! Elle a beau vivre en Amérique, elle a toujours la mentalité italienne. Elle n'a jamais rencontré Maria. Je t'en prie, viens.

— Nous irons plus tard. Il est encore tôt, invite-moi quelque part pour fêter nos fiançailles, répondit-elle en souriant.

— On pourrait aller à Battery Park...

— Par ce temps? Je croyais que les Italiens savaient courtiser les femmes.

— Je n'ai pas beaucoup d'argent. Je dois payer mon loyer.» Comment pouvait-il lui expliquer que tout son salaire servait à payer les dettes qu'il avait contractées quand il était sans emploi?

« Voilà la nouvelle règle que je te propose: on partage l'addition, moitié-moitié. J'ai touché ma paie. Faisons des folies, et offrons-nous un hot-dog.

— Mais c'est vendredi, il faut faire maigre! se récria Angelo, choqué.

— Oublie-le pour une fois. Nous sommes peut-être de bons catholiques, mais nous ne sommes pas des saints. Ce n'est pas tous les soirs qu'on se fiance.» Kathleen sourit et Angelo eut impression que toute la rue s'illuminait. «Allez, Roméo, montre-moi que tu sais t'amuser.»

157

Le cœur d'Angelo se gonfla d'allégresse. Kathleen ne serait jamais Maria. C'était une Irlandaise au tempérament fougueux, aux cheveux et aux yeux de feu. Mais elle lui conviendrait parfaitement, et elle avait raison. Le moment était venu de rebâtir sur de nouvelles bases. Ils étaient en Amérique, à présent.

35

Mars 1914

« Je ne remettrai jamais les pieds dans cette église, fulminait May tout en entrechoquant les casseroles dans l'évier de la cuisine du chanoine. Avez-vous vu ce que le vicaire a écrit dans le *Lichfield Mercury*, à propos de la prochaine inauguration de la statue du capitaine Smith dans les jardins du musée? Il prétend que les officiers avaient été prévenus de la présence de l'iceberg et que, malgré cela, ils n'avaient pas réduit la vitesse du navire. » Elle s'interrompit. « Est-ce que c'est vrai? Je suis sûre que ça ne s'est pas passé ainsi. M. Fuller dit qu'il n'y a pas lieu d'honorer le capitaine. Je ne comprends pas. Tout le monde a donné sa contribution pour ce monument. Il a fait son devoir et il a sauvé mon enfant.

— Vous devriez écrire au journal pour raconter votre histoire, madame Smith. Cela leur clouerait le bec. Vous êtes en mesure de témoigner de sa bravoure, répondit le vieil homme.

— Oh, non, je ne pourrais pas, je n'ai jamais écrit aux journaux, ce n'est pas… » Elle se tut, puis reprit d'un ton hésitant : « C'est Ella qui devrait leur écrire, pas moi.

— Dans ce cas, écrivez-leur en son nom. Dites-leur ce qui s'est passé. Celeste a relaté comment votre fille avait été repêchée par un sauveteur héroïque, mais elle n'est pas absolument certaine d'avoir reconnu le capitaine Smith.

— Accepteriez-vous d'écrire cette lettre pour nous ? demanda May, mais le chanoine Forester secoua la tête.

— Je préfère ne pas prendre part à cette polémique. Les esprits sont déjà suffisamment échauffés. Certains soutiennent que le capitaine a fait preuve de négligence et d'imprévoyance.

— Jamais de la vie ! s'exclama May, hors d'elle, en reposant sa brosse avec violence. Il a nagé jusqu'au canot et m'a tendu le bébé. Les marins lui ont dit de monter à bord, mais il a refusé… Celeste me l'a raconté… Je ne l'ai pas vu moi-même, mais un membre de l'équipage l'a reconnu.

— Ce ne sont que des ouï-dire, ma chère enfant, mais vous devriez quand même témoigner en sa faveur, puisque c'est là votre conviction. »

May se sentit encouragée par ces paroles. Elle aimait ce bon vieillard qui ne la rabaissait jamais, ne la traitait jamais comme une ignare.

« Je vais le faire, mais il faudra que vous corrigiez mon orthographe, monsieur. Je ne veux pas me rendre ridicule, ni signer de mon nom. »

Au cours des semaines qui suivirent, la contro-verse fit rage, les partisans et les adversaires du capitaine se répandant dans la presse en courriers enflammés. May acheta du papier et un stylo neuf. Soir après soir, elle rédigea des brouillons qui finis-saient tous dans la corbeille. N'ayant pas la témérité d'affronter le vicaire pour lui dire qu'il se trompait, elle déserta l'église paroissiale et assista désormais aux offices de la cathédrale.

Puis le journal publia une lettre anonyme qui ranima sa fureur.

> *Il serait dommage de transformer notre parc en une décharge où s'entasseraient des statues d'illustres inconnus sans aucun lien avec notre ville. Il faut regarder les faits en face, et (je n'hésite pas à le dire, au risque de paraître bien peu charitable) c'est un fait indéniable que le défunt capitaine Smith était un parfait inconnu avant de commettre l'erreur de jugement qui… a conduit à l'une des plus grandes catastrophes des temps modernes…*

La guerre était déclarée. May essaya de lire la suite, mais sa vue était brouillée par la colère et l'épuisement. Ce n'était pas juste. Les morts ne pouvaient pas se défendre. Les choses ne s'étaient pas passées ainsi. Ce n'était pas le capitaine qui avait conçu le paquebot ni prévu trop peu de canots de sauvetage. Ce n'était pas lui qui avait ignoré les appels de détresse et était passé au large en laissant les gens se noyer. Tout le monde savait que c'était le *Californian* qui n'avait pas répondu aux SOS alors qu'il se trouvait à proximité des lieux. Certains rescapés affirmaient même qu'un autre navire était passé si près qu'ils avaient pu voir ses lumières, mais que lui non plus n'avait pas dévié de sa route pour les secourir.

Si seulement Celeste avait été là, elle aurait su ce qu'il fallait écrire. Peut-être May pouvait-elle lui demander d'envoyer un télégramme au journal pour prendre la défense du capitaine? Une lettre aurait mis trop de temps à arriver.

May aurait voulu dire aux journalistes comme aux lecteurs ce qu'elle pensait d'eux. Mais elle avait déjà suffisamment de soucis en tête, avec ces rumeurs de guerre et les troupes en état d'alerte dans la garnison de Whittington. Les bruits les plus fous couraient dans les cuisines du séminaire. Florrie Jessup affirmait qu'il y avait des espions à tous les coins de rue. Néanmoins, le débat autour de la statue se poursuivait dans le quotidien, et May ne s'était toujours pas résolue à écrire, car elle craignait d'attirer l'attention sur elle et sur la petite. Depuis son altercation avec Florrie, elle ne sortait plus que pour faire les courses, aller à l'église et dans la maison des Forester. Elle ne voulait pas courir le risque que quelqu'un découvre la vérité.

Elle pouvait se rassurer en se rappelant que quelques personnes plus intelligentes qu'elle s'étaient portées à la rescousse du capitaine Smith. Mais il était maintenant question d'une pétition contre le monument. Elle était écœurée.

Une nuit, incapable de dormir, elle regarda par la fenêtre de sa chambre et, en voyant les tours de la cathédrale se découper sur le ciel de l'aube, elle se dit qu'il était temps de prendre la plume.

En tant que survivante de cette terrible nuit, moi qui me suis débattue dans ces eaux glacées et ai vu mon mari et mon enfant se noyer sous mes yeux, je sais que le capitaine Smith était un homme bon et courageux. J'ai été de justesse arrachée aux profondeurs de l'océan alors que tant d'autres ont péri et, alors que je pensais avoir tout perdu, on a remis entre mes mains l'enfant qui est la joie de mon cœur. Le capitaine Smith l'a repêchée et a refusé d'être lui-même secouru. D'autres que moi peuvent témoigner de cet acte d'abnégation. Lichfield devrait s'enorgueillir de ce monument qui nous rappelle cette vérité première : la plus grande preuve d'amour qu'un homme puisse donner, c'est de sacrifier sa vie pour autrui.

Seuls ceux qui étaient là-bas peuvent dire ce qui s'est réellement passé. Cette pétition est une honte pour la ville.

Avec mes salutations distinguées,
Un témoin qui préfère garder l'anonymat

L'encre était à peine sèche quand May referma l'enveloppe et se rua dans la nuit noire pour la glisser dans la boîte aux lettres au bout de la rue. Elle devait le faire avant que son courage l'abandonne.

Toute la semaine suivante, elle parcourut le *Lichfield Mercury* dans l'espoir d'y trouver sa lettre, en vain. Ils avaient ignoré son témoignage, le tenant sans doute pour une invention. Elle aurait dû le signer de son nom, mais elle savait que cela lui aurait attiré la visite de toutes sortes d'indésirables : curieux, voisins indiscrets, journalistes en mal d'informations.

Une semaine plus tard, la cérémonie d'inauguration de la statue fut reléguée à l'arrière-plan par un événement bien plus grave : la déclaration de la guerre. May tenait cependant à rendre hommage au capitaine. En allant s'enquérir de l'heure à laquelle se tiendrait la cérémonie, elle s'arrêta à la poste pour acheter un timbre. Et c'est alors qu'elle découvrit dans son porte-monnaie celui qu'elle croyait avoir collé sur la lettre adressée au journal.

Tout s'expliquait. La lettre n'était jamais arrivée. Elle en fut soulagée, car ce témoignage écrit sous le coup de la rage aurait très bien pu la trahir. Plus jamais elle ne commettrait une telle imprudence, et elle se jura de redoubler de vigilance à l'avenir.

36

Harriet entra dans la chambre de Celeste sans se faire annoncer, curieuse de savoir pourquoi sa bru n'était pas allée à l'église ce dimanche. Celeste tenta de cacher les marques sur son visage derrière sa main, mais trop tard.

«Oh! mon Dieu, Grover aurait-il encore perdu son sang-froid?

— C'est ainsi que vous qualifiez son comportement? Moi, je parlerais plutôt de coups et blessures», riposta Celeste d'un ton glacial.

Harriet eut la décence de rougir. «Je suis désolée, mais vous devez vous rendre compte que les hommes sont soumis à une terrible tension nerveuse dans leur travail. Il est question de fusionner différentes compagnies de caoutchouc, et celle de Grover se prépare à d'énormes changements. Nous devons nous montrer indulgentes. Il est exactement comme son père. Ils ne peuvent pas s'en empêcher... Vous devez le comprendre.

— C'est ce que vous faites ? demanda Celeste, voyant sa belle-mère s'empourprer davantage.

— Que voulez-vous dire ?

— Vous le savez très bien. Grover n'est pas né ainsi. Quelqu'un a dû lui montrer l'exemple, lui enseigner qu'il était parfaitement normal de battre sa femme pour la forcer à...

— Écoutez, ma chère, vous devez admettre que vous le provoquez constamment, ces derniers temps, avec vos discours sur le vote des femmes. Vous n'êtes jamais à la maison, vous négligez votre fils...

— C'est faux. Je n'ai jamais négligé Roddy ! Ce n'est pas parce que je m'absente un jour par mois pour assister à des réunions à Cleveland...

— Un homme doit être maître chez lui, sinon, il se sent rabaissé, répondit Harriet qui ne semblait pas tenir en place et manipulait nerveusement bibelots et vêtements.

— On m'a enseigné que nous étions tous égaux devant Dieu.

— Voilà que vous montez de nouveau sur vos grands chevaux. L'homme a été fait à l'image de Dieu et nous sommes issues d'une de ses côtes, donc nous lui sommes bien sûr inférieures.

— Quelle absurdité ! Les êtres humains sortent du corps de leur mère, s'esclaffa Celeste.

164

— Vous devrez apprendre à garder pour vous-même ces opinions hérétiques si vous voulez rester mariée à mon fils. Soyez soumise, c'est la seule solution face à un mari autoritaire.

— Je n'ai pas été élevée ainsi.

— Vous avez une mentalité typiquement anglaise, ma chère.

— Oui, et j'en suis fière. Nous n'aimons pas obéir à la force. Nous nous battons pour les causes que nous croyons justes, même si elles paraissent désespérées.

— Dans ce cas, je vous plains, déclara Harriet, en examinant une brosse en argent qui avait appartenu à la mère de Celeste. Bien que vous ayez un goût exquis en matière d'accessoires.

— C'est tout ? Allez-vous lui répéter notre conversation ? »

Harriet secoua la tête. « Vous avez changé, Celestine, et Grover en est passablement troublé.

— C'est au *Titanic* que je le dois. Comment pourrais-je accepter d'être traitée ainsi après ce que j'ai vécu sur ce bateau ? Il n'a même pas pris la peine de venir m'accueillir à New York, et maintenant, je découvre qu'il dissimule mon courrier. »

Harriet s'immobilisa un instant sur le seuil de la chambre. « Je vois. Je suis contente d'avoir pu bavarder avec vous, Celestine. Bonne journée. Je dirai à tout le monde que vous êtes souffrante. »

37

29 juillet 1914

May eut le plus grand mal à trouver un endroit d'où elle pourrait assister à l'inauguration sans se faire remarquer. Il y avait foule dans la rue pour suivre la procession qui, partie de la mairie, se dirigeait vers les jardins du musée.

Le crieur municipal avait coiffé son chapeau haut de forme, son épée et sa masse d'armes scintillaient sous le soleil de juillet, et une troupe bigarrée, en costumes médiévaux, défilait lentement devant les curieux. Venaient ensuite le maire et le shérif, vêtus de pourpre et d'hermine et suant à grosses gouttes sous leur tricorne, qui précédaient les dignitaires et les invités habillés comme il seyait en des circonstances aussi solennelles, les uns en costume sombre, les autres en robe aux teintes sourdes, l'ourlet passementé de leur jupe effleurant le sol dans un bruissement de soie.

Les musiciens de la fanfare embouchèrent leurs clairons quand le cortège entra dans les jardins où des officiers de marine montaient la garde devant la statue voilée. Il y eut un instant de flottement tandis que chacun allait s'installer à la place qui lui revenait, puis la cérémonie commença enfin.

May demeura à distance. Elle n'entendit pas grand-chose des discours, et la petite Ella s'agitait dans sa poussette, plus intéressée par le marchand de glaces qui, non loin de là, remportait un franc succès auprès des nombreux badauds.

Elle constata avec fierté que les robes des ecclé-siastiques, qu'elle et ses collègues avaient lavées, amidonnées et repassées ce matin même, étaient d'une blancheur immaculée. Ils étaient rangés par ordre hiérarchique autour des évêques en étole et mitre dorées. Un apparat digne d'une ville épiscopale.

« C'est en quel honneur, tout ça? demanda un homme en casquette de drap, la moustache dégou-linante de crème glacée.

— C'est pour l'inauguration de la statue du capitaine. Le capitaine Smith, expliqua May.

— Oh! celui qui a coulé le *Titanic*! Pourquoi diable lui ériger une statue?

— C'était un homme courageux, extrêmement courageux, répliqua-t-elle sèchement, incapable de contenir son irritation.

— Qu'est-ce que vous en savez? » s'enquit l'indi-vidu, en la regardant de la tête aux pieds. Il ne voyait sans doute rien qui puisse retenir son intérêt, se dit-elle; seulement une jeune femme en robe grise et ample, au visage pincé, aux cheveux ternes serrés en chignon sous un canotier de paille. Elle aurait pu le réduire au silence en lui apprenant qu'elle était une survivante du naufrage, mais elle se mordit la langue et s'éloigna. Elle avait envie d'écouter l'allo-cution de la duchesse de Sutherland, mais elle n'en saisit que des fragments, tandis qu'une femme lui montrait du doigt une dame également vêtue de gris.

« C'est lady Scott... La veuve du capitaine Scott, le grand explorateur... C'est elle qui a fait la statue.

Voilà quelqu'un qui mériterait qu'on lui bâtisse un monument! C'était un véritable héros, lui!»

De toute évidence, le capitaine Smith n'avait guère d'amis ici. May se demanda pourquoi tous ces gens avaient pris la peine d'assister à la cérémonie. On racontait partout que personne à Lichfield ne voulait de cette statue. La pétition envoyée au conseil municipal avait recueilli soixante-dix signatures.

Si seulement elle avait pu plaider en sa faveur! Puis elle perçut les derniers mots de la duchesse.

«Ne soyez pas tristes, mes amis... car le capitaine Smith repose au fond de la mer... cette mer cruelle qui a englouti silencieusement beaucoup de grands hommes et beaucoup d'êtres chers...»

Je ne vous le fais pas dire, soupira May en elle-même. Elle ne voulait pas en entendre davantage. Ces paroles avaient fait remonter en elle trop de souvenirs douloureux.

Et à présent, on parlait de guerre, de mobilisation. Combien seraient-ils encore à être ensevelis sous les flots?

Le regard de May fut soudain attiré par la svelte silhouette d'une jeune fille en robe blanche et capeline, dont les cheveux noirs lui tombaient jusqu'à la taille. La fille unique du capitaine, Helen Melville Smith, qui s'apprêtait à dévoiler la statue de son père. Assise au premier rang, sa mère l'observa d'un air anxieux tandis qu'elle tirait sur le drap, exposant aux yeux de tous l'effigie d'un officier aux larges épaules, les bras croisés sur la poitrine, et dont le regard, par-delà l'assemblée, par-delà les trois flèches de la cathédrale et le dôme du musée, semblait contempler un horizon lointain. La foule applaudit sans enthousiasme.

Il était ici, à présent, perché sur son socle, dans cet endroit aussi éloigné de la mer qu'il était possible de l'être, à jamais prisonnier de cette enclave hostile, sourd à tous les discours des puissants du comté. À Cathedral Close, depuis des semaines, on ne parlait que des personnalités conviées à cette manifestation : lady Diana Manners et sa sœur, la marquise d'Anglesey, sir Charles Beresford, le député, et bien d'autres. Chacun voulait y aller de son oraison, mais la polémique soulevée par le vicaire de St Chad avait semé un certain désarroi parmi les notables, et beaucoup s'étaient récusés sous un prétexte quelconque.

Néanmoins, l'événement avait attiré une foule considérable, et la famille du capitaine avait dû en être réconfortée, espérait May, les yeux rivés sur sa veuve, Eleanor, qui était en train de déposer une couronne de roses rouges et blanches au pied de la statue. May l'admirait pour la dignité avec laquelle elle avait porté sa croix durant ces deux dernières années.

L'assemblée commença à se disperser, les cadets de la marine montant la garde autour du monument rompirent les rangs et des badauds s'approchèrent pour lire la plaque.

Que de débats il y avait eu autour de cette inscription ! May avait entendu les chanoines en discuter en buvant leur porto et les étudiants du séminaire en faire autant avant complies, devant leur chocolat chaud, et elle était curieuse de voir par elle-même celle qui avait été retenue.

169

Elle attendit que tout le monde eût quitté le parc pour aller se rafraîchir dans les pubs et les salons de thé avant de se diriger vers la statue. Nul ici ne soupçonnait le lien qui la rattachait à ce personnage célèbre, et en lisant l'épitaphe, elle crut qu'elle allait pleurer. Sur la plaque, on avait simplement gravé le nom et le grade du capitaine, la date de sa naissance et celle de sa mort, au-dessus de quelques lignes anodines :

IL LÈGUE À SES COMPATRIOTES
LE SOUVENIR ET L'EXEMPLE
D'UN NOBLE CŒUR.
COURAGEUX DANS LA VIE, HÉROÏQUE DANS LA MORT.
CONDUISEZ-VOUS EN BRITANNIQUES.

Comment avaient-ils osé ne pas mentionner qu'il commandait le *Titanic* ? Le chanoine Forester avait eu raison de dire que les conseillers municipaux allaient « esquiver le problème en condamnant cet homme sous couleur d'éloge ».

May aurait préféré ne pas avoir sous les yeux ce rappel constant de la tragédie, mais elle avait le sentiment qu'elle devait continuer à défendre la mémoire du capitaine. La preuve vivante de sa bravoure se trouvait ici, dans cette poussette. Même si Helen Smith était la fille légitime du capitaine, d'une certaine manière, Ella l'était aussi – son enfant née de la mer.

38

Ma très chère May,

Merci pour votre description de l'inauguration. J'aurais aimé y assister, mais j'ai tellement de préoccupations en ce moment ! J'ai fait quelque chose de terrible, ou du moins, ce sera terrible si mon mari l'apprend. Vous savez ce que mon travail pour le Comité des survivants du Titanic *représente pour moi. Eh bien, j'ai pris la décision de vendre quelques-uns des bijoux que Grover m'a offerts au fil des années, des parures que je ne porte jamais, parce qu'elles ne sont rien d'autre à mes yeux que le prix du sang.*

Je me suis rendue à Cleveland en secret et j'en ai obtenu un bon prix. C'était un sentiment tellement libérateur d'avoir enfin de l'argent à moi et de pouvoir faire un don convenable à notre cause ! Il me devient de plus en plus difficile de vivre dans ce luxe inutile, et vendre ces babioles m'a remplie de bonheur. J'ai bien une petite somme léguée par ma mère, mais je la garde en prévision des mauvais jours.

Je n'arrive pas à croire que je vous écris cela, mais je n'ai personne d'autre à qui me confier.

Comme mon silence à ce sujet vous l'a peut-être laissé deviner, je n'ai pas fait un mariage heureux. Je ne peux endurer plus longtemps ce fardeau. Je sais que j'ai promis devant Dieu de respecter les liens sacrés du mariage, mais je crains fort qu'il ne subsiste plus rien qui pourrait justifier un tel engagement.

Je suis désolée de vous charger du poids d'une telle confidence. Mes dernières lettres ont dû vous donner l'impression que j'étais prise d'une frénésie d'activités, et j'espère que vous en comprenez maintenant la raison. Quand je suis occupée, je ne pense pas. Ne vous en offusquez pas, je vous en prie.

Il vous a fallu travailler si dur pour assurer votre subsistance, alors que je peux rester confortablement chez moi à faire de la couture. Vous avez perdu le compagnon que vous chérissiez alors que je ne pense qu'à quitter le mien. Comme la vie peut être bizarre et injuste !

Ne vous inquiétez pas pour Roddy et moi. Je suis en train de concevoir un plan dont je ne puis rien vous dire pour le moment. Il est impératif que vous ne parliez à personne de mes ennuis. S'il vous plaît, adressez votre prochaine lettre à la poste restante. Je vous enverrai un télégramme par la suite. Comme vous l'aurez sans doute compris, Grover n'approuve pas notre correspondance, et nous devons la poursuivre à son insu.

Il se peut que vous n'ayez pas de mes nouvelles pendant quelque temps. Ce ne sera pas parce que je vous aurai oubliée, mais parce que j'essaierai de me sortir de la triste situation qui est la mienne.

Votre Celeste désespérée.

Celeste attendit que Grover soit sorti pour s'emparer de la clé du bureau dans lequel il gardait tous leurs papiers. Tout ce qu'elle voulait, c'était son acte de naissance et celui de Roddy. À force de persuasion, elle avait fini par lui faire accepter l'idée qu'un séjour à la mer ferait le plus grand bien à Roddy. Susan les accompagnerait, ils passeraient quelques jours à l'hôtel et prendraient le train pour aller voir les Grands Lacs sur le chemin du retour. Elle avait acheté un nouveau costume marin pour son fils, un canotier de paille pour Susan et quelques jolies robes de soie pour elle-même.

Pour la première fois depuis des mois, elle se sentait revivre et frémissait d'impatience. Elle devait emmener Susan, parce que partir sans elle risquerait d'éveiller la méfiance de son époux. Elle pouvait faire confiance à la jeune femme jusqu'à un certain point, mais la gouvernante avait sa propre famille à nourrir. Il n'aurait pas été sage de tenter de la persuader de passer avec elle au Canada. D'après les journaux, la situation en Europe devenait de plus en plus tendue après l'assassinat de l'archiduc François-Ferdinand à Sarajevo. On parlait d'une guerre avec l'Allemagne. Elle devait gagner l'Angleterre avant que les frontières soient fermées. Elle avait consulté la liste des ports d'embarquement sur les lignes transatlantiques, et décidé que Halifax ferait l'affaire. Elle prendrait le premier paquebot qui se présenterait.

La nuit, elle restait éveillée, terrifiée à l'idée de ce qu'elle s'apprêtait à faire. Son plan ne devait présenter aucune faille. Elle renverrait Susan sous un prétexte ou un autre, afin que la pauvre fille n'ait pas à subir le courroux de Grover quand il découvrirait qu'il avait été berné.

Si elle parvenait à s'évader, elle n'aurait plus à supporter ses insultes et sa violence, et nul ne pourrait plus la séparer de son fils. La pensée de revoir sa famille, ainsi que May et Ella, lui donnait la force de rester calme et de se comporter comme si de rien n'était. Bientôt, elle les reverrait tous, mais, en attendant, personne ne devait soupçonner ses intentions.

Quand elle reçut la lettre dans laquelle May lui relatait l'inauguration, elle fut soulagée de pouvoir rompre le silence et préparer son amie à cette nouvelle inattendue. Elle sourit pour elle-même en songeant qu'elle ne tarderait pas à la revoir en chair et en os.

Il existait au cimetière de Fairview Lawn à Halifax une section réservée aux victimes du *Titanic* dont les corps avaient été récupérés dans l'océan – une bien macabre récolte pour les marins chargés de cette mission. Plus d'une centaine de petits cubes de granit ornés de fleurs y étaient alignés côte à côte. Certains portaient des noms, d'autres seulement un numéro. Peut-être le mari de May se trouvait-il dans une de ces tombes anonymes ? Celeste soupira en parcourant lentement les allées, un bouquet de violettes à la main, tandis que Roddy gambadait devant elle.

Un transatlantique partait ce soir, elle l'avait vu dans le journal. Elle renverrait Susan à Akron, en prétextant qu'elle voulait rester à Halifax pour tenter de savoir si le mari de May était enterré ici, puis elle se rendrait sur le port et achèterait des billets. Ils voyageraient en seconde classe, pour se faire moins remarquer.

Une idée avait germé en elle, après le scandale qui avait suivi le naufrage du *Titanic*, quand on avait découvert que certains passagers s'étaient embarqués sous un faux nom – couples illégitimes ou personnes en situation illégale. Elle modifierait le sien. Son nom de jeune fille, Forester, était assez proche de Forest, et le synonyme de Forest, c'était Wood[1]. Celestine était un prénom peu répandu, mais pourquoi n'utiliserait-elle pas le deuxième, Rose ? En voyageant sous le nom de Rose Wood, elle brouillerait les pistes.

----

1. *Forest* : forêt, *wood* : bois. *(N.d.T.)*

Elle quitta le cimetière le cœur lourd d'appréhension. Combien d'espoirs et de rêves brisés étaient-ils ensevelis sous ces pierres ? Mais elle devait se montrer forte et résolue. Le Ciel lui avait permis de rester en vie pour veiller sur Roddy. Elle ne pouvait plus reculer.

Roddy trépignait d'excitation à la vue des immenses navires alignés dans le port et des troupes attendant d'embarquer. « Regardez, des soldats ! » cria-t-il en les montrant du doigt.

« Il est temps de nous rendre à la gare, si vous ne voulez pas manquer votre train », dit Celeste à Susan.

Comme ils se dirigeaient vers les bâtiments tout proches, la gouvernante parut tout à coup hésiter. « Je ne sais pas si je peux vous laisser, madame. M. Parkes m'a bien dit que je devais rester constamment près de vous.

— Vous lui remettrez cette lettre dans laquelle je lui explique tout. Je lui avais indiqué avant notre départ que je comptais aller à Halifax pour rendre hommage aux victimes et voir si l'on avait pu identifier d'autres corps. Nous vous rejoindrons d'ici quelques jours… » Elle s'efforça de prendre un ton dégagé pour ne pas éveiller davantage la suspicion de la jeune femme.

« Pourtant, madame… » Celeste lut dans son regard une réelle inquiétude et sut que la jeune femme avait tout deviné. Réprimant ses larmes, elle prit ses mains dans les siennes et les serra avec force. « Partez. Dites à mon mari que je vous ai chassée, que je vous ai forcée à monter dans le train.

— Mais on s'en prend toujours au porteur d'une mauvaise nouvelle, n'est-ce pas ? objecta Susan d'une voix anxieuse.

— Ne craignez rien. Voici une lettre de références qui vous aidera à trouver une autre place. Je vous souhaite tout le bonheur du monde. Prenez soin de vous.

— C'était un privilège de vous servir, madame. Vous êtes une bonne mère. Je sais que vous faites cela autant pour Roddy que pour vous-même. Bonne chance.

— Merci. Nous en aurons besoin. À présent, partez vite. »

Percevant leur émotion, Roddy se mit à pleurer. Susan reniflait dans son mouchoir et Celeste arrivait difficilement à contenir ses larmes. Le quai grouillait de gens chargés de bagages, beaucoup d'entre eux se hâtant vers le port.

« Je suppose qu'ils veulent rentrer chez eux, murmura Susan. S'il y a la guerre… »

D'un geste de la main, Celeste balaya cette hypothèse. « Oh ! nous n'en sommes pas encore là ! Qu'est-ce que l'Angleterre a à voir dans les querelles entre l'Autriche et la Serbie ? » Elle n'avait pas le temps de réfléchir à une éventualité aussi terrifiante. Pressant Susan de monter dans le compartiment, elle lui fit ses adieux avec un sourire contraint. Roddy était trop petit pour comprendre qu'il ne reverrait jamais sa gouvernante, se dit-elle tristement, en se dirigeant avec lui vers le comptoir de la compagnie maritime. Une longue file s'étirait devant le guichet, et des femmes à l'air anxieux agitaient leurs billets sous le nez de l'employé.

« Ceux qui ont déjà leurs billets, à gauche, les autres, à droite ! vociféra-t-il. Je n'ai que deux mains. Un peu de patience.

— Maman, je voudrais faire pipi, dit Roddy en tirant sur la jupe de Celeste.

— Ne peux-tu pas attendre un petit moment ? répondit-elle d'une voix douce, ne voulant pas perdre sa place dans la queue.

— Je vous garde votre place, proposa une femme au visage avenant. Les commodités se trouvent là-bas », ajouta-t-elle en lui montrant l'emplacement.

Comme il faisait chaud, Celeste ôta son manteau. « Pourriez-vous également me garder ceci, s'il vous plaît ? » demanda-t-elle à la femme, car elle ne voulait pas se séparer de ses bagages et aurait été trop encombrée.

Roody se rua vers l'urinoir, mais, craignant de le perdre de vue dans la cohue, elle préféra l'emmener chez les dames.

Quand ils regagnèrent la file d'attente, la femme avait disparu, ainsi que son manteau. Paniquée, Celeste interrogea les gens autour d'elle, mais tous haussèrent les épaules.

« Il y a toujours des filous prêts à profiter de la moindre occasion. Elle a détalé dès que vous avez tourné le dos », lui dit un homme.

Celeste était trop furieuse et trop lasse pour lui faire remarquer qu'il aurait pu empêcher la voleuse de s'enfuir. Elle alla prendre place tout au bout de la queue, bien que le soir commençât à tomber.

« Suivant !

— Deux billets pour Liverpool, s'il vous plaît.

— Désolé, madame, il n'y a plus rien avant samedi. Puis-je voir votre passeport ?

— Mon quoi ? s'exclama-t-elle en lui tendant les certificats de naissance. Je suis toujours citoyenne britannique !

— Peut-être, mais on ne vous laissera pas embarquer sans une pièce d'identité.

— Depuis quand ? s'étonna-t-elle, effrayée et affolée. J'ai fait la traversée à bord du *Titanic* et personne ne m'avait rien demandé, à l'époque !

— Je suis navré, madame, c'est le nouveau règlement, depuis le mois d'avril. Tous les passagers quittant le territoire doivent présenter des papiers d'identité.

— Mais j'ai nos actes de naissance, protesta-t-elle.

— Je regrette, madame, mais vous allez devoir vous procurer les documents requis… Au suivant ! »

Elle s'obstina. Les choses étaient allées trop loin, elle ne pouvait plus revenir en arrière. « Combien de temps cela va-t-il demander ?

— Je ne suis pas en mesure de vous le dire. Nous sommes en guerre, vous savez.

— Depuis quand ? » Elle était hors d'elle, à présent, ses joues étaient en feu.

« Depuis dix heures ce matin. Ne lisez-vous pas les journaux ? Regardez tous ces soldats autour de vous. L'Angleterre a déclaré la guerre à l'Allemagne, le Canada lui envoie des troupes, et les militaires ont la priorité sur les civils. Écartez-vous, s'il vous plaît… Suivant ! »

Percevant son désespoir, Roddy s'enquit d'une petite voix : « On ne va pas monter sur le gros bateau, maman ?

— Non, pas aujourd'hui », répondit-elle d'une voix étranglée. Elle avait envie de s'écrouler sur le sol et de hurler de rage. Où aller, à présent ? Il n'y avait pas de temps à perdre. Elle devait rentrer chez elle avant que Susan donne la lettre à Grover. Il fallait trouver un train de nuit en direction du sud. Quelle imbécile elle avait été de croire qu'elle pourrait s'enfuir aussi facilement…

Maintenant, ils étaient coincés aux États-Unis jusqu'à ce que cette guerre se termine ou qu'elle puisse obtenir un passeport. Son courage s'évapora aussitôt. S'ils n'arrivaient pas en même temps que Susan, Grover l'attendrait de pied ferme. Elle n'avait pas d'autre solution que trouver une salle d'attente et s'y asseoir jusqu'à ce que se dissipe la panique qui s'était abattue sur elle comme un brouillard épais, obscurcissant ses pensées. Mais soudain, elle entendit une voix familière résonner dans sa tête, telle une corne de brume transperçant les ténèbres.

Pourquoi diable retourner là-bas, mon chou ? Pour te retrouver encore avec un œil poché ? Tu as pris la poudre d'escampette, ma fille. Fiche le camp au plus vite…

« Mais je ne peux pas », s'entendit-elle protester tout haut.

Pourquoi donc ? Qui cherchera Rose Wood alors que le monde est en train de plonger dans le chaos ? File pendant que tu le peux et ne regarde pas en arrière. Tu es pareille à moi, nous sommes des insubmersibles, ma sœur. Tu te débrouilleras très bien toute seule.

Celeste se redressa, s'attendant à voir Margaret Brown à côté d'elle, mais il n'y avait personne. Pouvait-elle franchir ce pas décisif? Pouvait-elle monter dans le premier train venu et partir au hasard? Elle avait un peu d'argent, et son bien le plus précieux était là, agrippé à sa main. Tout est possible, à qui le veut vraiment.

Deuxième partie

Combats

1914-1921

39

Washington DC, novembre 1914

Chère May,

Vous vous demandez sans doute où je me trouve à présent. Roddy et moi résidons dans la capitale. Des amis nous hébergent en attendant que je trouve un logement.

Tant que les courriers à travers l'Atlantique fonctionnent encore, voudriez-vous, s'il vous plaît, me rendre l'immense service de réexpédier ici toutes les lettres qui arriveraient pour moi au domicile de mon père, surtout celles de mon époux, et de lui envoyer les missives ci-jointes afin qu'elles portent le cachet de Lichfield? Je joins également un mandat, afin que vous n'en soyez pas de votre poche.

Il est vital pour moi que Grover croie que j'ai regagné l'Angleterre et qu'il n'y a aucune chance que je revienne un jour. En outre, il est préférable que mon père ne sache rien de tout ceci et nous croie toujours à Akron. Si vous pouviez lui proposer de poster ses lettres et me les réexpédier ici, je vous en serais éternellement reconnaissante. Pardonnez-moi de vous imposer ce fardeau. Je comptais effectivement revenir à Lichfield, mais je n'étais pas suffisamment préparée et j'ai dû modifier mon plan au dernier moment.

J'essaie de construire une nouvelle existence pour Roddy et moi. J'ai pris temporairement le nom de Rose Wood. Il est important pour moi de demeurer incognito, au cas où...

Pour le moment, je travaille au siège de l'Union pour le vote des femmes. Roddy est entré à l'école primaire et il s'habitue à sa nouvelle vie. Nous suivons ce qui se passe en France avec une grande inquiétude, quand je songe à mes deux frères qui, avec leur impétuosité habituelle, se sont enrôlés en toute hâte afin d'être aux premières loges.

Comme nos vies ont changé en quelques mois! L'Angleterre en guerre, Roddy et moi devenus des fugitifs… Mais je n'ai aucun regret. Si le Titanic *m'a enseigné une chose, c'est que notre séjour sur terre est un don précieux, et qu'il faut le savourer et non le subir.*

Prenez soin de vous en ces temps troublés.

Toute mon affection,

Celeste (alias Rose Wood)

Assise sur un banc, May lut et relut la lettre en secouant la tête. Lichfield était en fièvre : on se préparait à accueillir des réfugiés belges et des affiches incitant la population à se méfier des espions avaient fait leur apparition sur les murs. Des gardes étaient postés le long des voies ferrées et des troupes en marche déferlaient quotidiennement sur la ville. Il était souvent impossible de traverser les rues en raison du défilé incessant de camions et de chariots. Le monde entier était en train de devenir fou, et Selwyn venait de partir pour un camp d'entraînement alors que son frère Bertram se trouvait déjà sur le continent.

Avec sa fille dans la poussette, May gravit la colline en direction de la cathédrale. C'était un lieu propice au calme et à la réflexion. L'édifice avait survécu à un grand nombre de guerres et de conflits, ainsi qu'en témoignaient les bannières en lambeaux suspendues à la voûte des chapelles latérales.

May s'arrêta devant celle de la Vierge et admira la sculpture de marbre à l'effigie des sœurs Robinson, les filles d'un ancien prébendier de la cathédrale. La chemise d'Eliza Jane avait pris feu et elle était morte de ses brûlures. Marianne était décédée peu de temps après, des suites d'un refroidissement. Leurs parents avaient dû les pleurer autant qu'elle pleurait Ellen, et la beauté de ce monument ne pouvait conjurer entièrement l'horreur de leur mort. Si seulement elle avait eu un lieu où honorer le souvenir de ses chers disparus ! Mais elle n'était pas la seule à connaître le chagrin. Personne n'était à l'abri du malheur, et c'était maintenant au tour de son amie. Elle ne pouvait pas lui refuser son aide. Celeste avait été si bonne envers elle, quand elle s'était retrouvée seule au monde ! Elle devait lui témoigner sa gratitude, quel qu'en soit le prix.

40

« Je suis vraiment obligé de rester ? » demanda Roddy d'un air renfrogné. Celeste savait qu'il n'aimait pas le jeudi après-midi. Tous ses camarades de classe, ce jour-là, avaient le droit de jouer au ballon ou de faire de la bicyclette dans les rues de Washington, mais lui devait revêtir son plus beau costume, peigner ses cheveux et ouvrir la porte à leurs invitées. Il détestait rester planté là tandis qu'une cohorte de filles, toutes plus grandes que lui, s'alignaient en rang d'oignons à la porte du salon.

« Bonjour, madame Wood, comment allez-vous ? Bonjour, Roderick. » L'une après l'autre, elles entraient dans la pièce en faisant une petite révérence, vêtues de jolies robes, les cheveux bouclés, embaumant l'eau de rose ou de lavande. Roddy aidait sa mère à servir le thé dans des tasses de porcelaine sur un plateau garni d'un napperon de dentelle, et à distribuer les sandwiches et les petits gâteaux couverts de sucre glace qu'il fallait déguster au moyen d'une fourchette à dessert.

Chacune des fillettes récitait ensuite le poème qu'elle avait appris, et Celeste les reprenait quand elles trébuchaient sur un mot. Roddy devait applaudir d'un air ravi.

« Pourquoi est-on obligés de faire ça ? demandait-il sans cesse.

— Parce que c'est ainsi que je gagne ma vie à présent : je donne à ces petites filles des cours de diction et de maintien. Je leur apprends à se comporter comme des dames.

— Mais pourquoi faut-il que je sois là ?

— Parce que tu m'es d'une grande aide, Roddy. C'est une chose que nous pouvons faire ensemble, et cela me permet en même temps de garder un œil sur toi.

— Mais c'est à p'pa de faire ça, objecta-t-il.

— On ne dit pas p'pa, mais père. Je te l'ai déjà expliqué, nous ne vivons plus avec ton père, et nous ne le reverrons pas avant très longtemps. »

À dire vrai, c'était à peine si Roddy se souvenait du visage de son père. Il y avait plus d'un an qu'ils s'étaient enfuis. Au début, ils avaient dormi sur un lit de camp dans une pièce remplie d'autres femmes, jusqu'à ce que Celeste ait trouvé une petite maison à louer dans D Street, derrière la colline du Capitole, non loin d'Eastern Market. Roddy avait dû aller à l'école publique du quartier. Les premiers temps, il était plus d'une fois rentré couvert de plaies et de bosses, puis une des amies de Celeste lui avait enseigné comment se défendre, selon des techniques qui lui avaient souvent été utiles lors des manifestations de suffragettes.

Ils assistaient tous les deux à ces rassemblements, mais Celeste prenait soin de se tenir au dernier rang et de se fondre dans la foule dès que les choses s'envenimaient ou que les photographes faisaient crépiter leurs appareils. Roddy aimait bien défiler le long du Mall et se presser avec les autres gamins devant les grilles de la Maison-Blanche. Pendant que les mères hurlaient leurs slogans, serrées les unes contre les autres, ils jouaient au ballon ou s'esquivaient en douce.

Le jeudi, toutefois, était pour lui un cauchemar – le jour où sa mère apprenait à toutes ces filles à marcher et à parler comme des demoiselles, au lieu de jacasser et de sautiller comme les pies qu'elles redevenaient sitôt la porte refermée sur elles, après ces deux heures d'immobilité forcée.

C'était grâce à ses relations à l'église épiscopale St John, que fréquentaient parfois le président et sa famille, que Celeste avait eu cette idée. De jeunes épouses d'officiers venaient le soir pour apprendre à dresser correctement une table et à recevoir des invités. D'autres lui demandaient des cours de diction pour tenter d'imiter son accent britannique qui leur paraissait le comble du raffinement.

Avait-elle eu raison de priver son fils d'une vie de famille normale ? Ils étaient devenus pauvres. Elle devait compter chaque dollar et en mettait soigneusement quelques-uns dans une boîte. «Pour rentrer à la maison, expliquait-elle à Roddy.

— C'est où, la maison ?

— De l'autre côté de l'océan, dans une ville appelée Lichfield.»

Elle était contente d'avoir pu envoyer en Angleterre la lettre dans laquelle elle annonçait à Grover qu'elle le quittait. Elle se rappelait encore chacun des mots qu'elle y avait écrits, assise dans la gare, un bloc-notes sur les genoux, pleurant tout en déversant sa rage.

Je n'ai aucune raison de retourner vers cette vie de misère et d'humiliation qui a été la mienne auprès de toi et je n'ai pas l'intention de laisser mon fils grandir avec un exemple aussi détestable sous les yeux.

Tu te demanderas peut-être où j'ai trouvé le courage de te défier ainsi, mais crois-moi, quand j'ai vu la bravoure de ces hommes qui se sont sacrifiés pour que des femmes et des enfants puissent être sauvés, en cette nuit fatidique d'il y a deux ans, il m'était impossible de t'imaginer parmi eux.

J'ai eu au contraire l'intime conviction que tu aurais cherché par tous les moyens à prendre place à bord d'un de ces canots pour sauver ta peau, à l'image de tant de passagers de première classe… Comme j'ai regretté à cet instant que tu ne sois pas déjà sorti de ma vie ! Mais, contrairement à ces pauvres âmes qui n'ont même pas pu dire adieu à leurs époux bien-aimés, je te donnerai au moins un mot d'explication.

Quand tu liras ceci, je serai loin, de retour parmi les miens, dans un endroit où je n'ai pas à redouter de me retrouver avilie et meurtrie si je prononce un mot malheureux. Tu devrais te livrer à un examen de conscience pour comprendre ce qui te pousse à te conduire d'une manière aussi perverse et insultante, tel un enfant qui pique des crises de colère pour obtenir ce qu'il veut.

Comme tu as su me tromper, en te présentant à moi sous ton jour le plus charmant, quand tu me faisais la cour! Certes, tu étais gentil au début, mais dès que j'ai été en ta possession, séparée de ceux qui m'aimaient, c'est comme si un démon s'était emparé de ton âme et t'avait rendu cruel, froid et colérique, alors que je ne désirais rien de plus que te donner mon amour et mon affection, porter tes enfants et être une bonne épouse.

Il a fallu que je manque périr noyée pour prendre conscience que tu ne changeras jamais, à moins de scruter le fond de ton cœur pour en extirper ce démon. En attendant ce jour, je refuse de me soumettre plus longtemps à ce traitement monstrueux, comme je refuse que mon enfant soit le témoin de ta cruauté. La seule pensée du danger qu'il courrait si jamais il s'opposait à toi m'est insupportable.

T'a-t-on jamais dit que l'on n'attrapait pas les mouches avec du vinaigre ? Un mot aimable, un geste affectueux peuvent opérer des miracles sur le cœur d'une femme. Je crains que tu ne sois malade et que tu ne doives recourir au Médecin suprême, seul capable de guérir les maux de l'âme. Je ne veux plus jamais te revoir ou t'entendre de ma vie. Je n'ai pas enlevé notre enfant, je l'ai libéré de ton joug pour le conduire au sein d'une famille plus aimante.

Celestine

C'était une lettre dure, mais il n'était pas question d'en changer un mot. Après l'avoir postée, elle se sentit soulagée d'un poids énorme. Il n'y avait en elle aucun regret, seulement de la tristesse. Grover et elle étaient mal assortis dès le départ et seules son innocence et sa naïveté pouvaient expliquer qu'elle ait accepté d'être traitée ainsi pendant si longtemps.

May l'avait aidée à donner le change en expédiant d'Angleterre ses lettres à Grover. Elle lui avait également fait suivre un courrier abondant, des enveloppes portant l'écriture de son mari ou celle de Harriet, d'autres le cachet de leurs avocats, mais elle n'avait pas encore trouvé le courage de les ouvrir. Grover ne pouvait pas entreprendre de recherches tant que la guerre durerait, mais, une fois la paix revenue, peut-être se lancerait-il à leurs trousses. Elle devait rester vigilante.

À leur arrivée à Washington, Celeste s'était rendue dans les bureaux de l'Union pour le vote des femmes, en désespoir de cause. La police avait récemment procédé à une série d'arrestations, et des militantes en grève de la faim avaient été nourries de force. On avait donc installé un lieu d'hébergement où ces femmes pouvaient se remettre de leurs épreuves à l'abri des regards indiscrets. Elle leur avait proposé ses services en tant que bonne à tout faire, en échange d'un lit pour son fils et elle. L'état dans lequel se trouvaient certaines de ses amies à leur entrée dans le refuge lui avait causé un choc. C'était bien pire que tout ce qu'elle-même avait enduré, car elles l'avaient subi de leur propre volonté, pour défendre leur cause : corps émaciés, gorges enflées, yeux remplis d'angoisse et de peur après les traitements qu'on leur avait infligés – comment aurait-elle pu ne pas compatir de tout cœur à leur détresse ? La présence de Roddy était, pour les plus âgées des suffragettes, une source de distraction qui les aidait à oublier leur souffrance pendant une heure ou deux.

En travaillant à temps partiel dans les bureaux de l'association, Celeste avait côtoyé d'intrépides femmes célibataires qui brisaient toutes les conventions sociales, d'ardentes militantes qui réclamaient haut et fort le droit de vote et l'égalité avec les hommes. Elle se demandait si aucune d'entre elles aurait supporté pendant si longtemps l'humiliation qu'elle avait connue. L'amitié et la solidarité les avaient aidées à endurer la prison et les moqueries. Elle avait été privée de compagnie féminine pendant tant d'années...

« Quand on prend la charrue, on ne la lâche pas avant d'être arrivé au bout du sillon », avait coutume de dire Alice Paul, la fondatrice de leur mouvement.

Celeste avait commencé à creuser le sien le soir où elle avait fui de Halifax et pris le train de nuit à destination de Washington. Elle avait écrit à Margaret Tobin Brown pour lui demander conseil, et elles s'étaient retrouvées dans le décor grandiose du Willard Hotel, avec ses piliers de marbre et son sol étincelant. Les encouragements de Margaret avaient donné à Celeste la force de se forger une nouvelle vie.

Jusqu'ici, Grover n'avait pas essayé de la débusquer, mais elle n'en demeurait pas moins sur ses gardes. C'était Roddy qu'il tenterait de récupérer, pas elle. Elle présumait qu'il engagerait des détectives privés pour la rechercher en Angleterre. Mais où aurait-elle été mieux cachée qu'ici même, dans la capitale des États-Unis, parmi la foule innombrable ? Elle était libre de travailler et apprenait à vivre par ses propres moyens.

May était la seule à savoir la vérité et elle faisait de son mieux pour s'informer de leur situation sans se montrer trop inquisitrice. À présent, Celeste devait persévérer et mener sa charrue jusqu'au bout. Elle avait compromis l'avenir de son fils en voulant conquérir sa liberté. Elle ne pouvait pas se permettre de l'inscrire dans une école privée. Il devenait de plus en plus dur, grossier et désobéissant et, par moments, elle voyait briller dans ses yeux la même lueur d'agressivité que dans ceux de Grover.

Elle gardait ses distances vis-à-vis des jeunes épouses britanniques qu'elle croisait à l'église. Toutes s'enthousiasmaient pour le projet de construction d'une cathédrale et se démenaient pour collecter des fonds. Celeste n'avait ni argent à donner ni intérêt pour cette entreprise. Elle aspirait à retrouver la quiétude de sa vieille Lichfield. Leur accent lui rappelait douloureusement sa chère patrie et elle n'aurait pas de repos avant de l'avoir rejointe en compagnie de Roddy. Elle avait déposé une demande afin d'obtenir les documents exigés pour le voyage, mais la réglementation s'était encore durcie, et Roddy devrait figurer sur son passeport. Elle avait déclaré qu'elle était veuve et qu'il était orphelin de père.

Au cours de l'année écoulée, elle avait appris à subsister de peu, à travestir la vérité quand c'était nécessaire et à vivre au jour le jour. C'était à peine si elle se reconnaissait dans cette nouvelle Celeste, plus mûre, plus méfiante, qui regardait à la moindre dépense et ne se laissait plus aussi facilement séduire par les apparences.

41

Lichfield, juin 1915

Très chère amie,
Je vous supplie de lire la lettre ci-jointe avant de poursuivre celle-ci. Je ne sais que vous dire, sinon que je compatis profondément à votre deuil. Bertram a été tué au combat près d'un lieu appelé Neuve-Chapelle. Comme tant d'autres étudiants, il a été parmi les premiers à s'enrôler. Il est venu me dire au revoir dans son élégant uniforme d'officier, et maintenant il a offert à la patrie le sacrifice suprême, comme disent les journaux. Ils ont l'art de présenter la mort comme quelque chose de digne, de propre et de paisible. Vous et moi savons qu'il n'en est rien.

Je devine le sentiment d'impuissance qui doit être le vôtre, et combien vous devez vous désoler de ne pas être là pour soutenir votre père dans cette épreuve, mais il est entouré d'excellents amis dont beaucoup ont également perdu des fils et des petits-fils.

Tout le monde s'efforce d'être courageux et d'entretenir le moral des troupes en organisant des concerts et des ventes de charité à leur bénéfice. Je n'ai pas de goût pour ce genre de réunions, mais je sers du thé sur le quai de la gare quand s'arrêtent des trains transportant des soldats. Combien d'entre eux reviendront? Les cœurs sont emplis de tristesse, l'argent commence à manquer et l'hiver a été long, mais les fleurs ne savent pas qu'il y a la guerre et nous réjouissent par leur beauté.

Ella continue à s'épanouir et devient de plus en plus bavarde. Je l'ai inscrite en maternelle à l'école de Meriden, afin qu'elle puisse jouer avec d'autres enfants. Elle est très sociable, et j'ai tendance à vivre en ermite, ce qui n'est pas juste envers elle. Elle est un réconfort pour votre père qui la gave de bonbons, et pour moi un objet constant de préoccupation et de ravissement.

J'aimerais pouvoir vous tenir la main en ce doulou-reux moment. Il faut que la guerre se termine vite, pour que vous puissiez retrouver ceux que vous aimez. Que Dieu vous protège et vous garde dans ses bras affectueux.

May

P.-S. Je viens de lire un terrible récit du naufrage du Lusitania *au large des côtes irlandaises. 1 200 âmes ont péri. Nous seules savons ce qu'ont pu éprouver ces infor-tunés alors qu'ils se débattaient dans les flots. Je n'ai pas dormi de la nuit à cause des souvenirs que ce drame a réveillés en moi. Il y avait des Américains à bord, avec des enfants. Le Hun paiera cet acte de barbarie.*

42

Washington, janvier 1917

Chère May,

J'espère que mes cadeaux de Noël vous sont bien parvenus. On raconte que beaucoup de colis disparaissent dans le port. C'était une bonne idée de numéroter nos lettres de sorte que nous puissions savoir s'il en manque. J'espère que les conserves de beurre et de viande vous auront été utiles. J'ai entendu dire que la pénurie commençait à se faire sentir chez vous, et je sais combien mon père raffole des sucreries.

Nous allons aussi bien que possible. La nouvelle que Selwyn avait été blessé au cours de la bataille de la Somme m'avait beaucoup affectée, et la lettre dans laquelle vous m'assuriez qu'il était en voie de guérison m'a rendu l'espoir. Je lui écrirai, mais père m'a laissé entendre que Selwyn n'était pas encore tout à fait en état de correspondre. Je n'arrive toujours pas à croire que je ne reverrai jamais Bertie dans cette vie.

Votre nouveau logement près de Stowe Pool doit être bien agréable, avec cette belle vue sur les flèches de la cathédrale ! J'espère que je pourrai un jour contempler à nouveau de mes propres yeux les Trois Dames du Val.

J'aurai sans doute la possibilité de trouver du travail dans l'administration si l'Amérique entre en guerre. Il faudra que je triche un peu : on n'embauchera pas une femme mariée, mais on pourrait examiner la candidature d'une veuve. Je continue à donner des cours de maintien. Les amies de mes amies semblent apprécier les séances littéraires que j'organise à leur intention. J'ai proposé que nous lisions toutes le même roman et que nous en discutions ensemble, ce qui a d'abord déclenché leur hilarité. Je suis sûre que la plupart de mes « clientes » n'avaient jamais lu autre chose que des revues de mode, mais le débat a été fort animé.

Si l'Amérique entre à son tour dans le conflit, cette maudite guerre s'arrêtera sans doute. La puissance de ce pays est prodigieuse ; des millions de jeunes hommes jetés dans la bataille permettront à l'Europe de sortir enfin de cette impasse.

Puis-je vous demander, en toute franchise, si mon père se doute de quelque chose ? Je devrais lui révéler ma situation, mais je ne veux pas aggraver son chagrin *en lui annonçant encore de mauvaises nouvelles. Il a suffisamment de soucis pour le moment.*

Le couple formé par mes parents était un modèle d'amour, d'entente et de confiance mutuelle. Mon père sera extrêmement déçu que j'aie rompu le serment prêté devant l'autel. Comme toujours, vous êtes mes yeux et mes oreilles, et les mots sont impuissants à exprimer le soulagement que j'éprouve à pouvoir dire la vérité à quelqu'un.

J'espère que le corsage vous allait, et je pense que la petite Ella aura suffisamment grandi dans quelques mois pour porter la robe. Ce sont des vêtements qu'une de mes riches élèves m'a donnés pour les bonnes œuvres. Elle est loin de se douter que j'en porte certains moi-même. Papa a-t-il aimé le portrait que je lui ai envoyé ? Roddy avait l'air tellement chic dans son costume marin, ne trouvez-vous pas ?

J'attends votre prochaine lettre avec impatience. Pour quelqu'un qui prétendait ne pas savoir écrire, vous maniez si joliment la plume que je me sens bien malhabile en comparaison !

Votre amie affectionnée,
Celeste Rose

Celeste ignorait à quel point Selwyn avait été grièvement blessé, pas tant physiquement que mentalement, songea May en soupirant intérieurement. Le chanoine était allé voir son fils dans l'asile où l'on soignait les blessés souffrant de maladies nerveuses. Il ne parlait plus, n'écoutait pas ce qu'on lui disait. Il regardait fixement par la fenêtre, perdu dans un autre monde, lui avait tristement rapporté le vieil homme. May n'avait su que répondre.

« Je suis heureux qu'un de mes enfants soit en sécurité, loin de tout ce chaos, avait ajouté le chanoine. Je ne supporterai pas qu'un autre malheur se produise. »

C'était alors que May lui avait proposé de se rendre elle-même à la Maison-Rouge. Des soldats y étaient cantonnés et Mme Allen, la femme de charge, se plaignait de l'état des chambres. On avait retourné les plates-bandes pour planter des légumes, et Ella aimait à y jouer et à poursuivre les lapins. May était contente de s'échapper un peu du séminaire. Florrie Jessup ne la laissait pas un instant en paix, se moquant de son accent, cachant ses brosses et ses chiffons, lui cherchant noise à tout propos. Un de ces jours, May lui donnerait une correction qu'elle n'oublierait pas de sitôt. On ne grandissait pas dans un orphelinat sans apprendre à se défendre.

Dans le potager, elle pourrait oublier ces tracas en arrachant les mauvaises herbes. C'était peut-être une tâche éreintante, mais le travail était encore le meilleur des remontants. Et elle regarderait Ella gambader autour d'elle en essayant de se rendre utile.

43

Boston, octobre 1917

Le soldat Angelo Bartolini se réveilla dans une salle d'hôpital, trempé de sueur et se demandant pourquoi il se sentait aussi faible. La gorge lui brûlait et il avait l'impression qu'un bloc de pierre lui écrasait la poitrine.

« Bienvenue parmi les vivants, fiston. Tu fais partie des rares veinards qui ont réussi à s'en tirer. » Un homme en blouse blanche se pencha au-dessus de lui pour prendre son pouls.

Angelo fut incapable de lui répondre. Son cerveau ne parvenait pas à lui traduire ces paroles. Réfléchir était douloureux. La dernière chose dont il se souvenait, c'était d'avoir joué au base-ball dans la cour de la caserne avec ses camarades en attendant le camion qui les emmènerait au port, où ils embarqueraient vers l'Europe. Où se trouvait-il, à présent ? Ses souvenirs étaient un mélange confus de douleur, de fièvre et de rêves étranges. Il avait vu Maria tendre les bras vers lui en souriant et lui faire signe d'approcher ; il avait flotté à travers les airs pour la rejoindre, et ensuite… plus rien.

« Tu as eu la grippe, mon gars, une très mauvaise grippe. On t'avait administré les derniers sacrements, mais tu es un dur à cuire. Et tu es toujours aux États-Unis. »

Angelo ne comprenait pas la moitié de ce que lui disait le médecin. Son esprit était embrumé. « Quand est-ce que je partirai ?

— Pas tout de suite. Tu resteras ici jusqu'à ce que tu sois en état de sortir. D'abord, tu dois manger pour te remplumer un peu. »

Angelo essaya de se redresser, mais la tête lui tournait. Où étaient ses copains, Ben et Pavlo, tous les types du camp d'entraînement ? Il avait du mal à respirer, comme s'il avait un trou dans la poitrine par lequel tout l'air s'échappait. Il s'écoula des jours avant que les infirmières réussissent à le faire marcher sur ses jambes pareilles à des bâtons. Où étaient passés ses cuisses et ses mollets, autrefois si robustes ? Angelo avait honte de ne pas se battre aux côtés des autres. Il était coincé dans cet endroit abominable, où toujours plus de malades affluaient chaque jour pour prendre la place de ceux que l'on emportait furtivement vers la morgue au cours de la nuit. Que diable se passait-il ?

Les lettres de Kathleen étaient son unique réconfort. L'épidémie sévissait sur toute la côte Est, mais elle avait été particulièrement meurtrière à Philadelphie et dans les ports où étaient rassemblées les troupes. Elle se faisait des gargarismes avec une potion concoctée par Salvi et qui, d'après lui, avait le pouvoir de guérir tous les maux. Jusqu'à présent, ils avaient tous été épargnés par la maladie.

Le médecin-chef assena un coup final à son amour-propre quand, après l'avoir examiné, il déclara : « Je suis obligé de vous réformer. Il y a eu des dégâts de ce côté-là, expliqua-t-il en pointant le doigt vers le cœur d'Angelo. Enfin, mieux vaut avoir le palpitant un peu lent que de se faire pulvériser par un obus. Il va falloir vous reposer, le temps de vous remuscler un peu.

— Comment vais-je faire pour nourrir mes enfants, dans l'état où je suis ? s'écria Angelo. Je ne suis plus bon à rien.

— Laissez faire le temps, la nature est souvent le meilleur médecin. Vous êtes jeune et assez vigoureux pour avoir survécu à une maladie qui a emporté des milliers de gens. »

Kathleen l'attendait à la gare de Grand Central. Elle le prit dans ses bras et le serra à l'étouffer. «J'étais tellement inquiète! La grippe s'est répandue dans tout le pays. Je n'ai pas amené les enfants. On m'avait dit que tu risquais de mourir, sanglota-t-elle.

— Je ne serai jamais soldat.

— Ce n'est pas grave. Tu m'es revenu entier, et beaucoup de nos voisins n'ont pas eu cette chance. Viens, laisse-moi t'aider. Tu as l'air épuisé.»

Angelo se sentait mou et privé de toute énergie. Il ne dirait rien à Kathleen de ses problèmes cardiaques pour le moment, cela lui causerait trop de soucis. Il espéra qu'avec le temps, il finirait par se rétablir. Sinon, comment pourrait-il encore se considérer comme un homme?

44

Lichfield, Noël 1918

Chère Celeste,

Votre colis est bien arrivé, et cette fois il n'a pas été ouvert. Que de cadeaux! Merci de nous tous.

Notre premier Noël dans la paix revenue, enfin! Nous avons tant prié pour sortir de l'affreux gâchis qu'était devenue cette guerre. Après les premiers jours de fièvre et de réjouissances qui ont suivi l'armistice, l'enthousiasme est vite retombé. Ceux qui ont perdu un fils ou une fille n'ont pas le cœur aux festivités. Nous

nous souvenons de tous ceux qui n'ouvriront plus jamais de crackers[1], ne mangeront plus jamais de plum-pudding, ne chanteront plus jamais de cantiques autour du sapin. La nourriture est toujours rationnée, mais j'avais mis suffisamment de coupons de côté pour acheter de petits cadeaux pour Ella. Elle trouvera des friandises dans son bas, ainsi que des jouets que votre frère a eu la bonté de fabriquer à son intention.

En effet, Selwyn est de retour à la Maison-Rouge. Son visage garde encore des cicatrices. Il s'enferme dans la remise et passe son temps à essayer de réparer tous les objets qui ont besoin de l'être. Je vais là-bas avec votre père pour m'occuper du jardin. Selwyn ne me parle pas beaucoup, aussi ai-je été profondément surprise en découvrant dans l'entrée un berceau de poupée. Il l'a confectionné avec des bouts de bois et l'a ensuite soigneusement poncé et poli, de sorte qu'il a l'air neuf. Le père Noël le déposera devant la cheminée le soir de Noël. Ella sera ravie. Elle adore jouer avec ses poupées et les assied en rang devant elle comme le ferait une maîtresse d'école avec ses élèves.

Et maintenant, la grande nouvelle : ça y est. J'ai donné à Florrie Jessup la correction qu'elle méritait et j'en suis enfin débarrassée. J'étais en train de parler à l'une des cuisinières du gentil cadeau de Selwyn. Florrie m'a entendue et a commencé à débiter des sottises, disant que je l'avais obtenu en me mettant à l'horizontale, que j'étais constamment fourrée là-bas pour apporter du réconfort au blessé de guerre et ainsi de suite.

Si j'ai vu rouge ? Oui, et comment ! Je lui ai flanqué un grand coup de poing sur l'oreille. Elle l'avait bien

---

1. Papillote en forme de tube, pourvue d'un mécanisme déclenchant un craquement à l'ouverture, d'où son nom. C'est une sorte de pochette-surprise renfermant des friandises et de petits cadeaux, que l'on offre traditionnellement à chaque convive lors du repas de Noël, en Angleterre. *(N.d.T.)*

cherché, mais l'intendante avait assisté à la scène et nous a toutes deux renvoyées sur-le-champ. Je me voyais déjà sans emploi, avec un enfant à élever, juste au moment où les étudiants affluent de nouveau vers le séminaire – certains en bien triste état. Mais à ma grande surprise, plusieurs des filles ont pris mon parti et raconté à l'intendante les avanies que Florrie me faisait subir depuis des années, les réflexions désagréables que je devais supporter, et, finalement, c'est elle seule qui a pris la porte, à mon immense soulagement.

J'ai relaté l'incident à votre père, pour éviter qu'il ne l'apprenne par quelqu'un d'autre, car les nouvelles se répandent ici à la vitesse d'une traînée de poudre. Il m'a demandé si j'aimerais changer d'emploi et a suggéré que je pourrais aider Mme Allen à la Maison-Rouge et faire le ménage pour d'autres ecclésiastiques. C'était très aimable de sa part, et je vais y réfléchir. Je ne suis pas sûre que Selwyn apprécie d'avoir deux femmes dans les jambes. Il lui arrive certains jours d'être d'une humeur noire.

C'est comme si j'avais retrouvé un peu de la joie de vivre que je croyais avoir perdue à tout jamais. Peut-être ai-je réussi à me faire accepter dans cette ville, en fin de compte.

Souhaitons que 1919 nous apporte à tous l'espoir et la consolation.

Affectueusement,
M.

45

New York, été 1919

Kathleen entretenait leur appartement avec un soin méticuleux. Il n'y avait pas le moindre grain de poussière sur les meubles, même par cette chaleur. Elle avait accroché à la fenêtre des moustiquaires en dentelle pour attraper les mouches qui auraient eu l'audace de vouloir entrer, mais celles-ci étaient rares, au sixième étage. Le logement, situé à proximité de Broome Street, comprenait trois pièces et une cuisine avec l'eau courante, un salon où ils avaient installé un lit-cage pour leurs enfants, Jack et Frankie. Il y en avait un troisième en route à présent. Elle priait avec ferveur pour que ce soit une fille.

Près de deux ans s'étaient écoulés depuis le retour d'Angelo. Il se plaignait d'avoir constamment mal au dos et faisait de son mieux pour aider son oncle au magasin de primeurs. Et Kathleen avait démontré à la famille de son mari qu'elle n'était pas une pimbêche, mais une femme travailleuse et dure à la tâche, qui servait fruits et légumes derrière le comptoir tout en s'occupant de sa petite famille.

Angelo s'accrochait encore à ses étranges théories sur le sort de Maria et Alessia. Il ne parlait plus d'elles, mais leur photo était toujours accrochée sur le mur de l'alcôve dans leur chambre, au-dessus de l'étagère où il avait dressé un petit autel décoré de coupures de journaux, de bougies, de lettres et du chausson de bébé orné de dentelle. Il restait persuadé que c'était celui de sa fille. À l'approche de la date anniversaire du naufrage, même si sept années avaient passé depuis, il devenait taciturne et restait des heures en prière devant son reliquaire. Il avait même allumé un cierge, comme si Maria et Alessia étaient des spectres flottant au-dessus de leur lit et les observant constamment. Si elle lui avait fait des remontrances, il serait parti sans prêter attention à ses larmes.

Quand l'été se fit de plus en plus torride et le bébé de plus en plus gros dans son ventre, Kathleen décida d'ignorer l'existence de l'autel et cessa de l'épousseter. Parfois, elle avait l'impression de sentir des regards plantés dans son dos, et cela l'énervait tellement que, un matin, elle lança sa brosse en direction de l'alcôve et que le cadre contenant le portrait se décrocha du mur, le verre se brisant en mille morceaux.

«Idiote, regarde un peu ce que tu as fait!» s'exclama-t-elle tout haut, paniquée. Elle devait à tout prix réparer les dégâts, sinon Angelo se mettrait dans tous ses états. Elle ramassa la photo sépia, la glissa dans le tiroir de sa table de chevet et, après avoir enveloppé le chausson dans du papier de soie, le rangea dans une pochette à chemise de nuit en lin irlandais qu'elle n'utilisait jamais.

Puis elle se mit au travail avec ardeur, débarrassa l'étagère du fatras qui l'encombrait, gratta la cire de bougie qui avait coulé sur le bois, nettoya les alentours et récura le parquet. Elle décolla précautionneusement du mur les coupures jaunies qui laissèrent des marques plus claires sur le papier peint. Elle traîna le berceau jusqu'à l'alcôve pour

204

le disposer à côté de la cheminée. Il s'y ajustait parfaitement. Rien de tel que déplacer les meubles pour donner à une pièce un aspect plus pimpant et la faire paraître plus grande, se dit-elle. Elle dissimula ensuite sous des images pieuses les marques sur le papier défraîchi. Voilà, tout était prêt pour accueillir le bébé, pensa-t-elle avec satisfaction.

Comme si celui-ci n'avait attendu que son signal, elle entra en travail cette nuit-là pour accoucher à l'aube d'un enfant répondant en tout point à ses espoirs – une petite fille aux boucles flamboyantes.

Quand Angelo fut enfin autorisé à entrer dans la chambre, ses yeux s'illuminèrent à la vue du nouveau-né emmailloté dans son berceau.

« Une fille, Angelo, un vrai petit ange ! Le père Bernard dit que c'est à moi de choisir le prénom. Elle est née dans ce pays et je veux lui donner un nom américain : Patricia Mary. Qu'en penses-tu ? » demanda-t-elle, avec une certaine appréhension. Angelo avait décrété que si le bébé était une fille, ils l'appelleraient Alessia. Mais, à son étonnement, il ne protesta pas, pas plus qu'il ne parut remarquer les changements qu'elle avait opérés dans la chambre.

« Ne t'inquiète pas, tous tes objets sont en lieu sûr, dit-elle en montrant le tiroir. Tu pourras les regarder à tout moment. La photo est tombée toute seule », ajouta-t-elle, consciente qu'elle devrait confesser ce mensonge le dimanche suivant. Angelo ne dit rien, il ne l'écoutait même pas, trop occupé à admirer sa petite fille en roucoulant : « *Bellissima Patrizia.* »

Levant les yeux vers la Madone, désormais seule sur l'étagère, Kathleen la remercia muettement, en songeant : « Maintenant, nous pouvons entamer pour de bon une nouvelle existence. »

Penché sur le berceau, Angelo sourit pour lui-même. Il n'était pas dupe. Kathleen rougissait dès qu'elle prononçait un mensonge, et il pouvait lire en elle comme dans un livre.

Récemment, le père Bernardo était venu le voir après la messe et l'avait gentiment mis en garde. « Tu vas devenir fou, mon fils, si tu t'obstines dans ta douleur. C'est une insulte pour les vivants, et les morts sont en paix, ignorant tout de ce qui se passe ici-bas. Sois reconnaissant de ce qui t'a été donné... »

Mais nul ne pourrait éteindre la petite flamme qui subsistait encore dans son cœur. Il ne l'avait jamais raconté à personne, mais, quand il se trouvait au seuil de la mort, Maria lui était apparue seule, tendant vers lui des bras vides. Quelqu'un, quelque part, devait savoir ce qu'il était advenu d'Alessia. Cette idée continuait à le tourmenter, et aucun prêtre au monde ne pourrait l'obliger à renoncer à cet espoir.

46

Lichfield, juillet 1919

D'un pas pressé, May traversa Cathedral Close. On était vendredi et elle était allée au marché afin d'acheter quelques provisions pour le chanoine Forester – du pain frais, des légumes et du fromage. Elle lui préparait généralement une grande marmite de soupe afin qu'il ait de quoi tenir jusqu'au lundi. Mais elle avait oublié que le lendemain serait un jour de fête nationale, pour célébrer la signature du traité de paix, et que la place du marché était fermée car on y avait dressé des échafaudages en prévision des défilés. Les sonneurs de la cathédrale et de St Mary étaient en train de s'exercer au carillon qui annoncerait l'ouverture des festivités. Cet après-midi, il y aurait des kermesses dans toutes les écoles et Ella en était tout excitée.

Quand elle arriva dans la petite cour pavée, un homme de grande taille élégamment vêtu était en train d'examiner les petites maisons de brique rouge aux poutres apparentes. May était habituée à croiser des touristes venus admirer ces bâtiments séculaires et ne s'étonna donc pas de sa présence. Mais il la toisa de ses yeux gris à l'éclat glacial et s'enquit : « Où se trouve la maison du chanoine ? » En entendant son accent américain, May se raidit malgré elle.

« Lequel cherchez-vous, monsieur ? demanda-t-elle en s'efforçant de sourire, le cœur battant à grands coups.

—Ne peuvent-ils pas arrêter ce tintamarre? vociféra l'homme en montrant le clocher. On ne s'entend plus penser... Forester, le chanoine Forester.

—Suivez-moi, j'allais justement chez lui», répondit-elle, cherchant à gagner du temps. Les battements de son cœur s'étaient encore accélérés, car elle le reconnaissait à présent, pour avoir épousseté tant de fois la photo de mariage de Celeste, que son père gardait précieusement sur sa cheminée. Elle avait devant elle Grover Parkes en personne, venu chercher sa femme. Elle pria en elle-même pour que le vieillard soit parti prier à la cathédrale ou visiter des malades.

Elle avait une clé, mais l'étranger ne pouvait pas le savoir. Il ignorait qui elle était. Oserait-elle le conduire à une mauvaise adresse, frapper à la porte d'une maison dont elle savait le locataire absent? Cela éloignerait l'homme pendant un moment, et elle pourrait faire en sorte que le chanoine ne soit pas chez lui quand il reviendrait.

«Qui d'autre habite dans ces drôles de petites bicoques? On ne doit même pas avoir la place de se retourner, là-dedans», plaisanta-t-il, mais elle ne se laissa pas abuser par cette fausse jovialité.

«Des ecclésiastiques retraités, surtout, ou bien leur veuve.

—Vous vivez ici? reprit-il, en posant un regard méprisant sur sa veste élimée.

—Non, monsieur, je rends de petits services à quelques-uns des résidants... Je travaille au séminaire. Je crains que le chanoine ne soit sorti, ajouta-t-elle. Il va y avoir de grandes fêtes dans tout le pays pendant le week-end, pour célébrer le retour de la paix. Avez-vous vu les drapeaux?

— On ne peut même plus faire un pas dans Londres sans tomber sur ces fichus machins. À quoi riment tous ces flaflas? La guerre est finie depuis près d'un an. Je suis ici pour affaires, et on ne peut plus circuler dans la capitale tant les rues sont encombrées d'échelles et de décorations. Le pays tout entier semble s'être arrêté. Quant aux trains...

— Nous avons attendu un certain temps pour fêter la victoire, par respect pour nos morts », répliqua-t-elle d'un ton sec. Comment osait-il les critiquer? « Je suis sûre que le chanoine n'est pas chez lui, répéta-t-elle.

— Je n'ai pas fait tout ce chemin pour repartir sans m'en être assuré. Indiquez-moi sa porte.

— Il vaut mieux que je vous accompagne. Il commence à devenir dur d'oreille, et il a l'esprit un peu confus, ces temps-ci. »

D'un geste impatient, Parkes frappa à la porte et, à la grande horreur de May, celle-ci s'ouvrit, laissant apparaître le visage souriant du chanoine. « Oh! ma chère May... Deux visiteurs en même temps, quelle bonne surprise! » Dévisageant l'inconnu, il poursuivit : « Est-ce que nous nous connaissons?

— Bigre oui! Je suis votre beau-fils... Où est-elle?

— Pardon, de qui parlez-vous?

— Où sont ma femme et mon fils? hurla Parkes.

— Désolé, jeune homme... Entrez, je vous prie. May, pouvez-vous mettre la bouilloire sur le feu? Il doit y avoir un malentendu. Grover, la dernière fois que je vous ai vu, c'était à votre mariage. Voyons voir, en quelle année était-ce… ?

—Épargnez-moi vos boniments. Je veux voir ma femme et mon fils. Où sont-ils ?

—Ils ne sont pas avec vous ? fit le vieillard en se grattant la tête. Je ne comprends pas. May, avez-vous une idée de ce qui se passe ? »

Faisant de son mieux pour ne pas rougir, elle secoua la tête et s'enfuit vers la cuisine. Cet individu était venu ici dans un but bien précis, mais il ne tirerait rien d'elle.

« Je ne comprends pas. Elle se trouve à Akron. Je lui écris là-bas. Vous postez bien mes lettres, n'est-ce pas ? reprit le chanoine à l'adresse de May qui se tenait sur le seuil avec son plateau.

—Je n'ai reçu aucune lettre depuis… » Grover s'interrompit. « Que se passe-t-il ici, à la fin ? Quelqu'un a dû être payé pour tenir sa langue… Serait-ce celle à laquelle je pense ? s'enquit-il en regardant May.

—Mme Smith est ma gouvernante, et c'est une amie loyale de notre famille. Je vous prie de vous adresser à elle avec courtoisie, jeune homme. À présent, asseyez-vous et expliquez-moi ce qui vous amène ici. Êtes-vous en Angleterre pour affaires ? »

Ignorant la question, Grover se tourna vers May. « Ma femme vous a-t-elle payée pour que vous l'aidiez à me berner ?

—En voilà assez ! déclara le chanoine, qui était moins sourd qu'il ne le semblait. Veuillez vous expliquer. Vous êtes ici chez moi. De toute évidence, il a dû se produire un énorme malentendu.

— Eh bien, je vais éclairer votre lanterne, mon cher beau-père. Votre fille, mon épouse, a enlevé mon fils unique pour l'emmener dans ce trou perdu, et je ne la laisserai pas s'en tirer comme ça.

— Il doit y avoir une erreur. Celestine n'est pas ici. De plus, peut-on parler d'enlèvement quand il s'agit d'une mère et de son fils ? Et quand bien même ce serait le cas, un enfant n'est pas un bien dont on peut revendiquer la propriété. Roderick n'appartient qu'à lui-même. » En prononçant ces mots, le vieillard leva les yeux vers le portrait de l'enfant, l'air abasourdi par ce qu'il venait d'apprendre.

« Oh ! arrêtez un peu avec vos sermons ! rétorqua Grover d'un ton rude. Où est-elle ?

— Je n'en ai pas la moindre idée. Je la croyais auprès de vous. Rien dans ses lettres ne m'a jamais laissé deviner qu'il puisse en être autrement.

— Je ne vous crois pas ! Vous savez quelque chose, vous ou celle-là... Regardez-la, elle tremble de peur... Alors ? Je suis tout ouïe », lança-t-il à May d'un ton comminatoire.

May voulut répondre, mais les mots n'arrivèrent pas à franchir ses lèvres. Le chanoine vola à sa rescousse.

« Si vous ne vous calmez pas, je vais devoir vous prier de quitter cette maison. Je ne permettrai pas qu'on harcèle ma gouvernante.

— Je n'en ai pas encore fini avec vous », déclara Grover, les dominant de toute sa taille dans son élégant costume d'homme d'affaires et agitant vers eux un doigt menaçant. Il exsudait de toute sa personne l'arrogance de celui qui a réussi. « Dites bien à ma femme, où qu'elle soit, que si elle pense pouvoir m'échapper, elle se trompe lourdement. Je la retrouverai. Elle a pris quelque chose qui m'appartient. Quant à vous, cracha-t-il en direction de May, je sais qui vous êtes. Ce sont les mégères de votre espèce qui lui ont fourré cette idée dans la tête, vous et ces suffragettes qui haïssent les hommes. Le droit de vote pour les femmes! Vous lui avez tourneboulé l'esprit!» Dardant sur elle un regard furibond, il répéta, dans une ultime tentative d'intimidation: «Savez-vous où elle est?»

Il ressemblait tout à fait au vieux Cartwright, l'odieux contremaître de la filature, à Bolton, qui essayait de terroriser les ouvrières en les accablant de sarcasmes et en menaçant à tout bout de champ de les renvoyer. Qui cherchait également à obtenir leurs faveurs quand il n'y avait personne pour le voir. Elles avaient fait bloc contre lui pour se plaindre de ses agissements à la direction, et c'était lui qui avait été licencié. May connaissait bien les individus de sa sorte, et ils ne lui faisaient pas peur.

«Non, monsieur, et si je le savais, je ne suis pas femme à trahir sa confiance.

— Donc, elle vous l'a dit…

— Non, je ne sais rien.

— Pourtant, vous m'avez tout dit. Elle m'a bien roulé, la garce! Elle n'a jamais quitté les États-Unis, n'est-ce pas? Merci beaucoup.

— Mais je ne sais rien…, protesta May.

— C'est votre silence même qui vous a trahie, répliqua Grover, les yeux rivés sur la cheminée. Et en voilà la preuve, cette jolie petite photo pour grand-papa… Ma parole, comme il a grandi! Il y a cinq ans que je ne l'ai pas vu. Que croyez-vous que je ressente?» Pour la première fois, le chagrin transparut dans son expression. Il examina attentivement le portrait, puis le reposa en souriant. «Bonne journée à vous deux. Grâce à vous, je pars rassuré. Votre fille peut aller au diable, mais qu'elle ne s'imagine pas que je vais la laisser me voler mon fils. Mes avocats vont s'en occuper.»

Sur ce, il tourna les talons, se courba pour franchir le seuil et claqua la porte derrière lui.

Le chanoine se laissa aller contre le dossier du sofa, le visage livide, la respiration haletante. «Quel jeune homme déplaisant! Dans mon souvenir, le mari de Celeste était pourtant le charme personnifié. Que signifie tout ceci? Le savez-vous?

— Plus ou moins. J'ai promis à Celeste de l'aider, mais elle ne m'a jamais expliqué réellement pourquoi elle avait quitté son époux.

— Pourquoi ne m'avez-vous rien dit? Et mon fils, est-il au courant?»

May baissa les yeux, trop gênée pour le regarder en face. «Ce n'était pas à moi de le lui dire.

— Vous êtes l'amie de Celestine et je suis son père. Vous devez lui écrire, où qu'elle se trouve, pour lui demander de rentrer au plus vite. Je présume que vous lui expédiez mes lettres à sa nouvelle adresse? Pourrait-il réussir à la retrouver, à votre avis?

— J'étais persuadée que non, jusqu'à ce qu'il s'empare du portrait de Roderick, celui que je voulais faire encadrer… Avez-vous remarqué le cachet imprimé au dos? C'est celui du photographe, le studio Cohen, à Washington. Grover l'a vu aussi. Nous devons prévenir Celeste.

— Envoyez-lui un télégramme. Allez au bureau de poste tout de suite. Qu'a-t-il bien pu se passer ? À en juger par ce que je viens de voir, Grover ne reculera devant rien. Il n'était pas comme ça, quand ils se sont mariés... Pauvre Celeste, elle devait avoir de bonnes raisons de s'enfuir, mais j'aurais préféré qu'elle m'en informe... Si seulement sa mère était encore ici... Elles étaient si proches l'une de l'autre ! Vous devez me raconter tout ce que vous savez. »

Encore bouleversée par cet épisode, May courut jusqu'à la poste. L'arrivée de M. Parkes l'avait remplie d'effroi, et pourtant elle était prévisible. Allait-il la suivre jusque chez elle, pour tenter de lui arracher d'autres informations ?

Grover Parkes était beau, mais sa bouche avait un pli cruel et ses yeux gris brillaient d'un éclat glacial. Celeste était en danger, cela ne faisait aucun doute. Il allait essayer de lui prendre son fils, et il fallait l'en empêcher à tout prix. May ne savait que trop bien ce qu'il en coûtait de perdre un enfant. Elle n'eut besoin que de quelques mots pour avertir son amie de l'imminence du danger.

« PARKES ICI. LETTRE SUIT. IL SAIT QUE VOUS ÊTES À D. C. RENTREZ IMMÉDIATEMENT. MS.

47

Washington

Dix jours plus tard, Celeste était en train de choisir des légumes à l'Eastern Market, au sortir du bureau. Elle devait faire vite, si elle voulait être à la maison avant que Roddy rentre de l'école. Depuis qu'elle avait reçu le télégramme l'informant que Grover s'était rendu à Lichfield, elle échafaudait fiévreusement des plans en vue de leur départ. Nul ne devait être au courant. Aujourd'hui, elle devait donner son cours de maintien comme si de rien n'était et préparer des scones pour ses élèves avec le reste de confiture de framboises. Si elle se dépêchait, elle aurait le temps de disposer les meubles du salon en bon ordre avant qu'elles viennent s'aligner sagement devant la porte pour la saluer à tour de rôle, et qu'elle leur enseigne comment il fallait s'asseoir et quand il convenait de se lever, comment mettre leurs invités à l'aise et entretenir les conversations.

Comme tout cela était ridicule, en ces temps modernes! Ses élèves étaient des jeunes filles débordantes d'énergie, qui devaient aspirer à autre chose que le mariage et les mondanités. Une fois qu'on était monté à bord de ce manège, il était difficile d'en descendre, elle était bien placée pour le savoir! Certes, elle regrettait parfois certains des agréments que procuraient le confort et la richesse, mais le luxe se payait cher. Et ce qui importait par-dessus tout, c'était d'être libre.

Après avoir lu la lettre de May, où celle-ci lui relatait en détail la visite de Grover à Cathedral Close, son premier soin avait été de couper ses cheveux et de les foncer au moyen d'une décoction de thé fort. Leur roux flamboyant attirait trop l'attention. Elle était contente d'être débarrassée de ses boucles. Toutes ses collègues de travail portaient les cheveux courts. Les jupes aussi s'étaient raccourcies, mais elle n'avait pas les moyens de suivre la mode. Son tailleur noir faisait très bien l'affaire, et sa coupe peu flatteuse lui permettait de se fondre dans la foule.

Brusquement, son instinct la poussa à se retourner, car elle avait senti une présence dans son dos. L'individu la dévisagea, avant de reporter son attention sur ses achats avec un petit sourire satisfait. C'était un homme d'âge mûr vêtu d'un imperméable et d'un chapeau mou, empestant le cigare bon marché. La frayeur s'empara de Celeste. Il lui semblait l'avoir déjà vu – peut-être dans le tramway ? La suivait-il ? Sous l'effet de la panique, son cœur se mit à battre à un rythme affolé. Si cet homme la filait, cela ne pouvait signifier qu'une chose... Lâchant son sac de carottes, elle se précipita vers la sortie, sans regarder derrière elle. Elle connaissait bien les ruelles autour de l'Eastern Market, et elle fit un détour par l'hôpital naval avant de traverser Pennsylvania Avenue, en espérant avoir semé le détective. Les trottoirs étaient encombrés de monde ; elle essaya de ne pas courir, mais quand elle arriva devant une rangée de boutiques, près de South Carolina Avenue, elle se rua à l'intérieur de l'une d'elles, hors d'haleine et suante de peur.

« Puis-je vous aider ? s'enquit une vendeuse toute vêtue de noir en s'avançant vers elle.

— Il y a un homme qui me suit, haleta Celeste. Avec un chapeau de feutre noir…

— Venez avec moi, répondit la femme d'un ton bienveillant. Il y a une porte à l'arrière du magasin. S'il entre ici, il s'en repentira. Dans quelle direction allez-vous ?

— D Street… sud. Merci.

— Vous n'êtes pas américaine ?

— Non, je suis anglaise. Quel est le chemin le plus court pour aller d'ici à D Street ?

— Prenez la 12e ou la 13e et continuez tout droit jusqu'à Kentucky Avenue. Il y a plein de petites rues où il aura du mal à vous retrouver. Faites-moi confiance, mon chou, je vais m'occuper de lui. Voilà, vous traversez la cour et vous trouverez la sortie au bout du couloir. Bonne chance.

— Je ne sais comment vous remercier, bredouilla Celeste.

— Entre veuves, il faut se serrer les coudes. Les hommes nous prennent souvent pour des proies faciles. »

Celeste ne chercha pas à la détromper. Sa seule préoccupation, c'était de retrouver Roddy.

Et si Grover avait chargé cet homme d'enlever son fils ? Si c'était déjà fait ? May lui avait raconté que Grover avait lu l'adresse du studio au dos du portrait. Il ignorait sa nouvelle identité, mais peut-être ses détectives avaient-ils réussi à la découvrir en interrogeant le photographe ? Elle courut jusqu'à ce que ses poumons soient sur le point d'éclater, sans oser se retourner pour voir si l'homme la poursuivait. Ce fut pour elle un immense soulagement d'apercevoir le petit garçon l'attendant sur les marches.

« Rentre vite ! lui cria-t-elle, en tournant la clé dans la serrure d'une main tremblante.

— Mais, maman…

— Rentre tout de suite ! hurla-t-elle en le tirant par le bras, avant de refermer la porte à double tour. Quelqu'un est-il venu me demander ? »

Roddy secoua la tête. « Est-ce qu'il faut que je me change ?

— Pas aujourd'hui. Je veux que tu mettes tous tes objets préférés dans le sac en tapisserie qui est rangé sous l'escalier, et aussi quelques livres, ceux que tu aimes le plus. Je vais faire nos bagages.

— On part en vacances ?

— En quelque sorte… Dans le Nord.

— Mais nous sommes jeudi. Tu as ton cours de maintien.

— Pas cette fois. Je laisserai un mot sur la porte. Dépêche-toi, il n'y a pas une seconde à perdre. Nous allons partir pour une grande aventure.

— Youpi ! » s'écria le garçonnet.

Il y avait au moins quelqu'un que la situation mettait en joie, songea Celeste devant cette insouciance enfantine. C'est alors qu'elle conçut une idée folle pour déjouer la surveillance du détective. C'était dangereux, mais cela valait la peine d'être essayé. Ils devaient à tout prix quitter le pays ; elle ne pouvait pas courir le risque d'un nouvel échec.

Personne ne lui prendrait son fils, ni maintenant ni jamais.

Celeste faisait de son mieux pour empêcher ses mains de trembler, tandis qu'elle distribuait à la ronde tasses de thé et gâteaux.

«Aujourd'hui, mesdemoiselles, nous allons jouer à un jeu. Cela consiste à se déguiser, à échanger nos vêtements pour savoir ce que cela fait d'être quelqu'un d'autre. Une dame ne doit pas juger les gens à leur aspect extérieur, au fait qu'ils soient mal habillés ou portent une livrée de domestique, mais à leurs bonnes actions. Je vais moi-même revêtir l'uniforme d'une d'entre vous, pour me rappeler ce que je ressentais quand j'avais quatorze ans. Et nous irons nous promener dans la rue toutes ensemble.

— Comme si on jouait aux charades? demanda Mabel, l'une des jeunes filles.

— Pas tout à fait. Mais ce sera très amusant de voir ce que l'on éprouve en déambulant dans les vêtements d'une autre. Vous savez toutes à présent comment prendre le thé selon les règles de la politesse. Je crois que le moment est venu d'apprendre à se mettre à la place des autres, pour changer un peu.»

Elle les sentit un peu perplexes, mais toutes accueillirent avec joie cette diversion inattendue. Persuader Roddy de sortir habillé en fille se révéla plus difficile.

«Oh, maman! Je ne veux pas jouer à ce jeu stupide.

—S'il te plaît, fais ce que je te dis, chuchota-t-elle. C'est très important! Ce ne sera que pour un petit instant, je te le promets.» Roddy devait être méconnaissable, le succès de son stratagème en dépendait. «Tu devras également porter un chapeau», reprit-elle.

La plus petite des filles troqua sa robe et son jupon contre le costume marin de Roddy. On lui enfonça le canotier du garçon sur la tête en rentrant ses couettes sous la coiffe. Tout le monde se mit à rire, sauf Roddy qui boudait dans son coin. Celeste enfila l'uniforme d'écolière de Mabel, et les rires fusèrent de nouveau. Elle était si mince qu'il lui allait parfaitement. Elle dissimula ses cheveux sous un béret puis se dirigea vers la porte en souriant, comme s'il s'agissait seulement d'un divertissement idiot et non d'une question de vie ou de mort.

Elle jeta un regard empli de regret à tout ce qu'elle laissait derrière elle, cet appartement qui avait été leur foyer pendant toutes ces années. Mais l'heure n'était pas au sentimentalisme; elle ne devait emporter que ses papiers et le strict nécessaire. Cette fois-ci, elle avait soigneusement préparé son voyage et elle ne commettrait pas d'erreur.

«Nous allons faire le tour du quartier, rien que pour nous amuser, et notez bien toutes vos impressions», ordonna-t-elle.

Elles descendirent l'escalier en gloussant de rire et sortirent sur le trottoir dans leurs vêtements d'emprunt. Celeste lança un regard furtif vers le coin de la rue. C'était bien le même homme qui se tenait tapi là, faisant semblant de lire le journal et ne prêtant aucune attention à la troupe d'écolières bruyantes sur le trottoir d'en face. Peut-être n'était-ce qu'une question de minutes avant que Grover surgisse?

L'homme attendait toujours quand elles tournèrent l'angle du pâté de maisons pour se diriger vers la 16e Rue. Là, Celeste fit signe aux filles de s'arrêter. «C'est ici que je vais devoir vous quitter. Je regrette de vous avoir obligées à jouer cette comédie, mais il faut que nous partions», murmura-t-elle. En toute hâte, elle regagna la cour à l'arrière de son immeuble et récupéra les bagages qu'elle avait cachés derrière la porte. Muettes d'étonnement, les fillettes remirent leurs vêtements. Roddy s'empressa de quitter sa robe, et elle embrassa chacune de ses élèves sur le front pour leur dire adieu.

«Expliquez à vos parents que j'ai brusquement décidé de partir en vacances et que je leur écrirai pour les aviser de mon retour. Merci d'avoir été aussi gentilles. J'ai un dernier service à vous demander. Mabel, puis-je garder cet uniforme pendant quelques heures encore? Je le laisserai à la consigne de la gare.

— Que se passe-t-il, madame Wood?

— Laissez-moi simplement vous dire à toutes que je vous suis infiniment reconnaissante de vous être prêtées à ce jeu. Tout cela doit vous paraître bien incompréhensible, mais vous ne saurez jamais à quel point votre aide m'a été précieuse. Rappelez-vous bien ceci: il ne faut jamais avoir peur de prendre des risques pour défendre ses convictions. Suivez votre propre voie, pas celle que d'autres auront choisie pour vous, et vous réussirez votre vie.»

Deux des filles soulevèrent le sac en tapisserie par chacune des poignées, d'autres se chargèrent du deuxième bagage. «Nous allons vous accompagner jusqu'au bus, si vous voulez.

— J'ai une meilleure idée, intervint Mabel Whiteley. Allons chez moi et le chauffeur vous conduira jusqu'à la gare.»

Celeste faillit en pleurer de gratitude, mais elle se contenta de répondre en souriant: «Merci, c'est très aimable à vous.»

Partir était difficile, mais elle n'avait pas le choix. Grover savait désormais où ils vivaient et sous quel nom. Mais grâce à sa supercherie, elle avait réussi à gagner du temps. Cette fois, elle était en possession de tous les documents nécessaires et d'une somme suffisante pour la traversée. Cette fois, elle allait rentrer chez elle.

Durant tout le trajet vers Union Station, elle ne cessa de regarder par la vitre pour voir s'ils étaient suivis, persuadée que Grover était sur leurs traces. La circulation ralentit soudain et la limousine se retrouva à l'arrêt. Celeste eut envie d'ouvrir la portière et de courir jusqu'à la gare, mais elle savait qu'il était plus sage de s'enfoncer dans le siège en cuir et de se calmer. Nul ne s'attendait à la voir arriver dans un tel équipage.

Son mari avait-il demandé à ses sbires de surveiller la gare? Dès qu'elle aurait acheté les billets pour New York, elle irait se cacher avec Roddy dans les lavabos des dames. Une fois à bord du train, ils seraient en sécurité, même si la seule pensée d'embarquer de nouveau sur un trans-atlantique l'emplissait de crainte.

Ressaisis-toi! May l'a fait, dans des circonstances encore plus dramatiques. Un peu de cran!

48

Lichfield

Un après-midi, à la sortie des classes, May fut informée que Mlle Parry, l'institutrice d'Ella, voulait la voir. Que se passait-il? Ella était-elle malade? Mais la fillette était assise dans le couloir, plongée dans un livre, et elle leva des yeux surpris quand sa mère apparut, l'air affolé. L'institutrice pria May d'entrer dans la salle et referma la porte.

«Il s'agit simplement d'un petit problème que j'aimerais éclaircir avec vous, madame Smith. Ne prenez pas cet air inquiet, mais Ella a raconté à ses camarades que son père avait péri avec le capitaine Scott. Je leur avais demandé de faire une rédaction sur le courage et de parler des héros qu'elles admiraient le plus. Ella préfère dessiner, comme vous le savez. Elle a dit que son père se trouvait à bord du navire du capitaine Scott et qu'il était tombé à l'eau.»

May fut prise de sueurs froides. Mlle Parry poursuivit, en remuant des papiers sur son bureau pour éviter de la regarder: «Ce n'est pas la première fois, madame Smith, que j'ai affaire à des élèves qui ne savent pas très bien qui est leur père, qui ne sont peut-être pas issues d'une union légitime… Nous comprenons fort bien ce genre de situation, mais nous estimons préférable que l'enfant n'en soit pas informé.

— Je suis navrée, bredouilla May. Elle a tout compris de travers. Oui, c'est vrai, mon mari, Joseph Smith, a péri en mer. Il se rendait en Amérique pour nous y préparer un nouveau foyer. Ce fut un terrible accident. Ella n'en connaît pas les circonstances exactes, parce que je n'ai pas cru bon de lui donner des détails. Elle a tellement d'imagination qu'elle a bâti toute une histoire autour. Il n'y a pas de tombe sur laquelle nous puissions nous rendre, voyez-vous. Je suis désolée, je n'avais pas réfléchi… Comment peut-elle raconter des choses pareilles?

— Je comprends combien cela doit être difficile pour vous. Vous savez que c'est une fillette très brillante et imaginative, et elle dessine extrêmement bien pour son âge. Les enfants intelligents ont souvent tendance à fabuler. Nous espérons que, le moment venu, elle pourra bénéficier d'une bourse pour aller au lycée… Non que nous soyons pressés de la voir partir, mais, étant donné votre situation… » Elle toussa. « Votre mari avait-il des dons artistiques?

— Il était adroit de ses mains, répondit May. Je ne sais que dire… Je veillerai à ce que cela ne se reproduise pas. Elle va recevoir une bonne fessée.

— Non, je vous en prie, madame Smith. Ce n'est qu'un simple malentendu. Ella est encore une petite fille et comme tant d'autres aujourd'hui elle n'a plus de papa à admirer. La guerre a brisé tellement de familles… Elle est trop jeune pour comprendre la portée de ses propos. C'est difficile de travailler et d'élever un enfant toute seule. Elle vous fait honneur. Oubliez cette histoire. Je vous remercie d'être venue me parler. Cela ne sortira pas de ces murs, je puis vous l'assurer.

— Je n'aime pas repenser au passé, je préférerais l'oublier. Que me conseillez-vous de faire au sujet d'Ella ?

— Rien. Contentez-vous de lui dire la vérité, faites en sorte qu'elle sache bien qui était son vrai père. Décrivez-le-lui en détail afin qu'elle puisse se le représenter, le dessiner. Racontez-lui son histoire, et elle n'aura plus besoin d'en inventer une. »

May tremblait en sortant de la salle d'étude. « Allez, viens, tu m'as causé assez d'ennuis pour aujourd'hui », lança-t-elle à la fillette d'un ton brusque.

Comment pouvait-elle en vouloir à Ella ? Et pourtant, c'était bel et bien le cas. Elle lui en voulait d'avoir fait resurgir le passé, de lui avoir rappelé une fois de plus tout ce qu'elle avait perdu, de l'avoir confrontée une fois de plus à son mensonge. Pendant bien des nuits, après cette entrevue, elle resta éveillée, à réfléchir au sage conseil de Mlle Parry.

Chère Celeste,
Où êtes-vous à présent ? Êtes-vous en sécurité ? Je n'arrive plus à dormir depuis la venue de M. Parkes. Comme c'était stupide de ma part de laisser le portrait de Roddy en vue !

Je ne sais pas ce qui m'arrive, ces derniers temps, mais j'ai les nerfs en pelote. Ella a encore fait des siennes à l'école, en racontant à ses camarades que son père faisait partie de l'équipage du capitaine Scott, l'explorateur, et qu'il était tombé par-dessus bord quand le navire était prisonnier des glaces. Comment peut-elle inventer des histoires pareilles, à son âge ? Mlle Parry dit que c'est parce que son papa lui manque, mais elle ne l'a jamais connu. Je lui ai expliqué ce qu'elle a besoin de savoir, sans parler toutefois du Titanic. *Elle est encore trop jeune.*

C'est tellement difficile parfois de répondre à toutes ses questions ! J'essaie de lui trouver des occupations. Je l'ai inscrite au cours de danse de Mlle Francetti le samedi matin et à un cours de dessin après l'école. Le dimanche, elle va au catéchisme. Je l'emmène au cinématographe, mais cela ne fait que lui mettre encore plus de chimères en tête. J'espère qu'on ne la taquine pas en classe parce qu'elle est d'origine modeste. Parfois elle s'accroche à moi le matin, elle dit qu'elle a mal au ventre et qu'elle ne veut pas aller à l'école.

Ces derniers jours, je ne cesse de repenser au naufrage et je crois entendre à nouveau ces appels au secours qui montaient des flots... J'ai perdu l'appétit. Vous me trouveriez en bien piètre état si vous me voyiez, et juste au moment où je pensais avoir retrouvé un peu de joie de vivre ! La moindre chose me demande un effort. Je ne sais pas ce qui m'arrive. Si seulement je pouvais dormir ! Mais je reste éveillée à ressasser toutes ces choses dans ma tête, si bien qu'au matin, je suis à bout de patience. Grondez-moi, dites-moi de me ressaisir. Il y a tant de gens plus à plaindre que moi. Je vous en prie, aidez-moi à apaiser mon esprit.

Votre May qui ne trouve plus le repos.

Au matin, elle relut la lettre et la déchira. Personne n'avait envie de lire un tel tissu d'absurdités.

49

À bord du *Saxonia*, août 1919

« C'est le bateau que nous allons prendre ? » demanda Roddy, les yeux levés vers l'immense navire rangé le long du quai.

Celeste acquiesça et lui serra la main d'un geste rassurant. « Il va nous emmener jusqu'en Angleterre, pour voir ton grand-père et l'oncle Selwyn.

— Et l'école ?

— Tu iras dans une nouvelle école, à la rentrée.

— Mais pourquoi on était obligés de partir si vite ? »

Le trajet avait été long, de la gare bruyante jusqu'au port, et le voyage de nuit vers New York les avait épuisés. Celeste était restée debout toute la nuit à surveiller le couloir, de crainte qu'on ne les ait suivis. Elle n'arrivait pas à croire qu'ils soient arrivés sans encombre à destination.

« Roderick, te souviens-tu du méchant homme qui nous épiait ? Eh bien, il ne pourra pas nous retrouver ici.

— Pourquoi il était méchant ?

— C'est une histoire de grandes personnes, mon chéri. Un jour, quand tu seras plus grand, je t'expliquerai. Mais si on te pose des questions au sujet de ton papa, tu devras répondre poliment que tu n'en as plus. Qu'il est mort pendant la guerre.

— C'est vrai ? s'exclama Roddy, inquiet.

— Contente-toi de dire que tu n'as plus de papa, et les gens n'insisteront pas. Tu ne dois parler de nos histoires à personne, ni à bord du bateau ni quand nous serons arrivés. Tu as compris? C'est très important.»

Il hocha la tête, sans comprendre vraiment.

«Oh! encore une chose... Tu devras porter tout le temps ce gilet de sauvetage, sans t'occuper des réflexions que l'on pourra te faire.

—Ah non, je ne mettrai pas ce truc idiot! protesta-t-il, en repoussant l'objet qu'elle lui tendait.

—En tout cas, garde-le constamment à portée de main dès que nous aurons appareillé. J'ai une bonne raison de te demander ça, poursuivit-elle d'une voix implorante. Il peut arriver tellement de choses imprévues...» Elle remit de l'ordre dans ses cheveux courts et ondulés, défroissa son tailleur de tweed gris à col de renard. Dans sa précipitation, elle était partie sans chapeau et avait l'impression d'être insuffisamment vêtue.

«Quelles choses?»

Machinalement, Celeste leva les yeux pour compter les canots de sauvetage. «Si tu entends une sirène, cours vers les canots et grimpe dans le premier que tu verras, quoi que les gens te disent. Promets-le-moi...

—Oui, maman, mais où allons-nous habiter? Et pourquoi es-tu si pressée de partir?

—Je te l'ai déjà dit, nous rentrons chez moi, à Lichfield, pour voir ton grand-père. Nous habiterons chez ton oncle Selwyn jusqu'à ce que j'aie trouvé du travail. Tu feras la connaissance de mon amie May et de sa fille Ella. Tu pourras jouer avec elle.

«— J'y serai obligé? Je n'aime pas jouer avec les filles. Pas question de me déguiser encore une fois!

— Ce n'était qu'un jeu. Ce vilain homme nous surveillait et il fallait arriver à sortir sans qu'il nous suive.

— Alors on s'est enfuis de la maison pour courir les mers, comme dans les histoires de pirates? s'enquit Roddy en la regardant, et elle lui sourit.

— Je suppose qu'on pourrait présenter les choses de cette manière, Roddy. Je n'avais pas encore considéré la situation sous cet angle, mais oui, je crois que tu as raison.

— Épatant! Je serai le seul de ma classe à avoir fait ça, hein?»

Soulagée de le voir aussi enthousiaste, Celeste s'exclama en riant: «Allez, viens, Jim Hawkins, l'aventure va commencer.»

C'était le deuxième jour de la traversée, et le *Saxonia* dansait sur la mer grise et agitée. Celeste était appuyée au bastingage, le visage ruisselant de pluie, tandis que Roddy courait en tous sens, explorant les ponts et les coursives, jouant à cache-cache avec les autres jeunes passagers. Elle ne voulait pas le perdre de vue, mais il était trop rapide pour qu'elle arrive à le suivre, et elle avait conscience qu'il allait finir par se rebeller si elle le harcelait sans cesse. Alors elle le surveillait discrètement de loin. Elle ne l'avait pas amené jusqu'ici pour le voir disparaître par-dessus bord. Il jouait à chat avec un groupe de garçons de son âge et, comme d'habitude, il ne regardait pas où il allait, lorsqu'il trébucha sur un câble et heurta un homme en long manteau de tweed et chapeau de feutre qui arrivait en sens inverse en boitillant, appuyé sur une canne. Ils tombèrent tous les deux au sol et Roddy poussa un cri de douleur. L'homme au chapeau se redressa avec difficulté et s'accroupit à côté de l'enfant.

« Hé ! mon garçon, tu n'as rien ? »

Celeste vit Roddy lever les yeux vers lui et gémir en se tenant la cheville. « Ça fait mal.

— Laisse-moi regarder ça. »

Mais Celeste était déjà au côté de son fils. L'homme ramassa sa canne et se remit debout tant bien que mal. Il avait le visage gris et semblait lui-même un peu commotionné. « Je suis sa mère, dit-elle. Roderick, tu ne regardais pas devant toi… Je suis désolée, poursuivit-elle en se tournant vers le jeune homme, qui sourit et souleva son chapeau.

— C'est ce qui s'appelle se trouver au mauvais endroit au mauvais moment. Voyons un peu cette cheville, jeune homme.

— Êtes-vous médecin ? s'enquit Celeste, tandis qu'il se penchait pour délacer la bottine de Roddy.

— Non, madame, mais il m'est souvent arrivé de jouer les infirmiers, pendant la guerre, répondit-il sans la regarder, tout en examinant attentivement le pied enflé. Peux-tu remuer les orteils ? » demanda-t-il au garçonnet.

Roddy acquiesça et geignit : « Mais ça fait toujours mal.

— Elle ne m'a pas l'air cassée, néanmoins il vaudrait mieux la montrer au médecin du bord pour s'en assurer. Tu avais l'air de bien t'amuser, hein ? ajouta-t-il en souriant, avant de reprendre, à l'adresse de Celeste : À nous deux, nous devrions

230

arriver à le porter.» Montrant sa canne, il expliqua:
«Pas très pratique, mais ça empêche le bateau de
donner de la bande à bâbord.»

Celeste ne put réprimer un sourire. «La guerre?
demanda-t-elle d'une voix pleine de sollicitude.

— La guerre, répondit-il en haussant les épaules.
Cabossé et prenant de la gîte, mais toujours à flot...
Archie McAdam, ex-soldat de la marine royale. Et
ce jeune homme?

— C'est mon fils, Roderick Wood. Ne bougez pas,
je vais essayer de trouver un steward pour nous
aider», dit Celeste en regardant autour d'elle. Elle
constata qu'ils étaient seuls sur le pont. Ils parvinrent
néanmoins à relever Roddy et, appuyé sur eux, le
garçon descendit l'escalier à cloche-pied pour faire
panser sa cheville.

«Merci, monsieur McAdam», dit Celeste, en
l'observant avec plus d'attention. Il avait les épaules
larges et le visage buriné d'un marin, une barbe
soignée et les tempes argentées. Lorsque Roderick
reparut, le pied bandé, le jeune homme les invita
tous les deux à prendre le thé, mais elle secoua la
tête. «Ce serait plutôt à Roderick de vous offrir le
thé.

— Non, non, j'y tiens. Ma canne a besoin de se
reposer et, tous les deux, vous pourrez me raconter
ce que vous faites sur ce rafiot... Des vacances?

— Je vais voir mon grand-père. Je ne l'ai jamais
vu, et maman dit..., commença Roddy, mais Celeste
lui coupa la parole.

— Je suis sûre que M. McAdam n'a aucune envie
de connaître notre histoire en détail, déclara-t-elle
avec un rire forcé.

— Mais si, et c'est justement l'heure de la collation, insista McAdam. Je meurs de faim, pas vous ? Vous savez, j'étais justement en train de penser que tout le monde à bord de ce navire avait entrepris ce voyage pour des raisons diverses et que chacun avait une histoire différente à raconter. Alors dès que j'aurai trouvé une table pour trois, commandé des brioches, des pâtisseries ou tout ce qui te plaira, jeune homme, je vous expliquerai pourquoi je suis ici. Je présume que vous ne vous doutiez pas que je traversais l'Atlantique uniquement pour retourner à l'école ?

— Mais les grandes personnes ne vont pas à l'école, n'est-ce pas ? fit Roddy, intrigué.

— On appelle ça l'université, mais c'est quand même une école.

— J'irai dans une nouvelle école en Angleterre. L'ancienne se trouvait à Washington.

— Tu vois, voilà déjà quelque chose à me raconter. Viens, nous allons monter l'escalier en nous appuyant l'un sur l'autre, comme les deux invalides que nous sommes. »

Roddy mit sa main dans celle du jeune homme et le suivit, sous le regard pensif de Celeste.

« Tout le monde a une histoire, en effet. Ma foi, monsieur McAdam, vous n'entendrez pas la mienne », marmonna-t-elle en leur emboîtant le pas, partagée entre la peur et la curiosité face à cet Anglais qui avait charmé son fils à la façon du joueur de flûte de Hamelin.

Roddy dut rester quelques jours confiné dans leur cabine afin de reposer son pied enflé. Il se serait ennuyé si M. McAdam ne lui avait pas rendu visite, apportant tantôt des bonbons à la menthe, tantôt un jeu de dames ou des numéros du *Boy's Own Paper* avec des images représentant des navires. Il lui prêta même un livre qu'il avait acheté pour son neveu.

Ils se rencontraient constamment dans la salle à manger, et un soir, quand l'orchestre se mit à jouer, Celeste se laissa convaincre, avec beaucoup de réticence, de lui accorder une danse. Mais ce ne fut pas chose aisée pour M. McAdam, avec sa jambe raide, et il parut content de se rasseoir. Il lui expliqua qu'il était allé voir des amis à New York et en avait profité pour consulter un chirurgien afin de savoir si sa jambe était opérable. Il dit qu'il était autrefois un joueur passionné de tennis, de rugby et de cricket, qu'il collectionnait les timbres et les cartes qu'on trouvait dans les paquets de cigarettes. Il promit même à Roddy de lui apprendre à jouer aux échecs. Il était d'une conversation agréable et s'y entendait à merveille pour distraire le petit garçon. Il avait un profond rire de gorge qui incitait les gens à se retourner et à lui sourire. Cependant, Celeste restait sur ses gardes, assise face à lui dans une attitude rigide et ne livrant presque rien de sa propre histoire, si bien qu'il ne se risqua jamais à l'appeler autrement que Mme Wood.

Elle sentait bien que Roddy mourait d'envie de lui relater leurs aventures, comment ils s'étaient enfuis de chez eux pour courir les mers, mais elle lui lançait des regards d'avertissement, pour lui rappeler que c'était leur secret et que personne ne devait jamais le savoir.

«Vous travailliez à Washington. C'est une grande ville, n'est-ce pas? Étiez-vous institutrice?»

Elle secoua la tête, mais Roddy intervint: «Mais si! Tu donnais des cours à la maison. Même qu'ils étaient rudement ennuyeux!

— Roddy, c'est impoli d'interrompre les conversations...» Celeste entreprit d'expliquer à M. McAdam son travail dans l'organisation fondée par Alice Paul, qui s'appelait maintenant le Parti des femmes, et les succès qu'elles avaient obtenus dans leur campagne pour le droit de vote.

«En Angleterre, les femmes n'ont pas encore obtenu le droit de vote à part entière, mais cela ne saurait tarder. C'est une honte que la moitié de l'espèce humaine n'ait pas son mot à dire dans les affaires de la nation. Ma femme affirmait toujours que...» Il s'interrompit, puis sourit. «Que si c'étaient les hommes qui avaient les bébés, les choses changeraient du tout au tout.

— Ainsi, vous retournez auprès de votre épouse et de vos enfants? demanda Celeste, étrangement soulagée à cette pensée.

— J'aimerais bien, mais ils sont morts lors d'un raid de zeppelins sur Londres: le mauvais endroit, au mauvais moment.» Il devint brusquement silencieux.

«Je suis désolée.» Ce fut tout ce qu'elle parvint à bredouiller.

«Et vous? Votre mari travaille en Angleterre?» s'enquit-il en relevant les yeux vers elle. Roddy se tourna lui aussi vers sa mère, curieux de savoir ce qu'elle allait répondre.

« Je n'ai plus de mari, déclara-t-elle. C'est Roddy à présent, l'homme de la maison, n'est-ce pas, mon grand ? Nous rentrons dans ma ville natale pour entamer une nouvelle vie.

— Et quelle est cette ville ?

— Lichfield… Grand-papa habite dans la cathédrale, s'empressa de répondre Roddy.

— Roddy, tu ne dois pas parler aux étrangers de nos affaires familiales. »

Elle vit M. McAdam rougir et se sentit mesquine. Ce n'était plus un étranger désormais, seulement un jeune homme plutôt sympathique qui rentrait vers une maison vide.

« Vous pourrez nous écrire, reprit le jeune garçon en souriant. Vous pourrez nous écrire de votre nouvelle école, pas vrai, maman ? ajouta-t-il en mordant dans son pain au lait empoissé de sucre avec une expression espiègle.

— Bien sûr, si M. McAdam le souhaite, mais je présume qu'il sera extrêmement occupé. »

Le jeune homme sourit et adressa un clin d'œil à Roddy. « Je crois que je trouverai le temps de prendre la plume de temps à autre pour vous faire part de mes résultats scolaires. »

Cette nuit-là, Celeste ne trouva pas le sommeil, et, pour une fois, ce n'était pas par peur d'un iceberg sur leur route ou des hommes de main de Grover.

Il s'était produit tellement de changements dans son existence, au cours des cinq derniers jours, qu'elle en avait perdu cette tranquillité d'esprit qu'elle croyait avoir enfin retrouvée. Cet homme était charmant, mais ce pouvait être un charlatan, un marin qui avait une fille dans chaque port. Elle avait cependant l'intuition qu'il était d'une tout autre trempe. L'intérêt qu'il leur portait paraissait sincère, elle voyait avec quel plaisir il accueillait les manifestations d'enthousiasme de Roddy, avec quelle déférence courtoise il réagissait quand elle refusait de s'ouvrir à lui. Il devait être peiné qu'elle ne s'abandonne jamais entre ses bras quand ils dansaient, qu'elle se montre délibérément gauche et raide comme pour lui signifier de garder ses distances. Il devait être déconcerté par son attitude et penser, en la sentant aussi mal à l'aise en sa présence, qu'elle ne s'intéressait pas à lui, peut-être parce qu'il avait l'air plus vieux que son âge, ou qu'il boitait.

Elle lui avait cependant confié une chose. Ils se promenaient sur le pont, après avoir bordé Roddy dans sa couchette, et elle lui avait avoué ses appréhensions à l'idée de regagner son pays natal après avoir vécu si longtemps à l'étranger – et qui plus est, sans aucune source de revenus. Son père se faisait vieux et allait avoir besoin d'elle, son frère n'allait pas bien.

« La guerre a brisé tant de vies, acquiesça Archie, en contemplant la mer. Aucun d'entre nous ne sera plus jamais le même. Dieu merci, le petit Roddy ne devra jamais affronter une telle épreuve, madame Wood... »

Elle perçut une telle tristesse dans sa voix qu'elle se laissa fléchir. « Je vous en prie, appelez-moi... Mon nom est en fait... » Ils étaient presque arrivés en Angleterre maintenant, il était temps qu'elle reprenne sa véritable identité. «Celestine Forester. On m'appelle le plus souvent Celeste.»

Il se tourna vers elle et sourit, en lui tendant solennellement la main. «Merci, Celeste. Un bien joli nom pour une bien jolie femme. Ne voyez-vous pas d'objection à ce que je vous écrive à tous les deux, de temps à autre?»

Elle retira sa main, apeurée par les émotions que ce simple geste avait suffi à déclencher. «Si vous le jugez utile...» Elle se tut, consciente qu'elle aurait dû poursuivre ses confidences pour lui témoigner sa confiance, mais les paroles moururent dans sa gorge. C'est alors qu'il fit cette déclaration surprenante, en la scrutant d'un regard intense: «J'espère que vous me direz un jour d'où vient cette peur qui vous habite. Pardonnez mon impertinence, mais je sens bien qu'une telle réserve n'est pas dans votre nature. Ne vous inquiétez pas, ajouta-t-il dans un sourire, je n'ai pas l'intention de me montrer indiscret. Le mauvais endroit, au mauvais moment, une fois de plus...

— Dans ce cas, restons-en là si vous le voulez bien, se hâta-t-elle de murmurer, s'arrachant à cette force magnétique qui semblait les attirer l'un vers l'autre. Bonne nuit, Archie. Monsieur McAdam...

— Ce n'est qu'un au revoir, pas un adieu, Celeste.» Sur ces mots, il s'éloigna, la laissant en proie à une profonde perplexité, seule sous la clarté de la lune et des étoiles.

50

Le dernier samedi d'août, cinquante fillettes surexcitées se ruèrent hors de la gare de Colwyn Bay, au pays de Galles, portant des battes et des balles, ainsi que des sacs contenant leurs maillots de bain, et agitant dans le soleil leurs chapeaux de paille. May songea qu'elles ressemblaient à une nuée de papillons blancs s'abattant sur la plage. Elle se sentait si lasse, à force de coudre toute la journée, de ne pas dormir la nuit, de se demander si c'était judicieux de venir ici… Mais elle voulait garder un œil sur Ella, au cas où celle-ci irait encore raconter des sornettes.

« Je ne veux plus entendre ces bêtises sur le capitaine Scott, ni aucun autre mensonge, l'avait-elle prévenue. Ton père était Joseph Smith, un charpentier natif d'Edgeworth.

— Comme Joseph de Nazareth, répondit Ella.

— Tu recommences ! Ne fais pas la maligne et écoute ce que je te dis.

— Tu ne porteras pas ta robe noire qui te donne l'air d'un corbeau, n'est-ce pas ? Tu as promis, reprit Ella. La maman de mon amie Hazel a une nouvelle robe. Tu devrais mettre ta jupe neuve. »

Ce fut un choc pour May de découvrir qu'une enfant aussi jeune que sa fille regardait les femmes adultes d'un œil critique et les comparait sans pitié. May avait rencontré plusieurs fois Mme Perrings devant la porte de l'école, et Hazel était la meilleure amie de sa fille. Toutes les deux paraissaient convenables.

Dolly Perrings avait tricoté durant toute la durée du voyage en train, en bavardant de choses et d'autres, et surtout de son nouvel ami, George, un soldat de la caserne de Whittington, toujours bien vêtu, avec des ongles propres et une moustache soigneusement taillée. Mme Perrings portait quant à elle une robe d'été rose vif et blanc, des cheveux coupés court auréolant son visage de friselis pareils à des plumes. Il n'était pas étonnant qu'Ella trouve sa mère bien quelconque en comparaison.

Ces propos l'avaient blessée bien plus profondément que l'enfant n'aurait pu l'imaginer. May pensa aux pies, noires comme les corbeaux eux aussi. On disait qu'elles volaient les objets brillants, et qu'était-elle, sinon une voleuse ? Peut-être méritait-elle d'être comparée à elles. Elle était tendue comme un ressort, fatiguée, vidée de toute énergie, et avait le sentiment d'être perchée tout au bord d'une haute falaise. Au moindre souffle de vent, elle basculerait dans le vide. La confiance qu'avait fait naître en elle sa victoire sur Florrie avait cédé la place à la lassitude. Le moindre geste lui demandait un effort, même en cette radieuse journée d'été. En respirant l'odeur des algues et de l'air salin, elle fut prise d'un haut-le-cœur. La mer. Comment avait-elle pu se laisser convaincre de venir ici ? C'était de la folie.

Elle resta en arrière, à l'écart des autres mamans, mais Mme Perrings la héla. « Venez, madame Smith… May. Allons voir si nous pouvons nous trouver une tasse de thé sur la promenade, pendant que Mlle Parry et les autres institutrices emmènent les filles explorer la plage. Pour elles, c'est l'heure de la leçon de choses, mais nous en sommes dispensées. »

May avait l'impression que ses pieds n'étaient plus attachés à son corps. Elle se laissa entraîner, comme un objet inerte emporté par le courant. Elles s'installèrent dans un petit salon de thé, mais dans sa bouche, le breuvage n'avait pas plus de goût que de l'eau chaude. Elle se sentait au bord de l'évanouissement dès qu'elle posait son regard sur les vagues.

« Quelle belle vue on a d'ici ! dit Mme Perrings. La marée est en train de monter. Ça ressemble à un lac d'argent, si lisse et satiné… Regardez… une mer d'huile. » Elle continua son babillage, sans paraître se rendre compte que May tournait le dos au rivage.

« La mer a un autre visage, plus cruel, murmura soudain celle-ci. Elle peut vous tromper, vous faire croire que vous êtes en sécurité, puis vous aspirer dans ses flots rugissants pour vous recracher sur la grève.

— Oh ! oui, je suis désolée, ma chère ! Hazel m'a raconté que votre mari était mort en mer. C'est terrible d'être veuve aussi jeune. Quand j'ai reçu le télégramme m'annonçant que mon Philip avait été tué à Gallipoli, je ne sais pas ce que j'aurais fait si je n'avais pas eu la petite pour me consoler. Hazel est un grand réconfort pour moi, comme Ella doit l'être pour vous. Au moins, nos maris nous ont-ils laissé une petite partie d'eux-mêmes. »

May dévisagea la femme comme si elle la voyait pour la première fois, puis se leva et descendit vers la plage où les enfants se promenaient deux par deux, s'arrêtant pour ramasser des coquillages ou imprimer sur le sable l'empreinte de leurs pieds.

La mer pouvait s'élever tout à coup et les noyer toutes, les recouvrir de ses vagues. Elle entendit de nouveau les appels déchirants des mourants, implorant Dieu ou leur mère de les sauver. *À l'aide!* Elle plaqua ses mains sur ses oreilles pour ne plus entendre ces voix terrifiantes, le bruit des membres s'agitant inutilement dans l'eau glacée, le clapotement des rames des canots en train de s'éloigner.

Puis elle vit quelques-unes des fillettes barbotant tout près du rivage, leur jupe retroussée, et, plus loin, un homme qui nageait, sa tête dansant à la surface comme l'avait fait celle de Joe. Il était beaucoup trop loin du bord. Il allait se noyer comme Joe et, en esprit, elle se revit là-bas, s'efforçant en vain de le rattraper.

«Reviens, reviens! Regardez, il faut le secourir! hurla-t-elle. Il est en train de se noyer!» Elle sentit ses bras battre les flots pour se rapprocher de lui, tandis que son précieux fardeau partait à la dérive. Elle cria: «Ramenez-le, la mer va l'emporter... Ramenez-les à bord. Ellen... Joe... Attendez-moi! Revenez!»

Soudain, un bras se referma autour de sa taille. «Madame Smith, madame Smith, vous êtes souffrante. Cet homme ne court aucun danger, la marée monte.»

May repoussa le bras secourable. «Non... Je veux mon Ellen... Je ne la vois plus!

— Ella va parfaitement bien, madame Smith. Il faut vous calmer, vous faites peur aux enfants.

Arrêtez cela tout de suite!» La voix était plus sévère à présent, une voix de maîtresse d'école, tandis que des mains la tiraient vers le rivage. «Venez avec moi. Vous devez prendre quelque chose pour vous calmer les nerfs.»

May se débattit pour échapper à cette étreinte. Elle les voyait tous les deux, là-bas, dans l'eau.

«Ellen, reviens... Joe, reviens. Attendez-moi, j'arrive.» Elle se jeta dans les vagues, sans prendre garde au froid de la mer d'Irlande. Ignorant les voix qui lui criaient de revenir, elle s'avança en faisant jaillir l'écume. Elle devait les retrouver, ils l'appelaient à l'aide dans les ténèbres de cette affreuse nuit. Sa place était auprès de sa famille, pas de tous ces étrangers.

Des bras plus vigoureux s'emparèrent d'elle pour la ramener de force vers la plage. Elle résista avec acharnement, comme la nuit où on l'avait hissée sur le canot de sauvetage, quand on l'avait séparée de son bébé et de Joe. Quelqu'un la gifla.

«Reprenez vos esprits! Ella est saine et sauve. Regardez, elle est ici, madame Smith. Calmez-vous, il ne lui arrivera aucun mal. Nous sommes tous en sécurité ici, par ce beau jour d'été. Ella va vous aider.»

May dévisagea l'enfant brune qui levait vers elle des yeux horrifiés. «Je n'en veux pas. Ce n'est pas ma fille... Ellen repose au fond de la mer.

— Madame Smith, tonna une voix d'homme. En voilà assez de ces absurdités! Votre fille est devant vous, bien vivante. Arrêtez de dire des choses pareilles.

— Ce n'est pas ma fille », répéta-t-elle, contemplant fixement, d'un regard de démente, les cils noirs et les yeux couleur de chocolat. Elle secoua la tête, d'un air infiniment las tout à coup. « Ce n'est pas mon bébé. Mon bébé est mort. » Puis on lui enfonça une aiguille dans le bras et ce fut le néant.

Ella avait regardé sa mère rouler des yeux fous et se démener frénétiquement, avait écouté ses vociférations. Elle avait vu sa jupe neuve trempée d'eau de mer, ses cheveux dénoués pendre en mèches maigres comme des queues de rat. On aurait dit une sorcière, une sorcière effrayante sortie d'un livre de contes. Quand elle l'avait entendue déclarer qu'elle n'était pas sa fille, elle s'était enfuie à toutes jambes, loin des autres enfants qui contemplaient bouche bée le spectacle. Elle était remplie de frayeur, de honte et de colère. Les sentiments formaient comme une boule dure à l'intérieur de son corps, et la boule lui déchirait le ventre, lui donnant envie de hurler de douleur.

L'excursion était gâchée, à présent, par la faute de sa mère, et elle se sentait furieuse et horriblement gênée.

On poussa sa mère dans une ambulance dont la porte était cadenassée comme celle des fourgons de police. Tout le monde regardait la scène avec des yeux écarquillés, et elle eut envie de disparaître dans la mer, de se cacher sous l'eau.

Mlle Parry tenta de la réconforter. « Je crains que ta mère ne soit malade. Ses nerfs sont fatigués et il va falloir l'hospitaliser pendant quelque temps. Ne t'inquiète pas, elle guérira. À présent, nous devons penser à toi, et trouver quelqu'un pour s'occuper de toi. Mme Perrings a dit qu'elle voulait bien te prendre chez elle pendant quelques jours. Je préviendrai le séminaire… Je suis vraiment désolée de ce qui s'est passé, Ella.

— Qu'est-ce que j'ai fait de mal? demanda la fillette, d'une voix qui semblait venir de très loin.

— Tu n'as absolument rien fait de mal. Comme je te l'ai dit, elle est souffrante, et quand les gens ont l'esprit malade, ils disent des choses abominables. C'est la fièvre cérébrale qui les fait parler ainsi. Chasse ces idées de ta tête. Ne t'inquiète pas, quand elle sera guérie, elle ne se rappellera rien de tout ça, je te le promets. »

Mais moi, je me le rappellerai, songea tristement Ella. « Elle a dit que je n'étais pas sa fille! cria-t-elle.

— Elle délirait. Bien sûr que tu es sa fille. Ne fais pas attention à ça. Viens, nous allons toutes prendre le thé avant de retourner à la gare. Hazel restera près de toi et vous voyagerez toutes les deux dans le compartiment des institutrices, pour être plus tranquilles. Tu dois être fatiguée. »

Ella reporta son regard vers la mer qui déroulait ses vagues, les mouettes qui tourbillonnaient dans le ciel. L'odeur des embruns et des algues lui picotait le nez. Aussi longtemps qu'elle vivrait, elle garderait dans sa mémoire l'image de sa mère se précipitant dans les flots comme si elle voulait s'y noyer. Qui va prendre soin de moi à présent? se demanda-t-elle, en sanglotant tout bas.

Avant de suivre Mlle Parry, elle se retourna une dernière fois pour contempler l'étendue verdâtre s'étirant jusqu'à l'horizon gris, où s'amassaient des nuages noirs, chargés d'orage. Le soleil s'était caché, la mer était devenue agitée et son fracas lui emplissait les oreilles. Confusément, elle comprit que c'était cela – les vagues, l'eau, le sable, l'odeur et le bruit – qui avait déclenché chez sa mère cet accès de fièvre.

Je ne veux jamais te revoir... Je te hais... Je ne veux jamais revoir la mer.

51

Celeste se tint un instant immobile sur le quai de la gare de Lichfield. Ils arrivaient tout droit de Southampton, et ce long voyage lui avait donné le temps de se réhabituer à l'accent des Midlands. L'air autour d'elle était chargé des effluves de houblon en provenance de la brasserie voisine, de limaille de fer et de suie, et un fort vent d'est soulevait l'ourlet de son manteau.

« Regarde, dit-elle à Roddy. Les flèches de la cathédrale.

— Elles ne sont pas très grandes, fut le seul commentaire de son fils.

— Allons faire une surprise à grand-papa, reprit-elle, et elle le vit prendre un air déconcerté.

— Grand-papa n'est pas ici, il est en Amérique, objecta-t-il, l'esprit embrouillé par la fatigue.

— Tu as de la chance d'avoir deux grands-pères. Viens, nous allons essayer de trouver un taxi. »

Roddy ne se montra guère impressionné par le véhicule. « Mais il est tiré par des chevaux ! Où sont les automobiles ? »

Ils n'avaient emporté que des bagages à main – un bien maigre trésor après dix années passées à l'étranger, mais rien de tout cela n'avait plus d'importance. Elle voulait savourer chacune des minutes de ce trajet. Quelles boutiques reconnaissait-elle ? Là-bas, c'était l'ancien théâtre, devenu aujourd'hui une salle de cinématographe. Mais la tour de l'horloge, l'hôtel Swan, le musée et la bibliothèque, l'étang de Minster étaient restés tels qu'elle se les rappelait. Ils franchirent enfin la porte percée dans la muraille séculaire pour pénétrer dans Cathedral Close et mirent pied à terre. Elle ne pouvait plus s'arrêter de sourire. Quelle surprise elle allait leur faire ! Roddy était épuisé, et elle dut le traîner par la main dans le petit tunnel débouchant sur Vicar's Close. Elle eut l'impression d'être redevenue une enfant quand elle souleva le marteau de la porte du numéro quatre, en espérant ardemment que son père serait chez lui.

Un vieillard tout voûté vint lui ouvrir et la contempla d'un air ébahi. « Oh ! bonté divine, entre, entre ! May pensait que tu ne tarderais pas à revenir, mais c'est… Et ce jeune homme doit être Roderick ? J'ai tellement entendu parler de toi… »

Celeste entra dans la minuscule demeure, pour découvrir un capharnaüm de livres et de papiers. Une âcre odeur de tabac et d'aliments brûlés flotta jusqu'à ses narines. « Je constate que May n'est pas venue ici depuis quelques jours », dit-elle en riant.

Son père marqua une pause avant de répondre : « Oh ! bien sûr, tu n'es pas au courant, n'est-ce pas ? La pauvre May est à l'hôpital.

— Comment cela ? s'exclama Celeste, effarée. Je ne savais pas qu'elle était malade.

— Cette jeune femme est rongée par des chagrins secrets, j'en ai peur. Nous ne nous y attendions pas plus que toi. Selwyn a été profondément boule-versé. Comme c'est bon de te voir de retour parmi nous après toutes tes… tes difficultés. Tu arrives à point nommé. Il s'est passé tant de choses… Mais assieds-toi, je vais remplir la théière. Elle doit se trouver quelque part par là. »

Celeste se releva d'un bond. « Je vois qu'il va falloir retrousser nos manches et remettre un peu d'ordre. Oh ! papa, tu ne peux pas savoir combien j'ai attendu ce moment ! » Elle s'interrompit en voyant que son père contemplait Roddy par-dessus ses verres en demi-lune.

« Il ressemble énormément à Bertie, ne trouves-tu pas ? dit-il, en tournant son regard vers la photo de Bertram en uniforme dans un cadre d'argent. Je n'arrive toujours pas à croire qu'il ne reviendra plus. Heureusement que ta mère n'aura pas eu à subir cette épreuve… Mais c'est merveilleux de vous voir ici tous les deux. Quand Selwyn va savoir ça… Je dois cependant t'avertir, il n'est plus tout à fait tel que tu l'as connu. Il a été très malade, mais il se rétablira avec le temps, comme May.

— Mais de quoi souffre-t-elle au juste ?

— Je ne te l'ai pas dit ? Elle est à St Matthew.

— À l'asile ? s'exclama Celeste, épouvantée. Comment…

— Elle n'est plus elle-même. Seuls les psychiatres sont en mesure de l'aider. »

Celeste inspira profondément, tentant de surmonter le choc causé par cette terrible nouvelle. Il était temps qu'elle revienne. Ici, on avait besoin d'elle. Ici, elle était la bienvenue. Ils étaient enfin chez eux.

52

May se réveilla, sans savoir tout d'abord où elle se trouvait. Sa vue se brouilla quand elle tenta d'examiner la pièce. C'était une vaste salle haute de plafond, avec des lits en fer rangés le long des murs, et qui sentait le Lysol. Elle avait l'impression d'avoir dormi très longtemps ; ses membres étaient raides et pesants, sa langue pâteuse et sa bouche sèche. Ses mains palpèrent la mince chemise de nuit qui avait remonté jusqu'en haut de ses jambes, la couvrant à peine. Elle avait la gorge douloureuse, comme parcheminée.

La panique la submergea et elle se laissa retomber sur l'oreiller. Sa tête lui faisait l'effet d'être remplie de coton. Peu m'importe où je suis, je suis trop fatiguée, se dit-elle. Elle ne se rappelait plus du tout comment elle était arrivée ici. Dans son cerveau embrouillé subsistait seulement le vague souvenir d'un sommeil irrépressible et d'un long voyage.

Il y avait d'autres femmes autour d'elle, marchant de long en large dans la pièce, la dévisageant avec curiosité, mais elles s'éloignèrent bien vite à l'entrée d'une infirmière en coiffe blanche empesée. En la voyant remuer, elle sourit. «Ah, madame Smith, vous voici revenue parmi nous.

— Où suis-je?

— À l'hôpital St Matthew, ma chère. Vous aviez besoin de vous reposer et vous avez dormi un long moment.»

May ne comprit pas immédiatement le sens de cette phrase. Que faisait-elle dans un asile – un asile de fous? « Où suis-je? répéta-t-elle.

— Je vous l'ai dit… à l'hôpital.

— Mais où?» Des fragments de souvenirs lui revinrent. Elle avait pris le train, elle revit la foule, la mer… Oh! mon Dieu, la mer!

« Où est Ella? Ma fille?» Elle se redressa et voulut descendre du lit, mais la pièce se mit à tournoyer et elle faillit tomber.

«Allons, remettez-vous au lit, madame Smith. Votre fille est en de bonnes mains, ne vous affolez pas.

— Nous étions à Colwyn Bay… Je sais que nous avons pris le train. Suis-je au pays de Galles?» Pourquoi ses lèvres ne bougeaient-elles pas quand elle essayait de parler? Elle devait faire des efforts inouïs pour articuler chaque mot.

«Voyons, est-ce que j'ai l'accent gallois? Nous sommes à Burntwood, dans l'hôpital de St Matthew.

Il y a plus d'une semaine que vous êtes ici. Ne vous mettez pas dans cet état. Vous devez rester calme. Je ne veux pas que vous perturbiez les autres patientes. Je vais dire au docteur Spence que vous êtes réveillée. Il voudra vous parler.

— Il faut que je rentre chez moi. Je ne devrais pas être ici. J'ai un travail. Je dois rentrer chez moi, j'ai plein de choses à faire…

— Si vous ne vous calmez pas, nous allons être obligés de vous rendormir, la sermonna l'infirmière, en se penchant pour arranger la literie. Vous devez vous reposer, au lieu de vous agiter comme vous le faites. Vous étiez épuisée.

— Quand pourrai-je voir Ella ?

— Les enfants ne sont pas admis, mais vos amis sont venus. Ils lui auront sûrement donné de vos nouvelles.

— Quels amis ?

— La dame de la cathédrale est passée à deux reprises, en apportant des fleurs. Vous voyez, ces superbes glaïeuls, là-bas ? » dit l'infirmière en montrant un vase en verre rempli de formes colorées aux contours flous.

La femme du directeur du séminaire était-elle donc venue la voir ? C'était vraiment aimable de sa part. « Je suis désolée de vous déranger, mais je dois rentrer à la maison.

— Non, ma chère, ce ne sera pas possible tout de suite, il faut attendre que vous alliez mieux. Vous avez tenté de vous noyer.

— J'ai fait quoi ? balbutia May en se recroquevillant sous les couvertures.

— Vous vous êtes jetée dans la mer, il a fallu vous ramener de force. Vous avez fait une telle scène que les gens en ont été effrayés. On ne peut pas prendre le risque que vous recommenciez, n'est-ce pas ? »

May sentit la tête lui tourner. Si seulement elle pouvait se souvenir... Mais tout était flou et confus, elle entrevoyait seulement des images qui se fragmentaient dès qu'elle essayait de les étudier. Il y avait la mer, oui, pareille à un miroir argenté qui lui renvoyait l'image de son infamie. Elle avait voulu briser ce miroir. Il lui montrait des choses qu'elle ne voulait plus jamais contempler. Les vagues déferlant sur eux... Le navire s'enfonçant peu à peu dans l'océan cruel. Elle sentit des larmes monter, mais aucune ne vint ; ses yeux étaient secs et irrités.

Honteuse, elle se détourna de l'infirmière. Elle aurait voulu sombrer à nouveau dans la brume de l'oubli, disparaître dans le brouillard automnal qui recouvrait l'étang de Stowe au petit matin.

Durant les jours qui suivirent, tout ce qui l'entourait lui parut dénué de couleur. Elle se sentait comme une étrangère, déambulant dans sa chemise en toile élimée, complètement perdue. La nourriture du réfectoire n'avait aucun goût, comme des légumes trop longtemps bouillis, et ses membres endormis paraissaient de plomb quand elle se traînait dans la cour, ou, plus tard, dans les couloirs pour gagner la salle commune.

Une odeur d'herbe brûlée entrait par les fenêtres ouvertes, et quand elle sortit dans le jardin, les feuilles mortes crissèrent sous ses pieds comme du verre cassé. Dans l'atelier, elle resta assise à regarder les autres fabriquer des paniers d'osier, ses doigts raides et gonflés croisés sur ses genoux. Elle ne pouvait pas se concentrer suffisamment pour confectionner des jouets de chiffon ou tricoter. Une infirmière tenta de la persuader d'entreprendre une activité. « Je ne peux pas, gémit May. Mes doigts n'obéissent pas. »

Tout ici paraissait se dérouler au ralenti. Elle regarda une femme en train de faire de la dentelle avec des fuseaux et des épingles. Penchée sur son coussin, elle tordait lentement les fils, absorbée dans sa tâche et l'ignorant totalement. Si seulement elle pouvait se perdre dans une occupation semblable...

Elle effleura les fuseaux entourés de coton et se revit jeune fille, avec tout l'avenir devant elle, au milieu du claquement des machines, des voix des filles échangeant des commérages à tue-tête par-dessus le vacarme. Elle était revenue à l'usine, ce lieu si plein de vie, d'amour et d'espérance.

« Aimeriez-vous essayer, Mary ? » demanda l'infirmière, en la guidant vers un siège afin qu'elle puisse voir comment la dentellière procédait. Les fils de coton suivaient le dessin tracé par les épingles plantées dans le coussin et l'ouvrage délicat avançait régulièrement, mais si lentement, et le va-et-vient des fuseaux, le mouvement de torsion des fils étaient si apaisants à ses yeux fatigués... Elle pensa à des toiles d'araignée, avec leurs spirales réunies par des rayons, et ces vides entre eux. Son esprit était semblable à un bout de dentelle, plein de trous et d'espaces vacants, et de fils torturés s'enroulant autour des épingles. Joe et Ellen. Ella, l'océan et cette nuit terrible.

Elle était trop exténuée, trop apeurée, mais elle pouvait tordre des fils pour créer quelque chose. Elle s'assit et contempla avec émerveillement les fuseaux si fins, pareils à des doigts minuscules dansant sur le coussin. Oui, elle pouvait essayer.

Plus tard, en se promenant dans le parc qui entourait les bâtiments, elle s'aperçut que St Matthew n'avait rien de la prison qu'elle avait imaginée. L'édifice se dressait au-dessus du brouillard, majestueux comme un château de pierre, et elle fut impressionnée par sa taille. Elle avait entendu parler de ce lieu, mais ne l'avait encore jamais vu. Ici, elle n'avait pas besoin de penser aux repas ni de les préparer, elle n'avait qu'à s'asseoir dans le réfectoire et se faire servir. On lui assignait de petites tâches ménagères, mais elle avait toujours le temps de s'installer devant ses fuseaux et de se perdre dans ce travail absorbant qui déliait ses doigts gourds.

La vie ici n'était pas réelle, rien de tout cela ne l'était. On l'avait arrachée au vrai monde et emmenée dans ce manoir pour qu'elle se repose, mais il fallait aussi penser à l'enfant restée de l'autre côté de la vallée. Elle n'avait pas mérité ce qui lui arrivait. Ce n'était qu'une petite fille, effrayée et désorientée, maintenant orpheline pour de bon. Qui s'occupait d'elle? Si seulement elle ne se sentait pas aussi lasse et lourde… Peut-être Ella était-elle mieux sans elle, après tout? Qui voudrait d'une mère comme elle?

Au cours des semaines qui suivirent cette effroyable excursion au bord de la mer, tout le monde à l'école se montra gentil envers Ella. Elle sentait que les gens marchaient sur la pointe des pieds en sa présence, comme si elle portait autour du cou une pancarte proclamant : « Sa mère est enfermée à l'asile. Elle n'a personne pour s'occuper d'elle, alors ne la regardez pas comme une bête curieuse. » Mais ce n'était pas vrai. Hazel était adorable et sa mère l'hébergeait chez elles, sur un lit de camp installé dans la chambre de son amie. Ella ne comprenait pas pourquoi on avait emmené sa mère en lui attachant les bras, ni pourquoi on ne l'autorisait pas à lui rendre visite à St Matthew. Mme Perrings essaya de lui expliquer.

« Elle a besoin de repos, mon chou. Elle était surmenée. Et en voyant l'eau, eh bien… elle a repensé à ton papa qui s'est noyé. Les docteurs vont la guérir. Elle serait contente de savoir que tu continues à bien travailler en classe. Je suis allée voir le chanoine Forester et les gens du séminaire, et ils iront à l'hôpital pour prendre de ses nouvelles, et veilleront à ce qu'elle touche ce à quoi elle a droit… Ne t'inquiète pas. Nous passerons chez toi pour prendre le courrier et les affaires dont tu as besoin. »

Mais Ella n'avait qu'une préoccupation en tête : « Combien de temps va-t-elle rester là-bas ?

— Jusqu'à ce que les docteurs la jugent en état de rentrer chez elle, mais ne te tracasse pas, tu peux rester ici encore un moment, le temps de voir comment les choses tourneront. »

C'était bien de pouvoir aller à l'école en compagnie de Hazel, et Mlle Parry lui trouvait toujours quelque chose à faire dès qu'elle avait l'air triste.

Sa maison de Lombard Gardens lui manquait, et la vue sur l'étang de Stowe depuis la fenêtre de sa chambre. Elle n'avait pas le temps de se rendre à la cathédrale, car les Perrings étaient méthodistes et elle devait les accompagner le dimanche à leur église de Tamworth Street.

Là-bas, personne ne savait que sa mère était enfermée, et, au bout d'une semaine, elle commença à s'habituer à sa vie auprès de sa nouvelle sœur et de sa mère, et de l'ami de celle-ci, l'oncle George, le soldat.

Le premier samedi, elles jouèrent au bord du ruisseau de Netherstowe, et Ella se rappela le puits de St Chad, surmonté d'un toit couvert de lierre, où les gens allaient prier dans l'espoir de voir leurs vœux exaucés. Pendant que Hazel était à sa leçon de piano, elle descendit la rue jusqu'au cimetière où se trouvait le puits, et adressa une longue prière au saint, l'implorant de guérir très vite sa maman. Pourquoi ne revenait-elle pas ? Ne voulait-elle plus la voir ? Était-ce vrai qu'elle n'était pas sa fille ? Elle devait connaître la vérité. C'est alors qu'une idée lui vint…

53

« Nous venons voir Mme Smith », déclara Celeste, un bouquet de dahlias roses à la main. Son père et elle se tenaient dans le hall majestueux de St Matthew, les yeux rivés sur l'horloge qui marquerait bientôt trois heures, et attendant impatiemment la sonnerie qui indiquerait le début des visites.

« Elle n'est pas dans un bon jour, les prévint l'infirmière. Elle a eu une crise de larmes, comme cela lui arrive parfois. Toutefois, votre venue pourrait peut-être lui remonter le moral. »

Ils la suivirent à pas lents, le chanoine s'arrêtant fréquemment pour reprendre son souffle, vacillant sur sa canne. Lui non plus n'était pas dans un bon jour, mais il avait tenu à accompagner sa fille.

La jeune femme leur désigna une pensionnaire penchée au-dessus d'une table, ses doigts s'activant sur des fuseaux à dentelle. Elle ne leva pas la tête quand l'infirmière lui annonça : « Vous avez des visiteurs, madame Smith.

— May ? demanda le chanoine. Comment allez-vous aujourd'hui ? »

Elle ne répondit pas, perdue dans sa tâche. « Je vous ai amené quelqu'un. Regardez, la reconnaissez-vous ? » Souriant, il lui effleura l'épaule. Celeste s'approcha, en faisant de son mieux pour dissimuler le choc qu'elle ressentait à la voir si pâle et amaigrie, et tellement vieillie qu'elle ne l'aurait sans doute pas reconnue si elle l'avait croisée dans la rue. Où était passée la May énergique et combative qui, au dire de son père, avait vaillamment tenu tête à cette brute de Grover, lors de sa visite inopinée ?

« May… c'est moi, votre amie Celeste, revenue d'Amérique pour de bon cette fois. »

May tourna la tête et la dévisagea comme si elle ne l'avait jamais vue. Puis elle se cacha les yeux de ses mains. « Je suis désolée, qui êtes-vous ?

— Celeste, votre correspondante d'Amérique, votre amie.

— Ma fille est apparue un beau matin sur le pas de ma porte sans crier gare. C'est si bon de la revoir après toutes ces années ! expliqua le chanoine. N'a-t-elle pas une mine superbe ? Et j'ai un petit-fils, grand comme ça, ajouta-t-il en levant la main pour indiquer la taille de l'enfant. » Mais il se rendit compte que May ne l'écoutait pas.

Son visage était étrangement vide d'expression, son front creusé de profonds sillons. Elle les fixait comme si elle avait du mal à accommoder. « C'était il y a longtemps. J'ai oublié tant de choses... Je regrette que vous soyez venus pour rien », répondit-elle, en retournant à ses fuseaux comme si elle se désintéressait complètement de ses visiteurs.

« Comment aurais-je pu ne pas venir vous remercier de tout ce que vous avez fait pour moi ? dit Celeste en s'asseyant à côté d'elle, pour la forcer à la regarder. Vous avez réexpédié mes lettres, vous m'avez réconfortée quand j'étais déprimée. Aujourd'hui, c'est mon tour de vous aider à guérir. Nous avons tellement de retard à rattraper !

— Je ne vous serais pas d'une compagnie très agréable, madame. Je ne mérite pas de guérir. » Elle leur tourna de nouveau le dos, mais Celeste n'était pas femme à renoncer si facilement.

« Mais si, et nous allons vous y aider. Y a-t-il quelque chose qui vous ferait plaisir ? Ne vous inquiétez pas pour votre fille. Elle est chez une personne qui s'occupe très bien d'elle. Je l'ai vue pas plus tard qu'hier. Elle vous fait honneur. Elle va venir passer une journée chez nous, pour faire la connaissance de mon fils Roddy. Il a hâte de la rencontrer.

— Ce n'est pas ma fille.

— Bien sûr que si. Qui vous a mis cette idée dans la tête ?

— Je ne suis pas sa vraie mère. Je ne suis pas digne d'être sa mère. » May se mit à pleurer et une infirmière arriva.

« Je vous avais prévenus… Elle n'est pas au mieux aujourd'hui. Les médecins font ce qu'ils peuvent, mais elle ressasse toujours la même antienne.

— Ce sont des sottises. J'ai vu le bébé dans ses bras, à bord du canot de sauvetage… Nous étions toutes les deux sur un navire qui a fait naufrage. C'est ainsi que nous nous sommes connues. Je lui dois énormément. C'est une excellente mère. Ce qui lui arrive est terrible… Que pouvons-nous faire ? » Celeste était au bord des larmes en contemplant la femme brisée qui se trouvait devant elle. Elle lui rappelait certaines des suffragettes en grève de la faim que l'on avait nourries de force, ravagées par les tortures endurées et le sentiment d'échec qu'elles en avaient retiré.

« Le temps finira par la guérir, Celeste. Il faut la laisser se reposer, dit son père en posant une main sur son épaule. L'esprit est un mystère. Beaucoup de nos étudiants, au séminaire, sont revenus de la guerre complètement changés. Certains ont perdu la foi, d'autres ont dû suivre des cures pour se dés-accoutumer de l'alcool ou des drogues. La guerre ne détruit pas que les bâtiments, les machines et les corps. Je suis persuadé que May se rétablira. Je prie pour elle tous les soirs. Nous ferions mieux de partir, à présent. Je crois que notre présence la perturbe. »

Celeste répugnait cependant à abandonner son amie. « A-t-elle pu voir sa fille ? s'enquit-elle. Cela pourrait peut-être la tirer du monde imaginaire où elle s'est retranchée et la ramener à la réalité.

— Les enfants ne sont pas admis dans l'établissement. Ce ne serait pas prudent. D'après mon expérience, leurs visites ne feraient que troubler davantage nos patients », rétorqua l'infirmière d'un ton sec.

Quand ils redescendirent le long couloir carrelé, Celeste frémit en voyant tous ces gens déambuler d'un pas traînant, perdus dans leurs propres mondes. Elle avait entendu raconter des histoires épouvantables sur les établissements de ce genre. Le régime de celui-ci était sans doute meilleur que la plupart des autres. Clair, propre et spacieux, mais aussi froid, aseptisé, et si vaste qu'il était impossible de s'y sentir chez soi. Les yeux de May, vitreux et vides, évoquaient ceux d'un poisson mort sur un étal, ses cheveux étaient gras et clairsemés. Sa robe pendait sur ses épaules. Elle devait faire quelque chose pour la sortir de ce marasme, lui donner une raison de se battre.

Elle se rappela Archie McAdam lui relatant le torpillage de son vaisseau. Lui et ses camarades avaient survécu en s'accrochant à la bouée de sauvetage, conscients qu'ils ne pourraient pas tenir plus de quelques heures. Il avait demandé à chacun de chanter des chansons ou des hymnes religieux, leur avait raconté des histoires drôles, leur avait enjoint de se représenter leurs familles les attendant à la maison, en leur disant qu'ils devaient à tout prix rester éveillés s'ils voulaient rentrer chez eux. « J'ai tout bonnement refusé d'abandonner la partie », avait-il expliqué, avec son petit sourire en coin, le regard pétillant de vie. Il leur avait déjà écrit pour leur donner sa nouvelle adresse, et dès qu'elle avait ouvert la lettre, Celeste avait su qu'elle allait lui répondre.

Ils étaient maintenant installés à la Maison-Rouge en compagnie de Selwyn, dans cette vieille demeure pleine de coins et de recoins, encombrée de meubles de famille et d'un fatras d'objets. La femme de ménage qui avait été embauchée temporairement pour remplacer May avait donné ses huit jours, prétextant qu'il y avait trop de travail, et Mme Allen, la gouvernante, devait se débrouiller seule. L'aide de Celeste était donc la bienvenue.

C'était une bâtisse ridiculement grande, haute de trois étages et comportant huit chambres, une ancienne ferme sur la vieille route de Burton-on-Trent, qui avait grand besoin de réparations. De l'extérieur, elle ressemblait à une gigantesque maison de poupée, mais elle était bien trop vaste pour un homme seul et il aurait fallu la nettoyer de fond en comble.

Selwyn leur avait offert l'hospitalité de bon cœur, sans poser de questions ni chercher à savoir pourquoi elle avait quitté son mari. Elle en avait été soulagée. Elle avait bien trop honte pour raconter son histoire à qui que ce soit, même son père, qu'elle surprenait parfois à l'observer d'un air préoccupé, comme en ce moment même.

«Est-ce que tu vas bien, mon enfant? Je crains que May ne soit bien plus malade que je ne le pensais, soupira-t-il. Quel dommage, et cette pauvre petite, seule au monde…»

Même si son père était fragile et perdait la mémoire, il connaissait bien ses enfants. Il avait refusé de venir vivre à la Maison-Rouge, conscient qu'ils avaient besoin d'un endroit à eux. Il soupira derechef en parcourant des yeux les jardins de l'hôpital. «Je regrette de t'avoir fait venir ici.

— Pourquoi? May m'a soutenue pendant des années. Je ne la laisserai pas pourrir ici, répondit Celeste. Elle va se rétablir, n'est-ce pas?

— Son sort est entre les mains du Tout-Puissant. Aidons-la de notre mieux, et faisons confiance à la providence.

— J'aimerais avoir ta foi, papa…»

54

Ella dit à Mme Perrings qu'elle se rendait en ville, mais, arrivée à Market Square, elle prit l'autobus pour Burntwood. Elle avait mis suffisamment de monnaie de côté pour payer le trajet et dans son cabas se trouvaient les dessins qu'elle avait faits pour sa mère. Elle se renseigna auprès des passagers pour savoir où se trouvait exactement l'hôpital, mais quand elle fut descendue du bus et qu'elle découvrit, au bout d'un petit chemin de campagne, cet immense bâtiment, elle en demeura interloquée.

Il y avait des pancartes un peu partout. «Entrée principale», c'était celle qu'elle cherchait. Elle franchit les grilles et, se faufilant prestement devant la loge du gardien, suivit l'allée bordée d'arbres. Autour de l'édifice s'étendait un grand parc aux pelouses soignées, et elle eut l'impression de visiter un château. Elle fit de son mieux pour passer inaperçue, mais il ne s'écoula guère de temps avant qu'un homme l'arrête.

«Tu ne peux pas entrer! Les gosses ne sont pas autorisés ici, déclara-t-il.

— Mais je veux voir ma maman, répondit Ella en montrant son sac.

— Je n'en doute pas, mais ce n'est pas un endroit pour les enfants.

— Je veux voir ma maman, pleurnicha-t-elle. Ça fait deux semaines que je ne l'ai pas vue, et je lui ai écrit. Je sais qu'elle a envie de me voir.» Ses larmes enfantines produisirent l'effet souhaité.

«Allons, mon chou, ne pleure pas... Je suis sûr qu'elle comprendra. Le règlement, c'est le règlement.

— Mais je lui ai apporté des dessins...» Ella commençait à paniquer. Le gardien la fit pivoter sur elle-même, lui montrant la sortie. Elle se mit à gémir si bruyamment que des passants s'arrêtèrent pour demander ce qui se passait. Un vieil homme en noir s'avança vers elle, mais, à travers ses larmes, elle ne le reconnut pas.

« Ella… Ella Smith ? Oh ! mon petit, que fais-tu ici ? » Le vieillard se tourna vers la femme qui l'accompagnait, et qui n'était autre que la dame aux cheveux roux qui lui avait rendu visite chez Mme Perrings la veille et lui avait offert une jolie boîte à musique.

La dame sourit. « Bonté divine ! Ella, tu es venue toute seule jusqu'ici ? » Elle se pencha pour la consoler, mais la fillette se déroba.

« Je veux ma maman. Elle est là-dedans », sanglota-t-elle en montrant l'hôpital.

Le gardien la saisit par la main. « Arrête de faire autant d'histoires, tu vas m'attirer des ennuis. Vous connaissez cette gamine ? Dites-lui qu'elle ne peut pas entrer.

— Elle a fait tout ce chemin toute seule. On peut sûrement faire quelque chose… C'est cruel de lui interdire de voir sa mère. Mme Smith a besoin de savoir que sa fille va bien, intervint l'amie de sa maman. Père, je vais retourner là-bas. Attendez-moi ici. » La dame remonta l'allée d'un pas pressé, tandis que le chanoine tendait un mouchoir à Ella.

« Les gens d'ici sont très gentils avec ta maman. Elle se repose et il faut la laisser tranquille, mais ne t'inquiète pas… Elle est en sécurité. »

Ella avait toujours bien aimé le chanoine Forester. Plongeant la main dans sa poche, il en sortit un bonbon enveloppé dans du papier. « C'est une pastille pour la gorge. Ma fille va voir si elle peut faire quelque chose… S'il existe un moyen de contourner le règlement, elle le trouvera. »

Refoulant ses larmes, la fillette acquiesça. « Elle m'a apporté un cadeau hier.

— Cela lui ressemble tout à fait. Regarde, elle nous fait signe de la rejoindre... Je te l'avais dit, elle peut opérer des miracles, alors sèche tes yeux et donne-moi la main. Doucement, je ne peux pas courir. »

Ella aurait voulu s'élancer à toutes jambes vers le bâtiment, dans l'espoir de voir sa mère sur le perron. Mais il n'y avait que la dame en jupe courte qui lui sourit en indiquant une fenêtre sur le côté. « Regarde par la vitre, Ella, dans la salle commune. »

Sa maman se tenait derrière le carreau, la contemplant fixement, sans sourire. Ella plongea la main dans son cabas et sortit ses dessins des flèches de la cathédrale. « Je les ai faits pour toi ! » cria-t-elle en les brandissant. Sa mère hocha la tête. Elle avait l'air toute pâle, comme décolorée ; ses cheveux étaient gris et hirsutes. Ella plaqua sa paume contre la vitre.

Sa mère se détourna brièvement, puis lui fit de nouveau face et posa à son tour sa main sur la fenêtre, les doigts écartés, comme pour les refermer sur ceux de l'enfant.

« Est-ce que tu vas mieux ? hurla Ella. Je suis allée au puits de St Chad. Tu seras bientôt guérie. Je veux que tu rentres à la maison. » Sa maman acquiesça, ses lèvres esquissèrent un petit sourire et elle tapota de nouveau la vitre. Puis l'infirmière l'emmena et elle disparut à sa vue.

Quand Ella se retourna, la dame s'essuyait les yeux. « Te voir fera sans doute plus de bien à ta mère que tous les comprimés du monde. Nous lui donnerons tes magnifiques dessins afin qu'elle les accroche près de son lit. Je suis sûre que cela lui fera immensément plaisir. Tu es très douée.»

Ella se dirigea vers la sortie en s'agrippant à la main de la dame. Mme Perrings devait se demander où elle était passée. Comme c'était étrange d'être seule au monde, sans aucune famille, songea-t-elle en regardant les trois flèches de la cathédrale qui venaient d'apparaître, tandis que l'autobus descendait la côte de Pipe Hill. Au moins savait-elle maintenant que sa maman était bien soignée dans ce château, mais cela ne l'empêchait pas de se sentir perdue.

«Alors, jeune demoiselle, qu'allons-nous faire de toi? Je vais ramener papa à Vicar's Close, et tu pourrais venir prendre le thé avec nous. Ensuite, nous irons chercher tes affaires chez Mme Perrings et tu viendras passer quelques jours à Streethay avec Roddy et moi, afin que nous fassions plus ample connaissance. Je t'ai connue quand tu n'étais qu'un tout petit bébé, et tu es si grande à présent! Et tellement jolie… Je veux tout savoir de toi, et que tu me dises qui t'a appris à dessiner si bien.

— Merci, madame, mais Mme Perrings s'occupe déjà de moi, répondit Ella, que la perspective d'aller vivre chez des inconnus effrayait un peu.

— Et je ne doute pas qu'elle s'acquitte de sa tâche à la perfection, mais c'est à mon tour maintenant de rendre ce service à mon amie. Attends de voir la maison de Selwyn. Il y a assez de place pour loger une armée. Et dans le jardin, nous avons trois énormes marronniers dont les fruits sont en train de mûrir. Roddy a besoin d'une camarade de jeux.

Tu te plairas chez nous, j'en suis sûre. Tu peux m'appeler tante Celeste. Ta mère était comme une sœur pour moi, autrefois.»

Ella contempla ces yeux d'un bleu lumineux et les cheveux d'or rouge en partie cachés sous un ravissant béret. Sa maman n'aurait sans doute vu aucune objection à ce qu'elle aille habiter chez elle pendant quelques jours. Cette dame était amusante et elle lui avait permis de voir sa mère. Rassérénée, elle se renfonça dans son siège et regarda par la vitre, en proie à un mélange d'excitation et de curiosité. L'étau qui lui enserrait la poitrine semblait s'être relâché. Elle pouvait de nouveau respirer et, pour la première fois depuis des semaines, elle eut l'impression que les choses allaient s'arranger. Peut-être St Chad avait-il entendu sa prière, finalement?

55

New York, 1920

Les nouvelles lois sur la prohibition n'étaient du goût de personne dans le quartier, surtout pas de Salvi et Angelo Bartolini, qui depuis des mois se constituaient en cachette une réserve de vin en prévision de cette interdiction. «Le vin fait partie de notre culture, au même titre que le whisky chez les Irlandais. Je ne comprends pas», se lamenta Salvi, et Angelo renchérit: «Comment allons-nous

célébrer les baptêmes, les mariages et les enterrements, sans alcool? Qui se contenterait de thé ou
de jus de fruits?»

Ils savaient que certains gangs importaient déjà
clandestinement du whisky du Canada par la voie
des Grands Lacs, ou du rhum qui arrivait par la mer,
dissimulé dans les récipients les plus inattendus.
Maintenant, tout le monde s'ingéniait à trouver
des cachettes pour l'alcool, depuis les bouillottes
jusqu'aux bidons d'essence et aux flasques. La loi
n'en interdisait pas la consommation, seulement la
vente au public, et il existait de multiples façons de
la contourner.

«Nous allons en fabriquer nous-mêmes», proposa
Orlando, le fils de Salvi, qui n'était jamais à court
d'idées. Il avait acheté du marc de raisin compressé
sous forme de petits blocs qui ressemblaient à des
briques. Il suffirait d'y ajouter du sucre et de l'eau
et de laisser fermenter pour obtenir du vin à peu
près buvable.

«Mieux encore, construisons un alambic, comme
au bon vieux temps, et on aura de la bonne grappa
à volonté, ajouta Angelo.

—Il faudra d'abord me passer sur le corps!
tempêta Kathleen. Pas question de distiller de la
gnôle à la maison! La dernière fois que mon oncle
en a fait, l'explosion a soufflé les fenêtres de la
ferme et tué une vache.»

Mais Salvi et Angelo ne se laissèrent pas
dissuader, et ils entreprirent d'assembler tous les
tubes, les marmites et les seaux nécessaires à
l'entreprise, en faisant en sorte que l'appareil puisse
être démonté facilement en cas de descente de

police. Les différentes pièces de l'alambic seraient alors dissimulées dans des cachettes distinctes, et l'on n'y verrait que du feu.

Orlando suggéra qu'il serait bon que le flic du quartier reçoive sa part d'alcool, avec quelques dollars en plus pour qu'il ferme les yeux. Cela se passait ainsi dans toute la ville. La cave de la boutique de fruits et légumes était le lieu idéal. Elle renfermait quantité de vieux tonneaux et de baquets et offrait tout l'espace voulu.

« Nous allons commencer par le plus simple : on prend des pelures de fruits et de la pulpe, on extrait le jus, on le fait bouillir et on le fait passer dans les tubes », décréta Angelo. Le procédé lui était familier, il avait vu sa famille le faire d'innombrables fois quand il était petit.

Salvi préféra tenir le rôle de l'homme de paille et faire semblant d'ignorer tout de ce trafic. Angelo ajouta également du sirop aux briques de marc de raisin et les mit à fermenter dans un baril, avec l'espoir de voir l'eau se changer miraculeusement en vin, comme il était dit dans l'Évangile.

Les résultats de l'expérimentation furent plutôt encourageants, et Orlando conçut la brillante idée d'évider des pastèques et de les remplir avec la grappa ainsi obtenue. Ils refermeraient ensuite le trou avec de la cire, et les clients pourraient ressortir du magasin le fruit sous le bras, la conscience tranquille. Le bruit se répandit que les pastèques des Bartolini méritaient d'être essayées, si bien qu'un jour, un type coiffé d'un feutre noir surgit dans la boutique et agita un revolver sous le nez de Salvi. « Tu paies, ou on te dénonce aux flics. Personne ne peut s'installer à son compte sans notre permission, *capisce*? »

« Donc, la pègre est au courant pour la grappa, mais pas pour le vin, murmura Angelo, fier de son initiative.

— Tu ne pourras pas vendre ta bibine dans le dos de ces gars-là. Ils rançonnent tout le quartier. Comment crois-tu que j'aie réussi à garder mon commerce ? Si on paie, le magasin reste ouvert. Si on ne paie pas, ils le réduisent en cendres. »

Ce n'était pas juste, mais c'était ainsi que les choses se passaient dans le Lower East Side. Nul ne pouvait respirer sans que le gang Rizzi en soit informé. C'était une « famille » liée à d'autres « familles » plus puissantes encore.

Les Bartolini n'étaient pour eux que du menu fretin qu'ils auraient vite fait d'éliminer s'ils ne marchaient pas droit. Mais il y avait également des avantages à la situation. Ils étaient en mesure de fournir de l'alcool de qualité, du vrai, pas de la cochonnerie coupée d'eau. Autant payer et exploiter le filon avant qu'un autre commerçant du quartier s'en empare. Les dirigeants de ce pays ne se rendaient-ils donc pas compte qu'à cause de leurs lois stupides, l'alcool de contrebande s'était transformé en or liquide pour les gangs de New York ?

La police fit irruption dans le magasin au moment de la fermeture, alors qu'ils s'apprêtaient à effectuer leurs livraisons. Pendant que les hommes en uniforme bleu fouillaient les lieux en quête de bouteilles, Salvi emballait soigneusement ses melons dans de la paille. « Je vous en prie, faites votre travail, mais n'abîmez pas mes fruits», dit-il avec un clin d'œil.

Deux agents retournaient la cave de fond en comble, sans se douter que les tubes étaient dissimulés parmi les détritus, dans ce qu'ils prenaient pour des sacs d'ordures attendant d'être enlevés par la voirie.

«Qu'y a-t-il dans ces barriques? demanda l'un d'eux avec un sourire matois, convaincu d'avoir mis dans le mille.

—Du vinaigre de fruits, répondit Angelo, en pensant que la partie était terminée. On l'utilise dans l'*insalata*.

—Ça n'a pas une odeur de vinaigre, répliqua le flic. Ouvre-moi ça.»

Angelo sentit son cœur défaillir. Ils étaient pris la main dans le sac, et il n'y avait rien d'autre à faire que d'obéir. Prenant une tasse en fer-blanc, il ouvrit le robinet. Tout ce travail pour rien...

L'agent goûta le breuvage et le recracha. «Bon sang, ce que c'est fort! Tu ne me racontais pas d'histoires. Comment vous pouvez mettre des trucs pareils sur votre salade de tomates, vous autres, ça me dépasse. C'est imbuvable. Mais chacun ses goûts.» Il jeta la tasse et remonta l'escalier, laissant Angelo face à son échec.

56

Depuis qu'elle avait aperçu Ella à travers la fenêtre, May avait l'impression d'avoir enfin touché le fond et d'émerger peu à peu de sa dépression. Chaque matin, elle se rendait dans la salle d'activités où elle apprenait à confectionner des motifs simples sur son tambour à dentelle. Quand arrivait le chariot chargé de drogues, elle ouvrait la bouche comme une enfant docile pour recevoir sa dose de soufre et de mélasse. Si elle prenait ses pilules, peut-être pourrait-elle sortir plus vite de cet endroit. Parfois, pendant qu'elle maniait ses fuseaux en se concentrant sur le tracé complexe des aiguilles, elle se surprenait à ressentir du plaisir à voir son ouvrage avancer. Quand elle se promenait dans les jardins, ses pieds n'étaient plus aussi lourds et l'air frais lui piquait les joues. Elle recommençait à éprouver des sensations, et, avec ces petites joies, lui revenait aussi la mémoire de ce qu'elle avait perdu, cette douleur sourde dans son cœur qui ne s'atténuerait jamais. Joe et Ellen n'étaient plus, mais son inquiétude pour l'enfant qui lui avait apporté des dessins, qui était venue la voir toute seule, l'aidait à progresser un peu plus chaque jour. Un soir, elle prit conscience qu'elle avait dû remplir correctement son rôle de mère pour mériter un tel amour, même si elle était une usurpatrice.

Autour d'elle, le monde reprenait des couleurs : le vert tendre des feuilles nouvelles et des bourgeons, le rouge des briques luisant sous le soleil. Le nuage de confusion et de lassitude qui pesait sur son front s'était dissipé et elle retrouva l'espoir. Mais elle devait tenir sa langue si elle voulait rentrer chez elle.

«Pourquoi dites-vous tout le temps qu'Ella n'est pas votre fille? lui demanda le docteur Spence, en la scrutant avec attention.

— Quand je la regarde, je ne me reconnais pas en elle, répondit-elle prudemment. Je ne savais pas ce que je disais.

— Pourriez-vous vous expliquer davantage? insista le médecin en se penchant vers sa patiente.

— Quand je la regarde, je revois son père. Je le revois en train de se noyer. Je n'ai pas pu le rejoindre. Il faisait si froid, l'eau, la glace, les débris... Nous étions en route vers une nouvelle vie, tous les trois, à bord de ce bateau. La petite et moi avons été sauvées. Joe n'a jamais été retrouvé... Il faisait si froid.»

Il y eut un silence, puis le docteur Spence reprit: «Est-ce vrai?

— C'est le Fonds de secours aux naufragés du *Titanic* qui paie mon traitement, répondit-elle en le regardant bien en face.

— Vous êtes une survivante du *Titanic*? Bonté divine, pourquoi ne nous l'avoir pas dit plus tôt?

— Avoir vu son mari disparaître sous l'eau n'est pas une chose dont on a envie de se vanter.

— Voulez-vous dire qu'Ella vous rappelle votre défunt mari?»

Elle acquiesça. «Il était brun. Je pense à lui, et je regrette que ce ne soit pas plutôt lui qui ait été sauvé. C'était un homme bon, il ne méritait pas une telle mort. C'est une pensée abominable, je le sais. Je ne voulais pas le perdre. Je n'arrive pas à oublier ce que j'ai vu. Je ne voulais plus continuer à vivre sans lui. J'aurais préféré que nous soyons tous morts.

— Mais, madame Smith, vous avez survécu, et vous avez reconstruit une nouvelle vie pour vous et votre fille. Vous devriez être fière de vous. Cependant, tout changement, dans d'aussi terribles circonstances, engendre une grande tension nerveuse. Vous avez vécu des événements dramatiques. Il n'est pas étonnant qu'ils aient ébranlé votre santé mentale. Pourquoi avez-vous attendu si longtemps pour nous faire ces révélations ?

— L'enfant a besoin de moi. J'ai déjà été absente trop longtemps. Je dois rentrer chez moi.

— J'ai cru comprendre que vous aviez pris des dispositions tout à fait satisfaisantes en ce qui concerne la garde de votre fille, d'après ce que m'a dit la visiteuse du comité de bienfaisance ?

— Elle habite chez une autre survivante du naufrage, qui est devenue mon amie au fil du temps. C'est sa famille qui m'avait trouvé du travail, et à présent, Ella vit chez eux jusqu'à ce que j'aille mieux. »

Le docteur Spence secoua la tête en souriant. « Ah, la formidable Celeste Forester et son père le chanoine ! Rien ne leur résiste. Ils ont été des amis loyaux et vous ont soutenue avec obstination, mais il ne faut pas précipiter les choses, madame Smith. La crise qui vous a amenée ici couvait depuis des années. Ses causes ne disparaîtront pas en un jour ou en une semaine, mais le fait que vous vouliez partir est déjà bon signe. Vous étiez très fatiguée et votre état général s'en ressent. Vous êtes sous-alimentée. Donc, vous allez devoir prendre soin de vous et vous nourrir convenablement. Ensuite, vous pourrez éventuellement chercher un nouveau travail, mais ne soyez pas trop pressée de retrouver votre indépendance. Acceptez toutes les aides qu'on vous proposera. Une survivante du *Titanic*, ça alors... Cela faisait des années que l'on n'avait pas reparlé de ce désastre. Avec la guerre, on l'avait presque oublié... Je suis très content que vous vous soyez enfin décidée à tout me raconter. Maintenant, nous connaissons la cause sous-jacente de vos problèmes mentaux, nous savons ce qui vous tourmente. Nous allons voir si une visite chez vous peut vous aider à vous rétablir, si nous pouvons vous confier à des parents ou à des amis. Peut-être pouvons-nous envisager votre retour dans la société. Ce sera à la commission médicale d'en décider, mais quand les experts auront entendu votre histoire, je suis à peu près sûr qu'ils donneront leur consentement. »

May ne lui avait livré que des fragments de vérité, pas toute l'histoire. Elle devrait garder son affreux secret enfoui en elle pendant le reste de sa vie : c'était le prix à payer pour son crime. Il finirait peut-être par la dévorer, mais cela n'avait pas d'importance. Elle voulait retourner auprès d'Ella et repartir du bon pied. Elle souhaitait offrir à l'enfant toutes les chances de réussir, et une mère enfermée dans un asile n'était pas la meilleure des recommandations. Plus tôt elle sortirait d'ici, et mieux cela vaudrait.

57

Lorsque Celeste rendit une nouvelle visite à May, elle trouva une femme complètement transformée, qui l'accueillit en souriant.

« Ils vont me laisser sortir, rien que pour une journée ! Après tous ces mois, je ne sais pas comment je vais faire... Est-ce qu'Ella va bien ? Comment travaille-t-elle à l'école ? Oh ! Celeste, vous avez été une telle amie pour moi ! Je suis désolée de m'être si mal comportée. Qu'allez-vous penser de moi ? »

Celeste prit la main de May dans la sienne et la serra avec force, en lui rendant son sourire. « Pensez à toutes les lettres que nous avons échangées, les secrets que nous avons partagés, les services que vous m'avez rendus... Vous allez mieux, je le vois à votre visage. Nous avons tous hâte que vous reveniez parmi nous. Vous allez pouvoir faire des promenades avec Ella... Ne vous inquiétez pas, elle va bien. Roddy et elle commencent à s'habituer l'un à l'autre. Selwyn viendra vous chercher en voiture. Il s'est fait beaucoup de souci à votre sujet. C'est si bon de revoir la lumière dans vos yeux ! Nous allons rattraper tout le temps perdu, n'est-ce pas ? »

Ce fut d'un pas allègre que Celeste remonta dans la voiture prêtée par Selwyn. Il avait essayé de lui apprendre à conduire, mais elle préférait être seule, pour ne pas avoir à essuyer ses reproches si elle faisait grincer le levier de vitesse. Elle s'accoutumait peu à peu à rouler sur ces routes sinueuses et à faire un signe de la main quand elle voulait tourner. Brusquement, elle eut le sentiment que les multiples fils qui composaient son existence étaient en train de s'assembler pour former un seul écheveau.

Ella allait être si heureuse d'apprendre que sa mère resterait à la Maison-Rouge jusqu'à ce qu'elle ait repris des forces! Elle emmena la fillette à la maison de Lombard Gardens afin de récupérer toutes leurs possessions et les mettre dans un entrepôt. Le logement devait être reloué et les propriétaires désiraient que les lieux soient libérés au plus vite.

Parfois, elle avait l'impression d'être le capitaine Smith, manœuvrant sur une mer tourmentée le navire qui transportait tous les membres de cette «famille» hétéroclite. Elle priait le ciel pour ne pas rencontrer d'iceberg sur leur route. Ella avait insisté pour qu'elles fassent un détour par les jardins du musée afin de voir la statue du capitaine Smith, et Celeste l'avait trouvée très ressemblante.

«C'est lui qui t'a sauvé la vie, avait-elle dit, et la fillette lui avait lancé un regard en biais. Ta mère et moi étions sur le même canot de sauvetage. C'est ainsi que nous nous sommes connues. Ne te l'a-t-elle jamais raconté?»

Ella avait pris un air étonné. «Non. Mon papa s'est noyé en partant pour l'Amérique, c'est tout ce que je sais.» Elle s'était éloignée en sautillant, manifestement peu intéressée par ces vieilles histoires.

Ainsi, Ella ne savait rien. Mais ce n'était pas à Celeste de lui en apprendre davantage.

Récemment, Roddy s'était mis à lui poser des questions sur son père. Il avait sorti la photo de mariage enfermée dans le placard de son grand-père et l'avait examinée avec attention.

« Il faudrait lui écrire que nous sommes ici. Tu m'obliges à mentir et à dire à tout le monde que je n'ai plus de papa... Mais il n'est pas mort, n'est-ce pas ? Si tu ne veux pas, c'est moi qui lui écrirai, et oncle Selwyn me donnera l'adresse. » Elle avait perçu dans son regard une lueur de colère et de détermination qu'elle n'avait que trop bien reconnue.

Folle de rage, elle s'était ruée dans le garage de Selwyn. « Qu'as-tu raconté à Roddy au sujet de Grover ?

— Avec toutes ces histoires dignes d'un roman d'espionnage, ces changements d'identité... le gamin est complètement perdu. Il a le droit de renouer un lien avec son père. Je ne comprends pas pourquoi tu as quitté un mari tout à fait correct pour traîner ton fils à l'autre bout du monde, loin de tout ce qu'il connaissait, avait riposté son frère d'un ton cassant.

— Oh ! tu ne comprends pas ? Laisse-moi te dire que ce "mari tout à fait correct" m'a fait vivre un véritable enfer. Si ta sœur était en retard, elle était battue, rouée de coups. Si elle voulait dormir, elle était contrainte de subir ce genre de sévices dont on parle dans les journaux. Combien de fois n'ai-je pas été obligée de porter des manches longues en plein été, par une chaleur brûlante, pour cacher les bleus sur mes bras ? Crois-tu que j'avais envie que mon fils assiste à ces scènes et pense que c'est ainsi que les hommes doivent traiter leur femme ? Tu n'as pas la moindre idée de ce que j'ai enduré, alors, tais-toi. »

Elle s'était enfuie en larmes, et il s'était élancé à sa poursuite, blême de fureur. « Si jamais je mets la main sur Grover Parkes... Je suis désolé, sœurette, je ne me doutais pas... Pardonne-moi, je t'en prie.

— Tu sais maintenant pourquoi je l'ai banni à jamais de notre vie. Mais tout ceci doit rester entre toi et moi... s'il te plaît. »

Après ces révélations, son frère était retombé dans son mutisme, se barricadant dans son garage pour bricoler avec frénésie, à grands coups de marteau, comme si sa vie en dépendait. Celeste n'arrivait pas à croire qu'il ait pu changer autant. Les cicatrices sur son visage étaient superficielles, mais celles que la guerre avait laissées en lui étaient plus profondes qu'elle ne pouvait sans doute l'imaginer. Cependant, cette dispute avait clarifié la situation, et il n'était plus question de donner à Roddy l'adresse de son père.

Dans l'immédiat, elle devait se dépêcher de vider la maison de May. Son amie possédait si peu de choses que Celeste avait honte en songeant au fatras qui encombrait la Maison-Rouge : les bureaux, les armoires, les chaises, les pendules, les tableaux, le linge... Les Forester ne jetaient jamais rien ; les Smith avaient tout perdu.

Ella l'aidait de son mieux, rassemblant tous ses jouets dans une caisse et pliant soigneusement les vêtements de sa mère dans une valise. Tout au fond de la commode en pin, sous une pile de vêtements d'hiver, elle trouva un sac en tapisserie qui empestait la naphtaline.

Il contenait la layette que Celeste reconnut immédiatement. «Regarde, les vêtements que tu portais quand tu étais bébé! Comme ils sont jolis!» À l'intérieur du bonnet, elle découvrit un petit chausson à semelle de cuir bordé d'une exquise dentelle. «Tu étais si petite! Regarde la dentelle sur la chemise, comme elle est belle. Ta maman a dû garder ces habits en souvenir.»

L'enfant leur accorda à peine un regard. «On dirait de vieux vêtements de poupée.

— Tu devrais les prendre pour les montrer à ta mère. Elle doit les chérir tout particulièrement.»

Le seul fait de les manipuler faisait affluer en elle tant de souvenirs… Elle se revoyait les emportant en hâte à la blanchisserie du bateau, dans son souci de garder May et son bébé au sec et au chaud, leur apporter un peu de réconfort…

«Est-ce que ça ne risque pas de la bouleverser encore?» demanda Ella, le regard méfiant. Elle avait déjà vu trop de choses pour son âge, des choses qu'elle ne comprenait pas, qu'elle n'aurait pas dû avoir besoin de chercher à s'expliquer. «Il vaut mieux qu'elle ne les voie pas.

— Ta maman va bien mieux, mais, si tu préfères, je les mettrai de côté. C'est à elle de te raconter ton histoire, pas à moi. J'en ai déjà trop dit.

— Trop dit sur quoi?

— Va donc vérifier que tu n'as rien oublié», répondit Celeste, consciente de naviguer de nouveau dans des eaux dangereuses.

Comme elle refermait la porte pour la dernière fois, elle vit Ella contempler le paysage d'un air mélancolique.

« J'aime bien cette maison, j'aime bien être proche de la ville », soupira-t-elle. Mais, surprenant le regard de Celeste, elle ajouta aussitôt, avec une perspicacité bien trop aiguisée pour son âge : « J'aime bien la Maison-Rouge aussi, et je suis contente d'avoir une chambre rien qu'à moi dans le grenier. J'aime bien prendre le bus, ou monter dans la voiture d'oncle Selwyn, avec son moteur qui fait tellement de bruit que tout le monde sursaute quand il explose. »

Cette enfant allait devenir une vraie beauté, avec ses cheveux sombres et ses yeux magnifiques, songea Celeste. Elle ne connaissait rien d'autre que cette ville, rien de son passé, rien du *Titanic*. Il était temps que leurs enfants à toutes deux apprennent ce qui était arrivé cette nuit-là. Mais elle ne voulait pas perturber May de nouveau. Son amie devait avoir ses raisons de ne pas révéler la vérité à sa fille, comme elle-même répugnait à parler de Grover à Roddy.

Il n'était pas étonnant qu'il leur fût si difficile de faire remonter les secrets à la surface. Tant d'espoirs et tant d'innocence avaient sombré avec le paquebot ! Ils gisaient dans des profondeurs insondables, et le moment n'était pas encore venu de plonger à leur recherche. L'important, dans l'immédiat, c'était de préparer un nouveau foyer pour les Smith et de ramener un sourire sur le visage de la fillette.

58

Ils roulaient en silence sur la petite route en lacet descendant à flanc de colline. « J'aime bien prendre ce chemin pour aller en ville, il est tellement paisible, dit Selwyn. Êtes-vous contente de rendre visite à votre fille ? demanda-t-il, en regardant droit devant lui, tandis que May rassemblait ses pensées, serrant son sac contre elle pour se rassurer.

— Cela fait des mois que je ne l'ai pas vue, je ne sais pas très bien. Je me demande ce qu'Ella pense de tout cela. J'ai tellement honte de ma faiblesse...

— Ne dites pas de sottises. Vous avez été malade. L'esprit n'est pas différent du corps sur ce plan. Souvenez-vous de l'état dans lequel j'étais à mon retour. Je puis toutefois vous donner un conseil : vous devez trouver quelque chose pour vous occuper l'esprit et vous donner une raison de vous lever chaque matin. Celeste vous y aidera.

— Je n'ai guère envie de me retrouver en société pour le moment. Tout ce que je veux, c'est m'assurer qu'Ella va bien. Je dois essayer de me faire pardonner cette longue absence...

— Il s'agit seulement d'une visite d'une journée, un galop d'essai en quelque sorte. N'en espérez pas trop et vous ne serez pas déçue. Croyez-en mon expérience... Vous n'avez pas envie de rester à l'hôpital plus longtemps que nécessaire, mais c'est un petit monde en soi et il n'est pas facile de se déshabituer de sa routine. Tout se passera bien, vous verrez. »

Si seulement elle pouvait éprouver la même certitude ! Les Forester semblaient décidés à la prendre en charge, et elle ressentit un brusque malaise à cette idée.

Ella l'attendait devant la porte de la Maison-Rouge. « Tu es revenue ! Oh ! tu es revenue ! Viens voir, nous avons préparé des scones à la confiture, et c'est moi qui ai mis la table. Viens voir… »

Un jeune garçon se tenait en retrait dans le vestibule – l'image même du parfait petit écolier britannique dans son uniforme. « C'est Roddy », l'informa Ella en la poussant vers lui. Il la dévisagea d'un air hésitant et finit par lui tendre la main.

« Enchantée de faire ta connaissance », murmura May, qui ne souhaitait qu'une chose : se retrouver seule avec sa fille. Devinant ses pensées, Celeste entraîna tout le monde vers la cuisine. « Nous allons mettre la bouilloire sur le feu et laisser Ella et sa mère bavarder tranquillement dans le salon. »

C'était la première fois que May s'asseyait dans cette grande pièce. L'atmosphère y était froide et solennelle, et toutes deux s'y sentaient mal à l'aise. « J'ai envie de prendre l'air, déclara May. Allons nous promener sur le chemin de halage le long du canal, comme autrefois. Et j'aimerais bien aussi faire un petit tour dans le jardin. Dans quel état est-il ?

— C'est notre repaire, à Roddy et moi. Plus personne ne s'en occupe. Je peux te montrer un nid de merle, si tu veux », proposa Ella en lui offrant sa main. May la prit avec soulagement, en essayant de ne pas la serrer trop fort.

«Tu disais vrai. C'est une véritable jungle. Ils n'ont donc plus de jardinier?» s'étonna-t-elle, avant de se rappeler que le vieil homme était mort et que son fils avait été tué pendant la guerre.

C'était une belle journée d'été et la vue du ciel bleu dissipa sa mélancolie, tandis qu'elle écoutait Ella lui parler de l'école et de Hazel, de ses disputes avec Roddy pour savoir qui monterait Bentley et Whiston, les vieux chevaux de Selwyn. Elle lui raconta que celui-ci était un jour sorti de l'écurie et les avait chassés en déclarant que les chevaux étaient à la retraite et que plus personne ne devait les monter.

La fillette continua à bavarder joyeusement et May buvait ses paroles, éperdue de soulagement. *C'est toujours mon Ella et je suis toujours sa mère.*

Mais tout à coup, dans ce flot de paroles, elle entendit quelque chose qui lui causa un choc. «Il y a quelqu'un d'autre dans notre maison. J'ai dû emballer toutes nos affaires. Elles sont ici, dans le grenier. Où irons-nous vivre?»

Celeste l'avait-elle informée de ce déménagement? Sans doute lui en avait-elle glissé un mot, mais sa mémoire était une vraie passoire. La panique l'assaillit de nouveau pendant qu'elles regagnaient la maison pour prendre le thé.

Manger ne fut pas facile. Elle ne sentait pas vraiment le goût des aliments, mais elle fit de son mieux pour paraître les apprécier. Ella semblait être ici comme chez elle et babillait avec entrain tout en empilant les gâteaux sur son assiette. Selwyn ne se montra pas. May regardait les aiguilles de l'horloge se rapprocher inexorablement de l'heure où elle devrait rentrer. À sa grande surprise, elle s'aperçut qu'elle n'en avait plus tellement envie.

« Que pensez-vous du jardin ? s'enquit Celeste. Je n'ai jamais eu la main verte. Je harcèle Selwyn pour qu'il se mette à la tâche, mais il est encore pire que moi.

— Vous allez devoir engager un jardinier, dans ce cas. Le terrain est vaste, cela représente beaucoup de travail.

— Je me disais que si vous acceptiez de me prêter main-forte et de me montrer comment m'y prendre...

— Je ne suis pas sûre de pouvoir le faire. Je devrai retrouver du travail quand je sortirai de..., répondit May, sans finir sa phrase.

— C'est précisément là que je voulais en venir. Il y a assez de place ici pour nous tous. Ella a déjà pris ses habitudes. Accepteriez-vous d'emménager ici, pour m'aider à entretenir la maison et le jardin ? »

May se hérissa. « Vous en avez déjà fait suffisamment. Vous ne pouvez pas me traîner toute votre vie accrochée à votre cou, comme l'albatros dans le poème. C'est très aimable à vous, mais je dois apprendre à me débrouiller seule.

— Pourquoi ? Qu'y aurait-il de mal à vivre ici, dans un lieu qui vous est déjà familier ? Nous trouvons que c'est une excellente idée, n'est-ce pas, Ella ?

— Ainsi, vous avez combiné tout cela dans mon dos ? Je n'ai pas mon mot à dire sur la façon dont j'entends élever ma fille ? Je vois qu'elle se considère ici comme chez elle, en effet, répliqua May en se levant. Il est temps que je rentre.

— May, je ne voulais pas vous offenser. Je pensais simplement que ce serait bon pour nous tous de passer quelque temps ensemble, afin que les enfants profitent de la compagnie l'un de l'autre. Je vous en prie, ne vous fâchez pas. »

May se rendit compte que ses paroles dures avaient profondément blessé son amie. Elle fit sortir Ella et referma la porte.

« Ce n'est pas parce qu'on m'a mise dans un asile de fous que je n'ai plus aucune fierté.

— Ce n'est pas parce que vous avez été malade que vous pouvez repousser ma proposition sans l'avoir examinée. Vous m'avez écrit autrefois que vous viviez en ermite. Je connais les tracas que vous avez endurés au séminaire, avec Florrie et les autres. Nous savons beaucoup de choses l'une de l'autre. Je sais qu'Ella ignore qu'elle était sur le *Titanic*. Mais pourquoi garder le secret à ce sujet, vous êtes la seule à en connaître la raison.

— Vous savez tout de moi, mais je ne sais rien de vous, sinon que vous avez quitté votre mari. Quand on partage des confidences, cela doit fonctionner dans les deux sens.

— Alors il est peut-être temps que je vous confie ce que j'ai récemment confié à Selwyn. J'ai quitté mon époux parce que c'était une brute. Le soir où je suis rentrée de New York, cinq jours plus tard que prévu, il m'a rouée de coups, et pis encore. Nous avons tous nos ennuis, May. Tout le monde n'est pas aussi heureux en mariage que vous l'avez été avec Joe, même si ça n'a été que pour peu de temps. Vous n'êtes pas la seule à avoir des secrets. »

Elles se regardèrent et tombèrent en pleurs dans les bras l'une de l'autre. « Tu m'as aidée à m'évader. Je t'en serai reconnaissante pour le reste de ma vie. Nous pouvons bien nous tutoyer, désormais, ne crois-tu pas ? Ne monte donc pas sur tes grands chevaux et essayons de trouver un terrain d'entente. Viens, je vais te reconduire et nous pourrons en chemin mettre les choses au point une fois pour toutes. »

Ella se cramponna à May et voulut à toute force les accompagner, mais Selwyn l'en dissuada gentiment. « Ta maman et ma sœur ont beaucoup de choses à se dire. Ne t'inquiète pas, bientôt, elle reviendra pour de bon. Profitons de notre tranquillité pendant que nous le pouvons. »

59

Si j'entends un mot de plus au sujet de la première communion de Frankie, je n'y assisterai pas, se jura Angelo. Kathleen était déterminée à faire des folies et à acheter pour son fils ce qu'il y avait de mieux.

« Quel mal cela pourrait-il lui faire de porter un costume d'occasion ? objecta-t-il.

— Et quel *bien* cela lui ferait-il ? riposta-t-elle sèchement. Veux-tu faire honte à toute la famille devant les bons pères ? Il a besoin de bottines, de bas et d'un col blanc. Les autres aussi doivent être présentables, toi compris.

— Aurais-tu dévalisé une banque ? Où trouverons-nous l'argent ? demanda-t-il. Je n'en fabrique pas.

— Non, mais tu en bois une bonne partie. J'ai mis un peu de côté pour le banquet et les pourboires. Je veux montrer à la famille que nous pouvons faire les choses comme il faut, sans lésiner sur la dépense. C'est un grand jour pour notre fils. »

Angelo regarda ses deux garçons : Frankie, calme et ordonné, qui savait lire les affiches avant d'aller à l'école, et Jackie, son petit frère, plus turbulent, qui aimait courir les rues. Sans oublier leur sœur, Patti, qui les rendait à moitié fous en répétant à longueur de temps son numéro de claquettes, chaussée des souliers de seconde main qu'ils lui avaient offerts, tandis qu'il essayait d'écouter Caruso sur l'antique gramophone à manivelle qu'un client du magasin leur avait donné en paiement d'une dette.

« Une chemise et un pantalon feront l'affaire. À quoi bon acheter un costume qui ne servira qu'un jour ? Je ne veux pas voir mon fils constamment fourré à l'église. Ce n'est pas bon pour lui. Un garçon de son âge a besoin de prendre l'air, de se bagarrer… Tu vas en faire une poule mouillée. Une fois que ces pères irlandais auront mis le grappin sur lui…

— Qu'as-tu donc contre le père Reagan ?

— Il veut que Frankie fasse partie du chœur, et il est encore bien trop jeune. Il fut un temps où nous autres Italiens étions tout juste bons à suivre la messe dans le sous-sol de St Patrick, et maintenant tu voudrais que notre fils aille en haut, avec les Irlandais.

—Il est à moitié irlandais!» Quand Kathleen se fâchait ainsi, il préférait sortir, en jurant entre ses dents, et ne rentrer que lorsqu'il était calmé. Leurs querelles tournaient trop souvent à l'orage.

La distillerie clandestine lui rapportait un peu d'argent, mais tous les soirs, ses pas l'emportaient presque malgré lui vers une salle enfumée où il le dépensait à boire et à jouer aux cartes, et il devait rendre des comptes quand il rentrait à la maison et retournait ses poches. S'il avait gagné au jeu et qu'elles fussent pleines, tout allait pour le mieux; si elles étaient vides, Kathleen ne lui adressait plus la parole.

Le dimanche, elle emmenait les enfants à la messe réservée à la communauté irlandaise et maintenant, ils devaient faire semblant d'être tous unis à l'occasion de cette grande parade, et manifester de l'enthousiasme devant les beaux vêtements et les rosaires pour lesquels la plupart des familles allaient s'endetter pendant des mois.

Angelo n'allait à l'église que le jour de Pâques et celui de Noël, même si le vieux père Bernardo demandait toujours de ses nouvelles en soupirant. Il continuait à commémorer le 15 avril et à parler du *Titanic* à ses enfants. Kathleen et lui les avaient emmenés visiter le phare du mémorial, au sommet duquel une boule-horloge montait et descendait le long d'un mât, retombant sur sa base à midi pile pour indiquer l'heure à laquelle le paquebot avait sombré. Les enfants connaissaient l'histoire de Maria et du bébé, et celle de Lou, la sœur de leur maman, qui s'étaient tous noyés parce qu'il n'y avait pas assez de canots de sauvetage.

Tous les ans, il sortait du tiroir le petit chausson bordé de dentelle qui avait appartenu à sa fille, et il lui devenait chaque fois plus difficile de croire que celle-ci fût encore en vie. Il ne pouvait cependant pas s'empêcher de verser une larme, ce qui exaspérait Kathleen.

Parfois, il se sentait essoufflé et fatigué. Soulever des caisses dans le magasin le faisait transpirer et lui donnait mal au dos. Il avait souvent besoin d'alcool pour apaiser la douleur. Et maintenant ils étaient obligés d'économiser pour la communion de Frankie et de vivre de *zuppa*. Kathleen était la reine des soupes, avait-il coutume de plaisanter. Nul ne savait mieux qu'elle faire durer une marmite de bouillon, mais il craignait que ses gamins ne se couchent le ventre creux.

Quelquefois ils allaient tous ensemble à Battery Park pour regarder les immenses paquebots quitter le port de New York et passer devant la statue de la Liberté.

«Vous êtes des *Americanos,* maintenant, disait-il à ses enfants en agitant le doigt. Prenez ce que ce grand pays a à vous offrir... Ne faites pas attention à la façon dont on vous traite. Vous êtes nés ici. Jouez au base-ball, au football, à tout ce qui vous plaira, mais tenez-vous à l'écart des pères irlandais... L'église, c'est une *cosa femminile.* Tu m'entends, Francisco? C'est bon pour les femmes.»

Le jour de sa première communion, Frankie était debout à quatre heures du matin. On lui avait dit de jeûner à partir de minuit et de ne plus rien absorber jusqu'à ce que le saint sacrement touche ses lèvres. Angelo était furieux. Le garçon était trop jeune, trop énervé pour se passer d'eau.

« C'est un grand jour. J'ai hâte de le voir arriver. Est-ce que je vais sentir la présence du Seigneur, quand ce sera mon tour ? » Il avait disposé ses vêtements sur le lit avec tant de soin qu'Angelo se sentit honteux de son manque de foi. « Tu vas avoir l'air d'un prince dans ces beaux habits. Qu'est-ce que c'est ? demanda-t-il brusquement en montrant un col en dentelle d'un travail remarquable. D'où est-ce que ça vient ?

— D'Italie. Tante Anna l'avait gardé pour ses fils. Ça appartenait à l'oncle Salvi quand il était petit. Maman l'a lavé et mis à sécher dehors. »

Angelo prit le col entre ses doigts, examinant les points, la finesse de l'ouvrage, le dessin. Il en avait lui-même possédé un semblable dans son enfance, mais ce n'était pas cela qui lui mettait les larmes aux yeux, c'était le motif, identique à celui du petit chausson. Ils provenaient tous deux de sa région natale, cela ne faisait aucun doute. Juste au moment où il était presque parvenu à oublier son chagrin, ce col venait le raviver. Peut-être fallait-il y voir un signe…

60

May était épuisée. La journée était chaude, le marché grouillait de monde et Selwyn se montrait d'humeur difficile. Il avait entrepris de bricoler une de ses motos au beau milieu de la cuisine.

Elle ne pouvait pas lui en vouloir, car elle percevait sa douleur et mesurait l'ampleur de ce qu'il avait perdu. Il n'était jamais retourné dans son cabinet d'avocats à Birmingham. Elle le surprenait souvent à contempler le pré et ses vieux chevaux en train de brouter.

« Je suis comme eux, un canasson inutile qu'on a mis au vert », l'avait-elle entendu marmonner.

« Que pensez-vous de ce type, ce McAdam, qui est venu déjeuner dimanche ? avait-il demandé à May au cours de la matinée. Il a l'air de quelqu'un de sensé, et il semble épris de ma sœur. Mais je ne suis pas sûr qu'elle soit un très bon juge en matière d'hommes. »

Archie McAdam avait immédiatement plu à May. Il savait parler aux enfants, et Roddy était suspendu à chacun de ses mots. Le garçon était désormais pensionnaire à Denstone College durant la semaine. Celeste correspondait avec ce gentleman et avait raconté à May comment elle avait fait sa connaissance à bord du paquebot qui la ramenait vers son pays natal.

« Vous n'avez jamais songé à vous marier ? s'était-elle enhardie à demander à Selwyn, sachant parfaitement qu'un homme comme lui serait impossible à vivre, avec ses accès de mauvaise humeur, même s'il était séduisant à sa façon, maintenant que les cicatrices sur son visage s'étaient atténuées.

« Qui voudrait de moi ? Je ne peux même pas occuper un emploi. Et pourquoi diable voudrais-je engendrer des enfants, dans ce monde abominable ?

— Me voilà prévenue, alors », avait-elle répliqué en croisant les bras. Il l'avait regardée d'un air sidéré, et il s'était mis à rire.

« C'est ce que j'apprécie en vous, cette fougue nordique. Roddy et Ella sont de superbes spécimens ; vous pouvez être fière de votre fille. Vous n'êtes pas si vilaine à voir vous-même, si l'on aime les femmes énergiques et querelleuses.

— Dois-je le prendre comme un compliment, monsieur ? avait-elle ironisé.

— Comme vous voudrez, mais ayez l'amabilité de me laisser bouder en paix. »

Il leur arrivait souvent de badiner ainsi, échangeant des reparties aigres-douces, et cette forme d'amitié singulière qui était née entre eux produisait parfois sur elle un effet troublant, un sentiment de frustration, d'inachevé.

Il y avait maintenant plus d'un an qu'elle était venue s'installer à la Maison-Rouge et il restait une énigme pour elle. Il pouvait être distant à un moment donné et volubile la minute d'après, se confiant à elle à cœur ouvert. La guerre avait ravagé tant de vies... Si Joe était resté en Angleterre, il aurait été parmi les premiers à s'enrôler, et peut-être ne serait-il plus aujourd'hui qu'un nom gravé sur une plaque de bronze rivée à un monument aux morts.

Selwyn avait survécu et une partie de lui-même le regrettait. Il ne l'avait jamais formulé à voix haute – comment l'aurait-il pu? Mais elle ne comprenait que trop bien ses sentiments et cela lui donnait le courage d'aller le chercher dans le pub quand elle avait terminé ses emplettes, pour exiger qu'il la ramène à la maison. Il se pliait toujours de bonne grâce à sa demande, soulevant son chapeau comme le gentleman qu'il était et s'avançant vers elle en titubant. «La voilà, mon aide de camp, toujours sur le sentier de la guerre… Que ferais-je sans elle?»

May faisait de son mieux pour ne pas sourire. Quand il s'adressait à elle avec cet humour sarcastique, elle aurait aimé répliquer, lui clouer le bec par une remarque cinglante. Mais il était cultivé, il savait manier les mots, et elle ne pouvait pas rivaliser avec lui. Il catapulta la voiture plus qu'il ne la conduisit, gravissant Greenhill à toute vitesse avant de tourner dans Burton Road et de descendre vers Streethay. May pria le ciel qu'ils ne rencontrent pas de charrette ni de chien errant sur leur chemin. C'était toujours lui qui déchargeait les provisions et les apportait dans la cuisine, tandis qu'elle lui préparait une grande tasse de café fort, et c'était parfois la seule occasion où elle pouvait avoir une conversation avec lui jusqu'à la semaine suivante.

Elle emporta son propre plateau dans son salon privé, qui avait été autrefois la salle où les Forester prenaient le petit déjeuner. Une pièce ensoleillée le matin et douillette le soir, où elle pouvait laisser son ouvrage en cours sur son tambour de dentellière, sûre que personne n'y toucherait.

Celeste était sortie pour chercher du travail. «Maintenant que Roddy est en pension, il est temps que je trouve un emploi. Je peux confier la maison et le jardin à tes mains compétentes, avec Mme Allen pour se charger des gros travaux. Je dois gagner de quoi garder le navire à flot.» Elle n'en avait pas dit davantage, et May l'avait trouvée bien mystérieuse.

Elle devait toutefois reconnaître qu'elle aimait bien jouer les maîtresses de maison. Elle avait rendu au jardin sa beauté d'antan, replanté les parterres de fleurs et construit une petite tonnelle à l'ombre de laquelle elle se réfugiait pour lire, quand il faisait trop chaud. Son séjour à l'asile lui semblait remonter à bien loin, mais il y avait encore des nuits où elle n'arrivait pas à dormir et où la panique l'assaillait de nouveau.

Ella grandissait vite. Avec sa crinière noire et lustrée, ses traits harmonieux, elle ne lui ressemblait en rien. Elle s'était fait de nombreuses amies à l'école, se rendait à toutes les fêtes où elle était invitée, et la remise était à présent remplie de ses œuvres. D'où lui venaient ses dons artistiques? May ne le saurait jamais, mais cette question la tourmentait souvent, au petit matin.

61

La garden-party qui se tenait tous les ans sur la pelouse du séminaire était l'un des principaux événements de la petite ville. Celeste avait accompagné son père, qui aurait ainsi l'occasion de se régaler des gâteaux servis avec le thé, de se divertir en regardant le tournoi de tennis et de bavarder avec les autres ecclésiastiques retraités.

Près de deux ans s'étaient écoulés depuis qu'elle s'était enfuie de chez elle. Celeste n'arrivait pas à croire que le temps soit passé aussi vite. Elle frémissait toujours dès qu'elle apercevait une lettre portant un timbre américain. Les avocats de Grover ne l'avaient pas encore contactée, mais cela ne voulait pas dire que son mari ne surgirait pas un jour à l'improviste. Elle ne voulait même pas penser à ce qui pourrait alors arriver.

Une partie d'elle-même était impatiente de se relancer dans le combat pour le vote des femmes. Une infime fraction de la population féminine s'était vu accorder le droit de vote, mais il fallait être propriétaire foncière et âgée de plus de trente-cinq ans pour y prétendre. La campagne avait fini par s'essouffler. Beaucoup de suffragettes suivaient à présent leur propre voie, allant à l'université ou se lançant dans une carrière professionnelle. Mais pour elle, le choix ne se posait pas. À vrai dire, elle était passablement désœuvrée maintenant que May et Mme Allen tenaient les rênes de la Maison-Rouge.

Elle avait lu dans le *Times* une annonce qui l'avait suffisamment intriguée pour qu'elle envoie sa candidature, mais, persuadée que cela n'aboutirait à rien, elle avait oublié de la poster. Elle avait consacré toute son énergie à échapper à la brutalité de Grover et à conserver Roddy près d'elle. À présent, son fils était en pension durant la semaine, à une courte distance en voiture de la maison. Elle aurait préféré qu'il reste à Lichfield, mais tous les hommes de la famille Forester avaient fréquenté l'école privée de Denstone, et son père comme son frère affirmaient qu'il y recevrait la meilleure éducation possible et que cela l'aiderait à se stabiliser. Elle en était beaucoup moins sûre. Il avait déjà connu tellement de changements…

Celeste sentait sur son corps la chaleur du soleil, la fraîcheur empesée du coton et de la dentelle sur sa peau. Elle huma avec délices le parfum des roses dans le jardin du séminaire qui descendait en pente douce vers l'étang de Minster où le soleil se réfractait en milliers d'éclats, donnant à la surface l'aspect d'un miroir brisé. Elle redevenait enfin vivante, elle renaissait au monde qui l'entourait, aux odeurs, aux goûts, au son des verres s'entrechoquant, des rires et des acclamations qui s'élevaient pour saluer le vainqueur d'un match.

Quand elle fit demi-tour pour regagner la tente où l'on servait le thé, elle aperçut un homme en train de la dévisager, jeune, les épaules larges, avec un sourire jusqu'aux oreilles. L'espace d'une seconde, son cœur s'arrêta de battre. C'était impossible! Archie McAdam ici?

Il souleva son canotier et esquissa une révérence. « Bonjour, madame Forester. Je pensais bien vous trouver dans le jardin. »

Elle demeura plantée devant lui, bouche bée, et sentit ses joues s'empourprer. « Que faites-vous là ?

— Je suis venu avec un ami, Tim Beswick, pour visiter la région…

— Mais nous vous avons déjà fait visiter plusieurs fois la cathédrale.

— Quand je viens vous voir, je ne fais pas vraiment attention à la ville. »

À cet instant précis, son père s'avança vers eux, escorté du directeur du séminaire, Lawrence Phillips. « Voici le jeune homme dont je vous ai parlé, Bertram… McAdam est un ex-officier de marine. Études à Oxford, lettres classiques. Il sera bientôt des nôtres. Comme je vous le disais, le nombre des élèves ne cesse d'augmenter, et nous avons besoin d'enseignants supplémentaires. »

Il y eut un silence, pendant lequel Celeste essaya d'assimiler le sens de ce qu'elle venait d'entendre. « Je vois que vous avez déjà fait connaissance, tous les deux, reprit M. Phillips, une lueur espiègle dans le regard.

— M. McAdam et moi nous sommes rencontrés sur le bateau qui me ramenait en Angleterre. Il a appris à Roddy à jouer aux échecs… par courrier, expliqua Celeste, d'une voix guindée qui dissimulait mal son embarras.

— Vraiment ? Ma foi, nous n'interromprons pas plus longtemps vos retrouvailles, répondit le directeur, en entraînant le chanoine vers un autre groupe d'invités.

— Dites quelque chose, Celeste. La nouvelle n'a pas vraiment l'air de vous réjouir.

— N'est-ce pas un peu exagéré d'entrer au séminaire ? » répliqua-t-elle sèchement.

Il éclata de rire. « Je n'entre pas dans les ordres ! Je viens ici pour donner des cours de grec et de latin, c'est tout.

— Je ne vous voyais pas tout à fait comme un spécialiste en langues anciennes, marmonna-t-elle.

— Encore une chose que vous ignoriez à mon sujet. Je suis retourné à l'université pour rafraîchir mes connaissances. J'ai toujours eu l'intention de revenir à l'enseignement.

— Oh ! vous enseigniez déjà, avant la guerre ?

— Ne prenez donc pas cet air surpris ! J'ai plus d'une corde à mon arc, mais le fait que j'aie fait partie des équipes universitaires de cricket et de tennis à Oxford a dû largement influer sur la décision des dirigeants de l'établissement. Je rejoindrai le corps enseignant au premier trimestre. Nous serons pratiquement voisins. »

Il paraissait tellement sûr de lui qu'elle eut envie d'effacer de ses lèvres ce sourire suffisant, avant qu'il se fasse des idées. « Non. J'espère trouver moi-même un poste bientôt », déclara-t-elle impulsivement.

Son air déconfit ne dura que quelques secondes. « Vous ne partirez sûrement pas bien loin, avec votre père et votre fils ici. Mais ne vous inquiétez pas, je n'ai pas l'intention de venir vous importuner. Je vois bien que je ne suis pas le bienvenu.

— Ce n'est pas… C'est seulement que j'ai reçu un choc en vous découvrant ici. J'ai cru que j'avais une hallucination... » Comment cacher l'émotion que son apparition avait suscitée en elle ? « C'était si gentil à vous d'écrire à Roddy.

— Je sais à quel point un petit garçon peut se sentir seul pendant sa première année dans une nouvelle école. Il semble s'être bien adapté. Je n'ai pas reçu de lettres depuis plusieurs semaines, mais ce sont les vacances... J'avais espéré que vous seriez également contente de me revoir.

— C'est toujours agréable de reconnaître un visage familier dans une foule.

— Une façon très diplomatique d'éluder la question. J'aimerais vous connaître mieux. L'occasion de venir ici s'est présentée à moi et je l'ai saisie... Pure coïncidence. Enfin, pas tout à fait...

— J'ai besoin d'un peu de temps pour réfléchir. C'est tellement compliqué, voyez-vous... » Le moment était venu de lui dire qu'elle était toujours mariée et non veuve comme il le croyait, de mettre les choses au point une fois pour toutes.

« Qu'y a-t-il de si compliqué ? Un homme rencontre une mère et son fils sur un navire, ils correspondent pendant plusieurs mois, l'homme leur rend visite. Qu'y a-t-il de répréhensible là-dedans ?

— Oh ! regardez, la femme du directeur me fait signe, s'exclama Celeste en s'esquivant promptement.

— Poltronne ! railla Archie en soulevant son canotier. Nous nous reverrons bientôt. »

Pas si je peux l'empêcher. Enfer et damnation !

Elle se précipita vers Mme Phillips et l'aborda sous un prétexte futile. Elle voulait fuir loin d'Archie, de son sourire empli d'assurance, de sa présence physique, de ses yeux gris-vert et de l'émoi qui s'était emparé d'elle en le reconnaissant. Elle venait tout juste de remettre de l'ordre dans sa vie et dans celle de son entourage, et voilà qu'il surgissait sans crier gare, réclamant qu'elle lui fasse une place !

Elle pressentait qu'Archie ne pouvait que lui compliquer l'existence, et elle n'avait pas besoin de cela pour le moment. Elle devait retrouver la lettre qu'elle avait rédigée en réponse à l'annonce du *Times* et la poster au plus vite. Elle devait fuir, une fois de plus.

62

Roddy gardait les lettres dans sa malle à provisions, à l'abri des regards. Il y en avait huit, à présent, et la dernière était la plus sensationnelle de toutes. Son père allait venir à Londres et voulait le voir. Il était terriblement excité à l'idée de le rencontrer en secret. Il s'était débrouillé pour se faire inviter chez Charlie Potter, le fils du pasteur d'une paroisse du quartier de Wimbledon, pendant les vacances. Ils iraient voir les joyaux de la Couronne, les musées, la relève de la garde. Il resterait là-bas deux semaines entières, pendant que son père voguerait vers Southampton, où il prendrait le train pour gagner l'usine de Silvertown, dans la banlieue de Londres, qui appartenait à sa compagnie.

Il n'en revenait toujours pas d'avoir trouvé le courage de lui écrire. Se procurer l'adresse avait été facile, dès lors que grand-papa lui avait dit que son père travaillait pour la Diamond Rubber Company à Akron. Il occupait un poste important, et sa lettre lui parviendrait donc sans problème s'il l'envoyait là-bas. Il l'avait rédigée pendant l'étude du soir, inscrivant l'adresse de son école en haut de la page, de sa plus belle écriture, son diction-naire à portée de main pour ne pas faire de fautes d'orthographe. Cette première lettre avait été la plus difficile de toutes, car il ignorait si son père était fâché contre lui.

Chère Diamond Rubber Company,
Je vous écris pour vous demander des nouvelles de mon père, M. Grover Parkes d'Akron. Je suis son fils, Roderick Grover Forester, actuellement pensionnaire du Denstone College, dans le Staffordshire. S'il souhaitait entrer en contact avec moi, dites-lui s'il vous plaît de m'écrire à l'adresse ci-dessus.
Avec mes respectueuses salutations,
Roderick, 12 ans.

Au début, il avait eu l'impression d'écrire à un inconnu, mais quand il avait reçu la première réponse de son père, accompagnée d'une photo, il avait été transporté de joie.

Cher fils,
Je savais qu'un jour tu aurais envie de connaître ta famille d'Amérique. J'applaudis à ton initiative. Ta grand-maman Harriet et moi-même sommes ravis de

savoir que tu te portes bien et que tu poursuis tes études en Angleterre. Ce n'est pas ce que j'aurais souhaité pour toi, évidemment, mais il faudra s'en contenter pour le moment. J'aimerais en apprendre plus sur toi et sur ta vie là-bas.

Pour ma part, je préférerais que ta mère ne sache rien de cette correspondance. Je ne pense pas qu'elle t'autoriserait à la poursuivre.

Inutile de te dire que je suis enchanté d'avoir renoué un lien avec toi. Je n'ai jamais souhaité cette séparation.

Peut-être aurons-nous l'occasion de nous revoir, lors de mon prochain voyage d'affaires à Londres. J'attends ces retrouvailles avec impatience. S'il te plaît, envoie-moi une photo de toi, si tu le peux.

Ton père affectueux,
Grover Parkes.

Roddy lui avait écrit toutes les semaines depuis lors, mais il se demandait comment il allait pouvoir continuer à le faire durant les vacances d'été sans que sa mère s'en aperçoive. C'était son père qui avait eu l'idée de le retrouver à Londres au mois d'août, et Roddy ne pouvait plus attendre. Il allait prendre le train tout seul et les Potter viendraient le chercher à Euston. Il devrait trouver un prétexte pour écourter son séjour chez eux afin qu'ils le reconduisent à la gare. Dès qu'ils seraient partis, il rejoindrait son père et ils passeraient quelques jours ensemble. Il allait vivre une grande aventure, comme celles qu'il lisait dans le *Boy's Own Paper.*

Ce n'était pas facile de dissimuler un secret aussi important. Si elle l'apprenait, sa mère serait boule-versée et fâchée contre lui, mais c'était stupide de faire comme s'il n'avait plus de papa, alors qu'il en avait un bien vivant, en Amérique. C'était un mensonge, et l'aumônier, à l'école, disait toujours qu'un petit mensonge en entraînait de plus grands. Si sa propre mère mentait en racontant qu'elle était veuve, pourquoi ne pourrait-il pas en faire autant ? D'ailleurs, ce n'était pas un mensonge, c'était la vérité : il avait un papa qui l'aimait et à qui il manquait beaucoup. Son père avait essayé de le retrouver et avait lancé des hommes de loi à sa recherche. Il savait que sa mère et lui habitaient à Lichfield. Il savait comment ils avaient quitté Washington, mais il avait expliqué à Roddy qu'il espérait que sa mère finirait par devenir plus raisonnable et conclure un arrangement avec lui, afin que Roddy puisse de nouveau faire partie de sa vie.

Son père lui avait dit qu'il possédait une grande maison à la campagne, avec des chevaux, et que grand-maman Harriet, qui vivait avec lui depuis que grand-papa Parkes était mort, avait également hâte de le revoir. Roddy se demandait si elle allait venir avec lui à Londres. Il mourait d'impatience.

Il avait supplié sa mère de lui acheter un beau costume pour son séjour à Londres, avec un pantalon long, mais elle avait déclaré que, pour porter un pantalon en été, il devrait attendre d'avoir seize ans, et elle avait choisi à la place des chemises, un chandail et un pantalon en flanelle blanche, au cas où il jouerait au tennis avec Charlie.

Ella était furieuse de ne pas aller à Londres. Elle avait visité plusieurs fois le musée de Birmingham avec son école, mais elle aurait voulu voir la National Gallery, et d'autres endroits que Roddy trouvait assommants.

Il connut un moment de panique quand sa mère annonça qu'ils viendraient tous passer une journée à Londres et retrouveraient les Potter quelque part en ville, mais ceux-ci étaient tous pris à la seule date où elle-même était libre. Il était sûr qu'elle ne lui en voudrait pas, quand il lui raconterait tout, à son retour. Il serait trop tard de toute façon pour qu'elle proteste. C'était vraiment trop absurde de vivre à une telle distance l'un de l'autre, quand on était mariés ! Il ne comprenait pas pourquoi elle avait quitté cet homme si gentil.

Tout cela pour se retrouver dans cette vieille bicoque en désordre, avec les Smith, qui n'étaient pas de la famille, et l'oncle Sel, qui était toujours de mauvaise humeur et s'intéressait davantage à ses chevaux qu'aux gens. Il avait été envoyé en pension avec tout un tas d'étrangers parce que c'était ce qu'on était censé faire avec les garçons de son âge, alors qu'il avait un papa loin d'ici, qui l'aimait, lui, et ne le voyait jamais.

Il n'arrivait plus à dormir tellement il était énervé. En faisant sa valise, il se demanda ce qu'il éprouverait quand il reviendrait dans cette chambre, après sa rencontre avec son père. Son cœur battit plus vite sous l'effet d'un bref accès de peur qui céda aussitôt la place à un sentiment de défi. Il s'était lancé dans cette aventure de sa propre initiative. C'était son secret à lui, et il espérait que ce serait aussi merveilleux qu'il l'imaginait. Quelle histoire il aurait à raconter à ses camarades de dortoir, à la rentrée !

63

Ella était d'humeur maussade. Elle trouvait ces longues vacances d'été atrocement ennuyeuses. La maison était si calme, maintenant que Roddy était à Londres! Il ne pensait qu'à voir les attractions touristiques, alors qu'elle brûlait d'envie de découvrir les palais et tous ces endroits dont on parlait dans les livres. C'était le jour du marché et ils étaient allés en ville comme d'habitude, pour faire des courses, rendre les livres à la bibliothèque et en prendre de nouveaux, boire une tasse de thé au Minster Café en attendant l'oncle Selwyn.

Hazel passait la semaine à Prestatyn avec sa famille. Toutes ses amies étaient parties. Il n'y avait aucune chance que sa mère envisage un jour de retourner au bord de la mer. Et, comble d'irritation, son petit atelier au fond du jardin était rempli de mouches qui bourdonnaient autour d'elle.

«Ne fais pas cette tête d'enterrement! Tu devrais te réjouir d'avoir des vacances. Quand j'avais ton âge, ma petite demoiselle, je travaillais à mi-temps à l'usine, la sermonna sa mère. Si tu veux te rendre utile, va porter ces cristaux de soude et ce bleu de lessive chez le chanoine. Ses rideaux sont sales, et je veux nettoyer sa maison à fond la semaine prochaine, pendant qu'il sera absent. Allez, file, et souris! A-t-on idée d'avoir une mine aussi renfrognée par ce beau soleil!»

Sa mère n'était jamais aussi heureuse que lorsqu'elle nettoyait ou rangeait le fouillis de Selwyn, en grommelant que la maison était un vrai bric-à-brac. Du moins était-elle plus gaie depuis quelque temps, et Ella n'avait plus besoin de la surveiller sans arrêt avec inquiétude, de crainte qu'elle ne retombe malade. Tante Celeste espérait décrocher un emploi à Londres, et, dans l'éventualité de son départ, elle avait entrepris de grands travaux dans le jardin, élaguant les arbustes et installant d'élégants bacs remplis de fleurs au bord de l'allée, afin que May n'ait pas à se charger seule de cette lourde tâche.

D'un pas lent, Ella franchit l'arche débouchant sur Vicar's Close, en admirant les petites maisons entassées pêle-mêle. Elle pourrait entrer en se servant de la clé cachée sous la brique devant la porte si le chanoine était sorti faire sa promenade matinale.

Elle frappa, mais il n'y eut pas de réponse. Elle tourna la poignée et constata que la porte n'était pas fermée à clé. « C'est moi, monsieur ! » cria-t-elle en franchissant le seuil. Il était sans doute sorti en laissant la porte ouverte, comme cela lui arrivait souvent. Elle déposa les provisions sur la table et s'apprêta à partir. Mais quelque chose l'incita à lever les yeux vers l'escalier, et elle aperçut le bout d'une chaussure dépassant d'une marche à un angle bizarre. Elle avança sur la pointe des pieds, en proie à un profond malaise. La maison était bien trop silencieuse et elle était terrifiée.

Le visage ruisselant de larmes, elle retraversa la cour et courut d'une traite jusqu'à l'Earl of Lichfield, où Selwyn était en train de siroter une bière, assis au comptoir. « Venez vite... C'est votre père... Il a eu un accident... Je vous en prie, vite ! »

Ensuite, tout parut se dérouler au ralenti. Ils allèrent chercher sa mère et retournèrent en toute hâte vers la maison du chanoine. Ella resta au bas de l'escalier, ne voulant pas revoir ce tableau macabre. Sa mère redescendit, le visage blême. « Pauvre homme, emporté si subitement... » Elle avait aidé Selwyn à porter le vieillard jusqu'à son lit.

« Il est mort ?

— Oui, ma chérie, sans doute hier soir, avant d'aller se coucher. Il s'est écroulé sur place. Il n'aura sûrement rien senti. C'était un homme si bon... Il nous a aidées à notre arrivée ici, il m'a trouvé un travail... Un vrai chrétien. » Elles se mirent toutes les deux à pleurer, et Selwyn redescendit.

« Je vais prévenir le doyen. Il voudra certainement venir prier au chevet de mon père. Mais d'abord, nous devons l'annoncer à Celeste. »

Ils roulèrent lentement pour une fois, silencieux, bouleversés et tristes, chacun perdu dans ses souvenirs. Celeste était toujours dans le jardin, là où ils l'avaient laissée, travaillant d'arrache-pied, ses cheveux roux en bataille, des traces de terre sur son tablier.

Elle releva la tête et sourit. « Vous rentrez tôt. »

Puis elle découvrit leur expression et s'écria : « Que se passe-t-il ? »

Son frère s'avança vers elle et la prit dans ses bras.

Le lendemain, ils consacrèrent toute la journée à organiser les funérailles et à recevoir les visiteurs apportant des fleurs et des lettres de condoléances. Le salon ressemblait à la boutique d'un fleuriste.

«Roddy doit revenir pour l'enterrement. Je tiens à ce qu'il y assiste, déclara Celeste. Je vais envoyer un télégramme aux Potter pour leur demander de lui apprendre la nouvelle et le mettre dans le prochain train à destination de Lichfield. Selwyn s'occupera de mettre en ordre les affaires de papa et de faire le nécessaire auprès des pompes funèbres. Nos amis du séminaire ont proposé de préparer la collation qui sera servie après les funérailles, n'est-ce pas aimable de leur part?»

Les adultes étaient tous en noir, mais Celeste avait insisté pour qu'Ella reste en robe d'été. «Papa détestait voir des enfants vêtus de noir. Il avait l'habitude de dire qu'ils étaient notre espoir en l'avenir. Accompagne-moi à la gare de Trent Valley pour accueillir Roddy à la descente du train, Ella. La mort de son grand-père a dû lui causer un choc.»

La matinée passa à toute vitesse. Il y avait tellement de choses à faire: aider Mme Allen et maman à faire le ménage, essayer de réconforter Celeste... Ella n'avait jamais vu la mort de près, jusque-là. Elle avait été la première à alerter la famille, et elle en tirait un sentiment d'importance.

Puis ce fut l'heure de se rendre à la gare avec Celeste pour attendre le train en provenance de Londres. Contrairement à son habitude, il arriva à l'heure, et elles cherchèrent Roddy des yeux parmi la foule qui s'en déversait.

«Le nigaud, il a dû manquer son train! tempêta Celeste. Enfin, il y en a un autre à six heures. Selwyn viendra le chercher.»

En rentrant à la Maison-Rouge, elles trouvèrent un télégramme sur le plateau d'argent. Celeste l'ouvrit d'une main fébrile.

«Je ne comprends pas. C'est le révérend Potter qui l'envoie. Il me dit qu'il a accompagné Roderick à la gare il y a deux jours, à la demande de celui-ci… Je n'y comprends rien.»

Selwyn lui arracha le télégramme des mains et le relut. «À quoi joue-t-il, ce sacré gamin? Où diable a-t-il bien pu aller? Prépare-moi un sandwich, sœurette… Je vais à Londres. Il a dû se produire un malentendu…»

64

Roddy passait un excellent moment en compagnie de son père. Leur plan avait marché comme sur des roulettes. Il avait dit au revoir aux Potter sur le quai, était resté assis dans le compartiment jusqu'à ce qu'ils soient hors de vue, puis il était redescendu et avait couru jusqu'au portillon, où un homme de haute taille vêtu d'un élégant blazer lui avait fait de grands signes. Roddy l'avait trouvé très beau et très gentil. Il lui avait acheté une glace, puis ils étaient allés déjeuner dans le restaurant d'un des plus grands hôtels de la ville et Roddy avait englouti tout ce qu'on lui avait servi.

« Je suis heureux de voir que tu as conservé un appétit d'Américain, jeune homme. Tu es tout mon portrait au même âge. Je t'aurais reconnu n'importe où. Ta maman s'est-elle trouvé un nouveau galant ?

— Elle a trop de choses à faire pour penser à ça. Il y avait bien ce gentil monsieur que nous avons rencontré sur le bateau, et qui m'a appris à jouer aux échecs… M. McAdam, mais elle ne l'aime pas beaucoup.

— Moi, je t'apprendrai à monter à cheval et à jouer au base-ball. Tu vas adorer Akron. Tout le monde là-bas est impatient de te revoir. J'ai de grands projets pour nous deux, mais d'abord, nous allons faire un petit tour à l'ambassade.

— Il faudrait que je demande d'abord à maman, objecta Roddy, dépassé par la tournure inattendue que prenait cette rencontre.

— Tu auras tout le temps plus tard, fiston… Nous allons bien nous amuser. Je me suis dépêché de terminer mon travail pour pouvoir me consacrer à toi. Je veux tout savoir de toi. Fais-tu du sport dans ton école ?

— Je suis dans l'équipe réserve de rugby, et dans l'équipe première de cricket, catégorie junior…

— Des sports anglais. À Akron, nous avons la meilleure équipe professionnelle de football américain. Nous irons la voir jouer, si tu veux. »

Roddy ne savait pas comment lui expliquer qu'il devait rentrer chez lui, que l'école allait bientôt reprendre… Il n'avait pas le temps de faire ce long voyage aller-retour. « Merci pour le repas, monsieur, dit-il.

— J'ai pensé que nous pourrions aller voir un spectacle dans le West End et visiter le musée de Madame Tussauds, mais tout d'abord, faisons un saut à l'ambassade. J'ai des affaires à régler là-bas. »

Ils prirent un taxi qui les déposa devant une impressionnante demeure pourvue d'un grand escalier de marbre. Le drapeau étoilé flottait au-dessus de la porte. « Quand on vient ici, on doit répondre à toutes sortes de questions. C'est un petit morceau d'Amérique en plein Londres, alors, quoi qu'on te demande, tu devras répondre franchement, compris ? »

L'entrevue lui laissa une drôle d'impression. Ils entrèrent dans une pièce où un homme assis derrière un bureau demanda à Roddy son nom, sa date et son lieu de naissance, si ce monsieur était bien son père, qui était sa mère et où elle habitait. Puis l'homme tendit des papiers à son père en souriant. « Profitez bien de votre séjour.

— Merci, répondit son père. C'est ce que je fais. »

Après toute cette agitation, tous ces déplacements, à la fin de la journée, Roddy était épuisé et affamé. Il acheta des cartes postales pour les envoyer à Ella et à sa maman. Il avait toujours des timbres sur lui. Son père l'avait emmené voir *No, No, Nanette*, mais il n'avait pas aimé les chansons et c'était bien trop sentimental à son goût. C'était à peine s'il avait réussi à garder les yeux ouverts et il s'était endormi dans le taxi qui les ramenait à l'hôtel. Son père s'en était tellement alarmé qu'il lui avait fait prendre une boisson chaude pour qu'il passe une bonne nuit, et il avait aussitôt sombré dans un profond sommeil.

311

Quand il se réveilla, il découvrit qu'il était à bord d'un train qui filait en bringuebalant le long de la côte. Il n'avait aucune idée de la façon dont il était arrivé là.

«Bonjour, paresseux, dit son père en souriant. Bienvenue à bord.

— Où est-on? demanda Roddy, à demi somnolent, en écarquillant les yeux.

— En route vers ton pays, fiston, les États-Unis d'Amérique... Nous sommes presque à Southampton. Toi et moi, on va faire un voyage inoubliable. Tu vas rentrer chez toi sur l'*Olympic*, le navire jumeau du *Titanic*, pas moins! Que dis-tu de ça?»

Roddy sentit la panique le submerger. «Mais je dois rentrer à la maison! Maman va s'inquiéter.

— Ne t'en fais pas pour ça... Tout est réglé. Ta maman n'y voit pas d'objection. Elle a toujours su que je voulais que tu sois éduqué en Amérique. Elle convient que c'est mieux pour toi.

— Mais je n'ai pas de livres. Toutes mes affaires...

— Tu en as suffisamment pour le voyage et, à notre arrivée, je t'achèterai des vêtements convenables. N'es-tu pas content à l'idée de retrouver bientôt ta patrie?»

Roddy ne savait que penser. Il avait l'esprit confus, la bouche sèche, et il avait envie de faire pipi. Sa mère avait-elle réellement accordé son autorisation? Avait-elle combiné tout cela en cachette avec son père, pour lui faire la surprise? Il ne le croyait pas. «Pourrai-je l'appeler, quand nous serons sur le bateau? Nous avons le téléphone.

—Bien sûr, si tu arrives à trouver une ligne libre. Pourquoi ne pas lui envoyer plutôt une de ces cartes postales? Je suis sûr que cela lui fera plaisir», dit son père en lui tendant une carte représentant un paquebot.

Le train ralentit en arrivant au port et Roddy vit un gigantesque navire pourvu de quatre énormes cheminées se dresser au-dessus de lui. Un steward les accueillit en haut de la passerelle et les escorta jusqu'à une cabine de première classe équipée de lits jumeaux, d'une salle de bains et d'un salon donnant sur un balcon. Le garçon n'avait jamais rien vu d'aussi luxueux. Il sauta à pieds joints sur le lit, follement excité, mais un peu triste aussi de n'avoir pas pu dire au revoir à sa famille et à ses amis.

Il s'assit devant le bureau et écrivit trois cartes postales – une à sa mère, une à Ella et une à son grand-papa – pour leur dire qu'il allait bien et qu'il partait en vacances avec son père. Puis il alla dans le couloir et se mit en quête d'un steward à qui il demanda de les poster avant le départ du bateau. Le jeune homme mit les cartes dans sa poche et lui fit un petit salut militaire, et Roddy fut tout fier d'être traité comme un personnage important.

Plus tard, debout sur le pont, il regarda le quai s'éloigner. Il vit des passagers adresser de grands signes à leurs amis restés à terre, agiter des mouchoirs, et il regretta que sa famille ne soit pas là. Et puis brusquement, il se sentit malade. Une violente panique l'assaillit, le submergea tout entier, et il fut parcouru de tremblements. Il avait perdu le contrôle des événements. C'était lui qui avait voulu ce rendez-vous, qui l'avait organisé. Son père avait pris cela comme le signe qu'il voulait retourner vivre avec lui. Il ne pouvait plus revenir en arrière. Et il pressentit obscurément que, désormais, sa vie ne lui appartenait plus.

65

May courait en tous sens, s'efforçant de gérer de son mieux cette situation chaotique. Elle apporta du potage à Celeste qui gisait prostrée dans son lit, sous sédatif. La Maison-Rouge était devenue celle du deuil. Ce matin, on enterrait le chanoine et tout le monde marchait sur la pointe des pieds, en essayant d'arborer un visage stoïque. Il lui fallut du temps pour réussir à habiller Celeste, tellement celle-ci était faible et dénuée de forces. Tremblante, elle se tenait assise au bord du lit, serrant dans ses doigts la lettre qui lui avait brisé le cœur.

« Il a volé mon fils ! Ils se sont rencontrés à Londres, et il affirme que Roddy voulait rentrer en Amérique avec lui. Je n'en crois rien ! Roddy était heureux ici. Comment a-t-il pu manigancer tout cela dans mon dos ? Quelle folie de le laisser partir seul pour Londres ! Il ne sait pas ce qu'il fait. Il faut que j'aille le rechercher là-bas.

— Pas aujourd'hui, en tout cas. Nous enterrons ton papa, et tout doit se passer comme il l'aurait souhaité. C'est déjà bien suffisant pour une journée. Demain, les choses seront peut-être un peu plus claires... Je vais te passer ta robe. Il fait beau dehors, mais il fera plus frais à l'intérieur de la cathédrale. »

Selwyn avait contacté la police et téléphoné aux avocats de son ancien cabinet, à Birmingham, pour leur demander conseil. Il avait pris les choses en main, comme s'il s'agissait d'une opération militaire, donnant des ordres à tout le monde. May ne l'avait jamais vu faire preuve d'une telle autorité. Mais il fallait un capitaine à ce navire en perdition, et elle était heureuse qu'il puisse les faire bénéficier de ses compétences.

Roddy avait demandé la citoyenneté américaine. La police disait qu'elle ne pouvait pas intervenir dans un conflit familial. L'enfant était parti de son plein gré et il devait à présent se trouver dans les eaux internationales, hors de la juridiction britannique, sous la garde de son père légitime.

Une simple carte postale avait suffi à terrasser sa mère. Elle représentait l'*Olympic*, le navire jumeau du *Titanic*. À sa vue, Celeste était tombée évanouie dans l'entrée. May était restée impassible, mais elle avait caché la photo au fond d'un tiroir. Elle ne voulait plus jamais avoir à la contempler. Puis la lettre de M. Parkes était arrivée, annonçant qu'il avait « récupéré » Roddy, comme si l'enfant avait été un bagage égaré qu'il serait allé reprendre à la consigne – et tout cela, la veille des funérailles du chanoine.

« De tous les paquebots qui circulent sur cette ligne, il a fallu qu'il prenne celui-là ! Il va détruire

mon fils, faire de lui une brute. Et sa mère va le gâter
à outrance. Je veux qu'il revienne près de moi!»

Celeste semblait avoir perdu la raison, et May
était demeurée près d'elle jusqu'à ce qu'elle sombre
dans un sommeil artificiel.

À présent, elle allait devoir jouer les cerbères
et pousser vers la sortie les visiteurs venus leur
présenter leurs condoléances s'ils faisaient mine de
s'attarder. Comment allaient-ils expliquer l'absence
de Roddy?

Les gens d'ici pensaient que Celeste était une
veuve et non une épouse ayant déserté le domicile
conjugal. Cette nouvelle allait faire sensation
en ville quand elle viendrait à se savoir, et plus
longtemps ils pourraient la garder secrète, mieux
cela vaudrait. Et qui était plus apte que May Smith
à préserver un secret? Selwyn ne parlerait pas.
Quant à Ella, elle lui ordonnerait de tenir sa langue.

66

Le visage dissimulé sous un épais voile de crêpe,
Celeste attendait que les employés des pompes
funèbres aient descendu le cercueil de son père
du corbillard. Quand l'orgue de la cathédrale se mit
à résonner et que l'assemblée se leva respectueu-
sement à l'entrée du cortège funèbre, elle repensa

aux funérailles de sa mère et à tout ce qui était arrivé depuis.

Elle n'arrivait pas à croire que Roddy ait pu l'abandonner ainsi, que son fils unique ait pu sortir de sa vie comme si elle n'était rien pour lui. La colère et le chagrin lui serraient la gorge. Perdre son père était un événement douloureux mais naturel, alors que la pensée de ne plus voir Roddy était intolérable. Grover avait dû le soudoyer, le couvrir de cadeaux. Elle ne se rappelait que trop comment elle s'était laissée prendre à ses airs charmeurs.

En descendant la nef centrale, elle aperçut Archie McAdam la couvant d'un regard inquiet. Il savait tout à présent. Il était venu lui présenter ses condoléances le jour où elle avait reçu cette horrible carte postale et s'était retrouvé pris dans un maelström de cris et de larmes. Ils n'avaient pas pu faire autrement que lui révéler la vérité.

«Mon mari a emmené mon fils en Amérique, avait dit Celeste en montrant la carte. Autant que vous sachiez tout. Je l'ai quitté depuis des années, j'ai élevé mon fils seule, et maintenant...» Elle n'avait pas pu terminer sa phrase ni le regarder en face.

«Je suis désolé, s'était-il borné à répondre. Puis-je faire quoi que ce soit pour vous aider?»

Elle avait secoué la tête avec lassitude. «Selwyn dit que nous pouvons seulement porter l'affaire devant les tribunaux pour tenter d'obtenir le droit de garde. Il faudra que je retourne aux États-Unis. Je ne peux pas perdre mon fils. Il est tout ce qui compte pour moi.

— Je ne crois pas que vous puissiez le perdre. Il est temporairement égaré, rien de plus.»

Mais elle n'était pas d'humeur à plaisanter, et elle avait sèchement répliqué : « Ce n'est pas drôle.

— Pardonnez-moi, mais je ne cherchais pas à faire de l'humour. Il s'est égaré, il s'est fourvoyé, comme un jeune garçon qui se laisse entraîner par la griserie de l'aventure. Les enfants ne réfléchissent pas aux conséquences de leurs actes. Pourquoi l'aurait-il fait ? Il a été bien éduqué, protégé et choyé. Il fait confiance aux gens. Il a peut-être les idées un peu embrouillées pour le moment, mais il n'oubliera pas ce que vous lui avez enseigné, soyez-en persuadée. J'ai une certaine expérience dans ce domaine, et Roderick saura s'en sortir. Vous lancer à sa poursuite ne ferait que resserrer la bride que votre mari lui a passée autour du cou. Selwyn m'a décrit le personnage... Je suis navré. » Il avait voulu lui prendre la main, mais elle l'avait repoussé.

« Selwyn n'avait pas le droit de vous parler de mes problèmes personnels. Vous n'y comprenez rien du tout !

— Je ne sais hélas ! que trop bien ce que c'est de perdre un enfant, mais je sais aussi que l'amour que vous prodiguez sans compter vous est toujours rendu. Roddy sait combien vous l'aimez. Il finira un jour par vous revenir. »

Celeste était partie hors d'elle, refusant d'en entendre davantage. Elle n'avait que faire des conseils d'Archie. Elle voulait retrouver Roddy tout de suite, pas demain ni après-demain. Mais, étrangement, en cet instant même, tandis qu'elle s'avançait lentement dans l'allée au bras de son frère, elle sentit monter jusqu'à elle les ondes de son affection chaleureuse. Elle perçut la force d'Archie, sa sollicitude et sa gentillesse. Ils allaient avoir grand besoin d'amis pour arriver à supporter cette douleur. Chaque mot de la lettre de Grover lui brûlait le cœur comme un fer rouge.

Tu ne croyais quand même pas que j'allais te laisser me voler mon fils sans réagir, n'est-ce pas ? Il est légitimement à moi, et je vais veiller à ce qu'il soit élevé comme un enfant de ce pays, et non comme une de ces chiffes molles d'Anglais qui se laissent commander par des femelles.

Inutile de venir ici pour essayer de le reprendre. Il t'écrira quand je l'y autoriserai, pour les fêtes et autres événements importants. Il faut le laisser tranquille, pour qu'il puisse développer cette force qu'il tient de son père et qui l'emmènera loin dans ce nouveau monde. Il aura tout ce que l'argent peut acheter de mieux.

Tu as eu ton tour, maintenant c'est à moi qu'il appartient de forger son caractère et d'en faire mon héritier. Tu as accompli ta part. Tu m'as volé ses jeunes années, il deviendra adulte près de moi.

Il n'y aura pas de divorce avant que je l'aie décidé. Il serait peut-être prudent de trouver une épouse plus convenable, afin de contrecarrer ta mauvaise influence. Mais, en attendant, ma mère m'aidera à l'éduquer.

Nous aurions pu nous épargner toutes ces complications si tu avais appris à obéir. Mais vous autres, Anglais, vous n'apprendrez jamais, n'est-ce pas ? Vous êtes une race d'entêtés. J'avais cru pouvoir te dresser, mais tu m'as profondément déçu. Je ne commettrai pas la même erreur avec Roderick. Je l'habituerai progressivement à nos façons de faire. Il comprendra rapidement où est son intérêt.

J'espère que tu souffres autant que j'ai souffert quand tu me l'as enlevé autrefois. En ce qui me concerne, tu peux bien aller au diable.

Grover Parkes

Celeste leva les yeux vers l'imposant portail ouest que l'on avait ouvert en l'honneur de son père. *Je le jure devant Dieu et tous les saints, je ne sombrerai pas sans me battre.* Elle revit une fois de plus le gigantesque paquebot s'enfoncer dans les flots, en cette nuit terrible. Il n'était pas question pour elle de renoncer. Elle était insubmersible. Elle avait survécu à une mort certaine. Il devait y avoir un moyen d'arracher son fils aux griffes de Grover. D'une façon ou d'une autre, elle y parviendrait.

Troisième partie

Les liens défaits

1922-1928

67

Pendant les mois qui suivirent le départ de Roddy, Celeste demeura inconsolable, incapable de faire quoi que ce soit, perdue dans son désespoir. May commençait à se demander si son amie n'allait pas finir à l'hôpital, comme cela lui était arrivé à elle-même. Tout leur univers était sens dessus dessous, et c'était désormais elle qui devait administrer la maisonnée, prendre toutes les décisions d'ordre pratique, rédiger des listes et donner des instructions, pendant que Celeste restait enfermée dans sa bulle, ne s'intéressant qu'aux nouvelles qui lui arrivaient d'Akron, par l'intermédiaire de la grand-mère de Roddy, et qui ne faisaient rien pour la réconforter.

« Comment peuvent-ils m'empêcher de voir mon fils ? Ils l'ont retourné contre moi. Il faut que j'aille là-bas tout de suite pour lui faire entendre raison, gémit Celeste, se tordant les mains dans sa détresse.

— Pas maintenant…, objecta Selwyn, dans une vaine tentative pour la calmer. C'est encore trop tôt.

— Je vais devenir folle si je reste ici à attendre, s'écria-t-elle.

— Dans ce cas, sors, et trouve-toi une occupation qui te donnera un motif de te lever le matin », suggéra-t-il, comme il l'avait fait à May, pratiquement dans les mêmes termes, tant d'années auparavant. Lui-même avait repris le collier et exerçait de nouveau à Birmingham, se battant contre l'administration pour faire valoir les droits des anciens combattants à un toit et un traitement médical. L'enlèvement de Roddy l'avait fait sortir de sa léthargie et May avait l'impression que, pour la première fois depuis longtemps, il s'était repris en main. Il buvait moins, également, et rentrait directement à la maison pour bricoler dans sa grange. Parfois, May lui apportait du thé et s'asseyait sur l'établi pour le regarder. Ils n'avaient pas besoin de parler pour se sentir bien ensemble. Le silence avait quelque chose de rassurant.

C'était tout le contraire avec Celeste qui était extrêmement difficile à suivre, passant constamment d'une idée à l'autre, d'une humeur à l'autre. Dieu merci, son ami, M. McAdam, venait souvent la voir et l'emmenait pour de longues promenades d'où elle rentrait un tantinet apaisée. May aurait aimé avoir un ami tel que lui, quelqu'un qui la protège et la chérisse. Joe s'était toujours montré si attentif envers elle, si prodigue en compliments ! Elle se demandait parfois si Selwyn remarquerait un jour les efforts qu'elle déployait pour soigner son apparence. Elle essayait de se faire belle pour lui, mais tout ce qui n'était pas de la ferraille rouillée ne semblait présenter aucun intérêt à ses yeux.

Elle avait beau aimer son amie de tout son cœur, elle commençait à être exaspérée par sa négligence. Celeste laissait traîner ses affaires partout dans la maison ou le jardin et oubliait ensuite où elle les avait mises. Une fille désordonnée lui suffisait ; deux personnes semant la pagaille, c'était plus que ses nerfs pouvaient en supporter. Puis un matin, en rangeant un numéro du *Times*, May s'aperçut que Celeste avait entouré une petite annonce d'une agence d'employés de maison à Londres. C'était un début, et elle sentit un petit espoir se ranimer en elle. Elle découpa l'annonce et la plaça sur le bureau de Celeste.

Un peu plus tard, tandis que son amie, affalée dans un fauteuil, sirotait un chocolat chaud, elle profita de l'occasion pour lui brandir le papier sous le nez : « Pourquoi ne réponds-tu pas ? Que risques-tu à tenter ta chance ? Tu passes trop de temps à ruminer, cela ne mène à rien. Et je suis bien placée pour savoir de quoi je parle. »

Celeste leva les yeux et sourit en secouant la tête. « Le Seigneur savait ce qu'Il faisait le jour où Il t'a mise sur mon chemin, pas de doute !

— Allons donc ! À quoi servent les amis, si ce n'est pas à vous soutenir quand vous traversez une mauvaise passe ? Je te rends ce que tu as fait pour moi autrefois, rien de plus. Tu te rappelles, tu disais tout le temps : "Quand je suis occupée, je ne pense pas." Tout s'arrangera, je te le promets, mais en attendant, pourquoi ne pas entreprendre quelque chose de nouveau ? Cela pourrait peut-être t'aider. »

68

Akron

Arrivé devant la statue de l'Indien, à l'angle de Portage Path, Roddy s'immobilisa et regarda vers l'ouest, là où s'étendait autrefois la frontière entre le territoire indien et les États-Unis. Il parcourut des yeux les crêtes boisées, essayant de se représenter le paysage tel qu'il était à cette époque, mais il n'avait pas vraiment le cœur à la promenade. Il avait la nostalgie de la vallée de la Trent, de sa vieille école en brique et de Lichfield, de la vie joyeuse et mouvementée dans la Maison-Rouge. Mais ce qui lui manquait le plus, c'était sa mère.

Depuis qu'il avait reçu cette lettre l'informant que grand-papa Forester était mort le jour même où il s'était embarqué pour New York, il se sentait affreusement mal. Il aurait voulu rentrer en Angleterre pour rendre un dernier hommage à son grand-père et consoler sa maman. Quel désespoir elle avait dû éprouver en perdant le même jour son père et son fils !

Il contempla les grands arbres sur la pente abrupte qui descendait vers la Cuyahoga, la rivière déroulant ses méandres en lisière de la ville. Des maisons se dressaient à présent le long de Portage Path, et le *country-club* empiétait sur l'ancien territoire des Indiens, les repoussant toujours plus loin, hors de vue.

C'était ici qu'il était né, mais il ne s'y sentait pas chez lui. Il avait commis une énorme erreur en quittant sa famille. Mais il ne pouvait pas revenir sur ce qui était accompli.

Il repensa à la lettre qu'Ella lui avait envoyée, l'accusant d'être un traître et un cochon d'ingrat. Sans mâcher ses mots, elle lui décrivait l'état de détresse où se trouvait sa mère depuis son départ.

« Elle se reproche de ne pas être allée à Londres avec toi, elle pleure en cachette tout le temps, alors reviens, et rends-lui le sourire. »

Roddy avait lu et relu cette missive, en proie à un profond sentiment de culpabilité. Depuis qu'il était ici, il n'avait pas beaucoup écrit chez lui, à part une lettre de condoléances à sa mère et à l'oncle Selwyn, et une autre pour leur faire une brève description de sa nouvelle école. Il y avait ajouté quelques bribes d'informations sur l'état de santé de sa grand-mère, mais s'était abstenu de mentionner que son père avait une nouvelle compagne, une certaine Mlle Louella Lamont, qui les accompagnait parfois à la messe à l'église de St John et venait prendre le thé à la maison. Elle était assez jolie, et toujours vêtue avec élégance, mais sa voix lui faisait penser à une corne de brume.

La maison était perchée sur les hauteurs de West Hill et elle était superbe avec ses briques colorées, son jardin orné de statues, ses écuries et ses vergers. Il n'en avait jamais vu d'aussi grande à Lichfield.

Il y avait son propre appartement, tout comme grand-maman Harriet, à l'autre bout du bâtiment. Ces derniers temps, son père semblait travailler jour et nuit, et quand il rentrait enfin, il était toujours de mauvaise humeur. Les promesses qu'il lui avait faites à bord de l'*Olympic* – tout ce qu'ils feraient ensemble, tout ce qu'il lui apprendrait – étaient oubliées depuis longtemps et ils n'en avaient jamais reparlé.

Rien n'était vraiment conforme à ce qu'il avait espéré, mais il s'était fait un ami à l'école, Will Morgan. Aucun des autres garçons n'avait vécu à l'étranger et ne s'intéressait à sa vie d'avant. Tout ce qui les intéressait, c'était de suivre les progrès de l'équipe d'Akron dans la Ligue nationale de football. Ils travaillaient avec acharnement pour obtenir de bonnes notes qui leur permettraient d'entrer à Harvard ou à Yale. Roddy ne voyait pas aussi loin. Il avait déjà connu trop de changements au cours de sa jeune vie.

Il avait tout ce qu'il pouvait désirer : une belle demeure, un cheval et un boghei, une bonne éducation, de magnifiques paysages à explorer. Alors pourquoi se sentait-il si malheureux ? Il manquait quelque chose, parmi tous ces signes extérieurs de richesse et de réussite, quelque chose d'important, et Roddy n'arrivait pas tout à fait à cerner ce que c'était. Mais quoi que ce fût, cela lui laissait la sensation d'un vide immense.

69

« Madame Forester, pourriez-vous vous occuper des clients de Stratford ? s'enquit Safara Fort au téléphone.

— Bien entendu, avec plaisir, répondit Celeste à la directrice de l'Agence des aides universelles. De quelle région d'Amérique sont-ils originaires ? » ajouta-t-elle, espérant en son for intérieur qu'ils viendraient de l'Ohio. Assise au pied de l'escalier, elle se prit à sourire en pressant l'écouteur du téléphone contre son oreille. Être recrutée par cette agence lui avait sauvé la vie. C'était une toute nouvelle organisation qui avait installé son siège à Londres et proposait les services de femmes de la bonne société pour chaperonner des jeunes filles, décorer des intérieurs, s'occuper des enfants, effectuer des recherches sur tel ou tel sujet et répondre à toutes sortes de demandes inhabituelles. C'était un métier plein d'imprévu. Parfois, il s'agissait d'une tâche tout à fait banale, comme conduire le chien ou le chat d'une dame riche chez le vétérinaire pour lui faire couper les griffes, par exemple, ou aider une jeune mariée à choisir son mobilier chez Rackhams ou Beatties. À la belle saison, il lui arrivait fréquemment d'emmener des touristes visiter Stratford et la maison d'Anne Hathaway. Les Américains raffolaient des superbes auberges de style Tudor avec leurs lits à colonnes et leurs poutres de chêne apparentes, ainsi que de leur robuste nourriture typiquement anglaise.

«Ils viennent de quelque part aux environs des Grands Lacs... Ann Arbor... Ce sont des passionnés de Shakespeare, et, par conséquent, ils veulent qu'on leur fasse faire la visite complète, qu'on leur fournisse un bon hôtel, un guide pour les accompagner, bref, la routine, mais pour une durée de deux ou trois jours seulement. Ils souhaitent aussi voir Édimbourg et la cathédrale de York. Ensuite Paris, bien sûr, et comme vous avez vécu en Amérique, j'ai pensé...

— Je m'en charge, mademoiselle Fort, répondit Celeste. Je vais effectuer toutes les réservations par télégramme et prévoir un itinéraire correspondant à leur budget.

— Leur budget est illimité. Les Simpson veulent ce qu'il y a de mieux. C'est un magnat des céréales, à ce que j'ai cru comprendre. Je suis contente de pouvoir m'appuyer sur quelqu'un comme vous pour tout ce qui concerne la partie nord du pays, Celestine. Vous vous révélez décidément une excellente recrue. Dès que je vous ai rencontrée, j'ai deviné que vous possédiez de multiples talents. Vous êtes une perle. Dans ce métier, il y a beaucoup d'appelées, mais peu d'élues, ma chère. Nous recevons tellement de candidatures qui ne conviennent absolument pas ! Nous sommes très exigeantes sur le choix de nos employées, mais jusqu'à présent, vous avez rempli toutes vos missions de manière irréprochable et nos clients nous disent que leurs enfants ne veulent plus personne d'autre que vous pour les garder.

— Merci, mademoiselle Fort », répondit Celeste, rayonnante de joie. Elle adorait son travail. Il lui donnait une occupation et l'empêchait de trop penser à Roddy, de se tourmenter en se demandant comment les choses se passaient avec son père. Mais son fils restait toujours présent dans ses pensées.

« Je ne vous retiens pas plus longtemps, vous allez avoir du travail pour tout organiser. J'attends votre rapport avec impatience. »

Celeste avait mis son plus beau tailleur de tweed pour se présenter au bureau de l'agence, près de Sloane Square. On lui avait posé des questions sur sa vie et son expérience professionnelle, mais lorsqu'elle avait expliqué qu'elle était une survivante du *Titanic*, une amie de Margaret Brown, et avait travaillé pour le Comité de secours aux femmes, l'interrogatoire s'était arrêté là.

« Nous serions honorées de vous compter parmi nous. »

C'était ainsi qu'elle avait escorté des dizaines d'enfants apeurés de Birmingham, Wolverhampton ou Stafford jusqu'à leur nouveau pensionnat en pleine campagne, et vice versa. Elle avait déjà fait tout cela autrefois pour Roddy – veiller à ce que leurs malles à provisions soient pleines, qu'ils aient suffisamment de jeux et de confiseries pour le voyage, de livres illustrés et de magazines pour les distraire et les empêcher de s'inquiéter de ce qui les attendait.

Elle avait du mal à croire qu'il s'était déjà écoulé un an depuis ce jour terrible où Roddy était parti, un an de correspondance guindée, un an à s'enquérir de lui auprès de Harriet en termes courtois et prudents. Elle n'écrirait plus jamais à Grover directement, après ce qu'il avait fait. Elle craignait de ne pouvoir se refréner et de le couvrir d'injures, ce qui n'aurait servi qu'à aggraver les choses.

Les lettres de Roddy étaient brèves et circonspectes. Elle sentait qu'il s'efforçait de se réadapter à la vie américaine, mais les photographies qu'il lui envoyait montraient combien il grandissait vite. Il ne portait plus de culottes courtes désormais et il ressemblait à un échalas. Elle mourait d'envie de lui rendre visite, mais elle savait que cela ne ferait que nuire à la trêve fragile qu'elle avait conclue avec Grover. Tout au long de ces mois, May s'était tenue à ses côtés, fidèle et discrète, lui offrant son épaule pour pleurer. Et Archie également, mais leur relation devait rester secrète.

Archie était un célibataire enseignant dans un séminaire où l'on observait une morale assez stricte, et elle était toujours mariée, quoique séparée de son époux. Ils le présentaient comme un ami de Selwyn, afin que ses fréquentes visites à la Maison-Rouge ne suscitent pas de commérages, mais chacun savait qu'il était amoureux d'elle. L'admiration qu'elle lisait dans son regard lui donnait le courage de résister quand la douleur de l'absence de Roddy devenait trop forte.

Il devinait toujours sa détresse et lui effleurait doucement la main pour la rassurer. Il avait perdu sa femme et connu de terribles souffrances durant la Grande Guerre. Il était le roc auquel elle se raccrochait, cependant il n'y avait aucun avenir pour eux deux, à moins que Grover ne la libère de leurs liens ou qu'elle ne tente d'obtenir le divorce. Elle ne pouvait pas risquer de perdre tout contact avec son fils : son bonheur en dépendait. Un jour, il lui reviendrait. Un jour, ce cauchemar prendrait fin.

70

Ella aimait regarder travailler les tailleurs de pierre. Située dans Quonians Yard, l'entreprise Bridgeman et fils restaurait la maçonnerie et les sculptures et recréait les bordures ornementales sur les toits des églises. On lui devait la restauration de la façade de la cathédrale, avec ses magnifiques statues et ses frises. En admirant les pièces entreposées dans la cour avant d'être emballées et expédiées à l'autre bout du pays ou à l'étranger, elle sentit qu'elles étaient le produit d'une compétence transmise de génération en génération.

Au lycée, ses camarades la taquinaient au sujet de sa collection de photographies et d'images découpées sur des affiches, dans des magazines et des journaux. Maintenant qu'elle avait un petit appareil Brownie, elle pouvait photographier tout ce qui lui plaisait. Elle avait visité toutes les églises de la ville et acheté des cartes postales au musée de Birmingham, où elle s'intéressait plus spécialement aux femmes artistes, et, entre autres, celle qui, à l'ère victorienne, avait participé à l'édification des statues devant le mur ouest de la cathédrale. Elle avait pris des notes sur Kathleen Scott et la statue du capitaine Smith, et passé tellement d'heures à contempler celle-ci qu'elle avait fini par user la patience de Hazel.

Celle-ci était restée sa meilleure amie. Elles étaient allées ensemble au lycée, même si Hazel étudiait la science et la biologie et ne trouvait pas d'intérêt aux beaux-arts. Posant un œil critique sur la silhouette d'Ella, elle l'avait mise en garde : « Tu vas avoir des bras de boxeur, à force de sculpter.

— Je m'en fiche », avait rétorqué Ella. Elle était prête à tout pour devenir sculpteur. Elle avait hâte de quitter l'école et de se lancer dans le monde réel, de voyager, de découvrir Rome, Florence et Paris, où les gens pouvaient vivre de leur art et expérimenter de nouvelles techniques en toute liberté. Elle avait conscience de la médiocrité de ses propres tentatives, les visages qu'elle modelait dans la glaise, dans la remise au fond du jardin, et qu'elle avait envie de briser en mille morceaux tant elle en était insatisfaite. Mais les matériaux étaient onéreux et sa mère détestait le gaspillage.

Elle adorait peindre, mais c'étaient les portraits qu'elle préférait. Pour son anniversaire, elle avait demandé un crâne, mais avait dû se contenter de celui d'un mouton. Il était important de pouvoir sentir les contours des os d'une tête, de pouvoir construire à partir de l'architecture interne.

Elle souhaitait désespérément faire des études artistiques, mais sa mère ne voulait pas en entendre parler.

« Tu dois aller à l'université et obtenir un diplôme, après tout ce que j'ai dépensé pour ton éducation. Il faut que tu aies un bon métier, pour gagner de quoi vivre si nous traversons une période de vaches maigres… Institutrice, secrétaire ou opératrice de comptomètre.

— Mais je n'ai pas envie de travailler dans un bureau.

— Dans ce cas, tu pourrais peut-être devenir infirmière…

— Pas question! Je tuerais tous les patients.

— Je ne plaisante pas. Tu feras ce qu'on te dit, jeune demoiselle. Il y a déjà eu dans cette maison suffisamment de gens qui n'ont pas su apprécier leur bonheur », marmonna sa mère, en regardant la photo sur le manteau de la cheminée.

C'était une mise en garde implicite. Le nom de Roddy n'était jamais mentionné. Il était le fantôme silencieux dans le coin de la pièce, toujours présent mais jamais évoqué.

C'étaient sa mère et l'oncle Selwyn qui dirigeaient la Maison-Rouge, à présent, formant une alliance des plus singulières. Tante Celeste était constamment sur les routes, et ils restaient là tous les deux à se chamailler ou à dîner en silence comme un vieux couple marié. L'oncle Selwyn était un peu sorti de sa coquille, mais il aimait toujours bricoler dans sa grange avec son fer à souder. C'était à l'une de ces occasions qu'Ella avait eu la brillante idée de faire des tableaux avec des rognures de métal. Si seulement elle avait pu les assembler pour en faire des sculptures à la Giacometti! avait-elle pensé avec regret…

Selwyn avait tout d'abord refusé, quand elle lui avait demandé de lui montrer comment s'y prendre, mais elle l'avait tellement harcelé qu'elle avait finalement obtenu gain de cause. Il avait insisté pour qu'elle porte une visière protectrice et se tienne en retrait pour ne pas recevoir d'étincelles. C'était un travail difficile et éreintant, mais un bon entraînement si elle souhaitait travailler le métal fondu pour réaliser des bustes ou des pièces plus importantes.

Puis sa mère était venue apporter une tasse de thé à Selwyn et elle était entrée dans une rage folle en les trouvant ensemble devant l'établi. Il lui avait vertement répliqué.

« Pour l'amour de Dieu, femme, ne vois-tu pas combien cette enfant est douée et imaginative ? Elle a de bonnes idées. Qu'est-ce que ça peut bien faire, quelques petites brûlures sur ses mains… ? Apprendre quelque chose de valable exige toujours de la sueur, du sang et des larmes. Tu serais idiote de vouloir mettre une limite à ses rêves.

— Ne me traite pas d'idiote, Selwyn Forester ! Je sais parfaitement qu'elle possède largement assez de beauté, d'intelligence et de talent pour nous deux. Mais tu n'as pas le droit de la mettre en danger. Ce n'est pas un travail pour une fille.

— Ça l'était pendant la guerre, ou as-tu oublié que c'étaient les femmes qui travaillaient alors dans les usines de munitions et de métallurgie ? »

Ella les abandonna à leur querelle. Elle n'aimait pas qu'ils se disputent à cause d'elle. Si Roddy avait été là, il l'aurait entraînée dans le jardin pour la calmer, il l'aurait fait rire. Il lui manquait beaucoup.

Se ruant dans la remise, elle s'empara de sa dernière feuille vierge et, en proie à une violente fureur, dessina l'image qu'elle avait en tête : le visage couturé de Selwyn penché sur le fer à souder, son propre visage illuminé par la flamme, attentif derrière la visière. En esprit, elle vit émerger une forme étrange. Deux silhouettes levant les bras en un geste de désespoir, une troisième écrasée entre elles tentant de les séparer. Sa main vola sur le papier jusqu'à ce qu'elle soit épuisée.

Elle sentait les idées bouillonner dans sa tête. Et son corps lui aussi était en train de changer, plus plein, plus doux, avec des courbes plus accentuées. Tous les matins, en se joignant à la longue procession d'élèves en route vers le lycée, elle croisait des garçons à bicyclette qui se rendaient à l'école King Edward et lui adressaient des clins d'œil ou la sifflaient au passage. Elle rougissait, consciente qu'ils admiraient ses formes et sa chevelure noire attachée en une grosse tresse pour dompter ses boucles rebelles.

Hazel leur rendait leurs regards en gloussant. « Tu lui plais.

— Tais-toi, répliquait-elle en essayant de dissimuler son contentement.

— Tu ne fais que les aguicher davantage en les ignorant, la rabrouait Hazel. J'aimerais que Ben Garratt me regarde comme il te regarde.

— Je n'ai pas le temps de me compliquer la vie avec ces bêtises. Je vais devenir une artiste. Nous devons exprimer nos sentiments à travers nos œuvres, et non les gaspiller pour des élèves de première boutonneux.

— Écoute-toi donc, Ella Smith ! D'après ce que j'ai lu, les artistes ont des vies sentimentales extrêmement compliquées, justement. Regarde

Mlle Garman, celle qui nous avait donné cette conférence au lycée. Maman dit qu'elle vit désormais à Londres avec un homme marié, et que c'est absolument scandaleux.» Comme Hazel était drôle quand elle essayait de prendre un air méprisant! pensa Ella; elle plissait le nez comme un lapin.

«Oh! tu veux parler de son amant, le sculpteur Jacob Epstein!

— Elle a eu un bébé de lui…

— Et alors? Les artistes ne vivent pas comme tout le monde.

— Je trouve ses sculptures affreuses. Elles sont tellement bizarres… Tu n'as pas envie de faire le même genre de choses, j'espère? reprit Hazel d'un air choqué.

— Je ne sais pas encore quel sera mon style, avoua Ella.

— Tu dois faire attention à ne pas parler de ça à l'école, ou tu auras Mlle Hodge sur le dos.

— Pas de danger. Maman m'écorcherait vive si elle nous entendait, répondit Ella en riant. Je voudrais entamer ma carrière dès maintenant, au lieu de rester le nez collé dans ces bouquins assommants.

— On n'a jamais assez d'instruction, c'est ce que dit mon beau-père.» La mère de Hazel venait d'épouser George, le soldat.

«Mais l'art nous apprend également beaucoup de choses. Je veux en faire tout le temps, pas seulement deux heures par semaine.

— Dans ce cas, inscris-toi à l'école des beaux-arts. Le frère de Cynthia y va, soupira son amie. Il est très beau…

— Où ça ? Je ne peux pas quitter la maison », objecta Ella. Son amie venait de formuler à voix haute une idée qui la travaillait depuis un certain temps.

« Il y en a à Walsall, à Birmingham, dans une quantité d'endroits. Tu pourrais y aller par le train.

— Mais ça coûte de l'argent, et nous n'en avons jamais eu beaucoup, même si cela va un peu mieux depuis que nous vivons à la Maison-Rouge. Enfin, je suppose qu'on pourrait utiliser l'argent du navire…

— Quel argent ? demanda Hazel, intriguée.

— La pension que ma mère touche pour le décès de mon père. J'ai vu le chèque un jour, il y avait un navire dessiné dans un angle. Je demanderais bien des explications à maman, mais je n'ose pas. Je n'étais qu'un bébé quand il est mort, et nous n'en parlons jamais à la maison. Ça met maman dans tous ses états. Ça s'est passé il y a des siècles, et depuis il y a eu la guerre et tout ça… On ne te verse rien pour ton papa, n'est-ce pas ?

— Je crois que ma mère recevait une pension de veuve, mais que ça s'est arrêté quand elle a épousé George. Tu vas me manquer si tu t'en vas, dit Hazel en lui agrippant le bras comme pour la retenir.

— Oh ! nous resterons toujours amies ! Nous pourrons nous voir en fin de semaine. Mais je ne sais pas si ma mère m'autorisera à quitter l'école. Il faudra en informer la dame de l'aide sociale. Elle vient nous voir régulièrement, pour vérifier que nous avons toujours droit à l'allocation. En tout cas, tu m'as donné une idée.

— Oh ! ce n'est pas pour toi que je le fais ! rétorqua Hazel avec un sourire espiègle. Si tu quittes

Lichfield, j'aurai la voie libre pour conquérir Ben Garratt. Comme je l'ai déjà dit, il n'est jamais trop tôt pour s'instruire.»

71

Celeste marchait de long en large, au comble de l'excitation. «J'ai une mission... Tu ne devineras jamais où... C'est une jeune fille de Boston qui séjournait à Birmingham chez des amis de sa famille, les Cadbury. Elle a le mal du pays et elle veut rentrer, mais ses parents souhaitent qu'elle soit accompagnée par un chaperon. De préférence quelqu'un qui soit déjà allé en Amérique... N'est-ce pas incroyable? Je vais pouvoir me rendre gratuitement aux États-Unis! Qui pourra m'empêcher de voir Roddy? Je pourrai facilement prendre le train de Boston à Cleveland. Quand Mlle Fort leur a dit que j'étais une survivante du *Titanic* et plus que compétente pour ce travail, la question a été réglée. Ils se montrent très protecteurs envers Mlle Elias... Phoebe. Je l'aime déjà. Je vais écrire à Harriet Parkes et exiger qu'on me laisse rencontrer mon fils.

— Mieux vaut le demander gentiment, ne crois-tu pas?» suggéra May, d'un ton empli de sollicitude. Elle savait combien Roddy manquait à Celeste et redoutait que son amie ne voie ses espoirs cruellement anéantis. D'après le peu qu'elle connaissait de Grover, il n'accéderait pas facilement à cette requête.

« Tu as raison, bien sûr. Patience et longueur de temps font plus que force ni que rage, acquiesça joyeusement Celeste, qui paraissait plus gaie qu'elle ne l'avait été depuis des mois. La famille Elias me paiera le voyage de retour et il me reste un peu de mon héritage…

— Tu ne comptes pas revenir avec Roddy ? » C'était la question que personne n'avait encore osé lui poser, mais May s'y était sentie obligée.

Celeste secoua la tête. « Je me suis résignée à vivre sans lui jusqu'à ce qu'il soit en âge de choisir par lui-même. Mais le revoir après toutes ces années… Je ne peux plus attendre. Et qui sait… »

Elle sortit d'un pas léger, laissant May plongée dans un abîme de perplexité. La vie à la Maison-Rouge était décidément mouvementée depuis quelque temps.

Elle avait été fortement ébranlée quand on l'avait convoquée au lycée pour lui apprendre qu'Ella refusait la bourse qu'on lui offrait pour aller à l'université. Elle avait laissé passer cette chance unique et préféré s'inscrire à l'école des beaux-arts de Walsall, où elle se rendait tous les matins par le bus.

C'était bizarre de ne plus la voir revenir de l'école l'après-midi, toute en jambes et en cardigan trop ample, envoyer voltiger son chapeau avec un soupir de soulagement, ôter ses chaussures d'uniforme qu'elle appelait des « péniches » et grimper les marches quatre à quatre pour gagner sa chambre.

La Maison-Rouge était calme à présent, bien trop calme, jusqu'au moment où Ella rentrait, généralement très tard et couverte de plâtre de Paris ou de peinture, le visage rayonnant. May soupira. Tout cela était la faute de Selwyn.

« Elle mérite qu'on lui accorde sa chance, ne penses-tu pas ? » avait-il demandé un matin en lui fourrant les dessins de sa fille sous le nez pendant qu'elle mangeait son petit déjeuner.

Selwyn savait l'enjôler, il avait l'art d'apaiser son irritation. Et Celeste avait également pris son parti.

« J'aimerais savoir quels sont les talents de Roddy. Si j'en juge par ses lettres, il passe ses loisirs à jouer au football et à faire des randonnées. Tu devrais écrire au fonds de secours et demander une bourse pour elle. C'est son dû… »

Ces mots avaient fait naître en May un vif sentiment de culpabilité. Elle élevait une enfant qui n'était pas la sienne, alors que la pauvre Celeste, par un étrange retournement de situation, avait été privée de son fils.

Leurs arguments avaient fini par venir à bout de sa résistance. Ella avait jeté son uniforme dans la corbeille à linge sale pour la dernière fois, et May lui avait acheté une robe pratique qu'elle avait portée une journée avant de la troquer contre une blouse de peintre et une vieille salopette de l'armée de terre.

Une semaine après que Celeste se fut embarquée pour New York avec sa protégée, par un bel après-midi d'automne, May se rendit en ville à bicyclette, revêtue de sa nouvelle jupe, courte comme le voulait la mode. Selwyn était à Birmingham et elle avait un peu de temps libre, pour une fois. Rouler à vélo lui procurait un grisant sentiment de liberté et elle savourait la caresse de l'air frais sur son visage. Elle rentrait à la maison avec un panier rempli de provisions, et le vent dans son dos lui donnait l'impression qu'elle volait. Elle préparerait un ragoût d'agneau et de légumes pour le dîner. Tandis qu'elle se demandait si elle avait assez de pommes de terre, elle détourna les yeux de la route une seconde de trop, heurta une pierre et tomba lourdement, s'éraflant la jambe contre le bord du trottoir. Des passants se précipitèrent à son aide. Elle resta assise un instant, se sentant stupide. L'entaille n'était pas très profonde, mais elle saignait un peu et était pleine de gravier. Elle la tamponna avec son mouchoir, remonta sur sa bicyclette et rentra chez elle se remettre de ses émotions à l'aide d'une bonne tasse de thé.

72

Akron

«J'ai reçu une lettre de ta mère, Roderick. Elle sera de passage à Boston et compte nous rendre visite. Nous devons faire des préparatifs.» Grand-maman Harriet brandit la lettre sous ses yeux, sans se douter qu'il était déjà informé de la venue de sa mère. Elle avait envoyé un télégramme et son père était entré dans une fureur noire. Ce soir-là, sa grand-mère revint à la charge, tentant de l'amadouer.

« J'avais pourtant dit à cette femme qu'elle n'était pas la bienvenue ici !

— Mais il faut qu'elle voie son fils. Ce ne serait que justice », objecta sa grand-mère.

Son père repoussa cet argument d'un geste dédaigneux de la main, comme il aurait chassé une mouche sur le revers de sa veste.

« Elle ne mettra pas les pieds dans cette maison. Que diraient les gens ?

— Elle peut descendre à l'hôtel. Elle voudra passer le plus de temps possible avec Roderick. Ce n'est pas toi qu'elle vient voir », riposta grand-maman Harriet, de manière fort peu habituelle : d'ordinaire, elle se comportait vis-à-vis de son père avec la plus grande prudence et gardait soigneusement ses distances quand elle le sentait de mauvaise humeur.

« Tu étais au courant, mon garçon ? s'enquit Grover en transperçant Roddy du regard. C'est toi qui as manigancé tout ça ?

— Non, père. Mais j'aimerais la voir », avait-il répondu poliment.

Son père avait paru fléchir. « Si tu y tiens vraiment... Mais qu'elle ne s'attende pas à être accueillie à bras ouverts. Je me méfie de ses intentions. Je ne veux pas la voir. Elle restera dans l'aile réservée à ma mère, et il est hors de question qu'elle pénètre dans le reste de la maison. Cela risquerait de contrarier Louella.

— Dans ce cas, tu devrais divorcer et épouser cette fille, déclara Harriet. Elle est tout le temps en train de traîner ici.

— Tu ferais mieux de tenir ta langue, espèce de vieille commère. Un divorce entraînerait des frais et risquerait de créer un scandale. Les choses resteront telles qu'elles sont pour le moment. C'est mieux ainsi. »

Le cœur serré, Roddy dévisagea l'homme qui se tenait devant lui. Il avait été un temps où il souhaitait désespérément lui ressembler, où il voulait à tout prix être son fils. À présent, il commençait à le voir sous son vrai jour.

Mais il valait mieux courber l'échine quand il était en colère. Certes, il travaillait dur et les temps étaient difficiles pour la Diamond Rubber Company, en raison d'une forte concurrence. Les conseils d'administration donnaient lieu à des débats enflammés. Il avait entendu son père se quereller avec quelqu'un au téléphone, et la pensée de devoir un jour s'ébattre à son tour dans cette mare aux requins ne le séduisait guère. Mais c'était ce que son père attendait de lui, et il n'aurait pas d'autre choix que de s'y résigner.

Ce qui lui plaisait, c'était la nature, la vie au grand air. Ses randonnées dans la forêt environnante lui permettaient d'échapper à l'atmosphère glaciale de cette maison. Qu'est-ce que sa mère allait penser de lui ? Lui pardonnait-elle de l'avoir quittée ? Le jeune garçon qui s'était embarqué sur l'*Olympic* n'avait plus rien à voir avec lui. Cet écolier stupide qui voulait gagner le cœur de son père n'existait plus. Roddy pressentait que, un jour, il devrait s'opposer à lui. Mais Grover était grand et fort et ses poings redoutables. Roddy avait pu s'en rendre compte à plus d'une reprise déjà, pour lui avoir désobéi.

C'était après la dernière correction qu'il avait découvert ce qui lui manquait ici, et qu'il avait connu à la Maison-Rouge : l'amour, la tolérance, un sentiment de sécurité. C'était toute la différence entre une maison et un véritable foyer. Selwyn, avec son courage et sa discrétion, Archie McAdam, et l'intérêt qu'il manifestait pour son éducation : ces hommes-là avaient de la compassion. Et sa mère l'aimait pour ce qu'il était, non pour ce qu'il pourrait devenir.

Son père n'aimait personne d'autre que lui-même, et Roddy doutait qu'il soit capable d'éprouver le moindre sentiment. Il couvrait Louella de bijoux et l'emmenait dans les grands restaurants, mais ce n'était pas de l'amour. C'était la vanité d'un propriétaire exhibant un bel objet.

Tout ce qu'il espérait désormais, c'était ne pas avoir perdu l'amour de sa mère. Elle lui avait dit un jour que l'amour était pareil à une coupe sans fond, à laquelle on pouvait boire à profusion sans qu'elle tarisse jamais. Il espérait que c'était vrai. Cette visite allait lui apporter la réponse.

73

Octobre 1926

Ella s'épanouissait à l'école des beaux-arts. Chaque jour y était nouveau et passionnant, différent de tout ce qu'elle avait connu jusque-là. On leur apprenait à observer la forme des objets. Ils passaient des heures en classe de sculpture à regarder, réfléchir et essayer de transposer ce qu'ils voyaient sur le papier. Ils avaient la possibilité de travailler avec des outils traditionnels, d'apprendre à traduire leurs idées sur un bloc de pierre, à chercher la forme qui y était cachée.

Elle avait même essayé de sculpter une tête dans de l'argile, en se servant d'une de ses camarades comme modèle. Mais, par-dessus tout, elle pouvait y admirer le travail d'autres artistes, des professeurs au talent reconnu, dont les œuvres ornaient les murs de l'établissement et la distrayaient de ses inquiétudes au sujet de sa mère. La plaie que celle-ci s'était faite à la jambe s'était infectée, et leur médecin l'avait fait hospitaliser à la clinique de Sandford Street.

À l'heure des visites, elle se rua là-bas en descendant du bus et trouva l'oncle Selwyn dans le couloir, l'air préoccupé. « Ta mère a la fièvre et les médecins tentent de la soigner. Elle délire un peu. Mais ne prends pas cet air inquiet, je suis sûr qu'elle se rétablira vite, une fois que la fièvre sera tombée. Elle est dans une chambre individuelle, au bout du couloir. »

L'allégresse qui l'avait habitée tout au long de la journée fit place à l'angoisse et à la peur. Sa mère était hospitalisée depuis une semaine et son état, au lieu de s'améliorer, semblait empirer de jour en jour. « Puis-je la voir ?

— Elle ne te reconnaîtra peut-être pas. La fièvre embrouille souvent l'esprit », la prévint-il.

Malgré cette mise en garde, elle reçut un choc en voyant le changement qui s'était opéré chez sa mère. Elle semblait enflée de partout. L'infirmière lui sourit en l'escortant jusqu'au chevet du lit. « Votre maman dort. Nous essayons de faire baisser sa température.

— Est-ce qu'elle va guérir ?

— Elle est très affaiblie. L'infection s'est propagée dans tout l'organisme, mais nous nous efforçons de la combattre. Vous allez devoir être courageuse. »

Au son de leurs voix, sa mère se réveilla et leva vers elles un regard vitreux, dévisageant Ella comme si elle ne se rappelait plus très bien qui elle était.

« C'est moi, maman. Je suis près de toi. »

Sa mère secoua la tête. « Tu ne devrais pas être ici. Je ne suis pas en état de recevoir des visites. Rentre à la maison. Ton dîner est sur la table. Et dis à Celeste que je veux lui parler. Ça n'a pas l'air de s'arranger, alors il vaut mieux que tu préviennes Joe également. Je veux voir Joe... Où sont Joe et Ellen ?

— C'est la fièvre, murmura l'infirmière en épongeant le front de May.

— L'oncle Selwyn m'avait avertie », acquiesça Ella, en faisant de son mieux pour réprimer un tremblement. Ces paroles avaient fait resurgir cette terrible journée au bord de la mer, quand sa maman avait dû être internée à St Matthew. Mais d'une certaine manière, c'était encore pire cette fois-ci. « Elle va guérir, n'est-ce pas ? répéta-t-elle.

— Nous faisons tout ce qui est en notre pouvoir. Avec l'aide de Dieu… »

Sa mère ne tarda pas à se rendormir et Ella s'éclipsa sans faire de bruit. En apercevant Selwyn, elle fondit en larmes. « Qui est Ellen ? demanda-t-elle en reniflant, blessée que May n'ait pas une seule fois mentionné son nom. Maman a demandé à voir Joe et Ellen.

— C'est toi, Ellen, répondit-il.

— Mais je m'appelle Ella.

— C'est le diminutif d'Ellen, ne le savais-tu pas ?

— Elle ne m'avait jamais appelée ainsi. C'est vraiment mon prénom ? » demanda-t-elle, profondément déconcertée. Elle avait l'impression qu'il parlait de quelqu'un d'autre.

« Je n'en sais rien. Cela devrait figurer sur ton acte de naissance. Je t'avais dit qu'elle avait les idées confuses.

— Est-ce qu'elle va mourir ? » murmura-t-elle, en souhaitant de toutes ses forces qu'il la rassure.

Il y eut un long silence. Selwyn la contempla d'un air empli de sollicitude. « L'infection s'est répandue dans son sang, et ce n'est pas une bonne chose. J'ai pu en voir les effets pendant la guerre, chez certains de mes hommes. Mais il y a toujours un espoir. Son corps sera peut-être assez fort pour résister. Et ta mère est tout le contraire d'une faible femme. » Ce n'était pas la réponse qu'elle avait espérée, mais elle refusait de penser au pire. « Quand Celeste va-t-elle revenir ? J'aimerais qu'elle soit là. Pourquoi a-t-il fallu qu'elle parte juste en ce moment, pourquoi ne rentre-t-elle pas ?

— Je lui ai envoyé un télégramme. Je suis sûr qu'elle reviendra dès qu'elle le pourra. »

Ella eut l'impression que son monde était en train de s'écrouler. Quelques heures plus tôt, elle s'était prise pour une adulte, maîtresse de sa destinée, mais elle était redevenue une petite fille perdue. Si sa maman n'était plus là, qui veillerait sur elle ?

74

New York

Angelo avait du mal à respirer dans l'appartement. Il y avait une bagarre dans l'appartement voisin ; des cris et des pleurs leur parvenaient par la fenêtre ouverte, mais pas le moindre souffle d'air. Patti faisait marcher le gramophone à plein volume pour répéter son numéro de claquettes. Elle faisait partie d'une petite troupe qui se produisait partout où elle trouvait un engagement. C'était Kath qui lui avait confectionné son costume à fanfreluches, dans des chutes de tissu rapportées du magasin de confection où elle travaillait désormais.

Jack se montrait une fois de plus insolent envers sa mère, mais Angelo n'avait pas la force de lui donner une claque. Leur fils était en train de devenir un gamin des rues et traînait toute la journée avec une bande de voyous.

Angelo se remit à tousser. Il était malade depuis des semaines, et le seul fait de grimper l'escalier l'épuisait. C'était toujours le même problème et tout le monde connaissait la faiblesse cardiaque qu'il essayait de cacher. À l'autre bout de la pièce, Frankie tentait de réviser en vue de son examen malgré le vacarme ambiant. Maintenant que Kathleen était partie au travail, il restait seul à la maison pour surveiller ces petites terreurs. Angelo tourna les yeux vers le portrait de la Madone, en quête d'un réconfort. Comment allait-il s'y prendre pour remettre Jacko à sa place et imposer silence à Patti ?

Il était obsédé par l'idée terrifiante qu'il ne lui restait plus beaucoup de temps à vivre. Lui qui n'avait pas mis les pieds à l'église depuis des années avait recommencé depuis peu à se confesser au père Bernardo – un vieil homme à présent. Le docteur disait qu'il s'était abîmé les poumons à force de trop fumer et de respirer de l'air vicié, et que, ajouté à ses problèmes cardiaques, cela le mènerait prématurément dans la tombe s'il ne se reposait pas et ne changeait pas d'air.

Angelo ne s'était jamais senti aussi impuissant. Si seulement il pouvait reprendre des forces et remplir son rôle de père et de mari, au lieu de regarder la vie se dérouler sans lui ! Il était déjà bien assez malheureux que Frankie ait la tête farcie de latin et de grec, de mathématiques et de liturgie. Il aimait aussi la musique, chanter dans la chorale de

351

l'église, des plains-chants, des cantiques de Noël, ou jouer de l'orgue. Depuis le jour de sa première communion, Frankie n'avait jamais dévié de sa vocation, malgré toutes les railleries qu'il avait dû subir de la part d'Angelo. C'était une source continuelle de disputes entre lui et Kathleen, et, pour une fois, il semblait bien qu'elle aurait le dernier mot. Maintenant qu'il était cloué au lit, il n'avait plus assez d'énergie pour discuter, et ces préoccupations avaient été reléguées à l'arrière-plan.

Un jour, le docteur vint le voir, accompagné d'un de ses collègues de l'hôpital qui tapota la poitrine d'Angelo et lui demanda de respirer à fond. « Ce dont il a besoin, c'est de quitter la ville et d'aller respirer le bon air de la mer ou de la montagne », tel fut le verdict du spécialiste.

Angelo se mit à rire. « Vous croyez que j'ai gagné à la loterie ? J'ai une famille à nourrir, au cas où vous ne l'auriez pas remarqué, rétorqua-t-il d'un ton sarcastique à Gianni Falcone – un brave homme, mais qui ne vivait pas dans le même monde qu'eux. Je suis fichu. Dites-moi la vérité : combien de temps me reste-t-il ? »

Le médecin ignora sa question. « Vous avez perdu votre femme dans le naufrage du *Titanic*, tout le monde le sait. Il existe toujours un fonds d'aide aux victimes et vous pourriez peut-être obtenir une indemnité. De plus, votre état de santé est dû à une maladie contractée à l'armée, n'est-ce pas ? Il y a une autre possibilité de ce côté-là.

— Je ne veux pas demander la charité.

— Écoute, il ne s'agit pas de ça, intervint Kathleen, ses beaux yeux lançant des éclairs. Avec cet argent, tu pourrais partir à la campagne, tu aurais une chance de guérir. Nous pourrions t'acheter des médicaments.

— Ma maladie est incurable, on me l'a déjà dit.

— Attends un peu avant de commander ton linceul. La médecine a fait des progrès depuis la guerre.

— Où pourrais-je bien aller ? Dans l'Ouest ? demanda-t-il, sentant malgré lui l'espoir renaître dans ses veines.

— Mieux que ça, Angelo, répondit Kathleen en agitant sous ses yeux une feuille de papier. Que dirais-tu de l'Italie ? L'air de la mer, le vent des collines toscanes, l'occasion de revoir tes parents avant qu'ils quittent ce monde ? J'ai déjà rempli une demande d'indemnisation. Le docteur la signera sans aucun problème.

— Mais les enfants ? C'est si loin…

— Ils resteront avec moi. Tu feras le voyage seul. C'est toi qui as besoin d'une cure. Je ne veux pas te perdre. Nous t'aimons. »

Angelo sentit des larmes ruisseler sur ses joues. « Tu es une brave femme.

— Je sais, mais je veux te garder près de moi pendant quelques années encore. J'ai du travail pour toi. Ne crois-tu pas que cela vaille la peine d'essayer ? »

Face à son visage grave, il ne put qu'acquiescer, puis, quand ils furent tous partis, il se laissa retomber sur son lit, ragaillardi à la pensée de revoir son vieux pays.

75

Akron

Quand le train arriva à proximité de la gare, Celeste entrevit des usines et des cheminées, de larges artères où circulaient des camions, une activité incessante. Akron était devenue prospère, depuis qu'elle l'avait quittée, il y avait presque quinze ans de cela. Elle rassembla ses bagages en essayant de ne pas trembler. Elle était terriblement maladroite aujourd'hui.

Puis elle l'aperçut sur le quai : son fils, non plus le garçonnet joufflu en culotte courte dont elle gardait le souvenir, mais un adolescent dégingandé à l'épaisse chevelure blonde, vêtu d'un costume en flanelle. Il était venu seul, ce qui était bon signe. Elle sentit sa gorge se serrer en le voyant si grand et si beau. «Oh! Roddy! Comme tu m'as manqué!»

Elle aurait voulu le serrer dans ses bras, mais elle pressentait que ces effusions en public l'auraient embarrassé. Elle avait assisté tant de fois à ce genre de scène, quand des parents lui confiaient leurs fils afin qu'elle les raccompagne à leur pensionnat : les petits s'agrippaient à leurs mères, les plus grands déglutissaient, toussaient et faisaient semblant de ne pas avoir de chagrin.

«Tu as l'air en forme, dit Roddy en souriant et en lui tendant la main. As-tu fait bon voyage? Grand-maman nous a préparé du thé. La nouvelle maison va te plaire, je pense.» Il s'empara de sa valise et lui prit le bras. Elle eut envie de pleurer devant tant de froideur polie, après une si longue séparation.

La maison était ridicule, d'un luxe ostentatoire : une copie de villa italienne, pleine de tourelles et de sculptures. On y accédait par une large allée, après avoir franchi d'imposantes grilles de fer forgé. Harriet les attendait sur le perron. Elle n'était plus que l'ombre d'elle-même, songea Celeste – toute ratatinée, vêtue d'une longue jupe gris foncé et d'une blouse à ruchés comme on en portait avant la guerre. Elle avait les cheveux tout blancs à présent et portait des lunettes.

« Ainsi, vous avez fini par revenir, lui dit-elle, d'un ton glacial.

— Oui, me voici. Je n'arrive pas à croire que Roddy ait pu grandir à ce point.

— Grover est en voyage d'affaires. Nous aurons donc la maison pour nous seuls. Roderick va vous montrer votre chambre. Le thé sera servi à quatre heures dans le jardin d'hiver. Je présume que vous voulez d'abord vous rafraîchir et vous reposer un peu. »

Les choses s'annonçaient plus difficiles que Celeste ne l'avait espéré, mais elle fut soulagée d'apprendre que Grover n'était pas là. Levant les yeux vers le ciel lumineux, elle répondit : « Je préférerais faire une petite promenade, après être restée assise si longtemps dans le train. Roddy, sais-tu où nous pourrions respirer un peu d'air frais ? » poursuivit-elle en regardant son fils. Ce qu'elle désirait par-dessus tout, c'était se retrouver seule avec lui.

« On pourrait aller jusqu'à Cuyahoga Falls, marcher le long de la rivière. Mais pas avec ces souliers », dit-il en baissant les yeux vers ses pieds d'un air amusé. Elle s'émerveilla une fois de plus de sa haute taille.

« Accorde-moi cinq minutes pour me changer. J'en ai d'autres qui conviendront parfaitement, rétorqua-t-elle en s'efforçant de prendre un ton désinvolte.

— On prendra le thé à cinq heures, dans ce cas, tu veux bien, grand-maman ?

— Si tu y tiens, soupira Harriet, en agitant sa clochette pour appeler la bonne. Mais ne soyez pas en retard.

— Cela m'est-il déjà arrivé ? » plaisanta Roddy, et un grand sourire illumina son visage. Celeste se détendit, et l'espoir se ranima en elle. Si cette visite se passait bien, elle pourrait le revoir plus fréquemment. Et peut-être, peut-être, lui reviendrait-il...

76

Roddy avait du mal à croire que sa mère était là, tout près de lui, marchant à son côté le long de la berge comme s'ils ne s'étaient jamais quittés. Elle lui donna les dernières nouvelles de Lichfield : l'oncle Selwyn se consacrait désormais aux anciens combattants à qui il apportait une aide juridique ;

Ella terminait son premier trimestre à l'école des beaux-arts ; M. McAdam enseignait au séminaire et jouait dans l'équipe de cricket.

Il revit en esprit la route bordée d'arbres qui menait à la Maison-Rouge, le marronnier et le pont enjambant le canal à Streethay. Il se rappela la cathédrale illuminée de cierges et les petits choristes dans les stalles. Tout cela lui semblait à la fois si réel et si lointain... C'était un autre monde, un monde qu'il avait laissé derrière lui depuis bien longtemps. Sa mère l'interrogea sur ses études et sur ce que son père prévoyait pour lui ensuite : Harvard ou l'université d'Akron ? Il ne savait pas pourquoi elle lui demandait ça. Autrefois, il avait rêvé d'aller à Oxford, parce que M. McAdam lui avait parlé des courses d'aviron, des bâtiments de brique et des matches de rugby, mais c'était si loin...

Mille questions lui brûlaient les lèvres, et il pressentait que sa mère en avait tout autant à lui poser. Il était sûr qu'elle voulait savoir pourquoi il l'avait abandonnée, mais c'était plus prudent de s'en tenir pour le moment à des sujets plus anodins et de bavarder de choses et d'autres. Il l'emmena dans la direction de Portage Path et de la statue de l'Indien.

« Je venais souvent me promener dans ce coin avant ta naissance », dit-elle en souriant, tout en contemplant le paysage. Il avait oublié combien elle était jolie, comment ses cheveux prenaient des reflets d'or dans la lumière du soleil.

«Pourquoi sommes-nous partis d'ici?» La question qui le tourmentait depuis des années s'échappa involontairement de ses lèvres.

«Parce que ton père et moi ne nous entendions pas.

— Sais-tu qu'il a une bonne amie prénommée Louella? Elle est ravissante, mais pas beaucoup plus vieille que moi. Pourquoi te déteste-t-il à ce point?» Il la vit tressaillir.

«Parce que je l'ai défié, que j'ai refusé de lui obéir, et qu'il n'aime pas qu'on le contrarie.

— Lui est-il arrivé de te frapper?»

Elle s'arrêta et se tourna vers lui, choquée par cette question sans détour. «Qui t'a dit cela?

— Personne, mais je l'ai vu frapper grand-maman un jour. Elle mettait trop de temps à trouver un objet quelconque, alors il l'a poussée et elle est tombée. Pourquoi se met-il dans des colères pareilles?

— Est-ce qu'il te bat toi aussi?» Il perçut dans sa voix une rage froide.

«Une fois seulement, il y a longtemps, parce que j'avais été insolent. Il n'aime pas beaucoup les gens, n'est-ce pas?» Pourquoi lui racontait-il tout cela? Il se sentit rougir.

Sa mère s'immobilisa de nouveau et le dévisagea intensément. «Roddy, il ne faut pas rester dans cette maison. Tu aurais dû m'en parler plus tôt.

— Comment l'aurais-je pu? J'ai l'impression que tout est ma faute… En partant, je vous ai fait du mal à tous, et au moment où grand-papa est mort, en plus.

— Tu n'étais qu'un petit garçon. Que t'a-t-il dit, pour te pousser à le suivre?»

Roddy haussa les épaules, gêné. «Rien. Il a simplement présumé que c'était pour ça que j'étais venu le voir à Londres. On est allés à l'ambassade, puis au théâtre. Je me suis endormi et, à mon réveil, on était dans le port de Southampton. Il avait réservé nos places à bord du paquebot depuis longtemps.»

Elle lui caressa la tête, apitoyée. «Mon pauvre enfant, tu devais être complètement perdu. Personne ne lui a jamais tenu tête. Je pense qu'il est malade.

— Ne dis pas cela, protesta-t-il. C'est mon père.» Il ne voulait pas l'entendre dire de telles choses, même si elles étaient vraies.

«Un homme qui se respecte n'a pas besoin de battre les gens pour les soumettre à sa volonté. Quitte-le, reviens avec moi…, proposa-t-elle d'une voix hésitante.

— Non. Je suis bien ici. Je me suis habitué à cet endroit. L'Ohio est une région idéale pour la randonnée et le camping. Je me suis fait des amis et grand-maman est gentille avec moi. Je ne connaîtrais plus personne à Lichfield, maintenant.» Il vit sa mère s'appuyer contre un rocher, la respiration coupée par ces paroles.

«Je veux simplement que tu saches que, si je me suis enfuie avec toi quand tu étais petit, c'était à cause de la cruauté de Grover. Comment crois-tu qu'il t'ait ramené ici, sinon en te mentant et en te droguant? Il ne voulait pas courir le risque que tu refuses de le suivre et que tu retournes vers moi. Je suis désolée que nous t'ayons rendu la vie si compliquée. Tu as raison, bien sûr. T'obliger à choisir entre nous n'est pas une bonne idée. Je ne te le demanderai plus. Tu dois marcher à ton propre pas, comme dirait May. Tout ce que je désire, c'est te voir heureux et épanoui. Je suis égoïste, je le sais. Tu m'as terriblement manqué pendant toutes ces années, mais c'est mal de ma part de vouloir t'imposer ce choix. C'est injuste. Je me rends compte que tu es parfaitement capable de prendre ta propre décision quand le moment sera venu, mais ne laisse pas ton père te dicter sa volonté, c'est promis?»

Il fut troublé par cette soudaine gravité. Il n'était pas d'humeur à écouter son sermon. Il n'était pas prêt à entendre ce genre de discours, cela l'embarrassait. Il se trouvait très bien où il était, à Akron. Il ne manquait de rien et une belle carrière l'attendait à l'usine, s'il le souhaitait. Dans l'immédiat, il n'avait pas envie de rentrer à Lichfield, mais les paroles de sa mère le perturbaient. Il ne voulait pas être mêlé à la bataille entre son père et elle. Il n'avait rien à voir là-dedans, même s'il sentait obscurément qu'il en était l'enjeu. Il n'avait qu'une hâte, changer de sujet.

Les gens se mariaient et se séparaient ensuite pour des raisons incompréhensibles. Il voulait qu'on le laisse tranquille avec ces histoires, il préférait ne pas avoir à s'en préoccuper. C'est vrai, il n'aimait pas la façon dont son père traitait grand-maman Harriet. D'une certaine manière, il se sentait responsable d'elle. Mais sa mère s'était très bien débrouillée sans lui. Elle avait son frère, May et Archie...

Il tenait à ce que cette visite se passe bien. C'était un soulagement de savoir qu'ils étaient toujours amis, sa mère et lui. Et cependant, il sentait qu'il s'était établi entre eux une distance que rien ne pourrait combler. La revoir avait réveillé en lui les souvenirs et les regrets, mais c'était ici qu'était sa place désormais, et c'était ici qu'il resterait.

77

Novembre 1926

May avait vaguement conscience d'une présence auprès de son lit, mais c'était à peine si elle réussissait à ouvrir les paupières. Que lui arrivait-il? Elle se sentait épuisée et n'avait qu'une envie, dormir. Chaque respiration lui coûtait un effort immense. On s'affairait nuit et jour autour d'elle, alors qu'elle voulait seulement qu'on la laisse reposer en paix.

Cette pauvre Ella allait devoir se débrouiller seule. Celeste ne l'abandonnerait pas, mais elle était loin d'ici en ce moment. Comme elle aurait aimé revoir le visage bienveillant de son amie, lui tenir la main pour se rassurer… Elle devait se libérer du secret qui l'étouffait, avant qu'il soit trop tard.

Elle ne remporterait pas cette bataille-là. Elle n'avait pas besoin d'un médecin pour le savoir. Mais cela ne l'attristait pas, car elle allait enfin rejoindre Joe et Ellen. Ce ne serait plus très long, se disait-elle dans ses moments de lucidité, avant de retomber dans la somnolence.

Elle avait vécu dans le mensonge et elle ne se présenterait pas devant son Créateur sans s'être d'abord confessée à une personne de confiance, quelqu'un qui l'aiderait à régler ce problème d'une façon ou d'une autre. Elle ne pouvait s'adresser ni au pasteur ni au médecin. Il n'y avait qu'un seul être à qui elle pouvait se fier. Et ce n'était pas ce pauvre Selwyn qui lui rendait visite tous les soirs, l'air éploré, comme s'il tenait vraiment à elle.

C'était un homme bon. Si elle avait été plus intelligente, elle aurait peut-être pu l'épouser, mais ils n'étaient pas du même monde et auraient été mal assortis. De plus, elle avait déjà connu le bonheur d'être mariée à Joe.

Oh! son cher Joe! Parfois, il lui semblait l'entrevoir au pied de son lit, en manches de chemise, rentrant de l'atelier, imprégné d'une odeur de sciure.

Elle aurait bientôt fini de lutter contre la douleur et la maladie et ces atroces migraines qui lui enserraient la tête comme dans un étau. À quoi bon s'attarder plus longtemps ici-bas? Ella serait mieux sans elle. Elle était lancée dans la vie, à présent. Inculte comme elle l'était, elle n'aurait fait qu'entraver sa carrière. Ella pourrait se mêler à la bonne société et se faire un nom sans avoir à se soucier d'elle, songea May en soupirant. C'était bien là le nœud du problème. La jeune fille n'était pas Ellen, et même s'il existait un lien fort entre elles, l'était-il suffisamment pour durer toute la vie?

Si seulement on pouvait découvrir qui étaient ses vrais parents... Il était temps d'avouer la vérité, pendant qu'il lui restait suffisamment de souffle pour le faire. Elle ouvrit les yeux avec difficulté. À son soulagement, elle découvrit Selwyn penché au-dessus d'elle.

« Tu voulais me voir… Tu devrais te reposer.

— J'aurai tout le temps de le faire là où je vais. Écoute-moi. Il faut absolument que je parle à Celeste. Si je m'accroche encore à la vie, c'est parce que j'attends son retour. Pourquoi ne vient-elle pas ? Ne l'as-tu pas prévenue ?

— Elle sera bientôt là », la rassura Selwyn.

Sans le laisser continuer, May reprit :

« Tu veilleras sur Ella, n'est-ce pas ?

— Bien sûr. À présent, repose-toi. Nous voulons que tu guérisses… *Je* veux que tu guérisses. Nous avons besoin de toi, ajouta-t-il en lui prenant la main.

— Non, vous vous en sortirez très bien sans moi. Promets-moi qu'Ella trouvera toujours un foyer auprès de vous.

— Bien entendu. Dors, maintenant.

— Pas avant d'avoir vu Celeste. J'ai quelque chose d'important à lui dire. »

78

Au troisième jour de la visite de Celeste, en rentrant de promenade, ils trouvèrent Harriet qui les attendait dans l'entrée, l'air anxieux et se frottant nerveusement les mains. « Ton père est rentré plus tôt que prévu, Roderick. Il est dans le salon.

— Très bien, répondit Celeste d'un ton de défi. Il est grand temps que nous ayons une explication. »

Harriet fit mine de l'accompagner, mais Celeste lui barra la route. « Merci, mais je préfère le voir en tête à tête. Ce que nous avons à nous dire ne regarde personne d'autre que nous. »

Malgré son air bravache, Celeste sentit ses joues blêmir tandis qu'elle lissait sa jupe et rassemblait son courage en vue de la confrontation. *Je ne suis plus la petite souris craintive d'autrefois. Je suis son égale, et même plus.*

« L'épouse prodigue est de retour ! » s'exclama Grover à son entrée. Debout devant la cheminée, les mains dans les poches de son gilet, il la toisa des pieds à la tête.

« Grover, dit-elle, ignorant le sarcasme, je suis contente d'avoir enfin l'occasion de te parler. Tu as bien élevé notre fils. Grâce à son école et à Harriet, c'est devenu un vrai gentleman.

— Tu vas donc pouvoir rentrer à Lichfield avec la certitude qu'il est mieux ici, railla-t-il.

— Je n'en suis pas si sûre. Akron n'est pas précisément une métropole d'importance mondiale, n'est-ce pas ?

— C'est l'une des villes les plus prospères de l'Ohio. Nous sommes connus dans le monde entier pour nos productions industrielles : automobiles, avions, caoutchouc… De nombreuses perspectives d'avenir s'ouvrent à Roderick, ici.

— Je ne sais pas si c'est ce qu'il souhaite. Il semble avoir le goût des voyages. Il faudrait qu'il puisse découvrir d'autres horizons. » Elle leva les yeux vers son mari, espérant le voir acquiescer, mais il avait toujours son air rigide. Il avait vieilli, remarqua-t-elle. Ses cheveux grisonnaient, ses joues étaient couperosées et, avec sa bedaine naissante, il paraissait plus que son âge. Comme s'il avait lu dans ses pensées, il se hérissa soudain.

« Cela ne te concerne plus. J'ai des projets pour son avenir.

— Il se peut que Roddy en nourrisse d'autres.

— Arrête de lui donner ce nom de bébé. Il s'appelle Roderick.

— Pour moi, il sera toujours Roddy.

— Si cela te chante… Tu es venue, tu l'as vu, à présent tu peux t'en aller.

— Il y a un autre point dont nous devrions discuter, je crois.

— Ah oui ? Quel peut-il bien être ? persifla-t-il.

— Notre mariage est mort depuis des années, ne serait-il pas temps de l'enterrer définitivement ? Le divorce est contraire aux principes dans lesquels j'ai été élevée, mais pourquoi ne pas reconnaître que nous sommes des étrangers l'un pour l'autre désormais ?

— Pour que tu puisses épouser ton soupirant, l'ancien marin ? N'essaie pas de m'en conter, Celestine. Je sais tout au sujet de ton Archie McAdam.

— Archie n'est rien de plus qu'un ami, alors que toi, tu as une compagne, Roddy me l'a dit.

—Laisse Louella en dehors de ceci. Je peux obtenir le divorce pour abandon du domicile conjugal quand je le veux, mais je ne le demanderai pas, déclara-t-il avec un sourire froid.

—Nous ne donnons pas un bon exemple à Roddy. Il ne sait plus où il en est, il est déchiré entre nous.

—Tu aurais dû y penser quand tu as déserté ton foyer.» Il lui tourna le dos, mais elle n'était pas disposée à se laisser congédier ainsi.

«Tu sais très bien pourquoi je suis partie. J'espère sincèrement que tu traites ton amie mieux que tu ne me traitais, riposta-t-elle sèchement, et il fit volte-face, le regard furibond.

—Elle sait où est sa place, contrairement à toi. Si tu veux demander le divorce, vas-y, mais je doute que tu puisses l'obtenir. Quant à Roderick, il sait également ce qui est bon pour lui.

—J'espère que tu as raison. Il est la seule chose positive qui ait résulté de notre union. Il faut lui permettre de choisir sa propre voie.

—Il avait hâte d'échapper à tes griffes, il disait dans ses lettres qu'il mourait d'ennui, riposta Grover d'une voix venimeuse.

—Je ne te crois pas. Quelle sorte de père irait droguer son fils pour lui faire traverser l'Atlantique comme une marchandise de contrebande?»

Il eut au moins la décence de sursauter en entendant cette accusation.

«Un père qui sait ce qui est mieux pour son fils, s'il souhaite faire de lui un homme», répliqua-t-il, et Celeste comprit que sa supposition était juste.

Roddy ne l'avait pas suivi de son plein gré, il avait bel et bien été enlevé.

«Comment un jeune garçon pourrait-il savoir ce qu'il veut vraiment? Mais il le sait à présent. À ta place, je ferais attention, car il pourrait bien te surprendre un jour.» Ils avaient tous les deux haussé le ton, et Celeste se laissa emporter par la colère. «C'est uniquement à cause de Roddy que j'étais rentrée d'Angleterre. J'ai parfois regretté de ne pas avoir péri dans le naufrage du *Titanic*.

— Dommage, en effet. Tu nous aurais épargné à tous bien du tracas. Je crois que tu en as dit assez. Il est temps que tu t'en ailles.

— Je partirai quand j'y serai disposée!» hurla-t-elle. Le seul fait de se trouver dans la même pièce que lui lui donnait envie de vomir tant il lui répugnait, mais en même temps, elle éprouvait un bizarre sentiment de puissance.

«C'est ce que nous verrons... Au fait, j'ai ici un télégramme dont tu aimerais peut-être prendre connaissance. Cela concerne ta petite protégée.» Il lui lança le pli d'un geste dédaigneux. Celui-ci était déjà ouvert. Elle le parcourut, puis releva vers lui des yeux emplis d'aversion. «Espèce de salaud! Pourquoi ne me l'as-tu pas donné plus tôt?»

Son sourire moqueur lui livra la réponse. Il la regarda blêmir tandis qu'elle relisait le message. Elle secoua la tête et se rua hors de la pièce, claquant la porte derrière elle dans sa fureur.

«Appelez-moi un taxi! cria-t-elle à Harriet qui rôdait dans le couloir. Je rentre chez moi.»

Un peu plus tard, ses valises bouclées à la hâte, elle était sur le quai de la gare, attendant le train à destination de New York sous une pluie battante.

Roddy l'avait accompagnée. Il avait été choqué d'apprendre que May était gravement malade et que son père le savait depuis des jours, car le télégramme était arrivé à son bureau. Selwyn, ignorant leur nouvelle adresse, avait envoyé le câble aux bons soins de la Diamond Rubber Company. « J'écrirai à Ella, je te le promets. Je regrette que tu doives partir si vite. Qu'a dit père pour te contrarier à ce point ?

— Rien qu'il ne m'ait déjà dit auparavant. Mais il est temps que je rentre. Je sais que tu réussiras dans la vie, quelle que soit la voie que tu prendras. Je suis sûre que tu sauras faire le bon choix, le moment venu. Rien ne rompra jamais le lien qui existe entre nous, mais je dois regagner l'Angleterre. L'état de May semble grave, et elle est comme une sœur pour moi. Nous venons peut-être de milieux différents, elle et moi, mais ce que nous avons vécu ensemble à bord du canot de sauvetage a créé entre nous un lien indéfectible, lui aussi. Je ne peux pas l'expliquer. Peut-être un jour connaîtras-tu une expérience semblable. C'est une amitié qui ne ressemble à aucune autre, et qui est née dans des circonstances dramatiques. Parfois, j'ai l'impression que le *Titanic* me hantera pendant le reste de ma vie. Mais c'est grâce à lui que j'ai connu May, et je lui en serai éternellement reconnaissante. Elle a toujours été là pour mon père et moi, elle m'a soutenue quand il est mort et que tu… Tu comprends maintenant pourquoi je dois retourner près d'elle?»

Il acquiesça et prit soudain conscience qu'elle ne lui avait encore jamais parlé des événements liés à sa rencontre avec May.

«Sois toujours fidèle à tes convictions, jeune homme, reprit-elle. Ne laisse personne te dicter ta conduite. Ton père est un homme profondément malheureux. Je t'en prie, ne te fais pas une mauvaise idée du mariage. Tous ne sont pas aussi infortunés que le nôtre.»

Dans un sifflement de vapeur, le train entra en gare, et Celeste sentit la panique monter en elle à l'idée que cette nouvelle séparation pourrait être définitive. «Donne-moi de tes nouvelles, promis? Viens nous rendre visite un de ces jours. C'est tellement dur de devoir te quitter…» Aveuglée par les larmes, elle avança vers lui une main tâtonnante.

«Ne t'inquiète pas, maman, nous nous reverrons. Je t'écrirai, c'est promis, et je vais réfléchir à tout ça. Tu es venue, comme j'avais toujours su que tu le ferais. Tu es la seule maman que j'aie et je n'en veux pas d'autre.» Il se pencha pour la serrer dans ses bras et elle se mit à sangloter, sous l'effet du soulagement, de la douleur et de la peur mêlés. «Prends soin de toi, mon fils, prends bien soin de toi…

— Au revoir», cria-t-il quand, une fois montée à bord, elle passa la tête par la fenêtre du compartiment pour l'entrevoir une dernière fois. Quand le train démarra, il courut tout le long du quai pour rester à sa hauteur, jusqu'à ce qu'il finisse par se laisser distancer et par disparaître à sa vue.

79

En sortant de la gare, Celeste se rendit directement à l'hôpital, avec l'espoir de trouver May en voie de guérison, assise dans son lit et lui reprochant affectueusement d'avoir mis tellement de temps à rentrer. À bord du navire, elle avait formé le projet de l'emmener en vacances quelque part – au pays de Galles peut-être, ou même à l'étranger, si elle réussissait à la persuader de traverser la Manche.

Mais en voyant son amie, elle éprouva un tel choc qu'elle sentit ses jambes se dérober sous elle et faillit s'évanouir. May était à peine consciente, incapable de respirer sans un masque à oxygène, amaigrie au point d'en être méconnaissable. Ses yeux gris, toutefois, semblaient encore contenir une lueur de lucidité quand ils se tournèrent vers elle.

«Je suis là, May. Je suis revenue et je ne repartirai pas avant que tu sois rétablie.»

May repoussa son masque pour répondre d'une voix rauque : «Il était temps. J'ai essayé de tenir jusqu'à ton retour, mais j'ai bien cru que tu arriverais trop tard.» Elle haleta, puis reprit : «J'ai quelque chose à te dire... rien qu'à toi.

— De quoi s'agit-il, ma chérie?» Celeste avait du mal à articuler, les sanglots étranglaient sa voix.

«C'est au sujet d'Ella et de la nuit du naufrage... Tu dois lui dire qu'elle n'est pas ma fille. Elle ne l'a jamais été.»

Oh non! la voilà qui recommence à délirer, se dit Celeste, brusquement submergée par la fatigue de son long voyage. «Chut, May. J'étais là, tu te souviens? Je l'ai vue avec toi.» Elle se pencha pour la rassurer d'une étreinte affectueuse, mais son amie la repoussa.

«On m'a donné un bébé qui n'était pas le mien et je ne l'ai jamais dit à personne. Je regrette, mais je jure devant Dieu que c'est la vérité.» Exténuée par cet effort, May se laissa retomber sur son oreiller. «Une mère sait reconnaître son enfant, surtout si ses yeux sont bleus au lieu d'être noirs...

— Qui d'autre est au courant? chuchota Celeste. Oh! May, après tout ce temps...

— Je ne pouvais pas renoncer à elle alors que j'avais déjà perdu mon Ellen... Ma chère Celeste, je suis désolée de me décharger sur toi d'un tel fardeau. Sois mon amie jusqu'au bout, je t'en supplie, murmura May, à bout de forces, le regard vague, en contemplant par-dessus l'épaule de Celeste quelque chose qu'elle était la seule à voir.

— Je ferai de mon mieux.» Ce fut tout ce que Celeste, l'esprit en proie au vertige, parvint à répondre.

«Il fallait que je le dise à quelqu'un.» May poussa un profond soupir. Un long râle suivit, puis ce fut le silence. Pour elle, le voyage était terminé. Et Celeste sut alors, avec une certitude accablante, que le sien ne faisait que commencer.

Elle trouva Selwyn dans le couloir, devant la fenêtre. «Elle nous a quittés, dit-elle en secouant la tête. Je ne comprends pas. Comment une simple égratignure a-t-elle pu causer tant de dégâts ?

— Les germes se sont répandus dans son organisme et ont entraîné une septicémie. Un processus effroyablement simple et mortel, que j'ai observé plus d'une fois pendant la guerre. Pauvre May, elle ne méritait pas ça, murmura Selwyn en soupirant. Dieu, comme elle va me manquer... Nous nous chamaillions à propos de tout, mais c'était une sacrée bonne femme qui avait de l'énergie à revendre. Elle avait vite repris le dessus après son hospitalisation, elle aurait pu m'en remontrer sur ce point. J'ai souvent eu honte en me comparant à elle... Bon sang, que la vie est injuste !»

Celeste vit que son frère était au bord des larmes et qu'il luttait pour maîtriser son émotion.

«J'ai besoin d'un verre de quelque chose de fort, et je me fiche pas mal qu'on me voie boire.

— Au George ?

— N'importe où, du moment que nous sortions d'ici. On croit connaître ses amis, et puis... Oh ! Selwyn, nous avons un énorme problème sur les bras !

— Du calme, ma vieille. Je sais que tu as subi un terrible choc, mais nous devrions aller voir Ella. Elle est chez Hazel en ce moment. Il va falloir lui annoncer la nouvelle.

— Attendons encore un peu. Il y a quelque chose dont je dois t'informer d'abord.

— Je t'emmène au George, dans ce cas ?

— Oui, allons-y», répondit Celeste, brusquement terrassée par une indicible lassitude.

Elle pensa à Ella, en sécurité auprès de Hazel et de sa mère, ignorant tout de ce qui l'attendait. La pauvre enfant... Celeste se sentait trahie. Elle avait l'impression de n'avoir jamais connu vraiment son amie. Toutes ces lettres, ces gestes de bonté... Maintenant, elle se retrouvait en charge d'une orpheline venue de Dieu sait où. Comment parviendraient-ils jamais à percer le mystère de ses origines, après tant d'années ?

80

Assise sur la berge du canal, Ella fixait l'eau froide en essayant de réprimer la nausée qui montait en elle. Comment sa mère avait-elle pu l'abandonner ainsi ? Elle avait eu l'air si paisible dans son cercueil, un doux sourire sur le visage, comme si elle était heureuse de partir loin d'eux tous. À présent, elle était enterrée près du puits de St Chad à Netherstowe, et Ella demeurait seule au monde.

Il y avait eu une cérémonie très simple à St Mary, suivie d'un repas dans un salon de thé. Hazel était venue avec sa famille, ainsi qu'Archie McAdam et quelques dames du séminaire. Tout le monde se montrait bienveillant envers elle, mais elle n'avait plus personne désormais.

Ce n'était plus pareil à la Maison-Rouge, sans sa maman dans la cuisine. Ella avait hâte de retourner à l'école des beaux-arts, où personne ne lui demanderait toutes les dix minutes comment elle allait. Si elles étaient occupées, ses mains s'arrêteraient de trembler. Parfois, elle se sentait totalement vidée d'énergie, mais elle se contraignait à prendre des notes, à lire, à étudier, à se livrer à n'importe quelle activité qui lui permette d'oublier la douleur de rentrer dans une maison vide et froide.

Elle travaillait en ce moment sur un bloc de pierre qui, elle en était sûre, renfermait une forme ne demandant qu'à sortir au grand jour, mais qu'elle ne réussissait pas à faire émerger. Son professeur répétait sans cesse que l'art était une réponse émotionnelle au monde visuel, mais pour elle, ce n'étaient que des mots. Elle n'arrivait pas à maîtriser ses émotions et sa main dérapait constamment, déjouant ses efforts pour capturer l'esprit de la pierre. Plus d'une fois, il lui était arrivé de jeter ses outils à travers la pièce, dans son dépit.

Sa sculpture risquait de ressembler à une statue funéraire comme il y en avait tant dans le cimetière local, sentimentale et banale, alors que c'était une œuvre destinée à l'exposition de fin de trimestre, une occasion de démontrer son talent. Elle pataugeait dans l'indécision, changeant d'avis d'une minute à l'autre.

Au dîner, ce soir-là, Archie lui demanda comment s'était passée sa journée et elle déversa sa frustration, incapable d'avaler une seule bouchée. « Je n'y arrive pas. Je n'arrive pas à réfléchir, gémit-elle. C'est sans espoir.

—Alors, ne réfléchis pas, répliqua Archie. N'y pense plus. Arrête tout et détends-toi.» Il essayait de lui venir en aide, mais comment se détendre quand on venait tout juste de perdre sa mère? La seule chose qui lui apportait un peu de réconfort, c'était d'errer à travers la ville pour revoir les endroits où elles s'étaient promenées ensemble – une sorte de pèlerinage pour se remémorer tous les petits détails de leur vie passée.

Un samedi matin, elle alla de Lombard Gardens, où se trouvait leur ancienne maison, jusqu'à Dam Street et se dirigea vers la cathédrale, comme pour rendre visite au chanoine Forester. Ses pas l'entraînèrent vers la façade ouest et la rangée de statues qu'elle avait fini par considérer comme de vieux amis: les saints, les prophètes de l'Ancien Testament, Moïse, et les figures, plus petites, des archanges Gabriel, Michel, Uriel et Raphaël.

Il y avait, à l'intérieur de l'édifice, tant de visages à examiner, tant de gargouilles, et les merveilleuses *Enfants endormies* de Francis Chantrey...

Assise dans un coin de la cathédrale, elle fut soudain frappée d'une inspiration. Elle prendrait pour sujet un visage ordinaire, un visage usé par le temps et creusé de rides de chagrin. Elle pensa à celui du capitaine Smith, triste et sévère, le regard fixé vers une mer lointaine. Combien de fois sa mère l'avait-elle contemplée pendant de longues minutes, les larmes aux yeux? Ella n'avait jamais su pourquoi cette sculpture l'émouvait à ce point. Quand elle lui avait posé la question, sa mère s'était contentée de répondre: «Je t'expliquerai un jour, quand tu seras plus grande.»

Et maintenant, jamais plus elle ne lui parlerait, et toutes les questions qui tournaient dans sa tête resteraient sans réponse. Ce fut là, parmi les effigies de pierre, qu'elle commença à penser qu'elle pourrait peut-être sculpter les traits qui lui étaient les plus familiers. Quel meilleur sujet pourrait-elle trouver dans le marbre que le visage de sa mère? Elle allait renoncer à toutes ces idées prétentieuses et représenter ce qu'elle connaissait le mieux.

81

1927

Le trimestre touchait à sa fin et les longues vacances d'été approchaient. Assise dans le jardin, en cette fin de journée, Celeste savourait les derniers rayons de soleil. Selwyn s'était rendu à Lichfield pour passer la soirée avec d'anciens camarades, comme chaque semaine. Ella était allée danser avec Hazel et dormirait à Netherstowe. Celeste se tourna vers Archie, observant ses traits anguleux dans la lumière du couchant. Il paraissait détendu, après un copieux repas composé de rôti et des premières fraises du jardin.

«As-tu réfléchi à ce que je t'ai dit l'autre soir?» Après des mois d'hésitation, elle avait fini par lui faire part de la confession de May. Il l'avait écoutée en tirant sur sa pipe, sans faire de commentaire.

« Je dois avant toute chose découvrir si c'est vrai, reprit-elle. Mais par où commencer ?

— Par le commencement, répondit-il en souriant. Va dans la ville natale de May, cherche des gens qui se souviennent d'elle et de sa famille. Cela ne remonte pas à si longtemps que ça, il doit bien y avoir des archives mentionnant la date de naissance de sa fille et celle de son baptême. Interroge ses anciens amis.

— Tout ce que je sais, c'est qu'elle a grandi dans un orphelinat près de Bolton. C'est là qu'elle a rencontré Joe, et ils ont travaillé tous deux dans la filature de coton de John Horrocks. Leurs employeurs leur avaient offert des draps au moment de leur départ ; elle se lamentait souvent de les avoir perdus lors du naufrage. Je ne veux pas créer de problèmes, mais plus j'y pense, et plus je me rends compte que May était constamment sur la défensive. Elle n'est jamais retournée à Bolton, ce qui m'avait paru étrange à l'époque. J'ai cru que c'était parce qu'elle y retrouverait trop de souvenirs douloureux, mais, si ce qu'elle m'a dit était vrai ? Je déteste penser qu'elle nous a menti à tous, qu'elle nous a trompés.

— Allons donc, ce n'est pas la May que nous avons connue ! Elle était si loyale, elle tenait tant à ton amitié ! Cette pauvre femme a commis une erreur, et ensuite, il lui a été impossible de la rattraper. Le mensonge a pris des proportions tellement énormes qu'il a fini par échapper à son contrôle. Nous pourrions prendre le tacot de Selwyn pour aller à Bolton et nous livrer à une enquête discrète, si cela peut te tranquilliser.

—Nous?» Le cœur de Celeste se mit soudain à battre plus vite. «Tu viendrais avec moi?

—Bien sûr. Qu'est-ce qu'un enseignant peut bien faire pendant les vacances, sinon voyager? Peut-être pourrions-nous pousser jusqu'à la région des Lacs. J'aimerais revoir Ullswater et Borrowdale. Profitons-en pour faire du tourisme, en tout bien tout honneur... Des chambres séparées..., dit-il d'un air sérieux.

—Oh! répondit-elle, d'un air profondément déçu. Bien entendu.

—Je m'inquiète seulement pour ta réputation, ajouta-t-il en riant.

—Moi pas. En fait, j'en ai plus qu'assez d'attendre que Grover daigne accepter de divorcer. Cela n'arrivera jamais.» Le regardant droit dans les yeux, elle poursuivit: «Mais toi et moi, nous avons eu suffisamment de patience, ne penses-tu pas? La vie peut être si courte et si cruelle... May et le *Titanic* me l'ont démontré. Il est temps que nous commencions à vivre pour de bon. Si seulement nous nous étions rencontrés plus tôt..., ajouta-t-elle dans un soupir, en lui prenant la main.

—Malheureusement, ça ne fonctionne pas ainsi. On ne peut pas revenir en arrière. J'étais marié, à l'époque. Il y a eu la guerre, Alice et Rupert sont morts...» Il s'interrompit et lui serra la main avec force. «Tu as raison, toutefois. Il faut saisir cette seconde chance qui nous est offerte, ma chérie, mais je ne veux pas que ton nom soit traîné dans la boue.

—Si nous partons en vacances ensemble, qui le saura? Cela ne regarde que nous, rétorqua-t-elle.

— Et Ella ? Ce ne serait pas un bon exemple à lui donner.

— Crois-moi, cette jeune personne en voit de toutes les couleurs à l'école des beaux-arts. Pas plus tard qu'hier, elle me disait qu'un de leurs professeurs arrive souvent tellement ivre en classe qu'ils doivent l'étendre dans une pièce voisine, et qu'un des étudiants leur lit ses notes en attendant qu'il ait cuvé son vin. Mais tu devrais plutôt songer à ton poste au séminaire.

— Ma vie privée ne concerne que moi, du moment que j'accomplis correctement mon travail et qu'une majorité de mes élèves obtiennent leurs diplômes. C'est de toi que je me soucie. C'est une petite ville, et certains petits esprits, parmi sa population, pourraient te rendre la vie insupportable.

— Archie, je t'adore pour cette sollicitude. Je ne sais pas comment j'aurais survécu sans toi après le départ de Roddy. Et à présent, la mort de May et cette incroyable histoire au sujet d'Ella… » Elle se rappela la façon dont ils s'étaient connus, à bord du *Saxonia*. Là encore, il fallait y voir la main du destin, comme pour sa rencontre avec May, se dit-elle. « Tu as été ma bouée de sauvetage. Quand je pense à la manière dont je t'ai traité au début !

— Ah ! la glaciale Mme Forester… J'ai toujours été convaincu que je parviendrais un jour à te faire fondre, plaisanta Archie, en jetant un coup d'œil à sa montre. Regarde l'heure qu'il est ! Il faut que je rentre au bercail.

— Pourquoi ?

— Parce que. » Il se leva, mais elle le tira par le bras pour l'obliger à se rasseoir.

« Reste, Archie. Il n'y a rien qui t'oblige à rentrer chez toi, non ? demanda-t-elle en rougissant.

— Es-tu sûre que... ? Et Selwyn ?

— J'en fais mon affaire. Il se fiche pas mal des convenances, de toute façon. Nous avons déjà perdu suffisamment de temps. Ta place est ici, à partir de maintenant. Les gens pourront en penser ce qu'ils voudront. Nous pourrions dire que tu es notre nouveau locataire, ou quelque chose comme ça. Ça m'est complètement égal. J'ai passé des années à obéir à ce que je croyais être mon devoir. Reste ici cette nuit, je t'en prie.

— Si je passe la nuit ici, je ne voudrai plus jamais repartir. » Il la prit dans ses bras et l'embrassa.

« Tant mieux », répondit-elle. Elle lui prit la main, ferma la porte de la véranda et, lentement, gravit avec lui l'escalier menant à sa chambre.

Carpe diem. Cueille l'instant présent, se dit-elle, un sourire aux lèvres, en ouvrant la porte d'un geste théâtral. Tu étais morte depuis trop longtemps.

82

Akron

Son père ne parlait plus que de la chute du prix du caoutchouc sur le marché mondial. Il disait que les usines allaient devoir licencier du personnel, diminuer les salaires et suspendre les programmes de développement. Les compagnies d'Akron étaient allées jusqu'au fin fond de l'Afrique et de l'Extrême-Orient pour trouver de nouvelles sources d'approvisionnement en caoutchouc, pourtant les prix n'en continuaient pas moins à dégringoler. Il était question d'expérimenter un nouveau type de pneu destiné aux poids lourds et aux tracteurs. Mais il fallait recruter des scientifiques pour procéder aux essais et cela coûtait cher. Le monde industriel était en train de changer et son père avait du mal à rivaliser avec les jeunes diplômés fraîchement débarqués qui semblaient avoir l'oreille des grands patrons. Il buvait de plus en plus et était de mauvaise humeur la plupart du temps, s'inquiétant pour son poste et fulminant contre ses employés pour le moindre retard.

Grand-maman Harriet s'échappait de la maison le plus souvent possible, pour rendre visite à des relations, suivre des cours de couture ou déjeuner avec de vieux amis, de sorte que Roddy restait seul dans sa chambre à étudier. Mais il n'avait guère le cœur à cela.

En fait, depuis le départ de sa mère, il était perturbé. Il avait pris conscience que tout ce qu'elle avait dit de son père était vrai. C'était un égoïste qui se servait des gens, toujours charmant envers les étrangers, mais qui, dès que la porte s'était refermée sur leurs invités, s'enfermait dans sa bibliothèque pour boire du bourbon jusqu'à rouler par terre.

Il avait quitté Louella pour une autre fille, puis encore une autre, chacune plus jeune que la précédente. Il les comblait de cadeaux, mais elles ne restaient jamais longtemps. La dernière avait lorgné Roddy avec intérêt, ce qui l'avait effrayé.

Dans les lettres de sa mère, le nom d'Archie McAdam revenait fréquemment. Il avait emménagé à la Maison-Rouge, sous le prétexte d'aider Selwyn à entretenir le jardin. Ils étaient allés ensemble dans la ville natale de May pour informer les amis de celle-ci de son décès, puis ils avaient visité la région des Lacs, mais il pleuvait tellement qu'ils avaient été soulagés de rentrer. Ella avait été reçue à tous ses examens et ses professeurs l'avaient encouragée à poursuivre ses études à Birmingham. Elle espérait obtenir une bourse pour se rendre en France avec d'autres étudiants des beaux-arts. Il les enviait de mener une vie si bien remplie. Lui, il était coincé ici, à Caoutchouc-Ville, et avait l'impression que l'avenir était bouché. À part jouer au base-ball, au foot et au tennis avec ses copains, il ne faisait pas grand-chose et son existence lui paraissait futile et dépourvue de but.

Ce qu'il aimait, c'était aller au nouveau dépôt de camions où son ami Will Morgan travaillait durant les vacances. L'entreprise Motor Cargo avait été créée à l'origine pour transporter les pneus des différentes usines de caoutchouc du pays jusqu'aux garages. Puis quelques employés s'étaient associés et avaient acheté un immense camion. Ils avaient obtenu une licence de transport leur permettant de convoyer des marchandises au-delà des frontières de l'État, vers la Pennsylvanie, la Virginie et plus loin. Ils étaient en train de constituer un parc de véhicules et de former une équipe de routiers qui pourraient livrer

n'importe quelle cargaison à n'importe quelle destination. Cela paraissait simple, mais c'était un coup
de génie. Will avait déjà commencé à apprendre à
conduire ces énormes camions et lui racontait ses
équipées sur les routes où il essayait les nouveaux
pneus conçus par les industriels. Si cela avait
marché pour eux, pourquoi ne pas les imiter ? Un
soir, après le dîner, il suggéra à son père que ce ne
serait pas une mauvaise idée de fonder leur propre
société de transport.

« Pourquoi ferais-je une chose pareille ? rétorqua
celui-ci d'un ton méprisant. Ce n'est pas un travail
digne d'un gentleman.

— Quel gentleman ? Je n'en vois aucun ici,
répliqua Roddy d'un ton blagueur, mais sa plaisanterie tomba à plat.

— Je n'ai pas déboursé tous ces dollars pour
faire de toi un camionneur.

— Mais nous pourrions embaucher des chauffeurs, insista Roddy, avec toute la force de sa
conviction.

— Je t'ai fait venir ici afin que tu me succèdes
un jour, répondit son père, imperméable à son
enthousiasme.

— Ce n'était qu'une suggestion », soupira Roddy,
profondément déçu. Il tombait pourtant sous le
sens qu'ils avaient intérêt à monter leur propre
entreprise. Si l'industrie du caoutchouc s'effondrait,
il y aurait toujours des marchandises à transporter
d'un bout de l'État à l'autre.

« Il est temps que tu entres à l'université. Étudier
les sciences te sera utile, reprit son père.

383

«—Utile à quoi? Je ne me vois pas devenir un second M. Marks, dit Roddy, faisant allusion à l'un des plus célèbres chercheurs des laboratoires d'Akron.

—Avec les notes que tu as, fils, tu pourras t'estimer heureux si j'arrive à te décrocher un emploi où que ce soit en usant de mes relations. Quand j'avais ton âge, personne ne m'a aidé.

—Ce n'est pas vrai. Grand-papa Parkes avait de l'argent, il a pu t'envoyer à l'université.»

Au même moment, sa grand-mère apparut dans le couloir, et son père tourna vers elle un regard courroucé. «Quelles absurdités es-tu allée fourrer dans la tête de mon fils? Si la Diamond Rubber Company est assez bonne pour moi, elle l'est également pour lui.

—Ce n'est pas ce que je veux, protesta Roddy.

—Qui diable se soucie de ce que tu veux? Tu es mon fils, tu dois m'obéir.

—Sinon? le défia Roddy en se levant d'un bond, le cœur palpitant de colère et de frustration. Tu me drogueras pour me traîner de force à l'usine? Je ne suis pas ton domestique!

—Pas d'insolence, mon garçon, répliqua son père, se levant à son tour.

—Sinon? s'exclama de nouveau Roddy, en le regardant dans les yeux. Sinon tu me rosseras comme tu rossais ma mère... et elle? ajouta-t-il en montrant sa grand-mère qui était restée pétrifiée sur le seuil de la pièce, horrifiée par cet accès de fureur.

—Comment oses-tu?» Grover voulut lui porter un coup à la mâchoire, mais Roddy s'y était préparé et il l'esquiva sans peine. Levant le poing à son tour, il frappa violemment son père en pleine figure.

« Quel effet ça fait ? hurla-t-il, tandis que Harriet s'interposait entre eux.

— Roddy ! Roderick, arrête. Tu vas le tuer ! cria-t-elle.

— La mort serait une punition trop clémente pour lui. Je le hais. Je le hais pour ce qu'il a fait à notre famille. Tu ne l'emporteras pas sur moi, ni maintenant ni jamais. »

Levant vers lui un regard abasourdi, Grover rugit tel un lion blessé : « Va-t'en… Disparais de ma vue !

— Avec plaisir, mais j'emmène grand-maman. Tu ne toucheras plus jamais un seul cheveu de sa tête. » Se tournant vers la vieille dame, il lui dit : « Fais tes valises, nous partons. Tu pourras aller dormir chez Effie Morgan.

— Je ne partirai pas d'ici, répondit son aïeule d'un ton résolu. C'est ma maison. Je ne veux pas que l'on jase à notre sujet. C'est mon fils, pour le meilleur comme pour le pire. Je n'aurais jamais imaginé vous voir un jour vous battre comme deux cerfs en rut, mais je présume que cette dispute couvait depuis longtemps. Il vaut mieux que tu t'en ailles. Il n'y aura pas d'autre bagarre dans cette demeure. » Elle aida son fils à se relever. Il avait toujours l'air hébété.

« Tu l'as bien cherché, Grover Parkes. Je suis contente que Roderick ne te prenne pas pour modèle. On peut dire que tu t'y entends pour tout gâcher. Tu as perdu ce qu'il y avait de mieux dans ta vie, et le pire, c'est que tu ne t'en rends pas compte. Mais tu le feras un jour. Si tu ne t'amendes pas, tu finiras seul. Quand on a coupé tous les ponts derrière soi, on ne peut plus revenir sur ses pas. »

Il régnait un silence assourdissant dans la maison quand Roddy referma la porte sur sa vie à Oak Court. La lune était haute et les étoiles éclairaient sa route tandis qu'il s'éloignait, avec pour tout bagage un sac en tapisserie rempli de vêtements. Grand-maman avait raison : il ne pouvait plus faire demi-tour. Il ne reviendrait jamais ici, mais il allait devoir trouver une solution très vite s'il ne voulait pas mourir de faim ou périr de froid dans la nuit glacée.

83

Noël serait bientôt là et Celeste dressait la liste des denrées à commander chez le boucher, le boulanger et l'épicier, déterminée à fêter ce jour aussi dignement que c'était possible en ces temps difficiles. Elle essayait de se remémorer la façon dont May s'y prenait ; l'absence de son amie se faisait cruellement sentir, dans la cuisine et ailleurs. Pour beaucoup de familles, la fin de l'année ne serait pas très gaie, avec tant d'hommes au chômage. Elle travaillait comme bénévole dans un centre où l'on distribuait de la nourriture et des vêtements. La dépression économique frappait tout le pays.

Elle se sentait privilégiée d'avoir un foyer et d'être entourée de gens qui l'aimaient. Les salaires d'Archie et de Selwyn faisaient vivre la maisonnée. Ils avaient de la chance, et ils devaient partager avec ceux qui en avaient moins. Elle voulait qu'Ella passe de bonnes fêtes auprès d'eux. Ils avaient tous besoin de se remonter le moral, après une année comme celle qu'ils venaient de vivre. Le sapin venait de chez Cannock Chase, et elle avait commandé une belle dinde chez un fermier voisin. Elle préparait aussi de petits cadeaux glissés dans des bas, que les œuvres de charité de la ville distribueraient aux enfants nécessiteux.

Ella terminait ses études aux beaux-arts. Elle avait choisi la sculpture comme spécialité, et plus précisément les bustes. Elle était professeur assistant pour les élèves de première année, à l'école de Birmingham où elle se rendait chaque jour par le train. Et elle était amoureuse.

Elle entourait d'un tel secret l'objet de son affection que Celeste craignait qu'il ne soit marié et que cet homme ne lui ait fait de fausses promesses. Mais Keir Walsh était un gaillard aux traits anguleux et à l'aspect débraillé, du même âge qu'elle, un socialiste qui avait des idées bien arrêtées sur la situation politique et les droits des travailleurs. Il enseignait le dessin d'après modèle et ne mettait jamais les pieds à l'église, de sorte qu'il se montra tout d'abord très méfiant envers eux. Ses parents étaient des Irlandais qui avaient immigré à Birmingham. Il ne parlait jamais d'eux, ses sujets de conversation se limitant aux réunions politiques et aux campagnes électorales. D'après lui, les classes moyennes n'avaient aucune idée des conditions de vie des ouvriers dans les grandes villes. « Un diamant brut », aurait dit son père, le chanoine, car on ne pouvait pas douter de sa sincérité.

Celeste avait vu le visage d'Ella s'illuminer pendant qu'il discourait à table sur la montée du fascisme en Italie et en Allemagne. La jeune fille adorait cet homme, et lui la regardait comme s'il n'arrivait pas à croire qu'une telle beauté boive ses paroles avec autant d'attention.

« Je ne suis pas sûre qu'il soit celui qui lui convienne... Elle est encore si jeune, confia Celeste à Archie, un soir. J'avais le même âge qu'elle quand Grover est entré dans ma vie et il en est résulté un effroyable gâchis.

— C'est différent de nos jours, les jeunes ont davantage de liberté. S'ils s'aiment, ils trouveront un moyen de s'entendre.

— Mais il a des opinions tellement extrémistes, reprit-elle, tout en bourrant des chaussettes de noix et d'oranges. Il dit qu'une nouvelle guerre se prépare en Europe. L'Allemagne est aujourd'hui beaucoup plus forte sur le plan économique, le gouvernement construit des routes et des chemins de fer pour donner du travail aux chômeurs. Il ne peut quand même pas y avoir une autre guerre ? Comment deux jeunes artistes pourront-ils gagner de quoi entretenir une famille, dans un tel climat ? »

Archie se mit à rire. « Il est encore trop tôt pour se préoccuper de ça. Ils se connaissent depuis cinq minutes à peine. Keir ne m'a pas l'air du genre à se laisser passer la corde au cou de sitôt. Laisse-leur une chance. » Il savait toujours comment apaiser ses craintes.

Celeste n'avait pas encore révélé à Ella la vérité sur ses origines, ni la véritable raison de leur voyage à Bolton. Les gens qu'ils avaient interrogés leur avaient confirmé l'histoire de Joe et de May, mais rien de plus, en dehors du fait qu'ils avaient eu une petite fille. Le pasteur avait baptisé des centaines de bébés et tous se ressemblaient à ses yeux, avait-il déclaré en guise d'excuse. L'une des ouvrières de la filature avait bien laissé échapper que Joe était blond et non brun, comme May l'avait affirmé. Toutefois, Celeste ne voulait pas en parler à Ella avant d'avoir une preuve tangible à lui présenter.

Le problème, c'était qu'elle ne voyait pas comment aborder le sujet, d'autant plus qu'elle ouvrirait en elle une blessure profonde. Peut-être serait-il préférable de laisser ce secret enfoui à jamais, mais Archie n'en était pas convaincu.

Cette année, ils célébreraient Noël très simplement, et l'office de minuit à la cathédrale constituerait le point culminant de la soirée. Celeste avait envoyé un colis à Roddy à sa nouvelle adresse, le dépôt de camions dans les faubourgs d'Akron. Elle n'était pas mécontente qu'il ait quitté Oak Court. Il lui avait écrit une longue lettre pour lui relater les circonstances dramatiques de son départ.

Avec son ami Will, il était en train de monter un parc de camions. Ils transportaient des marchandises d'un État à l'autre, et leurs chauffeurs parcouraient des milliers de kilomètres au volant de leurs engins. Roddy avait trouvé une place à prendre sur ce nouveau marché et s'y était engouffré. Malgré toutes les critiques de son père, il gagnait de l'argent, mais il semblait toujours inquiet et insatisfait. Elle sentait qu'il n'était pas vraiment heureux de la vie qu'il menait. Il ne parlait pas de revenir en Angleterre et elle évitait d'y faire allusion, si douloureuse que lui soit son absence.

Même si elle considérait Ella comme sa fille, Roddy resterait toujours le premier dans son cœur, son fils unique. Les habitants de la Maison-Rouge formaient à eux quatre une sorte de famille, mais ce n'était pas pareil qu'autrefois. Elle songeait avec nostalgie aux Noëls passés en compagnie de May, de Roddy et de son père. La vie, à l'époque, paraissait si simple, avec les dîners pour les membres du clergé, les répétitions de la chorale et les offices du soir, les cadeaux à acheter et à dissimuler soigneusement aux enfants, tant de souvenirs heureux...

Elle sourit et poussa un soupir, consciente que leur vie d'antan était fondée sur des mensonges – les siens et ceux de May. Et bien sûr, on ne pouvait pas dire que sa « famille » actuelle soit tout à fait conventionnelle...

La présence d'Archie avait tout changé. Il avait aidé Selwyn à parler du vide laissé par May, à réduire sa consommation d'alcool et à développer sa carrière d'avocat, à oublier un peu les traumatismes de la guerre. Il pouvait s'aventurer dans des régions inaccessibles à Celeste, partager avec lui des choses que seuls les soldats connaissaient et qu'elle ne pouvait que deviner. Ils faisaient partie d'une sorte de société secrète dans laquelle les civils n'étaient pas admis, soudés par la terrible expérience qu'ils avaient vécue, comme May et elle l'avaient été par cette effroyable nuit d'avril 1912.

Un matin, alors qu'elle effectuait ses derniers achats de Noël, elle fit un détour par les jardins du musée, en se disant que May aurait aimé qu'elle aille rendre visite au capitaine Smith.

La statue avait l'air bien négligée, couverte de fientes d'oiseau et disparaissant presque sous les feuillages. Celeste fut affligée par ce spectacle. Elle se rappelait combien l'officier avait eu fière allure quand il arpentait le pont en scrutant l'équipage et les passagers de ses yeux perçants. Quelle triste fin, après une carrière aussi brillante...

Levant les yeux vers le visage aux traits énergiques, elle se surprit à lui parler comme s'il pouvait l'entendre. « Que dois-je faire au sujet de l'enfant que vous avez sauvée ? Qui est-elle, où l'avez-vous trouvée ? Comment lui dire ce qu'elle a besoin de savoir sans la bouleverser ? Si seulement vous pouviez me raconter ce que vous avez vu... »

Les souvenirs de cette nuit tragique affluèrent à son esprit et elle frissonna, se sentant soudain stupide de rester plantée là dans le froid, à parler à un bloc de pierre.

« Je fais cela pour mon amie May, dit-elle. Nous nous étions surnommées "les sœurs du *Titanic*", à jamais liées par le naufrage. » Elle nota en elle-même que le nom du paquebot n'était pas mentionné sur la plaque ; c'était un nom que personne n'avait envie de se rappeler, un commandant que personne n'avait envie d'honorer malgré ses nombreuses années de loyaux services.

Elle remarqua, gravé sur le socle, le nom du sculpteur qui avait créé cette effigie saisissante de ressemblance : K. Scott.

Il lui revint alors en mémoire que May lui avait un jour avoué que la petite Ella était persuadée d'être la fille d'un membre de l'équipage du capitaine Scott. « Elle m'a vraiment mise dans l'embarras ! J'ai dû expliquer la vérité à la directrice de l'école. »

Seulement, tu ne lui as pas dit toute la vérité, n'est-ce pas ? Tu racontais à chacun ce qu'il s'attendait à entendre. Nul n'a jamais douté de ta parole, ni de ton droit sur cette enfant. J'ai vu ce que j'ai vu, et je t'ai crue, comme tout le monde. Je t'ai soutenue, et maintenant c'est moi qui détiens ton secret. Qui est Ella ? Y a-t-il quelqu'un dans le monde qui pourrait nous l'apprendre ?

84

Italie, 1927

Quand il débarqua en Italie, Angelo se prosterna pour baiser le sol. Il n'arrivait pas à croire qu'il était de retour dans sa patrie. La traversée depuis Marseille avait été longue, mais déjà, sur le pont, il s'était senti mieux, revigoré par l'air salin, écoutant les bavardages des autres passagers, emmitouflé dans le manteau bien chaud et le chapeau que

Kathleen avait tenu à lui faire acheter avant son départ de New York.

Il rentrait chez lui, non pas comme un homme brisé, mais chargé de cadeaux, de photos et de nouvelles.

Il dut prendre un train, puis une carriole tirée par un cheval pour gravir les sentiers muletiers menant à la ferme. Sous la lumière dorée de la Toscane, tout lui paraissait plus petit et plus lent que dans ses souvenirs. Il était un citadin à présent, et non plus un jeune paysan. C'était à peine s'il comprenait encore le dialecte qu'il avait parlé durant toute son enfance, mais il était infiniment heureux de retrouver ces collines parfumées.

Sa mère se jeta dans ses bras – si frêle, une version rabougrie de la robuste femme qu'il avait quittée près de vingt ans plus tôt, ses traits autrefois si beaux déformés par la souffrance. «Angelo, mon fils chéri. Laisse-moi te regarder... Comme tu es maigre! Je remercie Dieu de m'avoir permis de vivre jusqu'à ce jour. Entre, entre.»

Il eut l'impression d'être traité en invité d'honneur quand on lui attribua la chambre dans le grenier, celle qui avait le meilleur matelas, et un *vaso da notte* sous le lit pour son usage personnel. Les voisins se pressaient pour le regarder d'un air effaré, comme s'il était une créature surgie d'un autre monde, palpant son manteau, son costume, lui souriant chaleureusement de leur bouche édentée.

À l'heure du dîner, on disposa sur la table la *zuppa*, les pâtes, les fromages, le vin local, l'huile d'olive et le *castagnaccio*, ce merveilleux pain à la farine de châtaigne, des mets à la saveur fraîche et acide, issus de la terre et du soleil, et non de boîtes ayant voyagé des semaines dans les cales d'un cargo.

Il fut touché de voir toutes les lettres et les cartes qu'il avait envoyées épinglées sur le mur au-dessus du petit autel, des missives visiblement lues et relues maintes fois, et, le cœur serré, il regretta de ne pas avoir écrit plus souvent.

Il avait tellement de choses à raconter, à expliquer. À leurs yeux, il était un riche homme d'affaires, et non un malade sans emploi qui n'aurait pas pu faire ce voyage sans les fonds octroyés par une œuvre charitable. Ce n'était pas cela qu'ils voulaient entendre. Ils voulaient qu'il leur dise que cela valait la peine d'envoyer leurs jeunes gens si loin, que le sacrifice n'avait pas été vain. Il n'avait pas le courage de les décevoir.

Il avait oublié à quel point ils étaient pauvres, et pourquoi la ferme ne suffisait pas à faire vivre tous leurs fils. Dans la lumière fumeuse du *fornello al carbone*, il observa son petit frère, Gianni, qui portait encore des culottes courtes la dernière fois qu'il l'avait vu. Aujourd'hui, il le dominait d'une tête et le regardait d'un air anxieux, se demandant sans doute s'il était revenu pour de bon et s'il allait réclamer sa part.

«Viens manger, dit son père en le poussant vers la table.

— À condition que tout le monde en fasse autant, répondit Angelo, sachant bien qu'ils voudraient absolument lui laisser la plus grosse part. Le docteur dit que je mange trop, ajouta-t-il en tapotant son estomac. Alors, pardonnez-moi si je me retiens. Vous m'avez gâté. »

Il lut le soulagement sur le visage de certains des enfants tandis qu'ils fondaient sur le festin. Comment pourrait-il leur ôter le pain de la bouche ? Il regretta que sa propre famille ne puisse partager ce moment avec lui. Kathleen, Patti, Frankie et Jackie... Comme ils lui semblaient loin !

Il sentait au fond de lui que ce pèlerinage lui ferait du bien – autant, sinon plus, que ces nouveaux comprimés qu'il devait prendre chaque jour. Mais il avait un devoir à accomplir, avant de poursuivre les festivités. Il devait aller voir les parents de Maria et leur présenter ses respects. Peut-être pourraient-ils apporter des réponses à certaines de ses questions, se dit-il en effleurant le petit chausson qui était resté au fond de sa poche pendant tout le voyage.

85

Akron

Roddy passait le plus clair de son temps au dépôt pour s'assurer que les livraisons seraient effectuées à temps, malgré les intempéries et les routes verglacées. On était en décembre et tout le monde était d'humeur festive, en dépit du froid.

Des guirlandes de papier dansaient au-dessus de sa tête, sans réussir à égayer son bureau lugubre.

Leur affaire de transport marchait bien, à condition de veiller à ce que les camions ne fassent jamais le trajet de retour à vide. Ils avaient passé un accord avec une compagnie d'assurances, de façon à être couverts partout dans le pays. Les règlements en matière de cargaisons variaient d'un État à l'autre, et il fallait à chaque fois des licences différentes. Will avait repris la route, Jimmy Malone, l'un de leurs chauffeurs, étant tombé malade – c'était du moins ce qu'il prétendait.

Freight Express rivalisait à présent avec les plus grosses compagnies, comme Roadway et Cargo, mais il y avait suffisamment de travail pour tous. Roddy ne savait que trop bien qu'il devait absolument réussir. Il avait investi l'héritage de son grand-père Parkes dans un nouveau camion et des locaux plus grands, mais, jusque-là, tout fonctionnait à merveille.

Il gardait un œil sur sa grand-mère en la retrouvant régulièrement à l'église. Ils dînaient au country-club ou dans un hôtel du centre, et elle lui donnait des nouvelles de son père.

« Il ne peut plus guère se donner de grands airs, à présent. La Diamond Rubber a été obligée de réduire ses dépenses et il a été mis à l'écart. Il a perdu une petite fortune dans de mauvais placements, et il a dû vendre Oak Court. Il a racheté une petite maison à Talmadge, mais je ne le suivrai pas là-bas. C'est beaucoup trop loin pour moi. Je vais m'installer chez Effie Morgan. Elle est veuve, et le loyer que je lui verserai lui procurera un revenu supplémentaire. Sa demeure est bien assez grande pour nous deux, et il y aura un lit pour toi si tu décidais de venir habiter avec moi, dit-elle en levant vers lui un regard où ne brillait qu'un très faible espoir.

— Je suis bien où je suis, sur mon lieu de travail, juste au-dessus du bureau », répondit-il.

Au fil des ans, ils étaient devenus plus proches, sa grand-mère et lui. Elle s'était adoucie avec l'âge. Lors de ces rencontres, loin de son père, elle pouvait se détendre, être elle-même. Elle lui racontait des histoires du temps de sa jeunesse, lui montrait avec fierté son album de photos. Elle avait enfin cessé d'être sous la coupe de Grover.

« À cette époque, nous pouvions marcher la tête haute, nous autres les Parkes. Alors, jeune homme, si le succès te sourit, prends garde qu'il ne te monte pas à la tête. Mais tu travailles trop, et tu n'as toujours pas de demoiselle à ton bras. » Elle le harcelait sans cesse à ce sujet, insistant pour lui présenter des jeunes filles qu'elle considérait comme de bons partis.

« Quand aurais-je le temps de faire la cour à une demoiselle, grand-maman ?

— Le travail n'est pas tout, mon garçon », répondit-elle en lui tapotant la main, avec un petit sourire.

Il lui sourit en retour, touché par sa sollicitude. Mais il avait autre chose à faire que de s'intéresser aux filles, pour le moment. Et certainement pas à ces bigotes, avec leur façon écœurante de flirter sans en avoir l'air. Il ne commettrait pas les mêmes erreurs que ses parents.

Il eut envie de rire à l'idée qu'il pourrait un jour devenir comme son père et vouloir à tout prix un héritier. Sa vie lui convenait parfaitement – descendre la côte Est, traverser les montagnes pour gagner la Virginie, continuer vers le sud, puis rouler vers l'ouest, partout où il y avait une cargaison à livrer, et une autre à rapporter. Les pneus n'étaient pas un problème, la fatigue et les mauvaises routes étaient ses pires ennemis, mais il avait toujours une Thermos de café à portée de main. Il mangeait dans des restaurants de routiers, discutait avec les autres chauffeurs et pouvait ainsi évaluer la concurrence.

Depuis cette nuit fatidique où il avait frappé à la porte de Will en le suppliant de l'héberger, il n'avait jamais regretté sa décision. Il était son propre maître, désormais, le roi de la route, un vagabond, capable d'effectuer toutes les tâches qu'il demandait à ses employés si besoin était. Il avait pris du poids. Il s'était enrobé, comme disait sa grand-mère en l'examinant d'un œil inquiet. Il avait abandonné les bonnes manières qu'on lui avait inculquées à l'école. Dans ce métier, c'était la loi du plus fort. Noël lui importait peu. Il irait certainement manger du rôti chez Effie Morgan ou chez les parents de Will. Il avait expédié des cadeaux à toute la petite bande de Lichfield, avait même réussi à dénicher des gants doublés de fourrure pour Ella et pour Mme Allen.

Ce fut dans un routier qu'il entendit à la radio les accents plaintifs d'une chorale chantant des cantiques de Noël. L'espace d'une seconde, la nostalgie lui serra le cœur. Il revit la cathédrale de

Lichfield à la lueur des cierges, la table de la salle à manger gémissant sous le poids des victuailles, les bouquets de gui et de houx, le plum-pudding de May dans lequel il creusait des trous pour trouver les porte-bonheur en argent, les papillotes qui crépitaient quand on les ouvrait et qui renfermaient des chapeaux ridicules, les charades et les chants autour du piano, et la promenade traditionnelle du lendemain de Noël à travers les champs du Staffordshire.

Mais tout cela était loin, dans un autre monde. Il était un homme à présent et faisait un travail d'homme. Même s'il se sentait seul, si le boulot était difficile, épuisant, hasardeux, c'était celui qu'il avait choisi et il ne pouvait plus revenir en arrière.

86

Frankie Bartolini adorait la messe de minuit : les cierges, les pas feutrés des fidèles autour de la crèche. Il se sentait important dans son aube blanche d'enfant de chœur, brandissant les cierges fichés sur des piques tandis que le prêtre entonnait solennellement les chants liturgiques.

Dehors il neigeait à gros flocons, et le paysage ressemblait à une carte de Noël. Il pouvait voir sa mère coiffée de son plus beau chapeau, ses cheveux roux à présent striés d'argent sur les tempes. Patti promenait son regard autour d'elle pour tenter de repérer ses amies. Comme on pouvait s'y attendre, Jack n'était pas là. Il n'allait jamais à l'église.

Ce serait leur premier Noël sans papa. Tout le monde s'efforçait de faire bonne figure, comme si son absence n'avait pas créé un énorme vide dans leur vie. Il avait été si heureux de retourner dans son pays natal ! Il leur avait envoyé des cartes postales, mais cela faisait maintenant plus d'un mois qu'il était parti et il manquait beaucoup à maman.

Cette année, il ne leur restait plus assez d'argent pour s'acheter des friandises. Le travail était mal payé et maman devait compter chaque sou, mais bientôt, il y aurait une bouche de moins à nourrir. Frankie allait entrer au séminaire pour mettre sa vocation à l'épreuve. Il avait eu l'impression de déserter et s'était senti coupable, jusqu'à ce qu'il découvre le visage de sa mère, rayonnant de fierté.

« Tu as été mis sur terre pour être le serviteur de Dieu. Comme Samuel, le fils de Hannah, qui entendit la voix l'appelant dans la nuit. Nous nous en sortirons très bien. Patti gagne un peu d'argent avec sa troupe, et ton papa reviendra bientôt, tu peux partir tranquille. Nous allons démarrer cette nouvelle année du bon pied. Il me semble que c'était tout juste hier que ton père et moi nous sommes rencontrés dans le sous-sol de la cathédrale St Patrick. Nous étions réunis par le chagrin et nous avons trouvé le bonheur. Qui sait ce qui nous attend ? Ce qui est sûr, c'est que nous n'avons pas à nous inquiéter pour le moment. Ce sera un joyeux Noël, Frankie, je le sais.

—Pourrions-nous rentrer à la maison pour manger des gâteaux? Tu nous l'as promis», geignit Patti qui était perpétuellement affamée.

Frankie remonta sa soutane et pêcha deux pièces de vingt-cinq cents dans sa poche. «Va à la pâtisserie, nous allons nous offrir un petit dessert.

—Frankie, protesta sa mère en s'empourprant, c'est l'argent que tu avais mis de côté…

—Et alors? C'est Noël. Tout le monde devrait pouvoir se régaler.»

Il leur avait coûté tellement cher en poursuivant ses études! Il était content de pouvoir leur rendre un peu de ce qu'il leur devait, même s'il ne s'agissait que d'une somme symbolique. Jack débarquerait au petit matin, les bras chargés de vin, de bonbons et de cadeaux. Personne ne lui demanderait où il se les était procurés. C'était lui, le véritable homme de la maison en l'absence de leur père, un survivant, un chat de gouttière, qui ne laisserait jamais sa famille mourir de faim. Mais cette idée n'apportait aucun réconfort à Frankie.

Un jour, il devrait leur prouver que tous les sacrifices qu'ils avaient consentis pour lui n'avaient pas été inutiles. Un jour, quand il prononcerait ses vœux, il devrait couper pour de bon les liens qui l'unissaient à sa famille. Sa vie ne lui appartiendrait plus. Mais ce moment était encore loin. Ce soir, c'était Noël, et ils devaient le célébrer dans la joie.

87

Il régnait à la table du dîner une tension que les réjouissances habituelles du 26 décembre[1] ne parvenaient pas à dissiper. Ils s'étaient pourtant prêtés aux divertissements rituels, s'étaient déguisés pour jouer aux charades, mais Ella avait gardé un air chagrin tout au long de la journée. Elle s'était retirée dans son atelier glacial au fond du jardin, emmitouflée dans plusieurs couches de lainages, et Selwyn s'était esquivé vers son ancien repaire, le pub voisin. Celeste commençait à se dire qu'elle s'était donné beaucoup de mal pour rien. Même Archie semblait perdu dans ses pensées quand elle lui apporta un verre de sherry et s'assit à côté de lui.

« Je veux t'épouser, déclara-t-il tout à trac, en levant les yeux vers elle. Il est temps que nous vivions ensemble aux yeux du monde. J'en ai assez d'être le locataire clandestin, l'amant dans le placard.

— Tu n'es rien de tout cela, protesta Celeste.

— Écoute-moi jusqu'au bout, pour une fois. Cet arrangement dure depuis près de dix ans et ça ne peut plus continuer ainsi. Nous devrions consulter

_____

1. Le 26 décembre est un jour férié en Grande-Bretagne, le Boxing Day (littéralement, jour des boîtes). C'était celui où l'on distribuait autrefois aux pauvres l'argent contenu dans les boîtes à aumônes, d'où le nom. *(N.d.T.)*

un avocat. S'il m'arrivait quelque chose, je veux être sûr que tu ne manquerais de rien.

— Mais j'ai largement de quoi vivre…

— Pas vraiment. Tu es hébergée par ton frère et tu vis de l'argent légué par ton père, dont il ne doit plus rester grand-chose à présent. Je veux que tu habites sous mon toit, que tu portes mon nom.

— N'es-tu pas heureux ici ? demanda-t-elle, étonnée par la détermination qui était apparue sur son visage anguleux. Pourquoi cette soudaine préoccupation ?

— Si, bien sûr, je suis heureux du moment que tu es près de moi, mais toi ? Ce n'est pas si simple d'élever l'enfant d'une autre, et Ella n'a pas été facile à vivre ces derniers temps.

— Elle est jeune et un peu perdue, c'est tout. Je la considère comme ma fille. Elle traverse une phase difficile, mais elle a besoin d'une femme pour la guider.

— Cette jeune dame est parfaitement capable de gagner sa croûte. Un homme ne tardera sans doute pas à l'emmener loin d'ici, mais pas avant que tu lui aies dit ce qu'elle doit savoir, en tout cas je l'espère.

— Je ne peux pas. Pas maintenant. Tu vois bien dans quel état elle est. Je pourrais tuer ce Keir Walsh ! Jouer ainsi avec ses sentiments… Il la prend et la jette à sa guise, comme un gant. Il faut attendre. Ella est déjà suffisamment bouleversée par cette rupture.

— Moi, je ne peux plus attendre, Celeste. Je n'ai eu que trop de patience. Il est temps que tu vives pour toi-même. Selwyn est tout à fait en mesure de se débrouiller seul, et il faut mettre Ella en face des faits.

— Alors, pour toi, tout est déjà réglé, hein ? Je ne laisserai personne décider de ma vie, pas même toi. Pourquoi es-tu si pressé d'avouer la vérité à Ella ? Il n'y a pas d'urgence. » Celeste sentait l'irritation monter en elle. Ce n'était pas une conversation appropriée pour un jour de fête.

« Je veux simplement que tu réfléchisses à ce que je viens de dire. Je ne suis pas un paillasson. J'ai des sentiments, moi aussi.

— Je sais, seulement… » Elle soupira avec force, sans terminer sa phrase.

« Tu fais toujours passer les autres avant toi. Pourquoi ne peux-tu pas prendre tes responsabilités ? Ella doit savoir ce que nous savons. Ce n'est pas juste de lui dissimuler quelque chose d'aussi important.

— Serait-il vraiment mieux qu'elle le sache ? La vérité n'est pas toujours bonne à entendre. Toutes les femmes apprennent à dissimuler des secrets, et celui-là devrait rester enfoui à jamais, comme une épave au fond de la mer. » Pourquoi Archie se montrait-il entêté ?

« C'est aussi malhonnête de lui cacher la vérité que de faire comme si je n'étais qu'un simple locataire. C'est une insulte à l'intelligence de nos amis.

— Arrête donc avec ça.

— De quoi parlez-vous ? s'enquit Ella qui venait d'apparaître sur le seuil de la pièce. Qu'ai-je encore fait de mal ?

— Rien, ma chérie, c'est une simple discussion entre Archie et moi.

— Je vous ai entendus mentionner mon nom. Pourquoi vous disputiez-vous ?

— Archie veut que je demande le divorce afin que nous puissions nous marier, répondit Celeste, en rougissant de ce mensonge.

— Qu'est-ce que j'ai à voir là-dedans ? demanda Ella, croisant les bras dans une attitude de défi. Vous parliez de moi, je vous ai entendus. »

Il y eut un silence, et Celeste quémanda du regard le soutien d'Archie. Mais il se contenta de hausser les épaules. « Je crois que Celeste a quelque chose à te dire.

— Pas maintenant. Nous sommes tous un peu fatigués et énervés.

— Qu'ai-je fait de mal ? insista Ella, l'air buté. Je sais que vous n'appréciiez pas Keir, mais moi, je l'aimais.

— Il ne s'agit pas de lui, répondit Celeste, avec un tremblement d'appréhension. C'est seulement que… » Elle s'interrompit. « Viens t'asseoir près de moi. Archie, peux-tu aller chercher le sherry ? Rends-toi utile, pour changer. »

Il hocha la tête et quitta la pièce, la laissant seule avec Ella. Elle ne pouvait plus se dérober à présent : elle allait devoir lui révéler la vérité avec les plus grands ménagements possibles.

« Viens à l'étage avec moi », dit-elle, se hâtant de se lever avant que son courage la fuie. Ouvrant la porte de l'armoire à linge sur le palier, elle en sortit un vieux sac rangé tout au fond. « Tu te souviens de ça ? Nous l'avions rapporté de Lombard Gardens.

— Ce n'est qu'un tas de vieux vêtements de bébé, murmura Ella avec un haussement d'épaules.

— Je t'avais expliqué qu'ils t'appartenaient. Regarde cette jolie dentelle.

— Et alors ? Je ne les ai jamais touchés. Ils sentent le moisi, rétorqua la jeune fille en plissant le nez. Qu'est-ce que ces frusques viennent faire dans cette histoire ?

— Ta mère ne t'a jamais dit qu'elles venaient du *Titanic*, n'est-ce pas ?

— Non, pourquoi l'aurait-elle fait ? Je sais que tu te trouvais sur le paquebot, Roddy me l'avait raconté.

— Vous vous y trouviez également, ta mère et toi... » Celeste se tut, guettant sa réaction.

« Vraiment ? À bord du navire qui a coulé ? C'est comme ça que mon père s'est noyé ? Pourquoi ne me l'a-t-elle jamais dit ? Je ne comprends pas. » Les sourcils froncés, elle prit les petits vêtements entre ses mains pour les examiner.

« Ce n'est pas aussi simple que cela, vois-tu...

— Quand je vais dire ça à Hazel ! J'étais sur le *Titanic*, et j'en ai réchappé ! C'est donc comme ça que vous vous êtes connues, maman et toi, hein ? Je m'étais souvent demandé... Pourquoi ne m'en a-t-elle jamais parlé ?

— Je ne sais comment te dire cela, ma chérie, mais, avant de mourir, ta mère m'a avoué un secret te concernant. Elle m'a expliqué que, la nuit du naufrage, la nuit où son mari, Joe, avait été emporté par la mer avec leur bébé Ellen, elle avait été secourue et hissée à bord du canot où je me trouvais. Et que le capitaine Smith avait ensuite repêché un bébé qu'on lui avait remis. Ce bébé, c'était toi. Au lever du jour, elle s'était aperçue que tu n'étais pas Ellen, mais à ce moment-là, elle ne voulait déjà plus renoncer à toi.»

Ella la contemplait fixement, en secouant la tête d'un air incrédule.

«Et tu sais cela depuis des mois? s'écria-t-elle. Elle ne l'a jamais dit à personne d'autre que toi? Tu n'aurais pas dû la croire. Elle avait perdu la tête... Elle avait déjà dit que je n'étais pas sa fille, le jour où il a fallu l'interner. Ça ne peut pas être vrai. Elle n'aurait pas pu voler un bébé.» Ella se rua dans l'escalier en criant: «Je ne te crois pas! Pourquoi me racontes-tu ça maintenant?

— Parce que Archie pense que j'aurais dû t'en informer aussitôt que je l'ai appris. Je suis désolée, dit Celeste en la rejoignant au bas des marches.

— Tu es désolée? C'est cette femme qui aurait dû l'être. Comment a-t-elle pu voler un bébé?

— Ne dis pas ça! May t'a toujours chérie comme sa propre fille. Tu as été son enfant dès l'instant où elle t'a tenue dans ses bras. Personne ne t'a réclamée, parmi les rescapés qui étaient rassemblés à bord du *Carpathia*, le bateau qui nous a porté secours. Elle a eu le sentiment qu'elle avait été sauvée pour que tu aies une mère.

— Mais qui suis-je, dans ce cas? s'exclama Ella, d'une voix dure et emplie de colère. Dis-le-moi. Tu m'as enlevé mon identité. Où pourrai-je trouver mes vrais parents?

— Je l'ignore. Sur la liste des passagers du *Titanic*, peut-être. Nous pourrions effectuer des recherches...

— Après tout ce temps ? Qui s'intéresse encore au *Titanic* aujourd'hui ? De toute façon, ce n'est pas à toi de le faire. Il n'y a aucun lien de parenté entre nous !

— Il n'y en a jamais eu. Mais je ne t'en considère pas moins comme ma fille. Je suis navrée. J'attendais une occasion propice pour te le dire, mais il n'existe sans doute pas de moment opportun pour des révélations de ce genre. Pourquoi je l'ai fait aujourd'hui, je n'en sais rien. La période de Noël a quelque chose d'étrange, elle fait resurgir les souvenirs et nous rend nostalgiques…, murmura Celeste, mais Ella ne l'écoutait pas.

— Tu as une famille, moi pas. Tu viens de me prendre tout ce que je croyais posséder. J'espère que tu es contente ! »

C'est à ce moment qu'Archie revint, portant un plateau d'argent qu'il déposa sur la table. Puis il redressa la tête et contempla les deux femmes qui se lançaient des regards noirs. « Je t'en prie, n'en veux pas à Celeste, Ella. C'était mon idée. Nous avons gardé le silence trop longtemps, et je suis heureux que tu connaisses enfin la vérité.

— Pas moi. Tu peux garder ton satané sherry, je m'en vais. » Elle sortit de la pièce en trombe, et ils entendirent claquer la porte de derrière.

Celeste s'assit, le souffle coupé. « Es-tu satisfait à présent, Archie McAdam ? Quel effroyable gâchis ! Et tout ça pour apaiser ton propre sentiment d'insécurité… J'espère que tu es conscient de ce que tu as fait.

— Sois patiente, tout s'arrangera.

—Cesse de me sermonner, cela ne te va pas. Nous avons ouvert la boîte de Pandore et nous ne pouvons plus la refermer. Je vais me coucher… seule. Pour une fois, tu n'auras pas à faire semblant d'être un simple locataire. Bonne nuit. »

Celeste se tourna et se retourna dans son lit pendant ce qui lui parut être des heures. Elle aurait dû aller retrouver Ella pour la consoler. Elle aurait dû apporter une bouillotte à Archie, dans la chambre d'amis où l'on n'avait pas fait de feu depuis des lustres. Elle aurait dû… au diable tout cela. Cette nuit, elle ne penserait qu'à elle-même. Elle avait besoin de dormir, et peut-être, au matin, y verrait-elle plus clair. Mais elle était trop fatiguée et irritée, trop apeurée aussi, et plus rien ne lui paraissait certain. La nuit risquait d'être longue.

88

Ella prit la lampe à pétrole et se rendit dans son atelier. C'était son refuge, une petite pièce équipée d'un réchaud à paraffine et d'une chaise et remplie de toutes ses œuvres inachevées. Elle ne ressentait que de la rage et de l'incrédulité face à ce qu'elle venait d'entendre. Elle avait envie de hurler son refus, pourtant elle savait que c'était vrai. Ellen, c'était le nom que sa mère avait prononcé à l'hôpital. « Tu n'es pas ma fille », avait-elle crié sur la plage, tant d'années auparavant. Ce devait donc être la vérité. Les secrets et les mensonges si longtemps gardés transformaient leur vie en une farce dérisoire. Toutes ces fariboles sur Joe Smith, le marin perdu en mer… Toutes sortes d'incidents lui revinrent à l'esprit, des conversations interrompues, des phrases laissées en suspens.

C'était comme si le tissu de sa vie se défaisait, ne lui laissant qu'un écheveau de fils cassés. Par ces quelques mots, Celeste l'avait privée de son histoire. *Qui suis-je? Qui étais-je? Restait-il encore quelqu'un au monde qui le savait?*

« Tu n'as pas besoin d'y réfléchir, clama-t-elle à voix haute. Tu es un imposteur, une usurpatrice, tu n'es personne!» Elle jeta ses notes et ses feuilles à dessin sur le sol, dispersa ses outils et, s'emparant d'un ciseau, l'abattit sur la sculpture à laquelle elle travaillait, le visage caché dans la pierre qui était devenu celui de sa mère. «Je vous hais tous!» vociféra-t-elle, détruisant dans sa rage des mois de labeur. Puis sa fureur s'éteignit et, épuisée, en larmes, elle promena son regard sur l'atelier dévasté. «Je ne vais pas rester ici…

— Oh que si, ma jeune dame. Tu vas nettoyer cette pagaille. Tout ce travail anéanti parce que tu t'es mise en rogne…» L'oncle Selwyn entra et dirigea le rayon de sa lampe torche sur le chaos. «Quel gâchis! Tu te sens mieux, à présent?

— Va-t'en!

— Alors, tu as appris la vérité et tu es fâchée. À juste titre. Tout le monde t'a menti, et tu n'es pas celle que tu croyais être.

— Tu ne comprends pas, comment le pourrais-tu ? » Ella avait le sentiment de s'être conduite comme une gamine stupide, à présent.

« Ne me dis pas ce que je suis en mesure de comprendre ou pas. Je croyais être un gentleman, un avocat, un homme droit et respectable, mais quand l'assaut a été donné et que je suis sorti de ma tranchée, j'ai découvert que j'étais tout autre : une bête féroce, un tueur, un automate privé de raison qui menait ses hommes à la boucherie, pour que les obus les réduisent à des lambeaux de chair et d'os. Quelqu'un qui a planté sa baïonnette dans le corps de parfaits inconnus, en proie à une fureur sanguinaire. Celui qui est revenu du combat n'était plus le même qu'au matin. J'ai passé des années à essayer de découvrir qui j'étais.

« Ainsi, c'est une étrangère qui t'a élevée, qui t'a offert un foyer et tout son amour ? L'as-tu jamais vue comme une étrangère ? May ne t'a-t-elle pas donné jusqu'à son dernier sou ? Elle n'était peut-être pas ta mère par le sang, mais tu n'as pas le droit de dire qu'elle ne t'aimait pas... Tu viens de recevoir un terrible choc, et cela a changé beaucoup de choses. Tu ne peux pas faire comme s'il ne s'était rien passé. Bien sûr, tu as de bonnes raisons de t'apitoyer sur toi-même, de bouder et de nous en vouloir. Ou bien, et c'est plus difficile, tu peux continuer à vivre comme par le passé, à faire ce que tu sais faire, en te félicitant que quelqu'un t'ait transmis un don merveilleux, le sens de l'observation et des mains d'artiste. »

Selwyn marchait de long en large, les yeux fixés sur elle.

«Tant que tu utiliseras ces talents, ils vivront. Gaspille-les, et ils mourront. C'est ce que tu veux?» reprit-il.

Jamais Ella ne l'avait entendu parler si longtemps.

«Mais je veux savoir qui je suis. Comment vivre sans savoir qui l'on est?»

Il haussa les épaules. «C'est normal, mais ce n'est pas ce soir que tu le sauras. Personne ne va te donner de réponse un jour de fête, n'est-ce pas? Il fait un froid de loup ici. Tout le monde est couché. Je vais te préparer du chocolat chaud.

— Non, répliqua-t-elle, je m'en charge. Tu laisses toujours bouillir le lait, et je n'aime pas la peau qui se forme sur le dessus.» Relevant les yeux, elle vit qu'il lui tendait les mains.

«Il n'y a jamais eu de lien de parenté entre nous, mais j'ai toujours eu beaucoup d'affection pour toi, et pour May aussi. Il est temps d'aller au lit… Les choses nous apparaîtront sous un jour différent, au matin.»

Ils remontèrent l'allée, la lueur de la lampe torche éclairant leurs pas sur le sol gelé. Ella se sentait honteuse, épuisée et vide. Selwyn avait raison. Ce n'était pas aujourd'hui qu'elle découvrirait qui elle était réellement. Mais, même si cette révélation l'avait abasourdie, une minuscule partie d'elle-même avait toujours su qu'elle était différente. Elle s'était souvent demandé, en regardant sa mère, comment elle pouvait être issue de son corps. Elle en avait retiré un sentiment de culpabilité et avait appris à ignorer ce doute obscur qui l'habitait. Maintenant, elle avait la preuve que ses soupçons étaient justifiés, et cela l'emplissait d'une étrange satisfaction.

Elle s'immobilisa et leva la tête pour contempler le ciel d'hiver et la lune. *Qui suis-je ? Où trouverai-je la réponse ? Y a-t-il quelqu'un dans le monde qui pourra me la donner ?*

Quatrième partie

Les liens renoués

1928-1946

89

Cartes postales de Paris, 1928

Chers tous,
Je suis bien arrivée. L'aumônier et sa femme sont venus me chercher à la gare du Nord. Hermione et Rosalind se sont comportées comme de vrais petits anges jusqu'à maintenant. Je ne parviens pas encore à croire que je suis ici, au cœur de la capitale. Le presbytère est très bien situé, je peux aller à pied jusqu'à l'Arc de triomphe et descendre les Champs-Élysées jusqu'au jardin des Tuileries. Remerciez Mme Simmons de ma part pour avoir bien voulu me recommander auprès de cette famille.

Paris est le meilleur remède qui soit contre la mauvaise humeur. L'Angleterre me paraît si loin! La ville est encore plus belle que je ne m'y attendais. Je visite les parcs et les musées avec les filles. Je dois me rappeler qu'elles sont sous ma responsabilité et ne pas trop leur laisser la bride sur le cou. Mon français s'améliore de jour en jour, et les vitrines des magasins sont une distraction permanente – ne vous inquiétez pas, la vie parisienne est bien trop onéreuse pour ma bourse! Les cours sont très intéressants et me permettent de rencontrer des tas d'autres étudiants étrangers. Nous irons dans le sud de la France pendant les vacances d'été. J'ai hâte de découvrir la Méditerranée.

Bien affectueusement,
Ella.

Cher Roddy,

Tu ne mérites guère cette carte puisque tu ne m'écris pratiquement jamais, mais j'avais envie de t'épater avec ma nouvelle adresse en France, et tous les lieux que j'ai visités. Les cours de sculpture sont époustouflants. Tout le monde y est tellement plus doué que moi ! J'ai encore beaucoup de progrès à faire.

Je fais le tour des cathédrales : Notre-Dame, Rouen, Chartres, Tours, Orléans et tous les monuments de Paris sont pour moi comme une immense salle de classe.

Notre séjour à Cannes a été une vraie surprise. Il faisait très chaud, et je suis tellement bronzée à présent qu'on me prend pour une native de la région. Au soleil, je me sens comme un lézard se réchauffant sur un mur de pierre. Je serai triste, l'automne venu, de devoir retourner à mes études sous le ciel gris. Les petites s'en sont donné à cœur joie sur la plage et nous avons nagé dans la mer chaque jour. La famille s'est agrandie, avec la naissance d'un petit garçon, Lionel, qui a une nourrice pour s'occuper de lui.

Cela m'a fait du bien de me retrouver loin de tous les miens, de devoir me débrouiller seule, parer à toutes les difficultés, savoir comment réagir dans le métro quand un homme s'assied trop près de moi et essaie de glisser une main sous ma jupe. Je lui flanque un bon coup de pied dans le tibia et me délecte de le voir grimacer de douleur et prendre un air penaud. Comme j'aimerais être un garçon, pour pouvoir me promener n'importe où sans m'inquiéter d'être suivie !

Je suis devenue experte dans l'art de jurer tout bas en français quand le professeur trouve à redire à mon travail. Il m'a appris à regarder les œuvres des autres d'un œil beaucoup plus critique. Il me reste encore tellement de choses à apprendre ! Je me sens déjà différente de celle que j'étais à mon arrivée.

J'essaie de ne pas trop penser à ma mère. Cela m'attriste qu'elle soit morte si jeune, et si bêtement, parce qu'elle n'est pas allée voir le médecin assez tôt ! Je suis sûre qu'elle a essayé de se soigner elle-même afin *d'économiser de l'argent à mon intention. Je me sens affreusement coupable en pensant à toutes les privations qu'elle a endurées pour que je ne manque de rien. Elle ne dépensait pas un sou pour elle-même. Et maintenant je me balade en France, comme une riche héritière! Je sais que ce n'est pas juste, mais je sais aussi qu'elle en serait heureuse pour moi.*

Comme tu l'as sûrement appris, je n'ignore plus rien à présent de ce qui s'est passé sur le Titanic *et des circonstances dans lesquelles nos mères se sont connues. Maman avait sans doute ses raisons de ne pas me le révéler. Il m'arrive parfois de penser qu'elle avait honte d'avoir survécu. Si elle a réclamé la pension qui lui était due, c'était uniquement dans le but de m'élever décemment.*

Il est trop tard aujourd'hui pour tenter de comprendre. Je suppose que nous ne comprenons jamais nos parents avant d'être devenus parents à notre tour. Un jour peut-être nous éprouverons le même sentiment protecteur, les mêmes craintes et les mêmes souffrances au sujet de nos propres enfants. Mais j'espère que ce ne sera pas avant très longtemps.

Non, il n'y a pas de Rudolf Valentino dans ma vie, seulement Leon et Friedrich, qui m'emmènent parfois dans un café sur les quais de la Seine après les cours. Mais ils ne déclenchent aucune étincelle en moi. Je n'ai pas le temps de me lancer dans une histoire sentimentale. Et toi, où en es-tu sur ce plan, mon grand frère que je ne vois jamais?

J'ai été navrée d'apprendre la mort de ta grand-mère. Je sais combien tu avais d'affection pour elle. Pardonne-moi d'avoir tellement parlé de moi. Tu travailles très dur et Celeste est fière de toi. Le divorce va enfin être prononcé. Il n'a que trop tardé, mais cela va quand même provoquer un beau tumulte à Cathedral Close. Le divorce n'est pas aussi répandu en Angleterre que dans ton pays, et les gens ne comprennent pas que rester toute sa vie enchaîné par un mauvais mariage, c'est l'enfer pur et simple. Mieux vaut ne pas se marier,

*à mon avis. Aucun de nous deux n'est pressé de renoncer
à sa condition de célibataire, j'en suis certaine.
    Réponds-moi avant mon départ d'ici, je t'en prie.
    Affectueusement,
    Ella*

Elle n'avait pas dit à Roddy toute la vérité au sujet de May et du *Titanic*. Personne à part ses tuteurs ne la connaissait, et il en demeurerait ainsi. Pourtant, c'était étrange de voir à quel point elle se sentait chez elle sur le continent, au soleil, à écouter les bavardages dans toutes ces langues. Elle s'était habituée à ce que les commerçants la prennent pour quelqu'un du coin et lui parlent à une telle vitesse qu'elle ne pouvait que hocher la tête, sourire et hausser les épaules.

Un jour à Cannes, sur la plage, elle avait entendu des gens rire et réprimander leurs enfants, et, l'espace d'une seconde, elle avait eu l'impression de comprendre ce qu'ils disaient, comme si une mémoire profondément enfouie en elle avait reconnu la langue. Elle s'était retournée pour écouter plus attentivement, mais ils étaient déjà trop loin. Elle ne savait même pas de quelle nationalité ils étaient. Elle en avait été fugitivement troublée, jusqu'à ce que Hermione entreprenne d'enterrer la pauvre Roz dans le sable, l'arrachant d'un coup à ses pensées.

La seule chose dont elle était sûre, désormais, c'était que ce voyage à l'étranger ne serait pas le dernier. Elle irait en Espagne, en Italie, en Suisse… partout où elle pourrait trouver du travail ou suivre des cours. Si elle voulait devenir une artiste professionnelle, elle devait faire son apprentissage à la dure, pour acquérir plus de sens critique et développer ses dons d'observation. Son travail jusqu'ici était beaucoup trop conventionnel, c'était celui d'un amateur. Elle devait étudier les classiques, et, pour cela, il fallait voyager. Grâce au nom qu'elle portait, elle pourrait réclamer des subsides. Le *Titanic* avait pris tant de vies, il était normal qu'il dédommage les rescapés, quelle que soit leur véritable identité.

90

Juin 1932

Celeste inspecta avec satisfaction son reflet dans le miroir en pied. Ce bleu-vert lui allait bien au teint. Sa robe de mariée, assortie à une veste vague, était taillée dans le biais et bordée de perles. Un petit chapeau en soie, maintenu par des épingles, était perché sur ses cheveux ondulés. C'était une tenue simple et chic, parfaite pour un mariage à la mairie. Elle était contente que ses parents ne soient plus là pour la voir se marier de manière aussi subreptice et expéditive. Rien à voir avec la solennité de son premier mariage, célébré en grande pompe à la cathédrale…

Grover avait lutté jusqu'au bout pour empêcher le divorce. Il avait fallu des années de négociations mesquines et ridicules pour qu'il accepte enfin de signer. Il avait quitté Akron pour s'installer à Cleveland après avoir perdu sa place à la Diamond Rubber Company. Puis Roddy avait écrit pour leur annoncer que son père avait trouvé du travail et une riche veuve, et que, tout à coup, il ne voyait plus d'objection à signer les papiers en vue du divorce.

Celeste était un peu blessée que Roddy ne se soit pas déplacé pour assister à l'événement, mais il avait expliqué qu'il ne pouvait pas abandonner Will et Freight Express, même temporairement. À la place, il leur avait offert un voyage de lune de miel à New York, en leur envoyant des billets de première classe pour la traversée, et ils lui rendraient ensuite visite à Akron. Elle ne pouvait s'empêcher de penser que ce geste lui avait été dicté par la culpabilité, mais au moins auraient-ils ainsi l'occasion de se revoir.

Ella était rentrée d'Europe bronzée et détendue, la bouche pleine d'anecdotes sur ses séjours en Avignon, en Camargue, à Perpignan et à Madrid. Lichfield ne pourrait sans doute pas la retenir longtemps. Elle avait transformé la vieille grange en atelier où elle donnait vie à toutes les idées qui surgissaient de son esprit fertile. C'était un esprit libre qui ne restait jamais plus de quelques semaines auprès d'eux avant de repartir dans de nouveaux voyages.

Quand elle était là, il leur arrivait rarement d'évoquer le passé. « Mon avenir est entre mes mains, disait-elle. C'est tout ce qui compte. Je préfère laisser toutes ces vieilles histoires derrière moi, là où est leur place. » Elle ne parlait plus jamais de se mettre en quête de ses véritables parents. Dès qu'ils abordaient le sujet, elle se retranchait dans sa forteresse.

En ce moment, elle mettait la dernière touche au buffet de réception. La salle à manger empestait le brie qu'elle avait rapporté dans ses bagages. Elle était déterminée à les initier à la gastronomie française et aux bons vins.

Elle était ravissante dans sa robe ample en voile lavande à manches courtes, avec un petit bouquet de roses épinglé à l'épaule. Si seulement May avait pu être là pour parfaire le tableau! Celeste refoula les larmes qui montaient à ses yeux. Elle devait tant à son amie disparue… Parfois, elle croyait la sentir à son côté, se réjouissant qu'Archie et elle soient enfin sur le point de devenir officiellement mari et femme. Elle ne ressentait plus l'aveu de May comme un fardeau, au contraire, elle regrettait qu'elles ne l'aient partagé que si brièvement.

« C'est l'heure », cria Selwyn, du bas de l'escalier. Il avait nettoyé son roadster et même orné le capot d'un ruban blanc pour lui faire honneur. « Ne fais pas poireauter ce pauvre homme. Il a déjà suffisamment attendu ce jour. »

Le soleil brillait, mais, en levant les yeux vers les trois flèches majestueuses, Celeste ne put contenir un soupir. Elle ne se sentirait vraiment mariée à Archie que lorsqu'ils auraient été bénis en privé dans la petite chapelle latérale de la cathédrale, qui avait occupé une place si importante dans sa vie.

Ella s'assit sur le siège avant, agrippant fermement son bouquet de fougères et de roses roses.

« Ralentis, Selwyn, mieux vaut arriver en retard que pas du tout.

— Tu connais ma sœur, elle n'est jamais à l'heure, alors je veux m'assurer qu'elle parvienne à la mairie avant que ce pauvre garçon renonce et rentre chez lui. »

Ils s'esclaffèrent tous les trois, et les femmes retinrent leur robe pour l'empêcher de se soulever tandis que Selwyn fonçait en direction de la ville en sifflotant la *Marche nuptiale*. Le cœur de Celeste battait d'émotion à la pensée de la cérémonie qui allait enfin l'unir à celui qu'elle aimait depuis si longtemps.

91

Akron

Roddy voulait que tout soit parfait pour cette « visite officielle » à sa nouvelle maison de Portage Road. Il avait envie de montrer à sa mère qu'il avait réussi. Son entreprise était florissante. Freight Express possédait à présent toute une armada de camions desservant trente usines de pneus à travers le pays, de New York à Atlanta, de Wichita à Baltimore, et il était tout le temps occupé. Mais pas au point de ne pouvoir, de temps à autre, sauter dans sa luxueuse décapotable pour contrôler le travail de certains de ses deux cents chauffeurs et vérifier qu'ils avaient livré la marchandise à temps. Il n'était pas question qu'il paie ses employés à ne rien faire.

Dommage que grand-maman Harriet ne puisse être témoin de son succès. Elle était morte paisiblement dans son fauteuil, un matin, au retour de l'église. Lors des funérailles, il avait regardé son père droit dans les yeux. Ils ne s'étaient pas parlé. Ils n'avaient rien à se dire – jusqu'à ce jour où Grover avait débarqué dans le bureau de Roddy, puant le whisky, pour exiger qu'il lui donne un travail.

Roddy était d'abord resté interloqué ; il s'était même dit, pendant un court instant, qu'il pourrait lui trouver quelque chose. Puis il s'était rappelé que son père avait obligé sa mère à attendre le divorce pendant des années, et qu'il ne s'était jamais intéressé à son entreprise avant d'avoir eu vent de sa réussite.

Il lui avait rédigé un chèque en guise de cadeau de mariage et déclaré qu'il n'obtiendrait rien d'autre.

« C'est tout ce que trouves à dire à ton père, après tout ce temps ? avait rétorqué Grover en s'emparant avidement du chèque.

— Tu m'as dit de ficher le camp, et je t'ai obéi. La meilleure chose que j'aie jamais faite de ma vie, p'pa. Maintenant, tu as le culot de venir ici pour réclamer un emploi ? À quoi pourrais-je bien t'employer ? » demanda Roddy d'un ton de défi. L'homme qui se tenait en face de lui lui apparaissait comme un étranger.

« Un enfant doit le respect à son père. Après tout ce que j'ai fait pour toi…

— Je ne te dois rien. Toutefois, en mémoire de grand-maman, je ne te laisse pas repartir les mains vides. Tu as eu ton cadeau de mariage. Va refaire ta vie à Cleveland. »

Sa secrétaire raccompagna discrètement Grover jusqu'à la porte.

« J'espère que tu brûleras en enfer ! » brailla l'ivrogne, de manière à être entendu de tous les employés. Roddy savait qu'il ne le reverrait jamais. Il faisait partie de son passé. Désormais, il ne dépendait que de lui-même.

S'il était un peu triste que la relation entre lui et son père en soit arrivée là, il était également soulagé que sa mère ait enfin épousé Archie. De son côté, il veillait à ne pas s'attacher, à ne jamais s'engager dans une liaison durable. C'était bon d'être libre d'aller et venir sans avoir à rendre compte de son emploi du temps. Sa demeure faisait sa joie et sa fierté, avec ses sofas en cuir satiné, ses portes de verre ouvrant sur une véranda, sa cuisine équipée d'un réfrigérateur et d'une cuisinière dernier modèle. Quelquefois, il devait se pincer pour y croire.

Ella lui reprocherait certainement, dans sa prochaine lettre, de n'être pas venu au mariage. Elle enseignait aux beaux-arts et gagnait également de l'argent en réalisant des bustes sur commande. Il avait vu quelques-unes de ses œuvres. Bientôt, elle repartirait vers la France et l'Italie. Le travail était toute sa vie, comme il l'était pour lui, et sa mère se préoccupait de la savoir tout le temps enfermée dans son atelier au fond du jardin. Ella et lui étaient faits pour s'entendre, apparemment :

elle savait distinguer ce qui était important de ce qui ne l'était pas.

La situation en Europe commençait à devenir alarmante : le chef du parti national-socialiste allemand, Hitler, prenait de plus en plus d'influence. Dans les journaux, on disait qu'un conflit était à craindre, ce qui était une source d'inquiétude pour tous ceux qui avaient de la famille en Europe. Il allait essayer de persuader sa mère et son beau-père de rester ici jusqu'à ce que les choses se calment.

Ils ne restèrent pas longtemps à Akron. Celeste s'y sentait mal à l'aise, redoutant constamment de tomber sur Grover. Roddy avait beau lui assurer qu'il était à Cleveland avec sa nouvelle épouse, cette ville lui rappelait trop de mauvais souvenirs. Et Archie tenait à rentrer en Angleterre avant que sa nouvelle école, près de Stafford, rouvre ses portes. Ç'avait été un séjour merveilleux, quoique passablement épuisant. Roddy avait été anxieux de leur prouver sa réussite, de les présenter à tous ses amis, de les emmener dans les restaurants les plus chers, tel un chiot en quête d'affection, et pourtant, Celeste avait le cœur plein de tristesse. Il avait changé, il était devenu plus dur, comme s'il s'était forgé une carapace. Il était toujours pendu au téléphone, tracassé par le dernier problème survenu au bureau, filant à tout bout de champ en les laissant seuls dans sa magnifique maison, pour ne reparaître que des heures plus tard. Son monde n'était pas le leur. Après des années de séparation forcée, un fossé s'était creusé entre eux.

Quand ils se firent leurs adieux à l'aéroport, il avait l'esprit ailleurs, tout aux nouvelles perspectives que cette menace d'un conflit en Europe ouvrirait à son entreprise. Celeste s'accrocha à lui, en larmes, s'efforçant de contenir ses sentiments. Elle aurait eu tant de choses à lui dire – entre autres, que la cupidité était la source de tous les maux et un bien mauvais guide. Toutefois, ce n'était pas le moment de lui faire un sermon. Elle devait laisser son fils suivre sa propre voie, se rendre compte par lui-même de ses erreurs. Mais s'il avait besoin d'elle, elle serait à des milliers de kilomètres, et ils ne se reverraient sans doute pas avant longtemps.

« J'aurais aimé que vous restiez ici, soupira-t-il une dernière fois, sachant parfaitement que c'était impossible. Transmettez mes amitiés à tout le monde à Lichfield. »

Tous ceux de là-bas étaient des étrangers pour lui à présent : Ella, Selwyn, Mme Allen, et la ville elle-même. Celeste sourit et acquiesça cependant. « Je n'y manquerai pas », répondit-elle, avec son plus bel accent américain.

92

New York, 1935

La messe parut durer des heures, tandis que les ordinands défilaient tour à tour devant une rangée

d'évêques en chasuble dorée. Angelo ne put s'empêcher de sourire, tant cette mise en scène lui paraissait théâtrale – et nettement plus réussie qu'aucune
des représentations de la compagnie de danse
de sa petite Patricia. La musique, les cantiques,
l'orgue, l'encens, tout l'apparat de ce jour important
entre tous : c'était comme une longue succession
de tableaux, un régal pour les yeux.

Et ce fut au tour de Frank de s'allonger devant
l'autel, les bras écartés, en signe de soumission
totale, et de jurer de consacrer sa vie à son Église.
L'espace d'un instant, Angelo sentit son cœur se
serrer de peur pour son fils, et aussi d'une réelle
tristesse. Il n'aurait jamais d'épouse ni d'enfants.
De même que l'Amérique l'avait enlevé à sa famille,
l'Église lui arrachait son garçon, et il souhaitait
désespérément comprendre pourquoi ce sacrifice
était si important. Alors que Kathleen rayonnait de
fierté, lui n'en éprouvait que de l'affliction.

À côté de lui se tenait Patti, déjà une vraie beauté
à quinze ans ; sa vie n'était qu'une suite d'auditions,
de cours de danse, d'apparitions dans la dernière
rangée des danseuses d'un spectacle dans une
salle de seconde zone, en attendant l'arrivée du
succès. Elle non plus n'avait jamais démordu de
son ambition, et il craignait qu'elle ne s'expose à
une cruelle déception.

Et puis il y avait Jacko, qui ne cessait d'entrer et
de sortir de la maison de correction, de s'attirer des
ennuis et de leur créer des soucis ; il leur promettait
à chaque fois de s'amender, et ils lui pardonnaient
toujours. Sa vie à lui, c'étaient des allers-retours
incessants entre le tribunal et la prison, et Kathleen

et Angelo ne savaient jamais où il finirait la fois d'après. Leurs enfants leur donnaient décidément bien du tracas.

Et maintenant, il y avait tous ces événements en Italie. Mussolini avait annexé l'Abyssinie et s'était rapproché de Hitler. Tous les changements qui s'étaient produits dans son vieux pays effrayaient Angelo. Il se rappelait les paroles du père de Maria, lui racontant comment les Chemises noires défilaient dans les rues. Chacun devait choisir son camp. Et après ?

La mort l'avait épargné et il avait pu voir ses fils grandir – mais pas pour partir à la guerre, après la boucherie qu'avait été la dernière. Comment pourrait-il jamais considérer sa propre famille comme l'« ennemi » ? Cette idée lui donnait le vertige, et il avait mal aux jambes aussi, à force de rester debout.

Il regarda sa montre de gousset avec soulagement. Ce serait bientôt terminé, et ils allaient pouvoir manger et boire, espéra-t-il. Les églises le rendaient nerveux, elles faisaient surgir dans sa tête toutes sortes d'interrogations sur l'âme et la vie éternelle. Dieu merci, la prohibition était finie. Un jour comme celui-ci, il avait grand besoin d'un remontant.

93

1937

Ella entra dans la salle d'exposition en faisant de son mieux pour ne pas trembler, ne pas regarder en direction du coin où était installée son œuvre, au cas où il n'y aurait eu personne pour s'y intéresser. Elle avait préféré venir seule, s'habituer à ce cadre qui ne lui était pas familier avant l'arrivée d'Archie et de Celeste, et de tous les amis désireux de lui apporter leur soutien.

Elle s'était torturé l'esprit pendant des heures pour choisir les pièces qu'elle exposerait et s'était finalement décidée pour un buste d'enfant, qu'elle avait dû emprunter au pasteur pour qui elle l'avait exécuté, une étude de main de facture classique et son tout dernier travail, inspiré de ses récentes visites dans les églises de Venise et de Florence.

Elle avait été totalement fascinée par les peintures de la Vierge à l'Enfant qu'elle avait vues à la Galerie des Offices, et plus particulièrement par la *Madone au long cou* du Parmesan. Elle avait photographié les plus célèbres, et pris également des instantanés de mères et d'enfants jouant dans la rue.

C'était de l'un de ces clichés que lui était venue son inspiration, à son retour à Lichfield : une mère assise, jambes écartées, berçant un enfant endormi dans les plis de sa jupe. Il émanait de cette image une impression paisible et poignante à la fois, tant elle évoquait une pietà – le Christ mort dans les bras de sa mère. Ella y percevait toute la fierté et la douleur de la maternité, consciente de la résonance profonde avec ses propres problèmes et le mystère non résolu de ses origines. Sans qu'elle puisse en expliquer la raison, cette œuvre qu'elle avait créée avec tout son amour possédait plus de vigueur, plus de vie que toutes ses sculptures précédentes.

Elle déambula dans la salle, un verre de vin à la main, espérant qu'elle n'avait pas commis une erreur en exposant son travail à côté de celui d'artistes célèbres. Encore deux heures à tenir avant de pouvoir tout remballer dans le camion qu'on lui avait prêté et de regagner le refuge de la Maison-Rouge...

Ce fut Selwyn qui vint la tirer du recoin où elle s'était tapie, près de la sortie, en s'efforçant d'afficher un air désinvolte. «Bravo, je vois que tu as déjà vendu une pièce.

—Ah bon?» Elle essaya de rester impassible, mais il ne s'y laissa pas prendre.

«Arrête de te cacher et viens voir par toi-même.»

À la surprise d'Ella, une petite foule était en train d'admirer sa statue. «La voici, notre timide pâquerette, déclara Selwyn, en l'entraînant vers un homme de haute taille. Je te présente Harold Ashley, notre chef de cabinet à Temple Row. Il est également marguillier à St James et il voudrait te commander une statue du même genre que celle-ci pour leur chapelle de la Vierge. Je vous laisse discuter entre vous des conditions, ajouta-t-il avant de s'éclipser.

—Vous acceptez les travaux sur commande? s'enquit M. Ashley, en tournant son regard vers la petite sculpture. Elle est ravissante, pleine de tendresse, et tellement expressive... Il en faudrait une légèrement plus grande. Je veux en faire don à l'église en mémoire de ma mère.

— Merci, répondit-elle d'une voix étranglée. Je suis contente qu'elle vous plaise. »

Ce fut seulement alors qu'elle remarqua qu'on avait également apposé une étiquette sur la sculpture de la main. Que se passait-il donc ? Peut-être n'était-elle pas entièrement dénuée de talent, en fin de compte. Il fallait fêter ça. Elle se dirigea vers le buffet et demanda un autre verre de vin. Deux ventes et une commande en un seul soir ! Cela signifiait-il que sa carrière allait enfin prendre son essor ?

94

1938

Comment en était-on arrivé là ? se demanda Celeste en lisant les nouvelles réglementations relatives aux alertes aériennes. Un grand nombre des étudiants d'Ella s'étaient enrôlés, et à présent, on parlait de rationnement, de coupons d'essence et de restriction des vivres si la guerre éclatait. Tout cela était extrêmement inquiétant.

L'officier de cantonnement était déjà venu inspecter la Maison-Rouge, en vue d'y loger des réfugiés ou des officiers de l'armée de l'air. L'idée de devoir partager la demeure familiale avec des étrangers était un souci de plus. La guerre. Tout le monde ne parlait plus que de ça. Lichfield avait toujours été un centre militaire, avec sa caserne et le terrain d'atterrissage qu'on était en train de construire derrière celle-ci, à Fradley. La ville se trouvait à l'intersection de l'A38 et de l'A5, et des convois de l'armée la traversaient à toute heure du jour.

Archie connaissait des professeurs et des étudiants qui étaient partis se battre aux côtés des républicains en Espagne et avaient été tués. Tant de talents anéantis dans ce terrible maelström… Combien d'autres jeunes gens allaient perdre leur vie avant que cette folie s'arrête ?

Brusquement, les anciens soldats ressortaient leurs uniformes. Selwyn et Archie s'étaient engagés dans les forces des réservistes volontaires, pour renforcer les troupes si besoin était. Leur monde paisible allait être mis sens dessus dessous, une fois de plus. Les femmes devraient elles aussi apporter leur contribution. Ella allait devoir s'enrôler, ou trouver un autre moyen de servir son pays sans perdre de vue sa carrière, à laquelle elle avait tout sacrifié. Il serait dommage que tout son travail soit réduit à néant.

On avait enlevé les vitraux centenaires de la cathédrale pour les entreposer en sécurité. Les œuvres d'art disparaissaient des musées et des galeries ; dans les parcs et les jardins, on retournait les parterres floraux pour y cultiver des légumes. On avait l'impression que le pays tout entier vivait dans l'attente, et nul ne savait combien de temps elle durerait.

Celeste entendit le vrombissement des avions tournant en cercle au-dessus de la ville et frémit à la pensée que les bombardiers ennemis pourraient détruire ce lieu magnifique. Il était impossible que cela recommence, alors que le souvenir de la dernière guerre et de son cortège d'horreurs était encore présent dans tous les esprits.

Archie et elle vivaient désormais dans l'une des petites maisons réservées aux enseignants, tout près de Stafford où il enseignait les lettres classiques. C'était agréable d'être enfin seuls tous les deux, libérés de toute responsabilité, même si Ella avait occupé une place tellement importante dans sa vie. Ils avaient fait de leur mieux pour l'aider à traverser les années difficiles qu'elle avait connues, après avoir appris qu'elle n'était pas la fille de May.

Selwyn lui avait conseillé de laisser Ella tranquille. « C'est à elle d'entamer des recherches, quand elle y sera prête. » Le seul indice dont ils disposaient, c'était la petite valise contenant sa layette, une chemise de nuit cousue à la main avec une bordure de dentelle et un unique chausson en coton incrusté de dentelle. Celeste les manipulait souvent, comme si elle espérait qu'ils lui livreraient un jour quelque message secret.

Si seulement Ella pouvait trouver des distractions en dehors de son travail ! Elle avait été la demoiselle d'honneur de Hazel, qui attendait maintenant un bébé. Le mari de celle-ci se trouvait outre-Manche avec son régiment. Hazel était sa seule amie véritable. Elle ne se mêlait pas aux jeunes gens de la bonne société de Lichfield. Son unique compagnon était le fidèle bâtard qu'elle avait soigné après l'avoir trouvé dans un caniveau, alors qu'il venait de se faire renverser par une voiture. Quand elle était dans son atelier, Poppy montait la garde devant la porte. Ella était tellement absorbée par son travail que lorsque Celeste allait la voir pour bavarder un peu, elle avait l'impression de la déranger.

Il y avait un endroit où elles se retrouvaient fréquemment toutes les deux, et c'était devant la statue préférée de May. Le pauvre capitaine Smith disparaissait derrière un rideau de végétation. Le conseil municipal avait refusé d'accéder à sa demande quand elle avait suggéré de nettoyer la sculpture. Ella et elle avaient conclu un pacte tacite et se rendaient le 15 avril de chaque année dans les jardins du musée pour déposer des fleurs sur le socle. C'était une habitude profondément enracinée chez Ella et qui remontait à son enfance, quand elle venait ici en compagnie de May.

Si le pire advenait et que la guerre détruisît les monuments et les églises, on aurait besoin de sculpteurs, de tailleurs de pierre et d'artisans pour les restaurer. Peut-être Ella pourrait-elle proposer ses services, utiliser son talent pour réparer ce qui avait été abîmé ?

Voilà que tu recommences à vouloir diriger sa vie, à faire des projets pour elle, exactement comme une mère, se dit Celeste. C'est une adulte à présent, ne te mêle pas de ses affaires. Tu as accompli ton devoir envers May. Tu n'as plus à t'en occuper.

Au moins Roddy était-il à l'abri du danger, là-bas, aux États-Unis. Les Américains auraient sans doute assez de bon sens pour ne pas s'impliquer dans une nouvelle guerre.

95

Octobre 1940

Un matin d'octobre, Ella pourchassait Poppy à travers les champs qui s'étendaient derrière la Maison-Rouge quand elle entendit le bourdonnement d'un petit avion volant à basse altitude, son moteur toussant et crachotant. Elle regarda l'appareil décrire un cercle pour se diriger vers la piste d'atterrissage de Fradley, à peine terminée. Mais il perdait de la hauteur et, manifestement, il n'arriverait pas jusque-là.

«Poppy!» hurla-t-elle pour rappeler sa chienne, mais celle-ci continua à courir droit devant elle, effrayée par le bruit.

Horrifiée, Ella vit l'avion se préparer à se poser en plein champ, piquer du nez et déraper dans le chaume, et enfin tournoyer sur lui-même pour se renverser sur le flanc. Sans prendre le temps de réfléchir, elle se précipita au secours des membres de l'équipage – si tant est qu'ils avaient survécu à l'accident. De la fumée sortait du fuselage; deux hommes émergèrent du cockpit et s'efforcèrent d'en extraire un troisième.

« Vous n'avez rien ? cria Ella.

— Fichez le camp d'ici, bon sang, ça risque d'exploser ! », vociféra une voix derrière un casque de cuir et de grosses lunettes d'aviateur. L'empoignant par le bras, les hommes l'entraînèrent à bonne distance de l'appareil.

« Vous pouvez utiliser mon téléphone pour appeler les secours, proposa-t-elle, mais ils l'ignorèrent.

— Qu'est-ce que je viens de vous dire ? Reculez ! Si le zinc prend feu, nous sommes morts, brailla l'un des hommes. Allez, filez. Merci pour votre offre, mais nous pouvons rentrer à pied à la base.

— Pas avec un blessé, répliqua-t-elle sèchement, en regardant le navigateur étendu sur le sol, hébété et couvert d'entailles. Je vais demander à Selwyn de vous conduire là-bas », ajouta-t-elle d'un ton sans réplique. C'était son tour de donner des ordres, à présent.

« Nous avons envoyé un message radio à la base. Ils savent que nous sommes ici. L'ambulance sera là dans un instant, merci quand même, madame… ?

— *Mademoiselle* Smith, riposta-t-elle d'une voix acerbe. Vous avez eu de la chance de trouver un terrain plat et de ne pas tomber dans le canal. » Elle appela Poppy mais n'obtint pas de réponse. « Poppy ! Il faut que j'aille à sa recherche. Elle doit être terrorisée.

— Excusez-moi de vous avoir crié dessus, dit le pilote. Nous allons vous aider. C'est bien le moins que nous puissions faire. Où sommes-nous exactement ? » Il promena les yeux autour de lui, l'air encore un peu abasourdi.

« À la lisière de Lichfield, répondit-elle en montrant la direction de la base aérienne de Fradley.

— Sacrebleu, nous avons un peu dévié de notre route, alors. Le moteur a calé.

— Vous avez eu de la chance... Poppy !

— Non, fit le copilote en souriant, nous ne devons pas notre vie à la chance, mais à l'habileté de Tony, ici présent. Notre bonne fortune, c'est de vous avoir rencontrée, ange secourable !

— Je m'appelle Mlle Smith, répéta-t-elle, préoccupée par l'absence de la chienne. Poppy, au pied ! Où es-tu ? »

Ils la découvrirent quelques minutes plus tard, gisant près de la haie, tremblante, un morceau de métal fiché dans la patte. « Oh ! elle saigne ! » s'écria Ella. Le pilote ôta son foulard de soie et l'enroula autour du membre blessé en guise de garrot.

« Il faut l'emmener chez le vétérinaire. Je suis vraiment désolé. » Il prit la chienne dans ses bras, mais se mit soudain à vaciller. « La tête me tourne, j'ai dû être un peu secoué », murmura-t-il. Il se laissa choir sur le sol et, avec douceur, Ella lui retira l'animal des mains. « Ne bougez plus jusqu'à l'arrivée de l'ambulance. Je vais m'occuper de Poppy. Elle s'en tirera. » Elle entendait au loin la cloche du véhicule arrivant à toute allure sur le chemin de terre.

« Qu'est-ce qu'il a ? demanda le deuxième homme.

— Il a reçu un coup sur la tête, je crois, hasarda-t-elle tandis qu'ils la dévisageaient avec intérêt.

—Il était déjà assez cinglé sans cela. Nous allons avoir de sacrés ennuis, nous avons dévié de notre route, bousillé un zinc et allons être portés manquants à l'appel. On peut faire confiance à Tony pour nous mettre dans le pétrin. Comment va votre toutou ?

—Ce n'est pas trop grave, j'espère. Il faut que j'y aille. Je vous souhaite meilleure chance pour la prochaine fois », déclara-t-elle avant de s'éloigner.

Elle rentra chez elle en toute hâte, soulagée que personne n'ait été grièvement blessé. Le plus important, à présent, c'était de soigner Poppy. Elle allait emprunter l'Austin de Selwyn pour l'emmener chez le vétérinaire de Lichfield.

À son retour, elle découvrit un somptueux bouquet dans l'entrée.

« C'est un gars de l'armée de l'air qui a apporté ça pour Poppy. Il y a un message pour toi quelque part parmi les fleurs. Je crois bien que tu as fait une conquête, expliqua Selwyn en riant.

—Ça m'étonnerait. De quoi avait-il l'air ? » demanda-t-elle néanmoins, sa curiosité éveillée. Duquel des deux hommes s'agissait-il et où avait-il réussi à trouver de si jolies fleurs alors qu'on était en guerre ?

Le pilote revint quelques heures plus tard et gara son Austin dans l'allée. « Sous-lieutenant Harcourt au rapport, dans une bagnole d'emprunt, malheureusement », se présenta-t-il, debout sur le seuil, avec un large sourire. Selwyn le fit entrer. « Comment va ce pauvre chien ?

—Elle boite, mais elle survivra », répondit Ella, en levant vers l'étranger des yeux surpris. Il était aussi blond qu'elle était brune, avec des cheveux couleur de paille lui tombant sur le front, et bien différent de ce à quoi elle s'attendait, sans ses lunettes d'aviateur. Son accent raffiné dénotait une éducation dans une *public school* et son appartenance aux classes privilégiées. Selwyn s'apprêtait manifestement à lui faire subir un interrogatoire en règle.

« Comment diable avez-vous réussi à dévier de votre route, jeune homme ? »

Le pilote passa une main dans ses cheveux et sourit. « C'est une assez longue histoire, monsieur. Pas mal de brouillard au-dessus de la vallée de la Trent, et un navigateur qui a besoin de s'acheter de meilleures lunettes et de réviser ses connaissances. Heureusement que l'aérodrome de Lichfield était indiqué sur la carte, bien qu'il ne soit pas encore tout à fait opérationnel. On va sûrement nous passer un savon au QG. »

Anthony Harcourt donna à Selwyn un bref résumé de sa carrière – élève officier dans l'armée de l'air, il avait suivi des cours de pilotage afin d'entrer dans l'aviation de bombardement. À présent, il était dans une unité d'entraînement à une cinquantaine de kilomètres à l'est et formait un équipage en vue de leurs futures missions. Il venait des hautes plaines du Yorkshire, même si son accent n'en laissait rien paraître. Il ne cessait de jeter des regards en direction d'Ella et de promener les yeux autour du salon, comme s'il cherchait un point commun entre eux et lui.

« Je sais que je vais vous sembler un peu trop téméraire, mais accepteriez-vous de dîner avec moi ce soir ? Autant voir un peu le paysage pendant que je suis ici.

— On m'avait déjà traitée de toutes sortes de noms, mais jamais de paysage », rétorqua Ella en riant, pour remettre à sa place ce jeune prétentieux. Il devait avoir plusieurs années de moins qu'elle.

« Non, ce que je voulais dire, c'est… J'ai retenu une table au George. » Se tournant vers Selwyn, il ajouta : « Je veillerai à ramener votre fille avant le couvre-feu.

— Mlle Smith n'est pas ma fille. Elle est parfaitement capable de décider elle-même de l'heure de son retour. Ne croyez-vous pas que vous devriez lui demander son nom avant de l'enlever sur votre char ? demanda Selwyn, en s'efforçant vainement de garder un visage impassible.

— Oh ! seigneur ! J'ai encore gaffé, n'est-ce pas, mademoiselle Smith ? s'exclama-t-il, en ayant au moins la décence de rougir.

— Appelez-moi Ella, répondit-elle en lui tendant la main. Je serai enchantée de dîner avec vous, s'entendit-elle déclarer, à son propre étonnement. Ne serait-ce que parce que ce soir il y a de la tourte au poisson au menu et que j'ai horreur de ça. Accordez-moi cinq minutes pour me changer. Je ne peux pas sortir en tenue de travail, expliqua-t-elle en montrant sa blouse maculée de plâtre.

— Ella est une artiste. Elle n'est pas aussi sale d'habitude, mais elle travaille en ce moment à une nouvelle œuvre dans son atelier. Et vous, que faisiez-vous avant la guerre?» s'enquit Selwyn, reprenant le cours de son interrogatoire.

Ella se rua dans l'escalier. Comment allait-elle se vêtir? Il y avait le tailleur qu'elle portait pour aller à l'église, ou la jupe et la blouse qu'elle mettait en semaine. Sa plus jolie robe n'était pas assez chaude pour la saison. Rien dans sa garde-robe ne lui paraissait assez chic. Elle aurait voulu avoir un uniforme, pour être mieux assortie au sous-lieutenant Harcourt. Elle allait bien trouver quelque chose au fond de son armoire... Mais, quand elle ouvrit la porte, elle respira une âcre odeur de naphtaline. Aucun parfum ne pourrait masquer cette puanteur. Si seulement elle avait été prévenue plus tôt, elle aurait eu le temps de dénicher une robe adéquate... C'est alors qu'elle aperçut une blouse paysanne à manches longues, brodée au col et aux poignets, qu'elle avait achetée en Italie au cours de ses voyages. Avec sa jupe plissée et sa veste, cela lui ferait une tenue suffisamment habillée pour la circonstance.

Elle défit son chignon et noua un foulard autour de sa crinière exubérante pour en assagir un peu l'effet, se pinça les joues et appliqua avec soin un peu de son précieux rouge à lèvres. Pourquoi ses mains tremblaient-elles ainsi?

Quand elle redescendit, les deux hommes avaient disparu; puis elle les aperçut au fond du jardin, sortant de son atelier. La pièce était un vrai bazar et elle n'aimait pas que des étrangers la voient. Mais elle reconnaissait bien là Selwyn: il voulait s'assurer que son cavalier ne se permettrait pas de privautés avec elle en lui montrant ses outils de travail. On ne prenait pas de libertés avec une femme capable de manier le marteau et le ciseau avec autant de précision!

Anthony la dévisagea. «Vous êtes ravissante, et ce buste dans votre atelier devrait être exposé dans une galerie!

— Il n'est pas encore terminé. Alors, que faisiez-vous, avant tout ça?

— J'étais à l'université. À Cambridge, au Trinity College. Je me suis enrôlé dès le début de la guerre. Je crois que certaines des choses que nous avons à la maison vous plairaient. Mon père est un peu collectionneur. Moi, je m'intéresse davantage à la musique, classique ou de jazz...» Il regarda sa montre. «Il vaudrait mieux se mettre en route. Je prendrai soin d'elle, monsieur Smith.

— Je m'appelle Selwyn Forester. Comme je vous l'ai dit, Ella et moi n'avons aucun lien de parenté, malheureusement. Pourtant cela ne m'empêche pas de cuisiner ses invités avant de leur décerner mon approbation, plaisanta-t-il. Passez une bonne soirée, et ne crains rien, ma chérie, je te laisserai une part de la tourte au poisson de Mme Allen. Comme il ne faut rien gaspiller, on pourra te la faire réchauffer demain», lança-t-il d'une voix réjouie en les escortant jusque sur le perron.

96

On les conduisit à une table tout au fond du restaurant de l'ancien relais de diligences. À cause des restrictions, le menu se réduisait à deux plats. Anthony commanda du vin et sortit un étui à cigarettes en or pour en offrir une à Ella. «Il appartenait à mon grand-père. C'est une espèce de talisman.»

Elle refusa, n'ayant jamais eu de goût pour le tabac.

«Parlez-moi de vous, dit-elle, dans l'espoir de le faire sortir un peu de sa réserve.

— Il n'y a pas grand-chose à raconter sur Anthony Giles Claremont Harcourt. Je sais, un sacré nom à rallonge, n'est-ce pas? Mes parents vivent dans un amas de vieilles pierres près de Thirsk. Je suis fils unique et j'ai été adopté, par conséquent je ne sais pas vraiment qui je suis ni d'où je viens.» Il la regarda, s'attendant visiblement à la voir prendre un air apitoyé, mais elle secoua la tête, ébahie.

«Comme c'est étrange! Moi aussi. Enfin, plus ou moins», répondit-elle, et pour la première fois, elle narra une partie de son histoire, expliquant comment May et Celeste s'étaient connues lors du naufrage du *Titanic*, mais omettant de mentionner que nul ne savait qui elle était vraiment.

«Pourquoi est-ce que je vous raconte tout ça?» s'exclama-t-elle, en scrutant les yeux gris-vert du jeune homme. Sans qu'elle puisse s'en expliquer la raison, elle fut prise d'une envie de pleurer.

«Vous savez pourquoi, rétorqua-t-il en lui prenant la main. Parce que vous ne pouvez pas faire autrement. Nous sommes de la même espèce, vous et moi. Pourquoi, entre tous les champs d'Angleterre, a-t-il fallu que j'atterrisse sur celui-là? Pourquoi étiez-vous en train de promener votre chien juste au moment où mon zinc est tombé en panne? Comment se fait-il que nos histoires se ressemblent tant? Je n'ai jamais cherché à savoir qui étaient mes parents. Je pourrais sans doute le découvrir, mais je ne le ferai pas. Sybil et Tom sont les seuls que je connaisse et je les aime. Je n'ai pas besoin d'en savoir davantage. Toutefois, votre histoire est différente. Une survivante du *Titanic*… J'en ai connu un ou deux, mais ils étaient beaucoup plus âgés. Le fils de nos voisins a péri dans ce naufrage, il était leur unique héritier.

— Vous êtes la première personne à qui je parle de ça, en dehors de mes proches. Je ne comprends pas, ajouta-t-elle, en sentant ses joues s'empourprer.

— Regardez-moi. N'avez-vous pas l'impression que c'est le destin qui nous a réunis?

— Ce sont des fadaises pour roman à l'eau de rose. Je ne crois pas à toutes ces bêtises.»

La conversation prenait un tour trop sérieux, trop personnel. Pourtant, elle n'avait pas envie de retirer sa main de la sienne. Anthony ne se laissa pas démonter par sa réticence. «Si la guerre nous enseigne quelque chose, c'est bien de profiter de l'instant présent. J'ai vu beaucoup trop de braves types mourir pendant l'entraînement sans avoir jamais vraiment vécu. On grandit vite, en temps de guerre. Je prends chaque jour comme il vient et aujourd'hui il s'est produit quelque chose d'extraordinaire. Mon moteur s'est arrêté lors d'un vol de routine. Ç'aurait pu être la fin pour nous, mais tout à coup voilà qu'apparaît un champ plat comme une crêpe, et je réussis à nous sauver la mise. Et puis vous surgissez, avec l'air de sortir tout droit d'un tableau de Gainsborough. Nous étions destinés à nous rencontrer. C'était écrit dans notre horoscope. Je suis Poissons, à propos, un signe d'eau, à ce qu'il paraît. »

Le malaise qui s'était installé entre eux sembla se dissiper à mesure que la soirée avançait. Après le repas, ils s'attardèrent à table pour discuter de leurs carrières respectives. Ils parlèrent des restrictions, de leurs espoirs pour l'avenir, de leurs familles. Elle n'avait jamais conversé aussi librement avec un homme auparavant. Anthony avait beau n'avoir que vingt-trois ans, ses traits étaient empreints d'une lassitude qui le faisait paraître plus âgé. À côté de lui, elle se sentait plus jeune, inexpérimentée et innocente, et elle eut honte de l'avoir jugé arrogant et superficiel. C'était pour lui une manière de se protéger contre les épreuves qui l'attendaient.

« Devez-vous vraiment repartir demain matin ? lui demanda-t-elle.

— Pas forcément, du moment que je rentre à la base à seize heures. Pourquoi ?

— J'aimerais vous montrer notre cathédrale. La chorale chante pendant l'office et vous pourriez vous joindre à nous pour le déjeuner. Je vous promets que ce ne sera pas de la tourte au poisson, ajouta-t-elle avec un petit rire. Vous n'aurez peut-être jamais plus l'occasion de visiter Lichfield, après tout. »

Il se renfonça dans son siège et la contempla avec une expression qui la bouleversa. « Je reviendrai. Ne jouez pas avec moi, Ella. Maintenant que je vous ai trouvée, je ne vous lâcherai pas de sitôt. »

Ils s'en retournèrent vers la Maison-Rouge en silence sous un ciel illuminé par la pleine lune. Ella percevait la tension qui émanait de tout le corps du jeune homme tandis qu'il conduisait, en lui jetant des coups d'œil fréquents. Son cœur battait avec force, et elle savourait chacune des secondes qu'elle passait près de lui. L'odeur des sièges en cuir et de la fumée de cigarette, mêlée aux vapeurs d'essence et à son propre parfum, lui montait à la tête et elle avait l'impression d'être grise.

« Regardez, c'est une nuit de pleine lune, une nuit idéale pour les bombardiers, soupira-t-il en levant les yeux vers le ciel. Quelque part, certains ne vont pas dormir tranquilles. » Il l'embrassa sur la joue et, instinctivement, elle lui offrit ses lèvres. « Bonne nuit, Anthony, murmura-t-elle en s'arrachant à ses bras, avec l'impression de sortir d'un rêve.

— Cendrillon va devoir rendre sa citrouille, je le crains, cria-t-il en démarrant. Demain, je viendrai pedibus.

— Cela ne me dérange pas, nous nous rendrons en ville à travers champs. Merci pour cette charmante soirée. »

Elle resta sur le perron longtemps après que le vrombissement du moteur se fut éteint au loin, brusquement accablée par un sentiment de solitude. C'était de la folie pure et simple, mais jamais elle ne s'était sentie aussi vivante, aussi bien en présence d'un homme. Elle ne dormirait pas de la nuit, pour continuer à savourer cette sensation.

Elle rentra sa chemise de nuit dans sa salopette, enfila un épais chandail et, munie de sa torche couverte d'un cache pour en atténuer la lueur, se dirigea vers son atelier où elle tira les stores pour respecter le black-out. À la faible lumière de la lampe, elle entama une esquisse, s'efforçant de reproduire tous les traits du beau visage d'Anthony, la légère asymétrie qui lui donnait un air ironique, la boucle qui retombait sur son front, ses lèvres pleines qui avaient effleuré les siennes, dans un baiser qui la brûlait encore…

97

Celeste était stupéfaite par la métamorphose qui s'était opérée chez Ella en l'espace de quelques semaines. Elle semblait montée sur ressorts. Quand elle lui avait présenté son nouveau soupirant, un après-midi, Celeste avait vu l'amour scintiller dans ses yeux. Il avait réussi à obtenir une permission de quarante-huit heures et avait traversé le pays sur une moto d'emprunt pour venir les voir, Ella accrochée à l'arrière, ses cheveux cachés sous un casque noir.

Ils avaient cet air radieux et échevelé qu'on voit aux couples amoureux. Le visage d'Ella était rouge d'animation. Ce jeune homme avait mis sa vie sens dessus dessous. Jusqu'à maintenant, elle s'était intéressée à l'effort de guerre et à la controverse sur l'admission de recrues féminines dans la Home Guard, la section des volontaires de l'armée britannique. On jugeait inconvenant que des femmes puissent défendre leur foyer les armes à la main. Cela avait rendu Ella furieuse et elle s'était enrôlée dans la défense passive, à la brigade de prévention des incendies. Cela voulait dire qu'elle montait la garde toute la nuit, seule sur un toit, pour donner l'alerte au cas où des bombes incendiaires tomberaient sur des usines. Au matin, elle était hébétée de fatigue. À présent, rien ne comptait pour elle que les instants passés au côté d'Anthony. Elle filait le rejoindre à la base dès qu'il avait une permission et le quittait sur des quais de gare venteux sans savoir si elle le reverrait. Elle vivait dans l'attente de ses lettres, de ses précieuses permissions, redoutant constamment d'apprendre son affectation dans un pays lointain. Et aujourd'hui, Celeste avait reçu une lettre qui changeait tout.

Les parents d'Anthony m'ont chaleureusement accueillie. La maison est remplie d'enfants évacués. Il ne plaisantait pas en disant que Thorpe Cross n'était qu'un amas de pierres. Il y a une abbaye en ruine adossée à la maison. Il fait si froid la nuit que je dois enfiler tous mes vêtements les uns par-dessus les autres avant de me mettre au lit.

Anthony est en train de scier des bûches avec quelques-uns des garçons les plus âgés. Ils le suivent partout avec dévotion comme s'il était Biggles[1] en personne. J'emmène les plus petits se promener sur son vieux poney. Les paysages du Nord sont magnifiques, avec ces murs de pierre et ces collines qui ondulent à l'horizon, ces prés pleins de moutons et ces cieux immenses. Dommage que le vent qui souffle du nord-est soit si mordant.

Le voyage en train a été un vrai cauchemar, je suis restée debout dans le couloir, à moitié écrasée par une foule de soldats bruyants. En descendant à York, j'ai cru qu'il m'avait fait faux bond, et deux de mes compagnons de voyage se sont attardés sur le quai, dans l'espoir de tenter leur chance. Quel soulagement j'ai ressenti en voyant Anthony arriver d'un pas tranquille! Il m'avait attendue devant le compartiment de première classe, comme si j'avais les moyens de m'offrir ce luxe! Nous venons de deux mondes bien différents et je suis plus vieille que lui, mais quand nous nous retrouvons, rien de tout cela n'a plus d'importance.

Nous ne nous connaissons que depuis six semaines, mais je me rends compte que je pourrais passer le reste de ma vie à tenter de le connaître mieux. Tous mes anciens préjugés sur l'amour romantique se sont évaporés. Il m'a emmenée à une soirée de bal à la base et m'a fait valser sans me marcher une seule fois sur les pieds. C'était une première pour moi. L'orchestre a joué une très jolie chanson qui s'appelle J'attendrai. *Elle me trotte dans la tête en permanence. Mais nous, nous ne pouvons pas attendre. Si seulement la vie était normale, si les choses pouvaient se dérouler à un rythme normal! Quel dommage qu'il ait fallu une guerre pour nous réunir…*

Hier, nous sommes allés pique-niquer à Brimham Rocks et avons grimpé tout en haut pour contempler le paysage, si vert et si paisible, comme si rien n'avait

---

1. Personnage de romans d'aventures pour la jeunesse créé en 1932 par W. E. Johns. *(N.d.T.)*

changé. Anthony s'est tourné vers moi et m'a dit: « Nous allons nous marier bientôt, n'est-ce pas ? », comme il aurait demandé : « Passe-moi le sucre, ma chérie. » Et j'ai répondu : « Oui, bien sûr. »

S'il te plaît, ne le dis pas tout de suite à Selwyn. Anthony estime qu'il serait plus convenable de lui demander ma main comme s'il était mon père. Je crois qu'il serait touché par ce geste, ne penses-tu pas ? Sois heureuse pour nous, s'il te plaît. Nous voulons vivre aussi intensément que possible chaque minute du temps que nous pourrons passer ensemble, car nous ne savons pas ce que nous réserve l'avenir.

Je vais demander à Selwyn si je peux m'engager dans la Home Guard. Je ne vois pas pourquoi les femmes ne pourraient pas prendre les armes si l'ennemi nous envahit. Anthony m'a appris à tirer et j'ai touché deux fois la cible. Je veux faire davantage qu'enseigner les arts, si important que ce soit. Quand je songe aux dangers qu'il affronte chaque jour, comment ne pas avoir envie de me montrer digne de lui ?

Lorsque Ella revint de son deuxième séjour à Thirsk, elle portait au doigt un rubis monté sur une bague ancienne en or, et rien n'aurait pu la faire changer d'avis. Elle débordait de projets. Le jeune couple vivait voracement son idylle, saisissant la moindre occasion pour se retrouver. Celeste leur souhaitait tout le bonheur du monde.

« Anthony connaît un coin à la campagne où nous pourrions passer notre lune de miel. Tu es contente pour nous, n'est-ce pas ? » demanda Ella, le regard implorant.

Archie tira sur sa pipe et les regarda toutes deux en souriant. « Quand on a trouvé la bonne personne, on le sait tout de suite. Je me rappelle être entré en collision avec un petit bonhomme sur le pont du *Saxonia* et avoir pensé en voyant sa mère : "Je l'épouserai un jour." Cela m'a pris plus de temps que je ne l'escomptais, toutefois. » Ils partirent tous les trois d'un rire un peu trop fort. « Félicitations ! » ajouta-t-il.

Anthony était un jeune homme charmant, doté de la beauté du diable, mais Ella n'avait rien à lui envier sur ce plan et Celeste se disait que leurs enfants seraient magnifiques. Ils étaient tellement sûrs d'eux, tellement ivres de passion, que cela lui faisait un peu peur. Un amour comme celui-là ne pouvait durer à moins de se transformer en mûrissant en une profonde amitié. Archie était son compagnon et son plus grand réconfort, en fin de compte. Elle espérait de tout son cœur qu'il en serait de même pour le jeune couple, mais la guerre était une chose dangereuse et les lourdes pertes subies par l'aviation de bombardement n'étaient pas un secret. Elle fut prise d'un frisson.

« Nous devons nous mettre à la tâche tout de suite pour te constituer un trousseau.

— J'ai mis de côté des bons de textile, mais nous ne voulons rien de trop chichiteux, répondit Ella, que la seule idée d'un mariage traditionnel hérissait.

— Je ne te laisserai pas marcher vers l'autel en blouse constellée de plâtre de Paris. Fais-moi plaisir, laisse-moi t'aider à faire de ce jour un événement inoubliable. Nous irons ensemble à Birmingham pour voir ce que nous pouvons trouver. »

Leur mariage devait être une flambée de gaieté dans ce monde si sombre, un défi à la destinée.

Ella méritait de connaître le vrai bonheur. Elle avait tellement attendu...

Si seulement Roddy pouvait avoir la même chance, songea Celeste. Elle venait de lui écrire pour lui annoncer la nouvelle.

Ella va épouser un aviateur. Elle ne connaît ce garçon que depuis très peu de temps, mais on dirait que les gens sont tous pressés de se marier par les temps qui courent, à en juger par le nombre de faire-part publiés dans le Times.

Je crois que le danger est un puissant aphrodisiaque qui attise les flammes de l'amour. Je leur souhaite d'être heureux mais je m'inquiète.

Pour être franche, j'avais toujours espéré que tu reviendrais ici et que vous tomberiez follement amoureux l'un de l'autre. Les mères font de ces rêves... Mais tu trouveras un jour la femme de ta vie. Au moins, en Amérique, n'entends-tu pas battre les tambours de guerre t'appelant à convoler en toute hâte.

Les raids aériens ont été terribles dans les Midlands, comme tu l'as sans doute appris. Les autorités censurent les informations, mais nous avons des yeux et des oreilles, et les gens parlent. Des quartiers entiers de Birmingham ont été détruits – à Manchester et Liverpool aussi. Néanmoins, jusqu'à présent, aucun navire ennemi n'a abordé nos côtes et aucun n'y réussira jamais, grâce à des hommes comme Anthony Harcourt et son courageux équipage qui bravent les tirs de batteries au-dessus des Pays-Bas pour rendre aux Allemands la monnaie de leur pièce.

J'ai l'impression que tu es plus loin de nous que jamais, maintenant...

98

Février 1941

Nous avons tout un week-end devant nous, songea Ella avec un soupir de bonheur en regardant Anthony paisiblement endormi près d'elle. C'était une superbe matinée de février, parfaite pour une promenade en amoureux dans les bois. Elle sourit en voyant le soleil monter peu à peu derrière les arbres dénudés. Comment avait-il réussi à obtenir deux jours supplémentaires, elle ne le saurait jamais. Ils auraient jusqu'au dimanche soir, toute une éternité, avant de devoir se séparer.

Ils étaient venus dans l'Austin de Selwyn, avec de l'essence mendiée ou empruntée aux uns et aux autres, et avaient suivi les routes arborées de l'Oxfordshire jusqu'à ce petit village appelé Leafield. Un ami d'un ami, un ancien camarade d'école, avait prêté son cottage à Anthony. La maison était ravissante avec son toit de chaume et ses plafonds pentus. Quelqu'un avait allumé un feu, aéré les pièces et rempli le rez-de-chaussée de vases de jacinthes afin de masquer l'odeur d'humidité ; ce geste de bienvenue les avait profondément touchés.

« Ce doit être la mère de Simon. Elle habite dans le village.

— Dans ce cas, nous devons aller la remercier, dit Ella en humant les fleurs odorantes.

— Plus tard, répondit Anthony en souriant. Nous avons plus important à faire, poursuivit-il en l'entraînant dans l'escalier branlant. Il faut étrenner le lit. »

Ella se laissa retomber sur son oreiller, revivant cet instant où ils s'étaient unis sans crainte d'être interrompus ni surpris. Étendus dans les bras l'un de l'autre, ils avaient fait l'amour avec émerveillement. Pour l'instant, cette chambre était leur sanctuaire, et elle essayait de ne pas penser au temps qui s'écoulerait avant la prochaine permission d'Anthony. Laissant libre cours à leur passion, ils avaient exploré mutuellement leurs corps et trouvé de nouvelles manières de donner et de prendre du plaisir. Repue et somnolente, elle revit dans son esprit chaque minute du jour de leur mariage, qui avait pu être célébré juste avant le début du carême. Elle avait eu l'impression d'être une princesse quand elle était arrivée devant le portail ouest dans un cabriolet tiré par un cheval, drapée dans une étole de renard blanc prêtée par l'épouse du doyen. L'orgue avait commencé à jouer tandis qu'elle descendait lentement la longue allée menant à la chapelle de la Vierge. Le pauvre Anthony se tenait devant l'autel, pétrifié par le trac, et elle avait serré plus fort le bras de Selwyn pour réprimer son émotion. Tous ceux qu'elle aimait étaient présents. Hazel, sa dame d'honneur, marchait derrière elle, dans une robe du soir bordeaux qu'elle avait empruntée à une amie. Ella avait espéré que sa mère se trouvait près d'elle en esprit et qu'elle pouvait la voir, en ce jour qui resterait le plus beau de sa vie.

Le visage d'Anthony rayonnait d'amour et de fierté. Elle n'aurait pu souhaiter une cérémonie plus parfaite, avec la réception toute simple qu'ils avaient donnée ensuite à la Maison-Rouge, dans une joyeuse cohue d'uniformes, un brouhaha de discours et de toasts.

Celeste avait insisté pour lui donner la robe de mariée de sa mère, qu'elle avait fait ajuster à ses mesures, et le voile en dentelle de Bruxelles assorti. Pour son voyage de noces, Ella s'était offert un joli ensemble et un manteau ainsi que des souliers neufs qui lui feraient de l'usage par la suite. Mme Allen lui avait confectionné une combinaison et une culotte dans de la soie de parachute teinte d'une couleur rose thé fanée et bordée de dentelle crème. Elle avait eu envie de pleurer de gratitude devant tous les cadeaux que leurs amis leur avaient offerts, bien qu'ils n'aient été prévenus qu'à la dernière minute. Il y avait même un colis de Roddy contenant de la vaisselle et toutes sortes d'ustensiles, y compris une casserole pour remplacer celles qu'ils avaient données dans un accès de patriotisme, afin qu'elles soient utilisées pour construire des avions.

Elle devrait continuer à habiter à la Maison-Rouge. On manquait d'enseignants, et elle n'allait pas quitter son poste sous prétexte qu'elle portait une alliance. Les parents d'Anthony lui avaient proposé de venir vivre chez eux, mais c'était trop loin de la base. Elle voulait rester aussi près de lui que possible, et Lichfield était plus central.

Chaque seconde avec lui devait durer une heure, le temps devait s'étirer comme un élastique. L'amour en temps de guerre était tellement intense, tellement incertain... Au cours de ces heures précieuses, il n'existait plus de règles, plus de

457

rationnement : le monde leur appartenait. Ella frémit à la pensée qu'Anthony regagnerait bientôt sa base. Ils connaissaient les risques qu'il courait, mais rien ne gâcherait cette merveilleuse lune de miel.

Ils allèrent à Oxford pour contempler les bâtiments dorés et les tours endormies. Ils se promenèrent au bord de la Cherwell et dînèrent dans une vieille auberge avant d'aller au cinéma.

On passait *Le lion a des ailes* avec Ralph Richardson et Merle Oberon. Ce n'était pas un film très gai puisqu'il était en partie documentaire et qu'on y voyait des images des bombardements. Il montrait ce qu'était la vie d'Anthony au quotidien, et Ella le trouva un peu trop proche de la réalité pour son goût. Elle avait hâte de ressortir pour respirer l'air frais. Elle regretta qu'ils n'aient pas choisi un autre film, mais Anthony prit plaisir à détecter les failles et les inexactitudes contenues dans le scénario, sans se rendre compte de son angoisse. Sois courageuse, s'exhorta-t-elle. Arrête de perdre ton temps à te lamenter sur ce que tu ne peux pas changer.

Le dimanche après-midi, ils se rendirent au village afin de remercier la mère de Simon. Une jeune fille leur ouvrit la porte. « Maman est dans le jardin, dit-elle, mais entrez, je vous en prie. » Mme Russell-Cooke, une femme sculpturale, était occupée à élaguer des arbustes dans le potager. « Ah ! s'exclama-t-elle en levant les yeux vers eux, nos tourtereaux sont enfin sortis de leur nid !

— Nous venons vous remercier de votre hospitalité, répondit Ella en rougissant.

— Simon nous a tout raconté à votre sujet, et Anthony a toujours été un de ses héros, à l'école. Je suis ravie que vous ayez fait bon usage de cette bicoque, ajouta-t-elle avec un clin d'œil. Rentrons et allons donc boire un verre de sherry.»

Elle les conduisit dans un salon dont les murs s'ornaient de tableaux d'excellente facture, qu'Ella examina avec intérêt. «Quelle pièce ravissante!», s'extasia-t-elle, avant de s'arrêter devant un visage familier dans un cadre en argent, sur le rebord de la fenêtre. «C'est le capitaine Smith!» s'exclama-t-elle.

Mme Russell-Cooke acquiesça, surprise. «Bien vu, jeune dame. C'était mon père.

— Vous êtes Helen Smith? C'est vous qui avez inauguré sa statue à Lichfield?

— Oui, mais je préfère utiliser mon deuxième prénom, Mel. C'est étrange, vous avez l'air bien trop jeune pour avoir connu mon père.

— Ma mère le vénérait. Je ne connais de lui que la statue réalisée par Kathleen Scott. Je n'étais qu'un bébé à l'époque, mais j'ai assisté à l'inauguration.»

Mme Russell-Cooke prit la photo en soupirant. «Oui, ce naufrage fut un drame effroyable pour tout le monde. J'étais trop jeune pour avoir conscience de la polémique qu'il a suscité, mais ma mère en a été bouleversée, comme vous pouvez l'imaginer. Elle ne s'est jamais remise de cette tache sur la réputation de mon père.»

Ella s'assit, le souffle coupé par cette incroyable coïncidence. «Je n'arrive pas à le croire. Savez-vous que votre père m'a sauvé la vie? Il m'a hissée à bord d'un canot de sauvetage. Je n'étais qu'un tout petit bébé. Ma mère l'a toujours considéré comme mon sauveteur.

— Bonté divine! J'avais entendu parler de cette histoire, mais nous n'avons jamais réussi à trouver quelqu'un qui puisse en témoigner officiellement. Peut-être votre mère le pourrait-elle? demanda Mel Russell-Cooke, en posant sur Ella un regard chargé d'espoir.

— Malheureusement, elle est décédée depuis longtemps, mais elle était indignée par la façon dont il avait été traité. Et cela l'attristait profondément de voir sa statue aussi mal entretenue.

— Moi aussi... J'aurais préféré qu'elle soit installée à Blundell Sands, près de Liverpool, afin qu'il puisse contempler le large, au lieu d'être enfermé à l'intérieur des terres, mais je suis heureuse de savoir que quelqu'un l'appréciait à Lichfield.

— Rencontrer la fille du capitaine... Je n'en reviens pas, murmura Ella en secouant la tête.

— Je crois que cet événement exige quelque chose d'un peu plus fort que le sherry, reprit leur hôtesse. Ce que vous venez de m'apprendre m'apporte un immense réconfort. C'est effectivement une coïncidence prodigieuse, même si je ne crois pas aux coïncidences. Peut-être faut-il y voir la main du destin. Mes jumeaux, Simon et Priscilla, étaient tout jeunes à la mort de leur propre père, et j'ai perdu ma mère la même année. »

Ella vit que Priscilla observait la photo comme si elle ne l'avait encore jamais vue, en écoutant leur conversation avec attention.

«Mon père était presque toujours en mer, mais quelle fête c'était quand il revenait à la maison, chargé de cadeaux! Et puis, un matin, il est parti pour ne jamais revenir. À présent, avec la guerre, tous les parents s'inquiètent pour leurs enfants. Les miens m'ont été d'une telle consolation… Parlez-moi encore de votre mère et de la statue. Cette histoire m'intrigue au plus haut point.

— Nous allions y déposer un bouquet tous les ans, à la date anniversaire du naufrage. Ma mère avait perdu son mari lors de la catastrophe et elle était rentrée en Angleterre. Quant à moi, j'ai passé tellement de temps au milieu des statues, puisque nous habitions près de la cathédrale, que la sculpture est devenue ma passion et que je veux en faire mon métier.

— Croyez-moi, ma chère petite, soupira Mme Russell-Cooke, quand cette guerre sera terminée, vous ne manquerez pas de travail. Nous aurons besoin de monuments et de plaques commémoratives… Je suis désolée, reprit-elle d'un ton d'excuse. Je ne devrais pas parler de choses aussi tristes devant de jeunes mariés. Je vous souhaite à tous les deux beaucoup de bonheur, et j'admire votre courage… Eh bien, je pourrai dire que j'ai rencontré l'une des plus jeunes rescapées du *Titanic*. J'en vois certains de temps à autre. Aucun d'eux n'a envie de reparler de ce qu'il a vécu, et vous, vous ne vous en souvenez même pas, puisque vous n'étiez qu'un nourrisson. Mais j'ai l'impression que vous m'avez fait un cadeau. C'est merveilleux, je vous offre un toit pour deux nuits, et vous me le rendez au centuple. Merci, et, s'il vous plaît, revenez me voir. Restons en contact. Au fait, je connais pas mal de sculpteurs renommés. Ils pourraient vous être utiles.

— Malheureusement, nous devons rentrer ce soir, intervint Anthony.

— Si vous croisez Simon, merci de veiller sur lui, dit Mme Russell-Cooke en fixant sur lui un regard intense. C'est le seul fils que j'aie, et il est si jeune…

— Je ferai de mon mieux, répondit Anthony. Viens, ma chérie, c'est l'heure de partir. Et merci encore, madame. »

La mère et la fille les raccompagnèrent jusqu'à leur voiture, et Ella dut s'agripper au bras de son mari tant cette rencontre inattendue lui donnait le vertige.

Cette nuit-là, étendue au côté d'Anthony dans leur chambre à la Maison-Rouge, elle ne put trouver le sommeil. «Il y a une chose que je ne t'ai jamais dite, mon chéri, au sujet de la nuit du naufrage, murmura-t-elle. Et cet après-midi, je n'ai pas non plus raconté toute l'histoire à la fille du capitaine.

— Hmm… Je t'écoute. Quel noir secret caches-tu donc depuis toutes ces années, dans ce sein si joli ? » demanda-t-il.

Par où commencer ? Elle prit une longue inspiration avant de se lancer dans son récit.

«Après la mort de ma mère, Celeste m'a révélé… »

Quand elle lui eut tout raconté, elle conclut : «Alors, tu vois, moi non plus, je ne sais pas vraiment qui je suis… Anthony, qu'en penses-tu ? » Elle se tourna vers lui, impatiente de connaître sa réponse, mais tout ce qu'elle entendit, ce fut la respiration régulière d'un homme dormant d'un sommeil profond.

99

Décembre 1941

Comme des millions d'autres Américains, Roddy apprit l'attaque de Pearl Harbor à la radio, en ce dimanche après-midi de décembre. Il écoutait un programme musical quand une voix interrompit soudain l'émission. «Nous venons d'être informés que les Japonais ont attaqué notre flotte. Des navires sont en feu.» Roddy n'arrivait pas à en croire ses oreilles, et il se hâta de chercher une autre station. «Des avions ont été bombardés au sol...» Il passait d'une fréquence à l'autre, incapable d'assimiler toutes les répercussions de ce terrible événement. «Nos soldats ont essuyé des tirs de mitrailleuse pendant qu'ils couraient se mettre à l'abri...» Les images qui s'imprimaient dans son esprit étaient trop affreuses pour qu'il s'attarde à les contempler. Quelques minutes plus tôt, le pays était en paix. À présent, il allait y avoir une guerre.

La sonnerie du téléphone le fit sursauter. C'était Will Morgan. «Oui, oui, j'ai entendu également. Je te retrouve au dépôt. Je pars tout de suite.»

Quand il arriva en ville au volant de sa voiture, toujours vêtu de son costume du dimanche, il vit des gens rassemblés par petits groupes au coin des rues, d'autres se tenant au milieu de leur cour, l'air stupéfait, et hélant leurs voisins pour se faire confirmer l'information. Tout à coup, un immense sentiment de solitude l'assaillit. Il n'avait plus personne avec qui partager son émotion, ni sa grand-maman, ni sa mère, ni Archie. Seulement Will, au bureau.

Il éprouvait à la fois de la rage et de l'incrédulité face à cette agression. Comment une nation pouvait-elle être assez arrogante pour penser qu'elle pouvait impunément en attaquer une autre ? C'était le *blitzkrieg* de Hitler qui se répétait, mais cette fois, au pas de sa porte. Il n'y avait qu'une seule façon de réagir, pour un homme digne de ce nom et sans attaches.

« Je vais m'enrôler, déclara-t-il en entrant en trombe dans le bureau où Will était en train d'examiner les cartes murales. Tu peux diriger la boîte tout seul, nous n'avons pas besoin d'être deux.

— Mais tu es trop vieux, objecta Will en riant. Et nous avons trop de travail. De plus, les chauffeurs les plus jeunes vont sûrement s'engager eux aussi et nous aurons besoin de tous les hommes valides pour conduire les camions. Tiens, bois un coup et calme-toi un peu, ajouta-t-il en lui fourrant un verre de Jack Daniel's dans la main.

— Et alors ? Nous ferons comme lors de la dernière guerre, nous recruterons des femmes, répliqua Roddy, en songeant à sa mère qui avait travaillé à l'époque pour le gouvernement à Washington.

«Nos chauffeurs ne l'accepteront pas, répondit son ami en s'asseyant sur le bureau.

— Tu crois? Attends un peu, tu verras que ça ne tardera pas à devenir la règle. Je ne suis pas trop vieux pour accomplir mon devoir. L'un de nous deux doit y aller, et ça ne peut être que moi. Tu es marié et tu as des gosses.

— Comment se fait-il que tu aies changé de discours aussi vite? Je ne t'imaginais vraiment pas en soldat.»

Roddy se laissa choir sur une chaise près de la fenêtre qui donnait sur la cour et secoua la tête. «Mes oncles ont combattu durant la Grande Guerre, l'un d'eux a été tué dans la bataille de la Somme et l'autre gravement blessé.

— Mais ils étaient anglais. Ils étaient obligés de se battre.

— Tu oublies que je suis à moitié anglais, moi aussi. Personne n'a envie de laisser ces brutes s'emparer du pays. Rejoindre les rangs de l'armée, c'est la seule chose à faire.

— Et puis, toutes les filles raffolent de l'uniforme», plaisanta son ami en lui adressant un clin d'œil.

Ignorant cette tentative pour détendre l'atmosphère, Roddy rétorqua: «Il ne s'agit pas de ça. Je ne peux pas rester tranquillement assis pendant que ces types nous taillent en pièces.» Il ouvrit le registre des commandes, puis le laissa retomber sur le bureau. «Tu te débrouilleras très bien sans moi. Je te fais confiance. Si je te laissais partir à la guerre, Maureen ne me le pardonnerait jamais.

— Mais avec la guerre, nous allons avoir du travail supplémentaire. Pourquoi partir chercher la gloire sur les champs de bataille ? Tu peux mesurer aussi bien que moi les effets d'un conflit mondial sur l'entreprise. Deux têtes ne seront pas de trop.

— Comme je te l'ai déjà dit, il faut recruter des femmes. Elles voudront participer à l'effort de guerre, elles aussi. Ma décision est prise, déclara Roddy en se levant.

— Une heure seulement après avoir appris la nouvelle ? Réfléchis encore. La nuit porte conseil. Ressers-toi un verre.

— Non merci, je n'ai pas besoin de réfléchir davantage. Ma mère et Archie, ainsi que tout le monde en Angleterre, ont vécu un enfer ces dernières années pendant que nous nous la coulions douce. J'avais honte de gagner autant d'argent, et envoyer des colis ne suffit pas. À présent, nous sommes tous concernés. Il est temps que je me remue un peu et que je m'enrôle, avant qu'on me déclare bon pour la retraite. J'ai eu la vie trop facile jusqu'à présent.

— Je ne t'avais jamais vu aussi énervé. Qu'est-ce qui t'arrive ? demanda Will, l'air étonné, comme s'il découvrait Roddy sous un nouveau jour.

— Pearl Harbor, voilà ce qui m'arrive, répliqua Roddy, enflammé par l'indignation. Personne ne peut nous traiter ainsi ! On va leur rendre la monnaie de leur pièce, et avec les intérêts encore ! Je ne veux pas rester assis aux premières loges pendant que les autres se battent. Ces Japs ne se rendent pas compte de ce qu'ils viennent de faire. Nous allons leur montrer que nous ne sommes pas des proies faciles. »

Au cours des semaines qui suivirent, Roddy ne remit pas un seul instant sa décision en question. Il se rendit au bureau de recrutement et passa la visite médicale ; on lui rasa la tête et il arpenta la cour de la caserne pendant des heures pour apprendre à marcher au pas, transpira à grosses gouttes en courant sur de longues distances et en se soumettant aux autres épreuves d'aptitude au combat. Il avait l'impression d'être revenu au pensionnat, mais, cette fois, les exercices avaient un but précis. Sa résolution ne vacilla à aucun moment. En s'enrôlant comme ses oncles l'avaient fait tant d'années auparavant, il avait le sentiment de remplir un devoir familial. Il fallait faire payer aux Japonais le carnage auquel ils s'étaient livrés aux Philippines et à Hawaï. Un grand nombre de civils innocents avaient péri dans les bombardements, et les venger lui apparaissait presque comme une obligation personnelle. Mais il reçut un choc quand on lui remit un équipement standard au lieu de l'attirail tropical. Il s'embarquait pour l'Europe et non pour le Pacifique. C'était sur Hitler et ses troupes d'assaut qu'il devrait exercer sa vengeance. Ce n'était pas du tout ce qu'il avait prévu, pourtant il ressentait une joie coupable à la pensée qu'il reverrait peut-être sa famille si on l'envoyait en Angleterre.

100

Assis à son bureau, le père Frank Bartolini contemplait la cour de Harvard en écoutant l'instructeur discourir sur le rôle capital du corps des aumôniers sur le front. Ils devaient être au service de tous les hommes et ne jamais décevoir leurs attentes. Ils étaient les représentants de Dieu, un symbole de Son amour, toujours prêts à offrir un conseil ou une prière, à rassurer, à consoler et à secourir les blessés, et les mourants, fût-ce au prix de leur propre vie.

Frank avait reçu l'autorisation de quitter l'église St Roch dans le New Jersey pour rejoindre la section des aumôniers de toutes confessions qui avaient répondu à l'appel de la mobilisation.

Il y avait maintenant plus de six ans qu'il avait été ordonné prêtre et exerçait son ministère auprès de la communauté des immigrants italiens à Hunterton Street, dans une belle église construite dans le style italianisant. C'était l'œuvre du père Umberto Donati qui avait voulu reproduire la basilique de sa ville natale.

À présent, Frank était un sous-lieutenant qui devait obéir aux ordres des officiers comme tous les soldats. Ils étudiaient la loi martiale, les traditions militaires et les règles de discipline, s'exerçaient à se servir de l'équipement et à travailler en collaboration avec les autres aumôniers. Ils étaient considérés comme formant un seul groupe et devaient accepter d'apprendre les pratiques et la liturgie des autres religions, et même d'officier à leurs rites au besoin. Il devrait être à même de célébrer le séder pour les juifs, et en retour les rabbins devraient pouvoir réciter le rosaire et entendre les confessions.

L'idée d'être un ministre universel de Dieu, de répondre aux besoins spirituels d'hommes de toutes croyances, était aussi intimidante qu'exaltante. De plus, on exigeait des aumôniers qu'ils soient en bonne forme physique et participent aux exercices. Frank était l'un des plus jeunes, et cela ne lui posait pas trop de problèmes, mais pour certains des plus âgés, les marches d'entraînement, les manœuvres et le parcours du combattant s'étaient révélés une épreuve au-dessus de leurs forces.

Maintenant, Frank attendait son affectation, en se demandant où on allait l'envoyer.

Il était content qu'un si grand nombre de prêtres se soient enrôlés et qu'il y en ait parmi eux beaucoup d'origine italienne comme lui. Il ne parvenait pas à croire que l'Italie ait pu se laisser entraîner dans le camp de Hitler. Contrairement à son père, il n'éprouvait aucun attachement particulier pour le pays de ses ancêtres, mais, avec un nom de famille comme le sien, il se sentait obligé de démontrer sa loyauté envers l'Amérique où il était né.

L'entraînement était intensif et il s'était demandé plus d'une fois s'il serait à la hauteur de sa tâche, le moment venu.

Il était conscient qu'il n'avait rien d'un dur comme son frère Jackie. Il allait se retrouver en première ligne, sans armes et inexpérimenté. Mais, comme le répétait leur instructeur : « Le courage n'est que de la peur transmuée par la prière. Vous devez faire appel à votre propre foi pour tenir bon. » Frank pouvait seulement espérer qu'il savait de quoi il parlait.

Ce qu'il redoutait par-dessus tout, c'était de prendre la mer à bord d'un de ces énormes navires de transport. Il n'avait absolument pas le pied marin. Même une simple promenade en barque sur un lac lui donnait le mal de mer. Qu'allaient penser ses hommes en voyant leur aumônier la tête dans un seau pendant toute la traversée ? Il deviendrait la risée de tous.

Lors de sa dernière permission avant l'embarquement, il était retourné chez ses parents pour un repas d'adieu. Sa mère lui avait préparé tous ses plats favoris et il avait dévoré ses pâtes à la sauce *arrabiata* sombre et succulente. Pour le dessert, il y avait eu un gâteau au fromage blanc de chez Bellini. Il avait essayé de graver dans sa mémoire chaque seconde de cette journée. Tu n'auras que ces souvenirs pour te nourrir dans les mois à venir, avait-il pensé en regardant Patti babiller sans interruption et sa mère sourire en repoussant une boucle sur son front, tandis que Jack jetait des coups d'œil furtifs à sa coûteuse montre-bracelet, impatient de regagner son repaire.

Sa famille était son point d'ancrage, c'étaient sa chair et son sang, verrues comprises, comme disait toujours l'un de ses nouveaux collègues protestants. Il allait devoir vivre en compagnie d'hommes pareils à Jack, rudes et sceptiques, des hommes qui pensaient que les prêtres ne servaient à rien.

Au moment du départ, son père lui avait glissé dans la main un objet dont le toucher moelleux lui avait paru familier. «Je veux que tu emportes ça en souvenir de moi, Frankie. Nous sommes très fiers de toi.

— Je ne comprends pas, papa, avait-il dit en regardant le petit chausson.

— J'ai longtemps cru qu'il appartenait à ma petite fille. C'était une idée folle, je le sais bien, mais dans mon cœur, elle n'est jamais morte. Quel que soit l'enfant qui le portait, ce chausson venait du *Titanic*, il avait survécu à ce désastre. Je veux que tu le gardes sur toi pour te porter chance.

— C'est de la superstition, protesta Frankie en secouant la tête, mais son père lui remit de force le chausson dans la main.

— C'est un symbole d'espoir, d'amour et de survie. En plus, il te rappellera la maison, ta maman et moi, et nous tous ici, attendant ton retour. Je t'en prie, prends-le.»

Frankie ne put qu'accepter et étreindre son père avec force. «Peut-être m'empêchera-t-il d'avoir le mal de mer, plaisanta-t-il pour alléger la tristesse de la séparation. Priez pour moi.

— Tous les soirs, murmura sa mère d'une voix étranglée par les larmes, en retirant son assiette de la table d'une main tremblante. Prends soin de toi, mon fils, et que Dieu te protège durant ce voyage.»

101

Angelo s'efforça de retenir ses larmes en regardant son fils partir. Il était fier de ses deux garçons : l'un s'était engagé dans l'infanterie, l'autre servait en première ligne comme aumônier. Personne ne pourrait dire que les Bartolini n'étaient pas des patriotes. L'idée que les siens, en Italie, soient désormais officiellement l'ennemi l'emplissait encore d'incrédulité. Il n'y avait pas une once de méchanceté chez ses parents. Mais dans leurs lettres, il percevait la peur, la confusion et la suspicion, tout ce qu'ils passaient sous silence. Il n'avait pas traversé l'océan pour faire la guerre aux siens. Il avait bien essayé de s'enrôler, durant le dernier conflit, mais à présent il était trop vieux et trop malade pour faire autre chose que prier pour la sécurité de tous. En outre, il fallait bien que quelqu'un protège l'honneur de la famille. Patti était en train d'oublier ses racines. Elle avait même changé son nom de scène pour celui de Patti Barr.

« Que reproches-tu à Patricia Bartolini ? avait-il demandé en découvrant ce pseudonyme sur un programme de théâtre.

— C'est beaucoup trop long. Il faut quelque chose de plus moderne, quelque chose de court et qui ait du punch », avait-elle expliqué en secouant sa crinière couleur de feu, comme pour lui rappeler qu'elle était également à demi irlandaise. Les enfants d'aujourd'hui ne respectaient plus leurs aînés. Il n'aurait jamais osé se montrer insolent envers son père, mais dès que Patti posait sur lui ses grands yeux verts, il faisait ses quatre volontés.

Et elle le tenait bel et bien à sa merci. « Je suis des cours de secourisme, avait-elle annoncé. Je songe à m'engager comme infirmière.

— Deux fils dans l'armée, c'est suffisant pour une famille. Il est hors de question que je laisse partir tous mes enfants, avait-il riposté, d'un ton sans réplique.

— Pour une fois, ton père a raison. Ne t'emballe pas. Les revues de music-hall permettent à chacun d'oublier ses soucis. Distraire les autres est aussi une façon de servir la patrie, après tout, était intervenue Kathleen, morte d'inquiétude à la pensée de perdre sa fille. Nous voulons voir ton nom en lettres de néon sur le fronton des théâtres, un jour. »

La chère femme savait s'y prendre avec leur fille. Il se demanda comment Maria se serait débrouillée avec Alessia. Celle-ci aurait été mariée, aujourd'hui, dans cette vie qui n'était jamais advenue. Mais on était dans la vie réelle et il devait penser uniquement à la famille qui avait besoin de lui.

Il se sentait un peu stupide d'avoir donné le chausson à Frank. Pour une raison qu'il ne s'expliquait pas lui-même, cela lui avait paru important. Il aurait aussi offert sa montre de gousset à Jackie, s'il n'avait pas craint qu'il ne la perde au poker. *Dans quel monde vivaient-ils…* Il soupira. Tout ce qu'il pouvait faire, c'était rester assis sur le banc de touche et regarder ses enfants tant aimés se battre dans l'arène mondiale.

102

L'accouchement se révéla difficile. Ella avait l'impression que le travail durait depuis des jours, et non quelques heures. Dehors, il neigeait dru et la nuit commençait à tomber. La sage-femme était venue, repartie, et elle était de nouveau reparue pour voir si les choses avaient progressé dans l'intervalle. Elle examina Ella et sourit.

« Ce bébé est simplement un peu trop paresseux et trop bien dans son nid pour sortir par ce temps hivernal, mais il ne peut plus faire demi-tour à présent. Le col est complètement dilaté. »

Ella n'avait pas envie de connaître ces détails, elle voulait seulement en finir. Anthony était quelque part au-dessus de l'Allemagne, ignorant que leur bébé était sur le point de naître.

Ç'avait été la plus longue soirée de sa vie et pourtant, malgré la souffrance, Ella était ivre de joie. Elle regrettait néanmoins que sa mère ne soit pas là pour partager son bonheur. Tout le ressentiment et la colère qu'elle avait autrefois éprouvés à l'égard de May avaient disparu. Si seulement elle avait pu être à son côté pour la guider dans les heures à venir...

La chambre du bébé était déjà prête. Celeste était revenue habiter à la Maison-Rouge pendant qu'Archie était à Portsmouth avec son unité de réservistes. Selwyn, quant à lui, patrouillait le long des voies ferrées pour les protéger contre d'éventuels sabotages montés par la cinquième colonne.

La pénurie commençait à se faire sentir dans les magasins. Dans les vitrines, des découpages en carton remplissaient les espaces vides. La laine à tricoter était devenue rare, de même que les cosmétiques. Chacun veillait à faire durer le savon et les vivres le plus longtemps possible, tout en essayant d'avoir l'air gai pour maintenir le moral.

Quelques heures plus tard, la sage-femme posa son cône sur le ventre d'Ella. « Je vais devoir appeler le médecin si vous ne vous décidez pas.

— Rester allongée ainsi ne m'aide pas. Laissez-moi marcher un peu, répondit Ella qui n'en pouvait plus d'être étendue dans son lit à attendre la prochaine contraction.

— Ce n'est pas autorisé.

— Alors, apportez-moi un de ces vieux tabourets d'accouchement comme on en faisait autrefois. Ils avaient de bonnes idées, dans ce temps-là. Si je me promenais de long en large, cela pourrait peut-être accélérer les choses. » Elle descendit du lit et se mit à arpenter la pièce, en exhortant le bébé à sortir. « Allez, viens ! »

Ce fut lent et atrocement douloureux, mais finalement, la loi de la pesanteur opéra et l'enfant glissa hors d'elle, violacé et braillant, dodu comme un chapon.

« C'est une fille, déclara la sage-femme en brandissant le nouveau-né, suspendu par les pieds.

— Oh ! s'exclama Ella, légèrement déçue. J'étais sûre que ce serait un nouvel Anthony. Je ne m'attendais pas à une petite fille, ajouta-t-elle dans un sourire, en inspectant minutieusement l'enfant.

— Elle est absolument parfaite, vous devriez vous en réjouir. Vous pouvez toujours l'appeler Antonia», répondit l'infirmière avec bon sens en s'affairant autour du lit.

Ella soupira en contemplant ce minuscule bout de chou déjà pourvu d'une abondante tignasse noire, qui levait vers elle des yeux du bleu le plus foncé qu'on puisse imaginer. Un flot d'amour la submergea quand elle tint sa fille dans ses bras.

Celeste reçut enfin la permission d'entrer dans la chambre pour admirer le nouveau membre de la maisonnée, et Mme Allen apporta une layette qu'elle avait tricotée avec de la laine de récupération couleur de thé pâle.

« Je sais que c'est une couleur bizarre, mais c'est le rationnement, que voulez-vous. Au moins, ce sera bien chaud. Comme vous devez être fière, madame Harcourt! Votre maman aurait été si contente de la voir... »

Ella baissa les yeux vers le bébé accroché à son sein, troublée par le torrent d'émotions qui déferlait en elle. Est-ce donc ce que ma propre mère, qui qu'elle soit, a éprouvé à ma naissance – ce sentiment irrésistible d'amour et de gratitude, de fierté et de peur?

Un peu plus tard, Selwyn vint la féliciter à son tour. « Bravo, ma vieille. » Il semblait sincèrement heureux, pourtant il n'accorda à la petite qu'un regard hâtif, car il avait l'esprit ailleurs. «Je viens d'entendre les nouvelles à la radio, dit-il tout bas à Celeste qui faisait chauffer des couches devant la cheminée. Les Japonais ont attaqué la flotte américaine à Pearl Harbor. L'Amérique va entrer en guerre. »

Ella était trop fatiguée et ensommeillée pour s'appesantir sur ce terrible événement. Elle soupira et ferma les yeux. « Personne n'oubliera le jour de ta naissance, ma chérie, mais je ne vais pas t'appeler Pearl pour autant. Ce serait trop triste. Nous allons envoyer un télégramme à ton papa et c'est lui qui choisira ton prénom. »

Et c'est ainsi que Clare Antonia Mary fut baptisée dans la cathédrale la veille de Noël, enveloppée dans un grand châle sous lequel elle portait la chemise bordée de dentelle et le bonnet trouvés dans la valise de May – ce bonnet qu'Ella elle-même avait porté à bord du *Titanic*. Anthony, qui était stationné dans le Lincolnshire, avait eu droit à une brève permission pour l'occasion. Celeste et Hazel tinrent le rôle de marraines, et Selwyn celui de parrain. C'était un jour glacial, mais rien n'aurait pu assombrir leur joie, pas même la lettre de Roddy les informant qu'il s'était engagé et se trouvait actuellement dans un fort militaire loin de tout.

Ils lui avaient annoncé la naissance de Clare par télégramme et il leur avait fait parvenir une jolie robe dans un colis marqué d'une étiquette « boîtes de conserve » qui avait miraculeusement réussi à traverser l'Atlantique en évitant les U-boats. La robe était beaucoup trop grande pour le bébé, mais, en cette période de rationnement, c'était un cadeau précieux.

Ella pleura lorsque la permission d'Anthony se termina et qu'il dut regagner sa base. Il faisait un travail dangereux et avait l'air épuisé. Il s'était réveillé chaque nuit en sueur, hurlant des ordres. Elle l'avait serré contre elle pour le réconforter, mais une fois, au petit matin, elle l'avait trouvé en train de contempler leur fille dans son berceau, d'un air émerveillé et craintif, comme si elle était trop fragile pour qu'il la prenne dans ses bras.

« S'il m'arrivait quelque chose, au moins je saurai qu'une partie de moi survivra en elle, bien qu'elle te ressemble trait pour trait. » Voyant l'expression anxieuse d'Ella, il s'interrompit.

« Ne parle pas comme ça, dit-elle d'un ton de reproche.

— Non, écoute-moi, il y a des choses que je dois te dire. Tu connais les risques que je cours lors de mes missions. Le danger augmente à chaque opération. Il y a toujours des pertes de chaque côté, et je pourrais faire partie du nombre.

— Non, je t'en prie... Allons nous promener », proposa-t-elle, pour le détourner de ces pensées moroses.

Sans en tenir compte, il continua : « Quand je suis avec toi, je peux vivre pendant quelques heures comme s'il n'y avait pas la guerre. Quand je survole la mer du Nord, je pense à toi, en sécurité, en train de faire les mille petites choses de la vie quotidienne. Cela me donne de la force. Et maintenant, avec Clare, nous sommes une famille, même si je suis loin. Quand je vous tiens toutes les deux dans mes bras, je peux oublier ce que l'avenir pourrait me réserver, ma peur de ne pas revenir entier, ou de ne pas vieillir à tes côtés. »

Ella se mit à pleurer. Comment pouvait-il dire de telles choses ?

« Ne pleure pas. Tu es la meilleure chose qui me soit arrivée, tout ce que j'ai jamais désiré. Nous nous en sortirons, c'est sûr, alors, ne t'inquiète pas.

— Tu as accompli ta part. Tu seras bientôt nommé instructeur, sûrement ?

— Je l'espère, mais ce ne sera que pour un petit moment, ma chérie. Je ne peux pas rester assis derrière un bureau, sachant ce que je sais.

— Promets-moi que tu nous reviendras, supplia-t-elle en s'agrippant à lui.

— Si je ne reviens pas, je veux que tu poursuives le cours de ta vie, que tu te consacres à ton art, que tu trouves un autre compagnon. Ne vis pas comme une nonne. Mes parents pourvoiront à l'éducation de Clare. Tu ne dois pas te soucier des questions d'argent.

— Tais-toi. Fais attention à toi, par amour pour nous. » Elle détestait l'entendre tenir ce genre de propos. Parler de la mort portait malheur. Elle avait l'impression que quelqu'un venait de marcher sur sa propre tombe.

Tandis qu'ils cheminaient lentement côte à côte, ils entendirent des avions passer en vrombissant au-dessus de leur tête ; les appareils regagnaient leur unité à Lichfield, après leur vol d'entraînement quotidien. Elle ne pourrait jamais échapper au rugissement des moteurs, à ce bruit qui la hantait jusque dans ses rêves.

103

Août 1942

La journée avait été éreintante. Le WVS[1] avait organisé une excursion à Hopwas Wood à l'intention des enfants évacués, avec l'aide des bénévoles locaux. Celeste avait aidé à disposer les tables de pique-nique et attendait de pied ferme l'instant où les hordes de petits citadins allaient se ruer sur les sandwiches et les gâteaux, qu'ils feraient ensuite descendre avec de la limonade charroyée par caisses entières jusqu'au sommet de la colline. L'enthousiasme trop longtemps contenu de ces gamins turbulents avait de quoi vous épuiser, rien qu'à le contempler.

Ella, sa petite Clare sur les genoux, discutait avec les quelques jeunes mères qui avaient accompagné leurs enfants et qui, pour la plupart, trouvaient Lichfield beaucoup trop calme et reculé à leur goût.

Tout au fond de son esprit, Celeste ressassait la dernière lettre qu'elle avait reçue de Roddy. Il lui annonçait que sa période d'entraînement était finie, qu'il avait été promu au grade d'officier et qu'il attendait avec impatience d'aller combattre en Extrême-Orient. Elle n'avait aucune idée de l'endroit où il pouvait se trouver à présent.

---

1. WVS : Women's Voluntary Service, ou Service volontaire féminin, organisme dédié à la défense civile et chargé notamment de l'évacuation des civils durant la Seconde Guerre mondiale. *(N.d.T.)*

Il y avait eu un afflux de soldats américains à la caserne de Whittington. Si on ajoutait à cela les aviateurs de la base de Fradley, Lichfield était devenue une ville de garnison très fréquentée. Si seulement Roddy avait pu faire partie de leur nombre! songea Celeste avec regret.

Le soir, les pubs étaient envahis par des jeunes gens bruyants accompagnés de Waafs[1] en uniforme, se répandant dans les rues, ivres, décidés à profiter au maximum de leur permission. Toute la ville était sur le pied de guerre, et des convois militaires avaient recommencé à défiler dans les rues principales. Devant la Maison-Rouge, la nuit, la circulation était si intense que les vitres en tremblaient, tandis que, dans le ciel, résonnait constamment le bourdonnement des bombardiers partant pour leurs missions nocturnes.

Le pique-nique se déroulait à merveille. Les seuls bruits qu'on entendait dans les bois étaient les cris de joie des enfants, et l'on aurait pu se croire en temps de paix. Le soleil brillait, c'était vraiment une journée parfaite. Et puis tout à coup, un rugissement de moteur retentit au-dessus d'eux, comme si un combat aérien venait d'éclater. En toute hâte, ils rassemblèrent les enfants et les emmenèrent sous le couvert des arbres, au cas où il y aurait des tirs de mitrailleuse. À son grand soulagement, Celeste découvrit que c'était seulement un Wellington amoché rentrant à Fradley à vitesse réduite, de la fumée sortant de son train d'atterrissage.

---

1. Auxiliaire féminine de la Royal Air Force.

Et soudain, le moteur se mit à tousser et à avoir des ratés, et Celeste, horrifiée, vit l'avion descendre de plus en plus bas. Ils ne pouvaient rien faire pour aider le pilote, à part prier. Il y avait une piste d'atterrissage à la caserne de Whittington, mais elle était encore trop loin pour qu'il puisse s'y poser, et il volait bien trop bas. Celeste souhaita de toutes ses forces qu'il parvienne quand même à en réchapper, mais l'appareil disparut à leur vue et ils l'entendirent s'écraser au sol dans un horrible bruit d'explosion. Un immense voile de fumée s'éleva du sol. Les malheureux qui se trouvaient à bord étaient perdus.

La mort était venue gâcher la fête. Celeste eut envie de se mettre à hurler, mais elle aperçut alors le visage d'Ella, livide de terreur, et comprit qu'elle se demandait si c'était ainsi qu'Anthony et son équipage finiraient, une de ces prochaines nuits.

« Allez, tout le monde, cria la présidente du comité. Il est temps de plier bagage et de rentrer chez nous. Nous allons avoir de quoi nous occuper au QG. »

S'occuper, c'était le mot d'ordre en cas de coup dur. Travailler, garder son calme et tenir bon quoi qu'il advienne. Chacun se dépêcha de ranger le reste des victuailles dans les paniers, de replier tables et chaises et de récupérer les couvertures. On confia aux enfants, devenus brusquement silencieux, la tâche de ramasser les détritus pour détourner leur attention du panache de fumée et de la tragédie à laquelle ils venaient d'assister.

Ils rentrèrent à Lichfield en silence. L'excursion commencée dans la gaieté s'achevait dans la tristesse.

«Tu vas bien ? chuchota Celeste à Ella. Il ne peut pas s'agir d'Anthony, il a été transféré au commandement des forces côtières.» Mais pour Ella, ce n'était pas une consolation : il était beaucoup plus loin au nord et elle ne pouvait pas le voir souvent.

«Je sais, mais cette scène horrible m'a rappelé quels périls il affronte quotidiennement. J'ai oublié ce que c'était qu'une vie normale, répondit Ella, au bord des larmes.

— La guerre finira un jour, et nous oublierons vite ces années sombres, tu verras », la rassura Celeste, sachant que c'était un mensonge : elle n'avait jamais oublié les images terribles du *Titanic* se brisant en deux, ni les cris des mourants se débattant dans l'eau. Ils la poursuivaient encore dans ses rêves.

En rentrant à la Maison-Rouge, elles trouvèrent la porte grande ouverte et Selwyn attendant sur le seuil, avec une expression étrange.

«Qu'y a-t-il ? s'alarma Celeste. C'est Archie ?» Craignant le pire, elle sentit ses genoux fléchir.

«Pas du tout, répondit son frère avec un large sourire. Nous avons un visiteur.

— Mais je n'ai rien dans le garde-manger, seulement des restes… », commença-t-elle. Elle était tellement fatiguée qu'elle n'avait aucune envie de recevoir un invité, surtout après ce qui venait de se produire.

C'est alors qu'elle aperçut dans l'entrée un homme de haute taille en uniforme d'officier américain, la casquette inclinée sur les yeux de manière désinvolte.

« Salut, maman.

— Roddy, oh! Roddy! » Elle se jeta dans ses bras, sa fatigue instantanément oubliée, et une prière muette de gratitude monta en elle. *Mon fils est enfin revenu. Merci, oh! merci!*

104

« La dernière fois que je t'ai vu, tu étais en culottes courtes, s'exclama Ella en riant. Et regarde-toi à présent! Un vrai Américain. Je n'arrive pas à croire que cela remonte à plus de vingt ans.

— Et toi, tu étais une chipie avec des nattes, répliqua-t-il en la détaillant des pieds à la tête. Et qui est cette petite beauté?

— C'est Clare. Dis bonjour à tonton Roddy. » Mais la fillette se cramponna à elle et enfouit son visage dans son épaule. « Elle est timide, il faut lui laisser le temps de s'habituer à toi. Je n'en reviens pas! Comment as-tu atterri ici?

— C'est l'oncle Sam qui m'a payé la traversée en première classe, en zigzaguant pour éviter les U-boats. Quel voyage! La moitié des gars ont passé leur temps à dégobiller par-dessus le bastingage. Ça n'avait rien d'une croisière de luxe, mais nous sommes arrivés entiers à Liverpool. Mon Dieu, comme cela m'a fait plaisir de retrouver cette vieille ville, meurtrie mais toujours debout, comme presque toute l'Angleterre, à ce que j'ai pu constater ! J'ai fait jouer mes relations et réussi à obtenir une perm. Il fallait à tout prix que je revoie maman.

— J'aurais pu te croiser dans la rue sans te reconnaître. Tu fais tellement Américain ! Il n'y a rien de mal à cela, s'empressa d'ajouter Ella. Mais certains des soldats stationnés ici y vont un peu fort. Ils distribuent des bonbons aux enfants et des bas Nylon aux filles… à certaines conditions, si tu vois ce que je veux dire, poursuivit-elle avec un clin d'œil.

— Ne t'inquiète pas, j'ai apporté des bonbons pour la petite, mais rien pour toi. » Il brandit une tablette de chocolat. Clare ne se fit pas prier pour la lui arracher, sa timidité miraculeusement envolée.

Un peu plus tard, ils se promenèrent ensemble dans Market Street, poussant Clare dans sa poussette.

« Je n'ai jamais vu Celeste aussi heureuse que lorsqu'elle t'a aperçu dans l'entrée, déclara Ella. C'est le plus beau cadeau que tu pouvais lui faire. Elle se fait tellement de souci pour toi !

— Je sais, mais je suis là, à présent. J'ignore totalement où j'irai ensuite. Rien ne semble avoir énormément changé ici, poursuivit-il en promenant autour de lui un regard étonné, mais tout me paraît beaucoup plus petit que dans mon souvenir.

— Comment cela aurait-il pu changer ? C'est la guerre, nous sommes bien obligés de suivre le même train-train. C'est drôle de voir comme la vie continue, guerre ou pas.

« — Et ton mari ? s'enquit Roddy en souriant. Vous n'avez pas perdu de temps, ajouta-t-il en montrant la poussette.

— Pourquoi aurions-nous attendu ? Les enfants sont notre avenir, notre espoir en des temps meilleurs. Et toi ? Combien en as-tu qui gambadent dans les rues d'Akron ?

— Aucun, à ma connaissance, répondit-il avec un sourire penaud. C'est fou comme tu as changé.

— Je l'espère bien. Je suis mère, maintenant. » Ils étaient arrivés à proximité de Cathedral Close, et elle reprit : « Tu te souviens ? Nous venions ici pour t'écouter chanter.

— Oui. J'ai l'impression que c'était il y a un siècle. Je m'attendais à trouver le pays en ruine, avec ce que j'ai lu dans les journaux, mais tout a l'air intact.

— Ne te fais pas d'illusions, nous serons tous touchés d'ici à la fin de la guerre. Oh ! arrêtons de parler de ça ! Combien de temps allons-nous devoir supporter tes mauvaises plaisanteries ? »

Ils s'arrêtèrent pour contempler la façade ouest de la cathédrale.

« Je repars demain. Je ne sais pas pour quelle destination, bien entendu, c'est ultrasecret.

— Aussi vite ? » Ella sentit la tristesse l'envahir tandis qu'ils se dirigeaient vers le portail. « Veux-tu entrer, en souvenir du bon vieux temps ?

— Pourquoi pas ? Qui sait quand je pourrai revenir ? Autant revoir une dernière fois cette chère vieille bâtisse. Grand-papa Forester avait toujours des bonbons dans la poche de sa chasuble, tu te rappelles ? Si on s'agitait pendant l'office, il nous donnait une pastille de menthe pour qu'on se tienne tranquille.

— Ce que j'aimais, c'étaient ces petits trucs à la réglisse qu'on laissait fondre au fond de la bouche et qui nous aidaient à chanter mieux. C'était un homme si gentil, et il a été si bon envers ma mère... »

Ils firent le tour de la cathédrale en silence, comme un couple de touristes ordinaires, leurs pas résonnant sur les dalles de pierre. Tous les objets de valeur avaient été mis à l'abri et l'édifice paraissait froid et vide. Ella avait hâte de retrouver la lumière du soleil.

« Il est temps de rentrer. La tourte aux légumes de Mme Allen nous attend, j'en ai peur. Tu auras été prévenu.

— N'as-tu pas oublié quelque chose ? demanda Roddy.

— Quoi donc ? » répondit-elle, intriguée.

Il montra l'étroit passage vers Beacon Street, de l'autre côté de Cathedral Close. « Nous n'avons pas terminé la visite, il me semble. Il nous reste encore à voir le vieux loup de mer dans les jardins du musée.

— Le capitaine Smith ! Je pensais que tu l'aurais oublié, après tout ce temps.

— Jamais. Sans lui, la visite de la ville ne serait pas complète. »

C'était comme s'ils n'avaient jamais été séparés, comme s'ils reprenaient un dialogue entamé la veille. Son grand frère était de retour, et en pleine forme. « Je vais te raconter comment j'ai rencontré la véritable fille du capitaine. Tu ne le croiras jamais. »

Roddy prit la poussette tandis qu'Ella lui narrait son histoire, sans se rendre compte du regard ébloui qu'il posait sur elle. Elle provoquerait des embouteillages à la base, avec sa beauté à couper le souffle, se dit-il. Peut-être que s'il était resté en Angleterre, qui sait… Il soupira. Maintenant, elle était mariée et inaccessible. Cela lui apprendrait à n'être pas revenu plus tôt.

105

Italie, 1944

« Couchez-vous, *padre*! » cria une voix du fond de l'abri, quand une mine explosa non loin de là. Frank se jeta au sol et, d'un geste devenu un réflexe, se couvrit la tête en murmurant une prière. Il savait que les combats n'épargnaient pas les prêtres. Il avait depuis longtemps reçu le baptême du feu et se sentait profondément las. Le débarquement à Anzio avait été plus facile que prévu, mais à présent, après la contre-offensive allemande, la bataille s'enlisait et ils n'arrivaient pas à percer les lignes de défense.

C'était sa vie. Aux côtés des hommes qui tentaient de se frayer un passage vers le nord sous les obus et la mitraille, dans des vêtements qui ne séchaient jamais et des godillots détrempés, qui dormaient dans la boue et se nourrissaient uniquement de rations déshydratées depuis leur arrivée en Italie.

Plus tard, il accomplirait son rituel quotidien – prendre la plaque d'identification sur les cadavres, tenter de déterminer l'identité de ces malheureux dont il ne restait souvent pratiquement rien. L'odeur douceâtre de la mort, omniprésente, emplissait ses narines. Attendre près des corps pendant qu'on creusait les fosses était le pire de tout. Quelquefois, il y en avait tant qu'il fallait les empiler comme des bûches. Ils disposaient les restes en rangées bien nettes, enterrant bras et jambes de leur mieux, avec les cadavres qui en étaient privés. Chaque service funèbre lui était plus pénible que le précédent : tant de jeunes gens qu'il avait connus, emportés en une seconde par un obus de mortier ou une balle... C'était une véritable hécatombe.

Parfois, il ne restait qu'un pouce dont il relevait l'empreinte en vue de l'identification. Frank avait l'impression qu'une partie de son cœur mourait à chacun de ces enterrements, devant chacun de ces visages familiers qu'on recouvrait de terre. Comment pouvait-il encore demander à Dieu de bénir ce carnage ? Pourtant, c'était son travail. Quand on avait étendu une bâche par-dessus la tombe provisoire venait l'heure de rédiger des montagnes de lettres de condoléances. Il lui arrivait d'être si fatigué qu'il n'arrivait plus à manier son stylo et qu'il restait des heures assis à regarder dans le vide et à prier pour trouver la force de remplir une fois de plus cette tâche lugubre.

Certains des soldats lui lançaient des injures en le voyant arriver – «Fichez le camp! On ne veut pas de vous ici» – mais ils étaient rares. La plupart étaient soulagés quand, tel un chien de chasse au flair infaillible, il déboulait dans leur cachette pour leur donner leur courrier, leur transmettre des messages, écouter leurs doléances ou simplement s'asseoir avec eux et fumer une cigarette.

Il y avait de lourdes pertes dans les rangs des aumôniers, et bien peu de remplaçants. Les prêtres catholiques étaient en nombre insuffisant. Ceux qui restaient avaient l'impression de ne pas en faire assez, d'être impuissants à venir en aide à tous ceux qui avaient besoin d'eux. Pour chaque minute d'action, il y avait une heure d'ennui et d'attente, alors qu'ils auraient pu célébrer des messes pour donner aux soldats force et espoir.

Frank espérait que la prochaine offensive les mènerait dans le Nord. Il voulait visiter le Saint-Siège, entendre des voix italiennes acclamer la libération. La langue paternelle résonnait déjà à ses oreilles. Ils auraient droit à quelques jours de permission et de repos. Mais qui le remplacerait en son absence ? Il n'aurait pas assez de temps pour faire retraite dans un quelconque monastère, s'offrir le luxe d'un silence grandiose. Il prendrait un congé de la même durée que celui de ses hommes, pas une heure de plus.

En plongeant dans son abri, il se surprit à effleurer le petit talisman au fond de sa poche, le chausson de bébé, et il en eut honte. Au début, la *scarpetta* avait senti le savon de sa mère, l'odeur de propre de sa maison. Maintenant, elle était tachée de poussière et de boue à force d'avoir été manipulée par ses doigts sales, mais elle était toujours là, et lui aussi.

Aux yeux de ses hommes, il était indestructible. «Reste à côté du père Frank et tu t'en sortiras», disaient-ils en souriant, quand ils lui présentaient les nouvelles recrues.

Ils le considéraient un peu comme une figure paternelle, bien qu'il ne fût guère plus âgé que la plupart d'entre eux. La croix à son revers le distinguait des autres, mais pas au point qu'ils hésitent à plaisanter et à faire des blagues en sa présence. Ils lui parlaient de leurs problèmes personnels, une mauvaise nouvelle que le courrier venait de leur apporter, une douleur dans le bas-ventre qui allait exiger une visite chez le médecin pour un traitement antivénérien et une confession par la suite. Il les contempla, tandis qu'ils se préparaient à défendre leur tranchée, en songeant aux souffrances que leurs mères avaient endurées pour mettre ces garçons au monde et à tous les soins qu'elles leur avaient prodigués.

«Anzio Annie[1] va encore nous donner du fil à retordre, *padre*», brailla une autre voix, qui fut soudain couverte par une énorme explosion et des appels au secours. Il allait devoir quitter l'abri pour ramasser les blessés. Il se hissa hors du fossé et essaya d'empêcher sa main de trembler en faisant le signe de la croix. «*In mano tuo, Domine*», murmura-t-il, tandis qu'il rampait en direction des gémissements.

S'il y avait une chose qu'il ne supportait pas, c'était d'entendre un soldat pousser des cris de

---

1. Surnom donné par les Américains aux canons K5 utilisés par les Allemands. *(N.d.T.)*

douleur, sans personne pour lui administrer de la morphine. Il ne laisserait aucun de ses gars mourir seul dans un cratère d'obus, s'il pouvait l'en empêcher.

Les balles sifflaient autour de lui, mais il continua à avancer. Ses hommes disaient qu'il était un véritable chien d'arrêt, que son flair le guidait d'instinct vers les blessés. Il n'aurait pu dire si c'était vrai. C'étaient plus vraisemblablement la peur et l'obstination qui l'obligeaient à poursuivre sa progression alors même que la voix s'affaiblissait à mesure qu'il s'en rapprochait. Il vit deux garçons gisant sur le sol, l'un touché en pleine tête et levant vers le ciel des yeux étonnés, l'autre tremblant sous l'effet du choc et se tenant le ventre.

Il n'y avait pas de temps à perdre. Après avoir posé une compresse sur la blessure et administré au jeune homme une piqûre de morphine, Frank ferma les yeux du mort et commença à réciter une prière. «Non, mon père, il est juif», murmura le blessé, à demi inconscient. Frank venait d'entamer le Shema quand une ombre se dressa au-dessus de lui, occultant la lumière. En redressant la tête, il aperçut la gueule d'un fusil et un pantalon vert-de-gris. Un soldat ennemi le tenait en joue. Et son cœur se glaça lorsqu'il l'entendit prononcer ces mots: «Pour vous, la guerre est finie, mon père.»

106

Italie, 1944

Le capitaine Roderick Parkes contemplait la montagne de la Mort, les doigts crispés sur ses jumelles, les yeux à moitié fermés par la fatigue, après des nuits et des nuits d'insomnie sous les bombardements. Depuis deux mois, ils étaient coincés ici, sous le feu des canons de la forteresse perchée au sommet des Apennins. Quelle boucherie cela avait été! Des bataillons entiers réduits aujourd'hui à moins de dix hommes. Quels sacrifices devraient-ils encore supporter avant de prendre Santa Maria Infante et les collines environnantes, et de remonter vers le nord?

De faibles acclamations s'élevèrent parmi ses hommes quand les bombardiers rasèrent les anciennes fortifications, réduisant les bâtiments en cendres. C'était le seul moyen.

Roddy attendait des nouvelles du front d'Anzio, avec l'espoir que leurs troupes avaient réussi à percer les lignes ennemies. Mais les nazis résistaient encore et Rome n'était toujours pas tombée. Ici aussi, l'offensive piétinait. Les tirs allemands avaient arrêté leur progression et ils avaient dû se mettre à couvert en rampant dans la fange, heureux d'être en vie.

Il leva les yeux vers la muraille montagneuse, en se disant qu'il leur faudrait des semaines pour nettoyer toutes les positions ennemies. Dans cette campagne d'Italie, il avait parfois l'impression de mener une guerre oubliée de tous, au milieu de la boue et des montagnes qu'on ne pouvait franchir qu'à dos de mulet. Ils avaient passé un bien triste Noël, terrés dans une chapelle bombardée. Quelqu'un s'était mis à jouer «Douce nuit, sainte nuit» sur son harmonica, et Roddy avait été submergé par la tristesse et la nostalgie. Ses hommes épuisés avaient incliné la tête et il avait senti des larmes couler sur ses joues à l'idée qu'un grand nombre d'entre eux ne reverraient jamais leur patrie.

Au-dessus d'eux, le pic les contemplait, menaçant, comme l'œil d'un cyclope parmi les nuées. Des tireurs isolés étaient à l'affût du moindre mouvement, prêts à les canarder s'ils trahissaient leur présence. En regardant les avions alliés pilonner les fortifications, dans des explosions de flammes orange, ils ne ressentaient rien d'autre que le soulagement d'avoir été épargnés. C'était l'effet que la guerre avait sur les hommes, elle les dépouillait de leur humanité et de leur pitié. Tous ces monastères, ces églises, ces châteaux, ces beaux villages dans les collines réduits en poussière – tous ces testaments à la gloire de Dieu devaient être détruits s'ils voulaient repousser l'ennemi de l'autre côté des Alpes.

Quand la poussière, la fumée et la brume se dissipèrent, Roddy constata qu'ils avaient atteint leur cible et qu'ils devaient maintenant se lancer à l'assaut de la colline pour reconquérir le terrain perdu. Mais, dans les décombres du village détruit, il y avait peut-être des soldats alliés attendant de se joindre à eux pour s'emparer d'autres positions.

Si seulement ils pouvaient effectuer la jonction et coordonner leur action...

« En avant, ordonna leur commandant. Nous tenons la place forte. » Ils se mirent en marche en rangs désordonnés, tirant les mules pour leur faire gravir les sentiers escarpés, certains d'être accueillis par des soldats de leur camp.

Ce fut le colonel qui tomba le premier, frappé en pleine poitrine alors qu'il hurlait : « Cessez le feu, bon Dieu ! Nous sommes américains ! » Une grêle de balles s'abattit sur eux et ils se plaquèrent au sol. On leur avait tendu une embuscade et ils furent rapidement encerclés, submergés par le nombre. Roddy sentit son front ruisseler de sueur, ses mains devenir moites sous l'effet de la peur. C'était donc ainsi qu'il allait finir, une mort inutile sur cette saloperie de corniche, dans un pays étranger dont il ne parlait même pas la langue...

Quel terrible gâchis ! Ils avaient conduit leurs hommes droit dans la gueule du loup. Maintenant, ils allaient tous mourir, et il ne pouvait rien faire d'autre que prier.

107

Décembre 1943

Un nouveau Noël de guerre approchait ; encore une fois, il allait falloir se débrouiller avec les moyens du bord pour marquer quand même l'événement. Chaque année, il devenait de plus en plus difficile de manifester le moindre enthousiasme à la perspective de ce jour, mais à présent, il y avait Clare, et son excitation puérile rendait un peu de gaieté à ces festivités. L'anniversaire de l'enfant tombait également en décembre, c'était donc un mois riche en réjouissances. Clare était encore trop jeune pour bien comprendre, mais ils n'en sortaient pas moins les décorations, si défraîchies et déchirées qu'elles soient : les guirlandes de papier, les cloches et les boules pour orner le sapin. Ils avaient mis de côté suffisamment de fruits secs, de sucre et d'écorce de citron, une denrée précieuse, pour essayer de confectionner un gâteau à peu près présentable.

Et Ella priait pour que les conditions météorologiques permettent à Anthony de passer quelques jours à la maison. Ses permissions étaient devenues moins régulières ; il avait été transféré au commandement des forces côtières, dans l'escadron 144, tout au nord de l'Écosse. Tout ce qu'il lui en avait dit, c'était qu'il effectuait à présent des patrouilles anti-sous-marins, pour prévenir les attaques contre les navires alliés partant d'Écosse. Sa dernière lettre n'annonçait rien de bon.

> *Ma chérie,*
> *Ne sois pas déçue si je ne peux pas rentrer à temps pour Noël. Tu sais comment ça se passe, à présent. J'ai à peine le temps d'accrocher ma casquette à la patère de la porte que je dois déjà repartir, mais je ferai de mon mieux.*

Désolé pour la dernière fois. Mais que pouvais-je faire ? Les gars étaient si contents de faire ta connaissance et de changer de décor. Je savais que tu ne verrais pas d'inconvénient à les héberger pendant un ou deux jours. J'aurais dû les prévenir de ne pas faire de bruit ; ils étaient un peu trop gais et ils ont réveillé Clare et gâché notre nuit. Tu avais raison d'être furieuse que nous ayons passé si peu de temps ensemble. Je te promets que je ne me comporterai plus de manière aussi irréfléchie à l'avenir, mais mon équipage et moi, nous formons une espèce de famille, et je déteste les voir rester à la base sans savoir que faire. J'oublie parfois que j'ai une vraie famille à chérir pendant mes permissions. J'ai également négligé mes parents, mais ils se joindront à vous pour Noël, à ce qu'ils m'ont écrit. Tous réunis sous le même toit, ce sera magique.

Ici, c'est affreux. Il faut supporter la pluie et le vent constants ; c'est l'Écosse dans ce qu'elle a de pire, avec ce froid glacial. Mais nous faisons du bon boulot durant nos patrouilles et nos vols de reconnaissance. Je ne peux pas te dire où, mais tu le devineras sûrement. J'ai suivi un entraînement spécial, et j'aimerais simplement que le temps soit un peu plus favorable. Si seulement tu étais près de moi pour réchauffer le lit chaque nuit… Les gars n'ont pas grand-chose ici comme distractions, à part boire, lire et flirter avec les Waafs. (Ne t'en fais pas, aucune d'elles ne t'arrive à la cheville.) Je compte les semaines qu'il me reste à attendre avant de prendre le train de nuit en direction du sud. Pourvu que la neige ne bloque pas la circulation !

Il est question de me confier un boulot au sol. Je suppose que cela s'impose, après trois ans de missions journalières, mais les plus jeunes ont besoin d'un homme expérimenté à leur côté pour s'en tirer lors de leurs premières sorties. Envoyer des torpilles sur des sous-marins par une nuit noire exige pas mal d'entraînement et de pratique. On a envie de les protéger, tous ces jeunes gars à peine sortis de l'école, si inexpérimentés, si enthousiastes, et si vite perdus sans une bonne formation tactique. Oui, je pourrais aussi me rendre utile en tant qu'instructeur, mais nous verrons bien ce qui se passera l'année prochaine.

Au fait, j'ai entendu dire que Simon Russell-Cooke était quelque part dans le coin. Le monde est petit. Pense à envoyer une carte à sa mère. Je n'oublierai jamais notre délicieuse lune de miel dans sa maison.

Bonne nuit, ma chérie. Si Dieu le veut, nous nous reverrons bientôt. Toute mon affection aux Forester. As-tu des nouvelles de Roddy? Je crois que les Yankees et les Britanniques en voient de dures en Italie. Embrasse Clare de la part de son « papa dans le ciel ».

À très vite.

À toi pour toujours,

Anthony.

Le temps passé ensemble était si bref... Il sautait du train, se ruait vers la Maison-Rouge, prenait un long bain puis un whisky bien tassé en compagnie de Selwyn. Ensuite, ils allaient se promener tous les deux en amoureux et rentraient se coucher tôt. Parfois, il était tellement épuisé qu'il dormait pendant la plus grande partie de sa permission. Elle le regardait jouer avec Clare, l'air absent, comme si son esprit était toujours quelque part dans les airs. Il avait vieilli au cours de la dernière année; les rides de concentration sur son front étaient devenues de profonds sillons, et il s'assoupissait à n'importe quel moment.

Elle avait honte de s'être montrée si jalouse et de s'être emportée contre lui. « Tu vis à longueur de temps avec ton satané équipage; nous, c'est à peine si nous te voyons. Ce n'est pas juste. C'est avec moi que tu es marié, pas avec eux», avait-elle tempêté une nuit.

Elle avait du mal à ravaler sa jalousie. Elle aurait voulu passer chaque seconde de sa permission avec lui. Le souvenir de ces instants était la seule chose qui l'aiderait à tenir au cours des semaines à venir. Mais, d'une certaine manière, elle devait admettre que l'équipage d'Anthony était devenu pour lui une famille de substitution.

Il avait survécu à trois années de service dans l'aviation de bombardement. Elle était heureuse d'apprendre qu'on lui proposait un poste au sol, mais elle craignait qu'il ne le refuse et préfère rempiler.

En voyant une voiture inconnue garée dans l'allée au retour de sa promenade avec Clare, elle se précipita à l'intérieur de la maison. Anthony était revenu sans prévenir! C'était merveilleux. Il avait manifestement emprunté une automobile et des bons d'essence pour arriver plus vite, se dit-elle en ouvrant la porte, au comble de la joie. «Papa est rentré, ma chérie!»

Selwyn se tenait à côté du téléphone. «Tu es rentrée», murmura-t-il. En voyant son visage blême, Ella sentit les battements de son cœur s'accélérer et ses genoux se dérober sous elle.

«Que se passe-t-il? Qui sont nos visiteurs? demanda-t-elle en détachant Clare de sa poussette.

— Ella, ils sont venus pour toi. Je les ai installés dans le salon. Veux-tu que je m'occupe de Clare?»

À la seconde même, elle sut, à son expression, à la douceur avec laquelle il prononça son nom, ce qui allait suivre. Oh, non! Mon Dieu, je vous en supplie, pas ça! pria-t-elle silencieusement quand, en poussant la porte du salon, elle vit deux hommes en uniforme bleu se lever à son entrée.

«Il est porté disparu. Il reste encore un espoir», lui avaient-ils dit. Anthony et son équipage avaient décollé de Wick pour effectuer leur patrouille quotidienne. Leur avion n'était pas rentré. Peut-être avaient-ils été forcés d'atterrir en territoire ennemi et faits prisonniers? Pour le moment, ils étaient seulement considérés comme disparus. On n'avait repéré aucune épave, rien qui puisse indiquer que l'appareil s'était écrasé en mer. Ella fut reconnaissante aux officiers d'être venus lui annoncer la nouvelle en personne, pour atténuer le choc du télégramme qu'elle recevrait bientôt.

Elle leur servit le thé avec des mains tremblantes, se comportant en parfaite hôtesse, jouant son rôle comme une comédienne en représentation. Ils ne restèrent pas longtemps. Ils avaient déjà vécu la même scène des centaines de fois sans doute.

Ce fut seulement après leur départ qu'elle se plia en deux, le corps tordu par la souffrance. Elle était incapable de penser, de bouger ou de crier, comme paralysée. Ça ne pouvait pas être vrai. Ça ne pouvait pas lui arriver. Aux autres, peut-être, mais pas à elle. Il y avait eu une erreur, le téléphone allait sonner d'une minute à l'autre, et elle entendrait sa voix: «Ma chérie, je vais bien. Ces idiots du QG se sont trompés de type. C'est un autre Harcourt qui a cassé sa pipe, pauvre gars, et pas moi. Je serai bientôt à la maison. Embrasse Clare pour moi.»

Mais le lendemain matin, il n'avait toujours pas téléphoné, ni le jour suivant. Ella commença à tenir un journal, en se disant que, s'il était prisonnier, il aimerait sûrement savoir tout ce qui s'était passé en son absence. C'était à lui qu'elle s'adressait sur ces pages, à lui qu'elle confiait toutes ses pensées. En rédigeant son journal chaque soir, elle avait le sentiment de le garder en vie : c'était comme si elle conversait avec lui au téléphone. Noël serait un peu plus supportable si elle pouvait lui raconter comment ils s'étaient efforcés de célébrer la venue de la lumière dans ce monde si sombre.

Bien entendu, ce n'est pas pareil, sans toi. Plus rien n'est pareil. Je n'arrive plus à tenir un outil, un morceau de fusain ou un ciseau. Nous avons fabriqué un bonhomme de neige et Clare l'a baptisé « Papa dans le ciel ». Elle t'appelait toujours ainsi. Es-tu au ciel ou dans la mer ? Il fait si froid, dans la mer... Où es-tu, mon chéri ? Je veux croire que tu es sain et sauf. Je l'aurais certainement su, si tu nous avais été enlevé. Je veux croire que tu es toujours en vie quelque part et qu'un jour, tu nous reviendras. C'est pour cela que je continue ce bavardage. Il remplit le trou affreux qui s'est ouvert dans mon cœur. Ne plus jamais sentir tes bras autour de moi, ne plus jamais embrasser tes lèvres, cette idée m'est insupportable. Pourquoi nous as-tu quittés ? Pourquoi t'es-tu exposé au danger ?

Je suis désolée. Je ne devrais pas me mettre en colère contre toi, mais c'est plus fort que moi. J'ai reçu la lettre que tu avais rédigée à mon intention, mais je ne l'ai pas encore ouverte. C'est trop tôt, et il reste toujours un espoir, n'est-ce pas ? Tu te caches peut-être dans les bois avec des partisans norvégiens, ou tu as été secouru par des pêcheurs, de braves gens t'hébergent clandesti-nement sous leur toit et tu ne peux contacter personne, de peur de les compromettre. Je comprends ton silence. Tu es quelqu'un de fort, tu ne voudrais pas mettre la vie d'autrui en danger.

Tom et Sybil tiennent le coup. Ils sont venus dès qu'ils ont appris la nouvelle. Ils m'ont regardée d'un air apitoyé quand je leur ai dit que tu étais seulement porté disparu. À présent je sais ce qu'a éprouvé ma mère quand elle a perdu son Joe et son bébé, je comprends pourquoi elle s'est accrochée à moi et a refusé de me rendre. J'étais sa seule raison de vivre. Pourquoi ne comprenons-nous nos parents que lorsque nous sommes devenus parents à notre tour?

Clare continue à jouer et à babiller sans se rendre compte de ton absence. Elle t'a vu si peu, cela me brise le cœur de penser qu'elle ne te reverra peut-être jamais. Nous embrassons ta photo tous les soirs, Clare souhaite une bonne nuit à son Papa dans le ciel. Je vais m'arrêter ici. S'il te plaît, reviens-nous, mon amour, et, si tu ne peux pas, fais-nous au moins savoir que tu vas bien.

Je suis persuadée que tu es toujours en vie et je prie nuit et jour pour ne pas me tromper. Ce serait trop cruel si je découvrais que je me suis bercée de faux espoirs. Oh! Anthony, où es-tu en ce moment?

Celeste se sentait impuissante face au chagrin d'Ella. La jeune femme maigrissait de jour en jour et ses yeux avaient perdu leur éclat. Elle s'activait en permanence, sans jamais s'accorder un instant de répit, donnant des cours, assistant à des conférences, s'évertuant à remplir ses journées pour ne pas avoir le temps de penser à l'absent. Elle était inaccessible, dissimulant sa douleur derrière un sourire factice. Hazel venait fréquemment prendre de ses nouvelles, mais Ella n'était pratiquement jamais à la maison. Ils n'avaient pas reçu d'autres informations au sujet d'Anthony, cependant, à mesure que les mois passaient, il semblait de plus en plus improbable qu'il soit encore en vie.

Un matin, au petit déjeuner, Clare refusa de manger son œuf à la coque et ses mouillettes. «Z'en veux pas, dit-elle en secouant la tête.

— Mais, ma chérie, tu dois manger, sinon tu vas avoir mal au ventre, insista Ella.

— Si elle ne mange pas, elle va avoir faim. Eh bien, tant pis, mais ne lui donne rien d'autre avant midi, intervint Celeste, en espérant ne pas avoir l'air trop sévère.

— Mais ce pauvre chou sera affamé, d'ici là, objecta Ella.

— Tant mieux, comme ça, elle mangera. Pense à tous les enfants qui ne voient jamais d'œufs. Il ne faut pas la laisser gaspiller la nourriture.

— Mais ce n'est qu'un bébé, rétorqua Ella.

— Elle n'est pas trop jeune pour apprendre à se comporter comme il faut. C'est pour son bien.»

Ella la dévisagea, le regard glacial. «Tu es vraiment vieux jeu. Clare sait mieux que nous ce qui est bon pour elle.

— Ah oui? Qui commande, elle ou toi? répliqua Celeste. Tu dois reprendre les choses en main. Ce n'est pas parce que…» Elle s'interrompit. Oserait-elle prononcer le nom tabou? «Ce n'est parce que Anthony a disparu que tu dois passer à Clare tous ses caprices.

— Que veux-tu dire? demanda Ella, d'un ton plus agressif.

— La vie doit continuer, et si Anthony ne revient pas, tu devras l'élever seule. Je sais que tu auras à cœur de l'éduquer comme il l'aurait souhaité.

503

—Ça t'est facile de parler ainsi, tu as Archie, riposta sèchement Ella.

—Tu oublies que j'ai élevé Roddy seule, et ça n'a pas été facile. J'ai dû travailler pour assurer notre subsistance. Regarde les choses en face, Ella. Clare est à un âge difficile, mais cela lui passera vite. En un rien de temps, elle portera des bas de soie, ajouta-t-elle pour alléger l'atmosphère.

—Oh! ne dis pas des choses pareilles! Elle est tout ce que j'ai, s'écria Ella en fondant en larmes.

—Tu te débrouilles à merveille, mais laisse-nous t'aider de temps en temps et partager cette charge. Il serait bon que Clare voie d'autres adultes, et tu pourras ainsi te reposer et avoir un peu de temps à toi.

—Je n'en ai pas besoin. Tout ce que je veux, c'est savoir qu'Anthony est sain et sauf, gémit la jeune femme.

—Je sais, ma chérie, mais s'il ne revient pas…

—Ne dis pas ça, je te l'interdis. Ne sois pas cruelle.

—Mais cela fait plus de cinq mois, maintenant. Tu dois envisager la possibilité que…

—Je ne le peux pas et je ne le veux pas. Comment pourrais-je continuer à vivre?

—Tu le pourras, parce que tu le dois. Tu continueras à cause de Clare, comme ta mère l'a fait à cause de toi.

—C'était différent, répondit Ella, hérissée d'indignation, sans oser la regarder. Tu ne crois pas qu'il soit encore en vie, n'est-ce pas?» Elle se laissa tomber sur une chaise et prit sa tête entre ses mains.

«Nous le saurions sûrement, à l'heure qu'il est. Je ne suis pas très optimiste, mais je peux me tromper. J'espère que je me trompe», dit Celeste d'une voix dénuée de conviction, tandis qu'Ella desservait la table, en regardant Clare qui mordait avec délices dans son toast.

Observant la scène, Celeste reprit en souriant: «Tu vois, un enfant sait toujours où se trouve son intérêt. Il a suffi que nous détournions les yeux pour qu'elle avale son petit déjeuner d'elle-même.»

Elles étaient occupées à ranger la vaisselle quand on sonna à la porte. «Le courrier!» s'exclama Ella en se précipitant vers l'entrée.

Celeste avait mis de l'eau à chauffer pour refaire du thé lorsque la jeune femme regagna la cuisine et déposa un télégramme devant elle.

«Ce n'est pas au sujet d'Archie?» Maladroitement, Celeste ouvrit le pli, le déchirant à demi dans sa hâte. Elle le parcourut d'un regard incrédule, puis le jeta sur la table. «C'est Roddy. Il est porté disparu en Italie, on présume qu'il a été tué durant les combats.»

Sans cesser de mastiquer avec ardeur, Clare leva vers elles des yeux étonnés quand elles tombèrent en pleurant dans les bras l'une de l'autre. «A plus pain?» gazouilla-t-elle.

108

Italie, 1944

Avec le temps, on finit par s'habituer à tout, pensa Roddy en descendant du fourgon à bestiaux. Il regarda autour de lui, clignant des yeux sous le soleil brutal. Un autre camp de prisonniers, quelque part dans les collines d'Italie. Il espéra qu'il serait mieux que le précédent, celui qu'ils avaient baptisé le « studio de cinéma », dans les faubourgs de Rome. Sans doute n'approcherait-il jamais la Ville sainte de plus près.

Après l'embuscade, ils avaient marché longtemps, mains en l'air, talonnés par des chiens hargneux. Ils avaient eu de la chance de ne pas avoir été abattus sur place, mais l'officier allemand qui commandait l'unité était un aristocrate de la vieille école prussienne, respectueux de la Convention de Genève. Néanmoins, ils avaient été dépouillés de tous leurs objets de valeur, montres, briquets, bagues, et poussés à coups de pied tandis qu'ils trébuchaient sur le terrain rocailleux, avant d'être entassés dans des fourgons et transbahutés pendant des kilomètres sans eau ni nourriture. À leur arrivée au camp, les prisonniers étaient venus les entourer avec une morne curiosité.

Les Allemands avaient procédé à un appel et les avaient répartis en différentes sections : Britanniques, Américains, Français et autres – comme des éleveurs rassemblant les bêtes pour les enfermer dans un corral, avait songé Roddy confusément. Tout ce à quoi il pouvait penser, c'était à étancher sa soif et sa faim.

Ils n'étaient restés là-bas que très peu de temps avant de remonter dans des convois ferroviaires pour se retrouver dans un autre camp, plus haut dans le Nord et beaucoup plus petit, avec une vue magnifique sur les montagnes. Mais des barbelés, des miradors et des canons leur masquaient le paysage, leur rappelant qu'ils ne pouvaient pas aller bien loin. Roddy crut comprendre qu'ils se trouvaient à proximité d'une ville appelée Arezzo, célèbre pour ses peintures, mais dont le nom ne signifiait rien pour lui. Il était simplement heureux de pouvoir respirer l'air pur et tentait de se faire à l'idée qu'il était désormais prisonnier de guerre.

Être au pouvoir de l'ennemi, dépendre de lui pour se nourrir, devoir obéir à ses ordres et à ses lubies était une humiliation permanente. On racontait que ceux qui tentaient de s'évader étaient fusillés et que les paysans qui les aidaient subissaient le même sort. La situation n'avait rien de réjouissant, et elle ne changerait pas tant que les troupes alliées n'auraient pas chassé les Allemands hors d'Italie. Mais c'était plus facile à dire qu'à faire, et Roddy ne le savait que trop.

Le visage de ses compagnons en disait long, brûlé par le soleil, émacié, l'expression morose et tendue. Il promena les yeux à la ronde, dans l'espoir de repérer des hommes de sa division, des têtes connues, croisées lors du débarquement ou au camp d'entraînement, un accent d'Akron ou de l'Ohio. En vain.

La pitance consistait en une espèce de mixture à base de pâtes, agrémentée de rations de la Croix-Rouge. C'était bizarre comme la nourriture, si maigre qu'elle soit, devenait la préoccupation essentielle quand on avait faim, se dit Roddy en soupirant. Il fallait trouver de quoi occuper le temps. Le temps et l'ennui, c'étaient eux les ennemis, à présent.

Les livres envoyés par les organisations caritatives passaient soigneusement de main en main, mais c'étaient des ouvrages éducatifs ou religieux, ou des classiques de la littérature, pas le genre de bouquins que la plupart des hommes avaient envie de lire. Néanmoins, cela valait mieux que rien; tout leur était bon, si cela leur permettait d'oublier momentanément leur condition présente.

Il prenait ses repas avec les officiers. Ils formaient une bande assez hétéroclite et passaient la journée à se raconter mutuellement leurs campagnes; au bout d'une semaine ou deux, il aurait pu échanger et répéter leurs histoires mot pour mot. Chacun échafaudait des plans d'évasion, mais sans une bonne maîtrise de la langue, toute tentative était vouée à l'échec. Ils seraient repris avant d'arriver au bout de la route. En fait, ils auraient plus de chances de réussir en revêtant un uniforme allemand, la plupart d'entre eux étant grands et blonds. Mais alors ils risqueraient de se faire couper la gorge par les partisans qui se cachaient dans les collines.

Il y avait des cours de tout ce qu'on pouvait imaginer, depuis les échecs, l'italien, l'hébreu et le polonais jusqu'à l'agronomie et l'apiculture, en passant par les nœuds marins et les cerfs-volants. Si vous possédiez des connaissances sur un sujet quelconque, vous les partagiez avec d'autres pour les distraire de leurs idées noires, les empêcher de se jeter sur les barbelés et de se faire tuer.

Roddy suivit les cours d'italien, en se disant que cela pourrait toujours lui être utile. Le prêtre italo-américain qui faisait office de professeur était beaucoup plus américain qu'italien, mais il ne s'en sortait pas si mal.

Malgré ses préventions contre la religion, Roddy aimait bien le père Frank. Celui-ci était petit et brun, plus jeune que lui, mais il émanait de lui une impression de calme et de bonté. Il avait été capturé alors qu'il secourait des soldats au fond d'une tranchée. Même les Allemands avaient des scrupules à abattre un prêtre en train d'administrer les derniers sacrements. La toute dernière trouvaille du *padre* avait consisté à monter un club de musique, avec des disques et un gramophone à manivelle qu'ils avaient trouvés parmi les colis de la Croix-Rouge. Bien entendu, il s'agissait surtout de musique classique, mais cela faisait du bien de l'écouter et de laisser les images qu'elle évoquait défiler dans votre esprit.

Aujourd'hui, il leur avait passé *La Symphonie du Nouveau Monde* de Dvorak, et les airs populaires ainsi que les spirituals qu'elle contenait avaient donné à Roddy la nostalgie des plaines de l'Ohio.

« Je pense que nous devrions former une chorale, suggéra le prêtre. Nous pourrions donner un concert. Si j'arrive à réunir vingt ou trente voix, on pourrait peut-être commencer les répétitions.

— Ne comptez pas sur moi, déclara le type à côté de lui. Je n'ai pas d'oreille. » Dans ce cas, se demanda Roddy, pourquoi venait-il écouter de la musique ?

« Je ne sais pas lire les partitions, s'excusa un autre en se levant, pressé de fuir.

— Qui vous parle de ça ? répondit le prêtre en riant. Nous chanterons de mémoire, en attendant de recevoir des partitions. Et vous, capitaine Parkes ? » reprit-il en se tournant vers Roddy qui se dirigeait déjà vers la porte.

« La dernière fois que j'ai chanté en public, je portais des culottes courtes, dit-il en levant les mains d'un air horrifié.

— Où était-ce ?

— À Lichfield.

— Dans le Connecticut ?

— Non, à la cathédrale de Lichfield, en Angleterre. Au revoir, *padre*…

— Pas si vite. Je crois que je tiens ma première recrue, un choriste expérimenté, rien de moins !

— Bon Dieu… Excusez-moi, je voulais dire… Non, mon père. Je ne sais pas très bien ce que cela donnerait aujourd'hui si j'essayais de chanter.

— Nul d'entre nous ne le sait, c'est cela qui est intéressant. Nous verrons bien ce que cela donnera, capitaine, et nous essaierons de l'améliorer. »

En entendant ce « nous » qui l'incluait d'office, Roddy ne put que rendre les armes. « Appelez-moi donc Roddy, mon père, bougonna-t-il.

— Rendez-vous ici demain soir, au coucher du soleil, capitaine Roddy. Autant commencer tout de suite. On ne sait jamais ce que demain nous réserve. Peut-être un Caruso se cache-t-il parmi nous », plaisanta le prêtre, l'air ravi.

109

Frank avait terminé sa visite auprès des malades. Il y avait au camp une espèce d'hôpital, pas très bien équipé, mais le toubib se débrouillait avec sa mallette de premiers secours et avait réclamé des fournitures à la Croix-Rouge. Il paraissait exténué, comme s'il avait lui-même grand besoin de repos.

«Allez donc fumer une cigarette, lui dit Frank. Je vais prendre le relais, si vous m'indiquez ceux qui requièrent des soins.»

Il avait entendu quelques hommes en confession et rédigé une courte lettre à la famille d'un type cloué au lit par la fièvre. Il était heureux de se rendre utile. Les latrines ici étaient une honte – elles se réduisaient à une planche percée de trous, et les caillebotis étaient jonchés d'excréments que les hommes, malgré toutes leurs précautions, rapportaient dans les baraques sur la semelle de leurs chaussures.

«Ce que je redoute le plus, c'est une épidémie de typhus», lui avait confié le médecin. Il faisait une chaleur infernale et les mouches pullulaient. Les prisonniers travaillant dans les champs revenaient brûlés par le soleil, couverts de piqûres d'insectes et brisés de fatigue, mais cela donnait aux plus valides la possibilité de dépenser leur trop-plein d'énergie et de passer leur rage. L'ennui était leur principal ennemi. Ils ne savaient rien de ce qui se passait dans le monde extérieur. Quand de nouveaux prisonniers arrivaient au camp, ils étaient aussitôt assaillis de questions sur la poussée des forces alliées. Mais celles-ci progressaient bien trop lentement pour arriver jamais jusqu'ici et les libérer.

Frank était curieux de découvrir la région environnante. Le camp se trouvait à proximité du village natal de son père, et c'était terriblement frustrant de savoir que la ferme des Bartolini était si proche. Il essayait de se remémorer les lettres envoyées par leur famille de Toscane; son père lui avait raconté qu'ils possédaient une petite exploitation accrochée au flanc d'une colline, près de la célèbre ville fortifiée d'Anghiari, pas très loin du lieu où était né Michel-Ange. Se trouver si près et si loin à la fois… Pourquoi ne s'était-il pas intéressé davantage à l'histoire familiale?

Il y avait peu de gens du coin parmi les employés du camp, après l'armistice de septembre 1943 et la rupture de l'alliance entre les puissances de l'Axe. Les Allemands, jugeant le régime trop laxiste, avaient repris les choses en main et renforcé la sécurité. Les relations entre les deux parties en étaient arrivées au point mort. Un vieux prêtre qui rendait souvent visite au commandant du camp avait été autorisé à rencontrer Frank. En apprenant qu'il s'appelait Bartolini, il lui avait proposé, en s'exposant ainsi à un risque considérable, d'entrer en contact avec sa famille par l'intermédiaire d'un réseau clandestin.

Mais à quoi cela aurait-il servi? Si les Alliés n'arrivaient pas rapidement, les prisonniers seraient bientôt expédiés plus au nord et il n'aurait jamais l'occasion de faire la connaissance de ses parents

512

d'Italie. Seule consolation, sa chorale était en train de prendre forme, même s'il avait fallu forcer un peu la main aux hommes. Le capitaine Roddy, à sa propre surprise, possédait une belle voix de basse, et ils avaient déniché quelques ténors. Frank prenait un grand plaisir aux répétitions et nourrissait l'ambition de réussir à les faire chanter en étroite harmonie d'ici au jour du concert. Ils avaient deux morceaux à leur répertoire : *Swing Low, Sweet Chariot* et *Alexander's Ragtime Band*. Un choix pas très original, mais c'étaient au moins des airs que tout le monde connaissait.

Il s'entendait bien avec Roddy Parkes. Ils avaient fait connaissance lors d'une conférence sur le *Titanic*, donnée par un type dont l'oncle se trouvait à bord du paquebot. La plupart des hommes avaient depuis longtemps oublié le naufrage. L'orateur avait débité toutes sortes de faits et de chiffres et la conférence avait été mortellement ennuyeuse jusqu'à ce que Roddy se lève en disant : « Ma mère était à bord. » Il leur avait raconté comment elle avait noué des liens d'amitié avec une autre rescapée et le bébé de celle-ci, comment elles avaient fini par vivre ensemble en Angleterre, comment il avait lui-même rencontré l'insubmersible Molly Brown en chair et en os à Washington, DC. Ils avaient discuté du traitement de faveur qui avait été accordé aux passagers de première classe, en ne laissant aucune chance à ceux de troisième.

Frank n'avait pu s'empêcher d'y aller lui aussi de son anecdote. « La première épouse de mon père, Maria, est morte dans le naufrage du *Titanic*, ainsi que leur petite fille. On n'a jamais retrouvé leurs corps, et mon père était convaincu que le bébé avait survécu, à cause de ceci.» Il avait sorti de sa poche le chausson bordé de dentelle, tout sale et chiffonné. «Il continue à croire qu'il lui appartenait, avait-il expliqué en le faisant passer à la ronde. Mon père me l'a donné comme porte-bonheur, en disant que s'il avait pu résister à l'Atlantique, il me protégerait peut-être du mal de mer.» Il avait marqué une pause avant d'ajouter en riant: «Ça n'a pas marché. J'ai vomi tout au long du voyage. J'aurais dû jeter ce chausson, mais je m'y refuse. Il a autrefois appartenu à un petit bébé...

—Les souliers sont censés porter chance. Certains en mettent sous le toit de leur maison pour se protéger. Ne me demandez pas pourquoi, mais c'est un fait», était intervenu quelqu'un dans le public.

Tout le monde s'était ensuite mis à parler des légendes qui couraient à propos du paquebot: il transportait à son bord une momie égyptienne maléfique, un coffre rempli de diamants volés, et les fantômes des riveteurs de Belfast qu'on avait enfermés au fond de la cale par accident. Après cette conférence, Roddy et lui s'étaient fréquemment revus au club de musique ou au mess des officiers, et s'étaient découvert d'autres points communs.

C'était étrange comme il ressentait le besoin, enfermé dans ce camp, de confier à ses compagnons d'infortune des choses qu'il n'aurait jamais partagées avec ses paroissiens. Roddy était un officier comme lui, quelqu'un à qui il pouvait s'identifier, un homme doté d'une forte personnalité, qui gardait une étincelle de vie au fond des yeux et était déterminé à survivre.

« Il faut que je sorte d'ici avant qu'ils nous transfèrent dans le Nord. Je veux rejoindre mon unité. J'ai plus que jamais envie de me battre. Je pense que si je marche vers le sud, je pourrai peut-être réussir, lui dit le capitaine un soir, après la répétition.

— Pas avec ton allure, répondit Frank. Les gens du coin ne sont pas encore tous prêts à changer de bord. Tu as l'air trop américain pour passer inaperçu très longtemps, même s'il serait bon pour le moral de tous que quelqu'un parvienne à s'évader. »

Avec un peu de chance, ils trouveraient peut-être quelqu'un pour les aider et procurer à Roddy une cachette sûre. Lui-même aurait ainsi l'occasion de voir les parents de son père, ne serait-ce qu'une heure ou deux. Il ne pouvait pas quitter le camp, il ne voulait pas déserter son poste, mais être si près d'eux sans pouvoir les rencontrer... Les autres arriveraient sûrement à le couvrir auprès des autorités du camp s'il ne s'absentait que quelques heures. Il faudrait sans doute soudoyer des employés pour que Roddy puisse s'échapper, mais ce n'était pas impossible s'ils bénéficiaient d'une aide extérieure. Cela valait la peine de tenter le coup, mais Frank préféra ne rien lui dire avant d'en être sûr, pour ne pas lui donner de faux espoirs.

110

Les élèves d'Ella n'étaient pas très attentifs ce matin, et aucun ne semblait comprendre ce qu'elle était en train de leur expliquer. Ils ne parlaient que de l'énorme explosion qui avait secoué les Midlands deux jours auparavant, faisant voler toutes les vitres en éclats et semant la panique parmi la population qui avait cru à une attaque de V1. Certains affirmaient qu'un arsenal avait été bombardé, d'autres que toute une ville avait été rayée de la carte. Lichfield avait tremblé sous l'impact, comme si elle avait été touchée par les ondes de choc d'un tremblement de terre. Mais ni les journaux ni la radio n'en avaient dit le moindre mot.

Le travail d'Ella consistait à enseigner aux étudiants les rudiments de la sculpture et de la taille de pierre à l'école des beaux-arts. Cela lui permettait de régler ses factures et elle s'en tenait strictement au programme : leur apprendre à manier les outils, à reconnaître les pierres et à reproduire des motifs basiques. Elle passait son temps à inspecter leur travail et à corriger leurs erreurs, tout en surveillant la pendule, impatiente de rentrer chez elle. Elle comptait les jours qui restaient avant les vacances et se faisait une joie de pouvoir passer un peu plus de temps près de Clare pendant ces deux semaines.

Plusieurs mois s'étaient écoulés depuis qu'elle avait appris la disparition d'Anthony et reçu par la poste ses effets personnels soigneusement empaquetés.

Chaque objet gardait l'odeur de ses cigarettes préférées, des Players : les photos dans des cadres en argent, si souvent caressées qu'elles portaient l'empreinte de ses doigts, ses livres, ses chaussettes, son nécessaire à raser. Toute une vie résumée en si peu de choses... Elle ne s'était toujours pas résolue à ouvrir les deux lettres qu'il avait laissées, l'une destinée à Clare et l'autre à elle-même.

Elle continuait à recevoir des messages de condoléances des amis de ses parents, de ses anciens professeurs, et s'efforçait scrupuleusement de leur répondre.

La plus déchirante de toutes fut celle de la fille du capitaine Smith, Mel Russell-Cooke, dont le propre fils, Simon, avait disparu en mer au mois de mars lors d'une mission de routine, comme Anthony. Sa mère faisait preuve de beaucoup de courage et de stoïcisme, acceptant le fait qu'il y avait peu d'espoir qu'il en ait réchappé.

> *La seule ressource, c'est de s'occuper constamment, comme vous l'avez sans doute découvert vous-même. Je conduis des ambulances jusqu'à Londres, je cultive mon jardin et je me rends utile au village – mais vous ne savez que trop bien ce que c'est, ma chère enfant, et ce qu'il faut faire pour réussir à supporter une perte aussi terrible.*

Mais moi, je ne la supporte pas, se dit Ella en soupirant. Je l'écarte de mon esprit, je fais comme s'il ne s'était rien passé, comme si mon mari allait franchir la porte d'une minute à l'autre et que tout cela n'était qu'un cauchemar. Elle se mit à marcher de long en large dans la salle de classe, en essayant de ne pas se laisser aller à l'exaspération face aux tentatives médiocres de ses étudiants. Travailler, travailler, travailler, oui, c'était la seule manière de réagir. Au moins Roddy était-il sain et sauf, prisonnier de guerre quelque part en Italie. Ils n'avaient reçu en tout et pour tout que deux cartes postales de lui, mais ils lui envoyaient des colis par l'intermédiaire de la Croix-Rouge aussi souvent que possible.

Archie était de retour auprès de Celeste, et Selwyn restait égal à lui-même, buvant beaucoup plus que de raison. Hazel attendait avec impatience que son époux revienne d'Extrême-Orient. Ella se sentait jalouse d'eux tous et ne pouvait s'empêcher de leur en vouloir.

En apercevant son reflet dans la vitre d'une armoire, elle eut un choc. *Tu ne me plais pas beaucoup*, songea-t-elle, en constatant combien le chagrin l'avait fait vieillir. Elle avait des cernes sous les yeux, des rides sur le front. Sa crinière indisciplinée, d'habitude tordue en un chignon sévère, était striée de cheveux gris. Elle avait cessé ses visites à la statue du capitaine Smith. Ce n'était rien de plus qu'un morceau de bronze, après tout. Il fallait être stupide pour faire d'une statue le dépositaire de tous ses espoirs et ses rêves, comme l'avait fait sa mère.

« Madame ? Madame ? lança une voix, interrompant ses pensées. Est-ce que c'est bien ? »

C'était Jimmy Brogan, un boursier originaire d'Irlande, petit et mince, avec des traits tirés. Elle avait oublié d'examiner son œuvre. Il avait sculpté une croix celtique dans la pierre, et, pour un débutant, l'exécution était assez soignée. En fait, c'était de l'excellent travail.

«Oui, très bien. J'apprécie la façon dont vous avez soigné la finition», répondit-elle en souriant. Il y en avait au moins un qui avait tenu compte de ses conseils.

«Pensez-vous qu'on m'autorisera à la rapporter chez moi?

— Je n'en suis pas sûre, déclara-t-elle d'un ton circonspect. Est-ce que ça ne fait pas partie des pièces que vous allez présenter en vue de votre admission à la faculté des beaux-arts?

— Non, madame, j'irai pas jusque-là. C'est pour mettre sur la tombe de Peg, expliqua-t-il, sans la regarder.

— Peg? C'est votre chien? demanda-t-elle, étonnée.

— Oh! non, madame! C'est ma sœur. Elle a été écrasée par un bus pendant le black-out. Elle était allée acheter du lait au vendeur ambulant. J'aimerais la donner à ma mère, ajouta-t-il, baissant la tête pour dissimuler ses larmes.

— Emportez-la, dans ce cas. Je veillerai à couvrir les frais. Et comment va votre mère? poursuivit-elle, comme s'il était nécessaire de poser la question à propos d'une femme qui avait vécu une telle tragédie.

— Mal, depuis que la maison a été détruite par une bombe, madame. On vit chez sa sœur, et elles ne s'entendent pas, toutes les deux. Faut dire qu'on est un peu à l'étroit. Et mon père est en Italie, avec la 8e armée.»

Ella regarda de nouveau la sculpture, avec une admiration sincère. «Vous savez qu'il existe des bourses qui vous permettraient de poursuivre des études supérieures? reprit-elle, ne se résignant pas à voir partir un élève si doué.

— Ce n'est pas pour les gens comme moi. J'ai un boulot qui m'attend dans une fonderie, avec mon oncle Pat. Bien sûr, je pourrai toujours prendre des cours du soir, ajouta-t-il en secouant la tête. Je suis content que ça vous plaise, en tout cas, madame.

— On voit que vous y avez mis tout votre cœur, Jimmy. Le bon travail vient toujours de là, répondit-elle en se tapotant la poitrine. Souvenez-vous-en: pas de la tête, du cœur. Écoutez-le toujours et vous ne pourrez pas vous tromper. Bonne chance.»

Comment pouvait-elle se plaindre alors que ce gamin n'avait plus ni maison ni père, qu'il avait perdu sa sœur, et qu'il n'aurait jamais la possibilité de développer ses dons artistiques? Elle avait un toit au-dessus de sa tête, une fille qu'elle adorait et des amis dévoués. Elle avait un emploi, un petit peu de talent. Elle devait aider Jimmy à exploiter pleinement ses possibilités. Et si elle lui trouvait une place d'apprenti chez Bridgeman et Fils, les tailleurs de pierre? Cela devait pouvoir se faire…

Percevant une présence derrière elle, elle se retourna brusquement. «Bravo, dit une voix familière, je savais que tu finirais par revenir à la raison, ma chérie. Continue comme ça, ne gaspille pas tes dons.» Les mots d'Anthony lui parvenaient distinctement, transperçant les murailles qu'elle avait érigées pour se protéger. «Je ne te quitterai jamais.»

La douleur fut telle qu'elle crut qu'elle allait se mettre à hurler, debout au milieu de cette salle, face aux têtes studieusement penchées de ces jeunes gens qui pouvaient légitimement placer tant d'espoir dans leur avenir. Puis, heureusement, la cloche sonna; elle leur dit de poser leurs outils et les congédia en hâte. Ce fut seulement alors qu'elle s'assit devant son bureau et se mit à sangloter, la tête entre les mains. Anthony ne reviendrait jamais, pourtant, un peu de lui était resté en elle, si elle savait l'écouter.

Après le dîner, ce soir-là, elle se rua dans sa chambre pour sortir la boîte contenant ses affaires et la précieuse lettre. Elle serra celle-ci contre son cœur avant de l'ouvrir. À travers ses larmes, elle parvint à lire:

Ceci est une lettre que, je l'espère, tu n'auras jamais à lire. Si tu la lis, c'est que le pire sera arrivé. N'aie pas de regrets. Moi, je n'en ai aucun. J'ai eu le bonheur incroyable de te rencontrer et je sais qu'une partie de moi restera près de toi, en la personne de Clare. Les enfants nous rendent immortels. S'il te plaît, donne à notre fille la lettre que je lui ai écrite, quand tu la jugeras en âge de comprendre.

Elle aura connu ses deux parents, même si aucun de nous n'a eu cette chance.

Ne conçois pas d'amertume si le destin ne m'a pas permis de vieillir près de toi. J'ai toujours su que cela risquait de se produire. Mieux vaut vivre un seul jour comme un tigre que mille ans comme un mouton, dit un proverbe, et nous autres aviateurs, nous sommes des

521

tigres volants. Il fallait bien empêcher ce fou de franchir la Manche.

J'aurais aimé t'écrire un poème pour t'exprimer mon amour, mais tout ce qui me vient à l'esprit, c'est que je suis un sacré veinard de t'avoir connue et d'avoir été aimé de toi. Personne ne pourra jamais m'enlever ces jours merveilleux dans le cottage de Simon, nos randonnées dans les collines, nos étreintes en haut des rochers, nos tendres promenades le long du canal, et l'image de toi marchant vers l'autel, dans la cathédrale. Quand le temps aura fait son œuvre, tu devras te sentir libre de m'oublier et trouver quelqu'un d'autre pour te chérir. Je ne veux pas que tu restes seule.

Courage. Conduis-toi comme une vraie Britannique. Adieu, ma chérie.

111

Au cours des semaines suivantes, Roddy et le père Frank prirent l'habitude de se promener matin et soir le long de la clôture entourant le camp, un rituel qu'ils accomplissaient souvent en silence, un exercice qui leur permettait d'apaiser leurs frustrations. Passé les premières hésitations, une solide amitié ne tarda pas à grandir entre eux.

« Si tu veux t'évader, tu dois être en bonne forme physique. Marche, travaille, muscle tes jambes, murmura Frank un jour. Il faudrait aussi en discuter avec d'autres officiers, au cas où l'un d'eux voudrait se joindre à toi.

— Je préfère tenter ma chance seul.

— N'y pense pas. Tu ne tiendrais pas deux minutes.

— Viens avec moi, dans ce cas, répondit Roddy, le mettant au défi.

— Non, je dois rester ici, même si la perspective de m'échapper d'ici quelques heures pour trouver le clan Bartolini me tente passablement. »

Roddy appréciait la franchise de Frank, sa façon de ronchonner et de jurer comme les meilleurs d'entre eux. Il était différent de tous les hommes d'Église qu'il avait pu rencontrer. Il se battait pour leur obtenir de meilleures rations alimentaires et davantage de fournitures médicales, pour que les colis de la Croix-Rouge soient équitablement partagés entre les prisonniers. Il avait découvert que le commandant du camp était un bon catholique et recevait fréquemment la visite d'un prêtre local qui lui apportait des hosties consacrées et l'entendait en confession.

Le courrier ne leur parvenait que par intermittence, mais un matin, Roddy trouva Frank marchant en rond devant le grillage, tel un fauve dans sa cage. Incapable de parler, le prêtre lui tendit une lettre dans laquelle sa mère l'informait que son frère avait été tué dans le Pacifique ; son navire avait été coulé par une torpille.

« Jack était le mauvais garçon, moi le bon. Mais mon père aimait son mauvais garçon. Ça va être dur pour lui. »

Roddy, quant à lui, n'apprit la disparition du mari d'Ella que des semaines plus tard, plusieurs mois après l'événement. Ce matin-là, alors qu'ils effectuaient leur parcours quotidien au pas de course, il s'arrêta et demanda à Frank, qui s'essouf-flait à tenter de le suivre : « Pourquoi faisons-nous ça ? Pourquoi nous entretuons-nous ?

— Parce que nous sommes des animaux, des bêtes sauvages qui défendent leur territoire, j'ima-gine. C'est l'instinct qui nous pousse à chasser, à piller et à nous battre. Nous avons oublié que nous sommes tous semblables au fond, que nous appar-tenons tous à la même race déchue.

— Vraiment ? Je n'en suis pas si sûr, répondit Roddy. J'ai vu certains des nôtres accomplir des actes terribles, et des ennemis se comporter correc-tement. Fais-moi sortir d'ici, ou je vais exploser.

— As-tu parlé au comité des officiers ?

— Ils veulent une action concertée. Ils disent que c'était plus facile quand les Italiens dirigeaient le camp. Maintenant, les gardes allemands sont beaucoup plus vigilants.

— J'ai entendu dire qu'il y avait quelque part un trou creusé sous la clôture extérieure, et les prisonniers qui travaillent dans les champs ne sont pas surveillés en permanence. Le prêtre de la ville voisine, le père Mario, m'a dit que, si nous trouvions ce tunnel, il y aurait peut-être une chance pour que ça marche, mais il va falloir travailler ton italien. Les gens d'ici parlent un dialecte incompréhensible et il faudrait aussi fortifier un peu ces jambes, si elles doivent parcourir trente kilomètres par jour dans les collines. »

Roddy palpa ses cuisses maigres. « Je vais faire deux tours au lieu d'un, à partir d'aujourd'hui.

— Mets des pierres dans tes poches pour t'alourdir, et j'essaierai de te procurer des rations supplémentaires.

— Pourquoi te donnes-tu autant de mal pour moi ? demanda Roddy. Je ne suis même pas catholique.

— On s'occupera de ça plus tard », répliqua Frank d'un ton ironique.

C'était cela que Roddy aimait en lui, ce côté direct : pas de baratin, des paroles sincères et un cœur immense.

« Je crois qu'une évasion réussie vaut mieux que vingt tentatives avortées. Si tu parviens à franchir les lignes ennemies pour rejoindre les Alliés, envoie-nous une carte postale.

— Et toi ? »

Frank secoua la tête. « Je m'offrirai peut-être une excursion d'une journée pour voir la famille de mon père, à condition de pouvoir rentrer ici avant l'appel. Je pourrais en profiter pour rapporter des provisions. Je suis sûr qu'on peut faire confiance au père Mario.

— Alors, quand partons-nous ? s'enquit Roddy, frémissant d'excitation.

— Quand le moment sera venu. Sois patient, entraîne-toi. Ce ne sera pas une promenade de santé, surtout pour toi. Tu connais les risques.

— Mais tu as tout prévu, n'est-ce pas ? »

Frank se tapota le nez et sourit. « Dans ma tête seulement. D'abord, il va nous falloir des vivres, de l'argent pour les pots-de-vin, des cigarettes, et, surtout, de la veine.

— Qu'attends-tu pour te mettre à prier, dans ce cas ? plaisanta Roddy.

— Que tu t'agenouilles près de moi, mon frère. Deux voix ont plus de chances d'être entendues qu'une seule. »

112

Miraculeusement, le père Mario et Frank réussirent à entrer en contact avec un réseau de résistants qui prévinrent les Bartolini. Le plan paraissait insensé, et l'appréhension de Roddy redoubla quand il apprit qu'ils allaient s'évader en se joignant à un groupe de prisonniers travaillant dans les champs. Ensuite, il enfilerait une soutane et se ferait passer pour un prêtre accomplissant un pèlerinage. Cela impliquait qu'il se dépouille de ses galons d'officier, se dissimule parmi l'équipe de corvée et soudoie l'un des gardes au moyen de cigarettes et de babioles.

La veille du jour dit, il prit Frank à part. « C'est trop risqué pour toi, chuchota-t-il. Attends que je sois loin d'ici pour rendre visite à ta famille. » Si l'on découvrait son évasion, le *padre* serait lui-même en danger. Mais celui-ci ne voulut rien entendre.

« Il faut absolument que je les voie avant qu'on nous expédie dans le Nord, je le dois à mon père. Ce n'est qu'une question de jours avant qu'on nous y envoie. Plus les Alliés se rapprochent, et plus loin les Allemands nous emmèneront, pour nous empêcher de les rejoindre. Ton évasion n'a rien à voir avec ma petite visite. Je serai rentré à temps, personne ne songera à établir un lien avec ton absence. Je sais comment regagner le camp sans me faire remarquer. »

Le lendemain matin, Roddy se faufila dans le quartier des soldats de deuxième classe, arracha ses insignes et fit de son mieux pour donner à son uniforme un aspect plus rustique. Il avait rempli son sac à dos de conserves, de cigarettes et de tout ce qui pouvait servir de monnaie d'échange. Il frissonna quand on ouvrit les portes, conscient que chacun de ses compagnons de corvée serait considéré comme complice si l'on s'apercevait trop tôt de sa disparition. Il s'efforça de garder son calme en se dirigeant vers l'extrémité du champ, pendant la brève pause qui leur était accordée. Certains des gars avaient prévu de détourner l'attention du garde tandis que Frank foncerait le premier vers le petit bois où, espérait-il, des partisans l'attendraient.

La chaleur était infernale et les hommes, nus jusqu'à la taille, s'étaient confectionné des chapeaux de fortune pour protéger leur visage et leur nuque du soleil brûlant. Les gardes s'étaient mis à l'ombre pour fumer une cigarette. Deux prisonniers feignirent de se bagarrer et bientôt, ce fut la mêlée générale. Roddy en profita pour s'esquiver et courir vers le bosquet.

Un jeune homme et un vieux prêtre l'entraînèrent dans les taillis, lui enfilèrent une soutane et enfoncèrent un béret sur son crâne humide de sueur.

Puis ils le poussèrent vers un camion hors d'âge et le jetèrent sans cérémonie à l'arrière, sous un chargement de sacs. Frank s'y trouvait déjà, transpirant à grosses gouttes. Ils roulèrent sur d'étroits et sinueux chemins de terre, pendant ce qui leur parut être un temps infini, et franchirent même, à un certain moment, un barrage de la milice locale.

Le père Mario était apparemment connu de tous et il salua joyeusement les gardes qui leur firent signe de passer.

«Les Bartolini ne vous garderont chez eux que pendant un jour ou deux. Tout le monde craint les représailles. Il y a des sympathisants fascistes dans chaque village, et les langues vont vite. Vous devrez vous diriger vers le sud aussi vite que possible pour rejoindre les Alliés, en ne voyageant que de nuit, bien entendu. La soutane pourra vous aider... ou pas. Il y a des gens de toutes les opinions dans la région.»

Le camion s'arrêta en cahotant devant une petite ferme au toit de tuiles rouges et aux murs de pierre ocre. À ce bruit, deux vieux, un homme et une femme, apparurent sur le seuil et, clignant des yeux dans la lumière, regardèrent Frank et le prêtre descendre, puis extraire Roddy de sa cachette.

«Voici le père Francesco Bartolini, et son camarade le capitaine.»

Levant vers eux leur visage tanné comme du vieux cuir, ils leur serrèrent la main en jacassant en italien et les invitèrent à entrer.

Ils pénétrèrent dans une pièce sombre, à peine éclairée par les flammes de l'âtre ; Roddy mit quelques secondes à s'accoutumer à l'obscurité, avant de discerner une table en bois poli et des photos pâlies alignées sur les murs blanchis à la chaux. Mais la première chose qu'il remarqua, en fait, ce fut la dentelle. Il y en avait partout : sur le manteau de la cheminée, le dossier des vieux fauteuils, le bord de la nappe, les rideaux. Tout était d'une propreté immaculée, bien que le logis fût humble et empli de fumée. On leur servit une épaisse soupe de pâtes et de légumes, et des tranches de fromage dur, ainsi que des pêches délicieusement mûres qui fondaient dans la bouche.

Frankie entama une discussion laborieuse avec les vieillards. Peinant manifestement à comprendre leur dialecte, il hochait la tête et agitait les mains en montrant les portraits. Roddy aperçut une très vieille dame assise dans un coin, qu'il n'avait pas vue jusqu'alors. Elle pleurait en écoutant le récit de Frank, secouait la tête et se signait par moments. Quand il en arriva à son fameux talisman, le petit chausson qu'il sortit de dessous sa soutane, elle manqua défaillir. «*Merletto d'Anghiari*, Salvatore, regarde!» s'écria-t-elle, au comble de l'émotion. D'un seul coup, l'atmosphère parut changer. «*Il bambino d'Angelo, Francesco!*»

Frank expliqua à Roddy les raisons de cette agitation. «Elle dit que mon père le leur avait montré quand il était venu les voir, il y a déjà longtemps de ça. À présent, elle est sûre que je suis bien son fils. Ils pensaient que nous étions peut-être des espions. Le motif de la dentelle est typique de la région. Elle dit que c'est un miracle. Regarde, là-bas, tu peux voir ses outils de dentellière, le tabouret et le coussin. J'ai vu les mêmes à New York... Elle, c'est ma grand-mère, les autres, mon oncle et sa femme. Il vaut mieux que tu ne saches pas leurs noms, au cas où… J'ai l'impression de rêver. Quand je raconterai ça chez moi!» Il sourit en buvant une gorgée du vin rustique au goût de réglisse.

Trop vite, le soleil disparut derrière la crête et ce fut le moment du départ. Le père Mario semblait particulièrement anxieux de ramener Frank au plus vite. «Vous devez regagner le camp avant l'heure du couvre-feu», insista-t-il. Mais Frankie répugnait à se séparer aussi vite de sa famille, alors qu'il lui restait tant de questions à leur poser, tant de choses à leur raconter.

Comme il se dirigeait vers la porte, son oncle lui tendit le chausson, mais Frank le lui rendit en disant: «Non, garde-le. Sa place est ici. C'est une preuve de ma visite, un lien entre nous. C'est ce que mon père souhaiterait.»

La scène avait quelque chose de si émouvant que Roddy se surprit à accomplir un geste tout à fait surprenant. S'agenouillant devant Frank, il murmura: «Bénissez-moi, mon père. Je vais sûrement en avoir besoin. Quand tout cela sera fini, nous aurons des milliers d'histoires à nous raconter. Comment vous remercier pour les risques que vous prenez, mes amis? ajouta-t-il en se tournant vers ses hôtes. Traduis-leur ce que je viens de dire, Frank.»

Son ami s'exécuta, puis il lui chuchota à l'oreille: «File d'ici dès demain et tâche de ne pas te faire prendre.»

Un des pneus du camion creva alors qu'ils n'étaient plus très loin d'Arezzo. Il se faisait tard, et Frank savait qu'il n'arriverait pas à temps pour l'appel. Ils allaient avoir des ennuis. Le commandant était un type correct, mais il ne laisserait pas passer une telle infraction au règlement. De plus, à l'heure qu'il était, on avait dû s'apercevoir de la disparition de Roddy. Frank soupira. Il allait devoir finir le chemin à pied. Le vieux prêtre était incapable de marcher au même rythme que lui, mais Frank n'avait pas besoin de son aide pour regagner le camp. Il n'aurait aucun mal à retrouver le trou sous la clôture et rentrer comme il était sorti.

« Restez avec le chauffeur. Vous pourrez raconter que vous alliez administrer l'extrême-onction à un mourant, personne ne mettra votre parole en doute. Je vais retourner au camp en coupant à travers champs. D'ici, il ne doit pas y avoir plus de deux ou trois kilomètres. Merci de m'avoir donné la possibilité de rencontrer ma famille. Nous ne prendrons jamais plus un tel risque. Vous en avez fait assez. Je n'oublierai jamais votre bonté. »

Mario tenta de le retenir. « Restez, vous pouvez vous évader, vous aussi. Sans vous, le *capitano* ne tiendra pas plus de trois jours. Vous êtes des nôtres, vous nous ressemblez. Vous pouvez vous faire passer pour un gars du coin, revenu d'Amérique. Votre accent vous trahira, mais on inventera une histoire plausible. Restez, Francesco.

— Non, j'ai donné ma parole. Il y a des malades qui ont besoin de moi, et le médecin ne peut pas se passer de mon aide. » Il serra la main du vieux prêtre avec force. «Je serai sans doute le premier prisonnier de guerre à demander à réintégrer sa prison. Ça les amusera, et je raserai tout le monde avec le récit de mon pèlerinage secret. Ma connaissance du terrain pourra se révéler utile la prochaine fois. »

Il ne leur dit pas qu'il avait une boussole cachée dans un bouton de son uniforme, sous sa soutane. Dans la chaleur de la nuit, il arracha le bouton pour s'orienter.

Tout dans les bois paraissait différent le soir tombé – l'ombre des feuilles, le vrombissement des moustiques autour de son visage, le coassement des grenouilles, les traînées de brume. Il était facile de se perdre. À la lueur de son briquet, il regarda de nouveau sa boussole, un peu mal à l'aise. Cette petite escapade risquait de lui coûter cher.

Il faisait de plus en plus sombre et il avait du mal à voir le sentier, mais il finit cependant par déboucher dans le champ dont ils s'étaient enfuis, Roddy et lui, le matin même. À peine avait-il parcouru quelques mètres qu'il entendit des chiens aboyer et aperçut une lumière. Des chasseurs traquant un cerf ou un sanglier, peut-être? Il ne lui fallut qu'un instant pour comprendre que c'était lui le gibier, que ce n'étaient pas des chasseurs, mais des miliciens italiens impitoyables qu'on lançait aux trousses des prisonniers évadés.

Il s'arrêta pour remettre sa soutane et il venait tout juste de l'enfiler quand le faisceau d'une torche électrique le frappa en pleine figure. «*Halt!*»

Il leva les mains en l'air et tenta d'expliquer: «Je suis le père Francesco Bartolini. J'étais sorti me

promener et je me suis perdu. *Sono padre americano*, ajouta-t-il en montrant sa croix et son insigne.

Une voix répondit en mauvais anglais : « Tu es un
prisonnier évadé. Des gens t'ont aperçu, déguisé en
prêtre. C'est toi.

— Non, pas du tout. Je suis le père Bartolini. Je
rentrais au camp. Le commandant me connaît...
Conduisez-moi à lui. *Capisce* ? Je lui expliquerai.

— Tu es un espion américain, un prisonnier
échappé. Tu ne rentreras pas au camp. » La voix
de l'homme était dure et menaçante, à présent.
Frank continua à avancer vers les miliciens et se
raidit en entendant le déclic des fusils. Les balles
lui transpercèrent la poitrine avant même qu'il ait
pu entamer une dernière prière.

113

Roddy se réveilla sur un matelas de paille
recouvert d'une couverture de cheval. Il entendit
des bruissements dans le grenier à foin et tendit
l'oreille pour guetter les bruits de l'extérieur, mais
il n'entendit qu'un mélodieux chant d'oiseau. Les
événements de la veille lui revinrent en mémoire en
une succession d'images et de sensations confuses :
son évasion à bord du camion, l'odeur dans la cour
de la ferme, celle de la sauce de la *pasta* sur ses
doigts. Le soleil était levé et son dos le démangeait

furieusement, mais il se recoucha néanmoins et tenta d'évaluer ses chances.

Avec ses cheveux blonds, ses yeux bleus et sa connaissance rudimentaire de la langue, il partait avec un lourd handicap. Mais un souper consistant et une bonne nuit de sommeil avaient opéré des miracles et il sentait déjà en meilleure forme. On lui avait ordonné de rester caché et de ne sortir qu'à la nuit. Il était conscient que, s'il s'attardait plus longtemps ici, il mettrait la vie de ses hôtes en danger.

Et que signifiait donc cette histoire à propos du chausson ? Se pouvait-il que le père de Frank ait eu raison, que le petit soulier ait appartenu à un bébé voyageant sur le *Titanic*, et qu'il ait été confectionné ici même ? La coïncidence paraissait incroyable, mais Frank avait absolument tenu à le laisser à sa famille.

Il avait pris un énorme risque en l'amenant ici. Roddy espérait de tout son cœur qu'il avait pu regagner le camp avant le couvre-feu. La *milizia* devait être en train de ratisser les collines avec ses chiens dressés à déceler l'odeur des fugitifs.

En marchant de nuit vers le sud, il finirait sûrement par tomber sur les Alliés. Si seulement il avait eu des informations précises sur lesquelles s'appuyer, et pas seulement des rumeurs... Il se demanda si, dans les villages, des sympathisants écoutaient en secret les émissions de la BBC sur leurs postes de radio. Peut-être les parents de Frank pourraient-ils se renseigner sans éveiller la suspicion ? Il était entièrement à leur merci et ne pouvait compter que sur leur générosité et leur humanité. Il allait devoir faire appel à toute son intelligence s'il voulait rester en vie.

Ce fut le cousin de Frank, Giovanni, qui vint le chercher pour partager un petit déjeuner de jambon froid, de fromage et de fruits arrosé de café de glands et de lait chaud. Le jeune homme savait quelques mots d'anglais et il dessina une carte dans la poussière de la cour. «Vous franchir la colline *mezzo notte*. Pas vous arrêter, chemin très long. *Americanos* venir, *si?* Plus de bang bang, ajouta-t-il, mimant le geste de tirer. *Allora, vieni.*»

Ils l'hébergèrent pendant encore quatre jours, lui servirent de copieux repas et lui montrèrent avec fierté des lettres qu'ils avaient reçues de New York, des photos de Frank enfant, ainsi que de son frère Jack et de sa petite sœur Patricia. Il voulut leur donner de l'argent, mais ils refusèrent. Si pauvres qu'ils fussent, l'orgueil était un des rares luxes que pouvaient se permettre les Bartolini.

Par gestes, le père de Giovanni lui indiqua qu'il devait monter jusqu'au sommet de la colline, où un berger du nom de Mani le guiderait jusqu'à la vallée voisine. «Mani saura te trouver.»

Au moment du départ, ils lui remirent une couverture, du jambon et du fromage, bourrèrent ses poches de fruits secs, et la vieille dame lui tendit un flacon d'un liquide huileux dégageant une forte senteur de citron.

«*Zanzara*», expliqua-t-elle de sa voix fêlée, en faisant mine de s'en enduire le visage et le cou. C'était une lotion antimoustiques à l'arôme puissant. «*Grazie, molto grazie, io non dimenticato*», ce fut tout ce qu'il parvint à répondre.

535

Ils lui avaient donné un vieux pantalon et une chemise, mais le déguisement n'était guère convaincant. Il devrait éviter de croiser trop de gens et tenter de subsister avec ce qu'il pourrait grappiller en chemin. Il n'avait pas de papiers, seulement sa plaque d'identité accrochée à son cou. C'était un plan insensé, mais le jeu en valait la chandelle.

Il gravit péniblement le sentier serpentant au flanc de la colline, l'oreille aux aguets, mais les bruits nocturnes de la forêt étaient les seuls à troubler le silence. Il faisait chaud, trop chaud, et il chercha une source pour apaiser sa soif. Puis il se confectionna un lit d'herbe sèche dissimulé sous des branches et des feuilles, et passa sa première nuit de fugitif à la belle étoile.

Au cours des semaines qui suivirent, il progressa toujours plus vers le sud, grâce aux bergers, aux guides et aux partisans qui l'aidaient à passer d'une vallée à l'autre. Par mesure de prudence, ils ne lui disaient jamais leur nom. Ce qu'il ne savait pas, il ne pourrait le révéler. Pour s'orienter, il ne possédait qu'une boussole indiquant le sud-ouest. Sa peau était devenue pareille à du cuir et criblée de piqûres de moustique, malgré la lotion au citron, mais ses chaussures tenaient le coup, même s'il avait des ampoules aux talons. Il empestait la basse-cour et le fumier ; aucun vagabond n'aurait pu puer autant que lui. Un jour, il arriva devant un lac et se jeta dedans entièrement nu, puis il lava ses vêtements et les fit sécher en les étendant sur des buissons. Sa barbe avait poussé et sa couleur rousse le dénonçait aux yeux de tous comme un étranger. Il aurait pu éventuellement se faire passer pour un déserteur allemand, mais sa chance ne le quitta pas. Il mangeait ce qu'on lui offrait, et, en ces temps de pénurie, il craignait que ces gens ne se privent pour le nourrir. Son corps était plus maigre mais également plus musclé à présent, et il était perpétuellement affamé.

Il se dit qu'il ne pourrait jamais survivre à l'hiver, car il devait sûrement neiger à pareille altitude en cette saison. Et puis un pâtre lui indiqua une grotte où il pourrait s'abriter et faire du feu pour se réchauffer s'il était mouillé. Un matin, après avoir passé une nuit terrible, tenaillé par la faim, il se sentit tellement démoralisé qu'il envisagea de se rendre à la milice. Il avait le sentiment qu'il n'arriverait jamais nulle part. Il avait parcouru plus de soixante kilomètres à travers le pays. Faible et découragé, las de vivre comme une bête, il rêva de revenir à Akron et de déguster une bière sur sa véranda. Pourquoi s'était-il délibérément exposé à de telles souffrances ?

Les derniers mois l'avaient métamorphosé. Sa vie confortable à Akron lui semblait maintenant dénuée de sens. Ici, il accomplissait une tâche importante. Il se battait pour les gens qu'il chérissait le plus et pour ses hommes, qui avaient déjà payé un si lourd tribut pour que les gens ordinaires continuent à décider eux-mêmes de leur vie et soient délivrés de la peur. Il devait tant à tous ces braves gens, ces paysans qui l'avaient secouru ! S'il s'en sortait, il le leur rendrait. Il devait survivre, il l'avait promis à Frank. Mais comment, il n'en avait pas la moindre idée.

Affamé ou pas, il était temps pour lui de poursuivre sa route. Mais soudain, il perçut un craquement de branches. Il n'était pas seul. Craignant le pire, il se tapit au fond de la grotte. Puis il entendit des voix: «*Americano, Americano, buon giorno.*» C'étaient deux petites filles aux yeux noirs, coiffées de foulards, l'une portant un panier arrimé sur son dos. «Ella?» murmura-t-il d'une voix étranglée, la prenant pour sa sœur. Était-il en train de rêver?

« *No, signor, Agnese*, répondit la fillette en souriant. Venez manger.»

Il s'avança vers la lumière en clignant des yeux, croyant à une apparition angélique. Le panier contenait de la viande froide, du fromage, du pain, une bouteille de *vino lavorato* et une grappe de raisin. Elles avaient dû marcher depuis l'aube pour lui apporter ce festin.

En silence, elles le regardèrent se gaver de ces victuailles, refusant tout ce qu'il leur offrait. Ensuite, elles lui firent signe de sortir de son refuge et lui montrèrent la vallée en dessous d'eux. «*Vieni a casa, mezzo notte, vieni?*»

À la nuit tombée, Roddy descendit la colline et se fraya un chemin jusqu'à une étable où les vaches étaient alignées en vue de la traite matinale. Il pourrait y passer la nuit, caché dans la mangeoire, sous une couche de paille. À la première lueur du jour, il devrait s'esquiver et retourner se cacher dans les bois ou dans sa grotte jusqu'au soir.

Il ne rencontra jamais le reste de la famille, seulement les deux petites filles qui tentèrent de lui enseigner leur dialecte. Un matin, il entendit les mots tant redoutés, *Tedeschi*, les Allemands, et craignit le pire. Il demeura tout le jour dans les hauteurs, prêt à se réfugier dans la grotte au premier bruit de bottes. Peut-être avait-il été trahi ?

Après tout ce temps, l'idée d'être capturé et ramené au camp – ou pire – l'emplissait de désespoir, mais le silence dura jusqu'à la nuit. Quand il regagna l'étable, il y trouva un gros homme qui le serra dans ses bras avec enthousiasme en bredouillant des mots incohérents : «*Americano, amici, Inghilterra, Americano… Tedeschi, kaput. Vieni… amici.*» Les femmes sortirent de l'ombre et il vit que tous souriaient. On le fit entrer dans la maison, on le poussa vers une table éclairée par des bougies. Dans la pièce flottait une bonne odeur de viande rôtie. Il réussit à comprendre que les Alliés avaient réussi leur percée. Les Allemands avaient battu en retraite vers le nord, et les troupes américaines étaient tout près d'ici. La joie et le soulagement se lisaient sur tous les visages : *Liberazione !*

« Vous êtes libre. » La fillette qui lui rappelait tellement Ella le regarda avec un large sourire. «Vous êtes libre.»

Si seulement c'était aussi simple… Certes, les Allemands étaient partis, mais il restait encore des miliciens et des collaborateurs dans chaque village. Il ignorait à qui il pouvait faire confiance. Cependant, l'atmosphère était différente. Les drapeaux italiens flottaient fièrement au vent. Il préféra quand même ne pas se montrer en public et continua à marcher parallèlement à la route, en se cachant dans la végétation, jusqu'à ce qu'il aperçoive une Jeep au loin.

Bondissant des fourrés, il s'élança sur la chaussée en agitant les bras : « Stop ! Stop ! »

C'était un détachement britannique en mission de reconnaissance. Les soldats le soumirent à une fouille en règle, au cas où il aurait été un espion, mais il leur indiqua son grade et son matricule et finit par les convaincre de son identité. Ils lui donnèrent une chemise et de vraies cigarettes, puis ils notèrent son nom et l'adresse de la famille italienne qui l'hébergeait, en lui disant de retourner là-bas jusqu'à nouvel ordre.

Ce fut pour lui une immense déception, après être resté caché si longtemps. Mais les cigarettes anglaises étaient un vrai trésor et il en distribua à tous les habitants de la ferme. Il allait pouvoir les rembourser en travaillant dans les champs, à présent. Et il avait désormais le temps de se raser, de se rendre un peu plus présentable et d'écrire à sa famille. Deux semaines plus tard, il reçut une lettre en provenance de Rome, lui demandant de se présenter devant une commission d'enquête en vue de son rapatriement. Il aurait dû se réjouir de revoir bientôt son pays, pourtant, cette perspective ne l'enchantait pas. La guerre continuait, l'ennemi n'était pas encore vaincu, il était hors de question qu'il retourne chez lui en laissant le travail inachevé. Il allait écrire au père Frank pour l'informer qu'il avait tenu sa promesse, qu'il s'en était sorti vivant. Mais la guerre de Roddy était loin d'être finie.

La foule rassemblée dans Cathedral Close regarda les projecteurs illuminer les trois flèches. Le black-out était enfin terminé, et la guerre aussi. Mais Ella n'éprouvait que de l'indifférence face à ces réjouissances. Elle n'avait rien ressenti en voyant les orchestres défiler dans les rues, les drapeaux et les fanions partout. Elle aperçut non loin de là Clare qui trépignait de joie en montrant les lumières. Celeste et Archie étaient allés saluer des amis et l'avaient emmenée avec eux, laissant Ella seule avec ses pensées.

La ville resplendissait de tous ses feux. Elle y avait connu autant de joies que de peines et avait une réelle affection pour ses rues pavées et ses monuments, mais, en cet instant, elle se sentait vide, incapable de la moindre émotion. La lettre du ministère de l'Air avait mis fin à son faible espoir de voir Anthony revenir.

En raison du temps écoulé et de l'absence de toute nouvelle information concernant votre époux, le chef d'escadrille A. G. C. Harcourt, depuis la date à laquelle il a été porté disparu, nous avons le regret d'en conclure qu'il a perdu la vie et qu'il peut donc être officiellement reconnu comme décédé depuis le 10 décembre 1943.

Voilà, elle était officiellement veuve, comme sa mère autrefois. C'était bizarre, cette façon qu'avait l'histoire de se répéter. La vie lui paraissait morne et incertaine. Au moins, pendant la guerre, il y avait eu des raisons de se battre. Tout le monde avait mis du sien pour que les enfants continuent à vivre à peu près normalement. Mais maintenant?

Penser aux derniers instants d'Anthony, à la façon dont il avait dû lutter pour redresser son appareil, était pour elle une véritable torture. Elle n'avait même pas pu pleurer devant son corps, pas pu lui dire adieu ni se recueillir sur sa tombe. May avait dû connaître tout cela elle aussi. Pas étonnant qu'elle soit venue si souvent ici, devant la statue du capitaine Smith... Ses vrais parents n'avaient pas, eux non plus, d'autre tombeau que l'océan. Elle n'avait guère songé à eux, durant toutes ces années, mais revoir l'effigie du capitaine avait réveillé quelque chose en elle.

Ce n'est pas le moment d'y penser, se dit-elle en se détournant. Cela ne ferait que te déprimer davantage. La vie doit continuer. Même si elle n'avait pas de pierre tombale à fleurir, elle devait honorer la mémoire d'Anthony. Clare devait garder un souvenir tangible de son père, davantage qu'une simple lettre.

Soudain, son corps fut parcouru d'une onde d'excitation; une idée lui vint à l'esprit, se transforma en certitude. Elle s'était traînée jusqu'ici comme si ses semelles avaient été de plomb, mais ce fut d'un pas léger et vif qu'elle s'enfonça dans la foule. Il était temps de rentrer chez elle et de retrouver son atelier.

Il y régnait une odeur d'humidité, de renfermé, et les débris résultant de l'explosion qui avait brisé ses plâtres en mille morceaux n'avaient pas été balayés. Il y avait des mouches mortes sur les étagères, et il se dégageait de toute la pièce une impression de négligence et d'abandon. Mais le soleil brillait en cette matinée de juin, et le moment était venu d'ôter les toiles d'araignée des vitres sales et de procéder à un grand nettoyage de printemps.

Elle avait besoin de lumière, de la lumière éclatante du nord, d'air frais et d'espace pour traduire ses idées sur le papier, exprimer tout ce qu'elle ressentait pour son mari. Tout d'abord, elle devait se débarrasser de tous les déchets pour repartir de zéro. Elle ramassa sa planche à dessin et sourit.

Anthony, je suis rentrée à la maison, et c'est ici que je vais recommencer à vivre.

115

1946

Accoudé au bastingage du navire de transport de troupes qui le ramenait chez lui, Roddy avait l'impression d'être devenu un vieil homme, bien différent du garçon impétueux qui s'était embarqué en 1942. Sa tête grouillait de souvenirs qu'il aurait voulu oublier : les combats acharnés pour repousser l'ennemi toujours plus au nord, l'entrée de leurs troupes en Allemagne, les horreurs qu'ils avaient découvertes là-bas, les colonnes de réfugiés dépossédés de tout, les soldats exténués, les prisonniers des camps. Il ne voulait jamais revoir de sa vie une ville bombardée. Il avait rejoint une autre unité de la 5ᵉ armée, car il ne restait plus rien de la sienne. Il était un étranger parmi des étrangers qui étaient bien vite devenus des frères d'armes.

Jamais il n'oublierait la bonté des paysans italiens, de ces *contadini* qui lui avaient donné la possibilité de rallier les troupes alliées. Ces mois étranges dans les collines resteraient pour toujours dans sa mémoire.

Vers le milieu de la traversée, il se retrouva un soir à la table des officiers en compagnie de deux aumôniers, un juif et un catholique, à en juger par leurs insignes. Ils étaient visiblement épuisés, les yeux creusés par la fatigue. La joue du prêtre était agitée d'un tic nerveux. Ils entamèrent une conversation et il lui parla de son ami, l'aumônier Frank Bartolini du camp près d'Arezzo, lui racontant comment le prêtre l'avait aidé à s'évader. Quand il lui demanda s'il avait de ses nouvelles, l'aumônier, un frère jésuite appelé Paul, le regarda d'un air intéressé. « Francesco Bartolini ? Nous avons suivi la formation ensemble, à Harvard. Un petit brun trapu. Il a été… » Il s'interrompit pour le dévisager par-dessus son binocle. « Vous ne saviez pas ? »

Roddy secoua la tête, le cœur serré d'appréhension. « Vous l'avez vu ?

— Je crains qu'il n'ait été tué, dit Paul d'une voix douce. C'est en tout cas ce qu'on m'a raconté. On lui a décerné la Purple Heart[1] à titre posthume.

---

1. Médaille militaire accordée aux soldats tués ou blessés en service. *(N.d.T.)*

— Quand ? Où ? » s'écria Roddy, tremblant de tout son corps. Il ne parvenait pas à croire ce qu'il venait d'entendre.

« Beaucoup d'aumôniers ont péri sur le front. Je mentionne son nom dans mes prières parce que je l'ai connu.

— Mais il était prisonnier quand nous nous sommes quittés… Qui pourrait me donner davantage d'informations à son sujet ?

— Le corps des aumôniers sera sans doute en mesure de vous en dire plus. Je suis désolé. C'était votre ami ? »

Roddy acquiesça. « Je lui dois énormément », expliqua-t-il avant de quitter la table. Il n'avait plus faim, il avait seulement besoin de respirer l'air pur.

Un peu plus tard, en arpentant le pont, il se sentit troublé par la pensée que la mort de Frank était peut-être en relation directe avec son évasion. Il ne pouvait pas rentrer à Akron et reprendre sa vie d'avant sans savoir ce qui était arrivé exactement à son ami. Il s'était fait une telle joie de le revoir…

Il se rappela alors que Frank lui avait parlé d'une nouvelle église dans le New Jersey, construite sur le modèle d'une vieille basilique italienne. Ce ne devait pas être difficile à trouver. Il ne lui fallut que quelques coups de fil pour dénicher St Rocco, dans Hunterton Street, et l'adresse de la famille de Frank à New York. Il leur écrivit un bref message pour se présenter et demander l'autorisation de leur rendre une visite de condoléances avant de retourner dans l'Ohio. Il leur expliquait qu'il devait la vie à Frank.

Deux jours plus tard, il frappait à la porte d'un appartement du quartier italien, dans le sud de

Manhattan. Une femme aux cheveux gris vint lui ouvrir. «Entrez, je vous en prie, capitaine, l'invita-t-elle en souriant. Je suis Kathleen Bartolini.»

Roddy s'aperçut qu'il tremblait à la pensée de rencontrer les parents de Frank. Il dirait ce qu'il avait à dire puis il repartirait. Ils n'avaient certainement pas très envie de le recevoir. N'était-ce pas à cause de lui que leur fils était mort, parce qu'il l'avait aidé?

« Vous devez être Roderick Parkes. Frank nous parlait de vous dans ses lettres. Vous faisiez partie de sa chorale. Son "choriste anglais", c'est ainsi qu'il vous appelait», reprit-elle. En entendant son accent irlandais, il se sentit aussitôt plus à l'aise.

Il la suivit dans un salon rempli de photos, de bibelots et de statues de la Vierge. Sur le sofa étaient assis un vieil homme et la fille la plus sensationnelle qu'il ait jamais vue, avec sa somptueuse chevelure auburn et ses yeux verts. Elle se leva, grande et mince, quand sa mère fit les présentations. «Voici mon mari, Angelo, et notre fille, Patricia.»

Le vieillard essaya de se redresser. «Non, s'il vous plaît, restez assis, monsieur, s'empressa de lui dire Roddy.

—Mon mari est un peu souffrant depuis plusieurs mois», expliqua Mme Bartolini. Roddy fut frappé par les yeux noirs et perçants de l'homme, si pareils à ceux de ses fils, Frank et Jack, qui les contemplaient dans leurs cadres, sur une étagère.

«Je vous en prie, appelez-moi Patti, déclara la vision de rêve en blouse de soie verte, en lui tendant la main. Asseyez-vous, capitaine.

— Merci, mademoiselle. J'ai vu une photo de vous dans la maison de votre grand-mère. Mais vous n'étiez pas plus haute que trois pommes. » Il sourit, et Patti lui sourit en retour. Il y avait une telle grâce dans ce sourire que le cœur de Frank en fut définitivement conquis.

Le vieil homme le dévisageait. « Vous avez rencontré ma famille, les Bartoloni ? Quand cela ?

— Je les ai effectivement rencontrés, mais, je vous en prie, racontez-moi d'abord ce qui est arrivé à Frank. » Il regarda de nouveau le portrait de son ami. Il n'avait pas l'air aussi élégant, au camp. Comme eux tous. « J'ai appris sa mort sur le navire qui me ramenait ici, mais j'ignore tout des circonstances.

— Ils lui ont tiré dessus et l'ont abandonné sur place. Ils ont raconté qu'il tentait de s'évader. C'est tout ce qu'on nous a dit. » Tous se tournèrent vers la photo de Frank, comme s'ils espéraient qu'il leur donne sa propre version des événements.

Roddy secoua la tête avec véhémence, levant les mains en un geste horrifié. « Ce n'est pas vrai. Il voulait rentrer au camp, pour continuer sa mission auprès des prisonniers. C'est moi qui me suis évadé, avec l'aide de Frank. Votre famille m'a hébergé. Je l'ai vu remonter dans le camion avec le prêtre italien pour regagner le camp avant le couvre-feu. Je n'en sais pas plus. Il aurait pu s'enfuir lui aussi, mais il a refusé. Il ne voulait pas abandonner les autres. J'étais là. Vous devez me croire. » À sa grande gêne, il découvrit qu'il était en train de pleurer. « C'était un homme bon, un merveilleux ami. Si j'avais su le risque qu'il prenait… »

Les trois autres le considéraient, la mine stupéfaite. «Vous étiez avec lui près d'Anghiari?

— Pour être franc, je n'ai jamais su exactement où nous nous trouvions, mais Frank avait réussi à contacter la famille de son père grâce à un prêtre, ça, je le sais. Ils m'ont caché, et c'est grâce à eux que j'ai retrouvé la liberté. Est-ce qu'ils vont bien?

— Nous n'avons aucune nouvelle d'eux. Peut-être pouvons-nous leur écrire, maintenant que la guerre est finie. Vous étiez là-bas avec mon fils et vous l'avez vu partir?» s'enquit Kathleen.

Roddy leur narra la visite clandestine, avec tous les détails dont il put se souvenir, sans omettre de parler du petit chausson et de la réaction de l'aïeule à la vue de celui-ci.

«Le chausson d'Alessia? s'exclama le vieil homme, pantelant.

— Je ne sais pas qui est Alessia, mais quand il leur a montré le chausson, la vieille dame a su que c'était vous qui le lui aviez donné et que Frank était bien votre fils. Elle a bien dit quelque chose au sujet de la dentelle, mais je crains que, pour moi, toutes les dentelles ne se ressemblent», répondit Roddy.

Kathleen se signa. «Oh! Angelo, tu as eu raison de le lui donner! Mon mari a perdu sa première femme et leur petite fille, expliqua-t-elle.

— Dans le naufrage du *Titanic*, Frank me l'a raconté. Ma mère se trouvait également à bord du paquebot, mais elle a survécu. Quelle étrange coïncidence...

— Vous a-t-il dit que ma sœur s'était noyée elle aussi? reprit Kathleen. Nous sommes tous les trois reliés par cette terrible catastrophe... Vous dites qu'il a remis le chausson à la famille. Quand il s'est séparé de ce talisman, le chausson de sa sœur, sa chance l'a abandonné, s'écria Kathleen, en larmes, et Patti la serra dans ses bras.

— C'est trop d'émotion d'un seul coup, mais merci à vous, murmura Patti en pleurant. Vous nous avez été envoyé pour nous réconforter. »

Roddy se releva en hâte, craignant de paraître importun. « Je ferais mieux de partir, à présent, dit-il.

— Non, je vous en prie, restez, nous avons encore tellement de questions à vous poser ! Vous nous avez apporté des nouvelles surprenantes, et parler de Frank nous permet de le faire revivre un peu. Je vais aller préparer à manger, répondit Kathleen avant de s'éclipser.

— Je vais devoir partir bientôt, déclara Patti en essuyant ses larmes. J'ai une représentation ce soir.

— Ma fille travaille en tant que doublure dans un spectacle de Broadway, expliqua Angelo avec un sourire de fierté. Son nom de scène est Patti Barr. »

Roddy examina de nouveau la jeune fille avec admiration. Il n'aurait pas été surpris qu'elle soit une vedette de l'écran. « De quel spectacle s'agit-il ?

— *Annie du Far West.* Je pourrai vous obtenir des billets, si cela vous intéresse.

— Et comment ! répondit-il, avec un peu trop d'enthousiasme. Désolé, reprit-il aussitôt. Je ne voulais pas vous offenser, en un moment comme celui-ci…

— Non, non. Nous nous sommes habitués à l'idée que Frank ne rentrera pas. Ce n'est pas le premier que nous ayons perdu. Notre autre fils, Jack, a été tué dans le Pacifique, expliqua Angelo.

— Oui, Frank me l'avait dit. Je suis désolé. Perdre vos deux fils… », bafouilla Roddy, sans parvenir à trouver ses mots. Le vieillard haussa les épaules et écarta les mains.

« Comme aurait dit Frank, c'est la volonté de Dieu. Il a donné et Il a repris, pour mettre notre foi à l'épreuve. Mais en nous apportant ces nouvelles, vous l'avez ramené à nous. S'il vous plaît, restez encore et racontez-nous tout ce que vous savez. Vous avez été envoyé ici pour une raison précise. Parlez-moi de ma *famiglia*. Est-ce qu'ils allaient bien ? Il y a si longtemps que je ne suis pas allé là-bas… »

Roddy médita sur cette phrase – *Vous nous avez été envoyé pour une raison précise* –, pendant des semaines après cette visite, tout en courtisant à distance la belle Patti. Lui qui n'avait jamais cru au coup de foudre, il était tombé éperdument amoureux dès qu'il avait posé les yeux sur ce doux visage. Il avait toujours su ce qu'il cherchait, mais ne l'avait jamais trouvé jusqu'à ce jour-là.

Il n'avait pas traversé l'Italie et participé à la libération de l'Europe pour se laisser vaincre par les obstacles que constituaient l'éloignement et les différences de religion ou de milieu. Le plus étonnant de tout, c'était que Patti manifestait un enthousiasme égal au sien.

Peu lui importait s'il devait se convertir à sa foi pour l'épouser. La religion de Frank était bien assez bonne pour lui, si elle produisait des hommes de cette valeur. Où habiteraient-ils ? Cela lui était égal.

L'important, c'était que Frank les avait réunis ; c'était lui qui avait permis cette rencontre miraculeuse, et Roddy lui en serait éternellement redevable.

Il ne lui restait plus qu'à écrire à sa mère pour lui annoncer la bonne nouvelle. Il avait trouvé l'âme sœur. Il avait trouvé la femme de ses rêves, et la vie ne faisait que commencer.

Cette nuit-là, Angelo ne réussit pas à trouver le sommeil – non pas, comme d'habitude, à cause de ses douleurs dans les jambes, mais d'un étrange sentiment d'allégresse. Le chausson avait une fois de plus opéré sa magie. Perdu, trouvé, donné, pris, reçu – quel singulier voyage avait été le sien ! Et maintenant, un étranger s'apprêtait à lui enlever sa fille. Il avait bien vu comment ces deux-là s'étaient instantanément reconnus. Un soldat protestant à moitié anglais avait volé le cœur de sa Patti sous son nez. Il aurait dû s'opposer à cette union, mais Roderick était le dernier homme à avoir vu son fils vivant, et c'était un gentil garçon promis à un bel avenir. Décidément, les voies du destin étaient bien mystérieuses. La vie les avait battus et meurtris, ballottés dans ses flots et projetés contre les rochers, et maintenant voilà qu'ils parlaient de mariage et de réjouissances à venir.

Rien de tout cela ne lui rendrait ses fils, mais ces deux tourtereaux lui donneraient peut-être des petits-enfants à chérir.

Cinquième partie

Une nuit inoubliable

1958-1959

116

Angleterre

« On est en train de tourner un film sur le *Titanic*, annonça Clare en parcourant le dernier numéro de son magazine de cinéma. Un film à gros budget, à Londres, avec Kenneth More en vedette.

— Ah oui, ma chérie ? répondit machinalement Ella qui travaillait sur une œuvre de commande et ne voulait pas se laisser distraire.

— Oui, c'est écrit ici, ça va être un film à grand spectacle : une histoire véridique basée sur un récit véridique.

— J'en doute fort, déclara Ella. Qui peut affirmer, en toute honnêteté, savoir ce qui s'est vraiment passé cette nuit-là ?

— Oh ! ne sois donc pas si tatillonne, tu vois bien ce qu'ils veulent dire ! » répliqua sa fille d'un ton agacé. Sans attendre ses explications, elle s'éloigna d'un pas vif.

Ella soupira en se demandant si elle s'était montrée aussi susceptible au même âge. Clare, qui était pensionnaire dans une école près de York, était revenue à la maison pour les vacances. Il leur fallait toujours un certain temps à toutes les deux pour renouer leur relation harmonieuse. Ce n'était pas facile d'élever un enfant seule, surtout une fille aussi brillante et dynamique que Clare, qui écoutait des disques de rock'n'roll sur son électrophone à longueur de temps, obligeant Ella à se réfugier dans son atelier pour trouver un peu de tranquillité.

Un artiste a besoin de pouvoir travailler sans être interrompu, et les vacances scolaires étaient toujours une période chaotique pour elles deux. Clare voulait qu'elle lui accorde son attention, qu'elles sortent, qu'elles passent du temps en tête à tête, mais les commandes s'accumulaient, vacances ou pas. Depuis cette première exposition après la victoire, où elle avait présenté une série de sculptures d'aviateurs, des silhouettes lasses au blouson flottant sur leurs épaules voûtées, et le buste d'Anthony, en même temps que des études de visages ravagés par la guerre, elle n'avait jamais manqué de travail : monuments, stèles commémoratives, bustes d'hommes et de femmes emportés par la tourmente, qu'elle réalisait à la demande de leurs proches.

Elle avait participé au Festival artistique de Grande-Bretagne en 1951, pour représenter le côté figuratif de la sculpture moderne, par opposition aux étonnantes œuvres abstraites de Henry Moore et de Barbara Hepworth, dont le travail d'avant-garde avait fait sensation au centre d'exposition de Battersea.

Parfois, Ella était tellement occupée qu'elle ne pouvait rien faire d'autre. Sa vie privée se limitait à Clare, à son travail et aux Forester. Elle habitait toujours à la Maison-Rouge, au côté de Selwyn. Ils partageaient les dépenses, ce qui les arrangeait tous les deux. Il avait vieilli et était plus fragile à présent, affaibli par ses vieilles blessures de guerre, le foie ravagé par l'alcool.

Elle n'avait trouvé personne pour remplacer Anthony. Il avait été son unique amour, et, de toute façon, elle préférait mettre toute sa passion dans sa sculpture. Des hommes l'avaient bien emmenée au restaurant, lui avaient offert des intermèdes romantiques, mais Clare et son travail étaient ses seules priorités.

Elle était tombée de nouveau amoureuse de son art, après ces années stériles où elle n'avait fait que copier, réparer, enseigner et réapprendre à vivre. À présent, c'était comme si toute cette énergie refoulée avait été libérée d'un coup. Mais la pauvre Clare se sentait négligée, et elle devait impérativement prendre le temps de l'emmener déjeuner dehors.

Clare connaissait les événements du *Titanic*, mais l'histoire ne l'intéressait que très vaguement. Elle avait découvert la valise pleine de layette dans le placard à linge, après la guerre, et avait pris le bonnet pour en coiffer sa poupée. Un jour, en rentrant à la maison, Ella s'était aperçue qu'elle avait découpé la bordure de dentelle de la chemise de nuit pour la coudre sur la doublure de sa jupette de tennis.

Elle n'y avait pas attaché d'importance. À quoi cela rimait-il de laisser cette jolie dentelle moisir au fond d'un placard et jaunir peu à peu? Elle conservait cette layette en souvenir de sa mère. Si un jour elle déménageait, elle jetterait probablement le tout.

Mais cette valise renfermait bien plus que cela, elle renfermait une histoire vraie que ce film sur le *Titanic* ne raconterait pas. Le projet l'intriguait néanmoins. Comment reproduire une telle catastrophe sur un plateau de cinéma ? Elle était curieuse de voir le résultat. Le livre de Walter Lord était en tout cas devenu un best-seller. *Une nuit inoubliable*[1], tel était son titre. « Une nuit à effacer de la mémoire » aurait sans doute été plus approprié, se dit-elle.

Ce regain d'intérêt pour le paquebot avait donné lieu à bon nombre d'articles dans les journaux, des interviews de rescapés relatant leur histoire. Mais personne ne croirait jamais la sienne, d'autant plus qu'elle n'en avait gardé aucun souvenir. Elle se demanda ce que penserait Mme Russell-Cooke de l'acteur incarnant son père. Elles étaient restées en relation après la guerre, liées à jamais par leur deuil. Son amie avait un nouveau compagnon à présent, un artiste, et elle les avait entrevus lors d'un cocktail dans une galerie d'art. Comme ils étaient en grande conversation avec le propriétaire, elle n'avait pas voulu les déranger, et, quand elle était revenue un peu plus tard, ils avaient disparu.

Peut-être était-ce préférable. Beaucoup de gens voulaient oublier la guerre, oublier qu'elle leur avait pris ce qu'ils avaient de plus précieux au monde. Mais le chagrin, avait dit quelqu'un, était pareil à un locataire envahissant qui accapare toute la place devant la cheminée et vous empêche de vous réchauffer. On se résignait à enfiler un chandail de plus pour ne pas grelotter. Ella n'avait jamais

---

1. Le livre de W. Lord, *A Night to Remember*, est paru en France sous le titre *La Nuit du* Titanic, et le film qui en a été tiré, sous celui d'*Atlantique, latitude 41°*. *(N.d.T.)*

cherché à découvrir l'identité de ses vrais parents, même si elle s'était autrefois promis d'entreprendre des démarches quand la paix serait revenue. Son travail et les occupations de la vie quotidienne l'en avaient empêchée. Si tu le voulais vraiment, tu trouverais le temps, songea-t-elle en soupirant. Mais, d'une manière ou d'une autre, cette question demeurait reléguée tout en bas de la liste. Il était bien trop tard, à présent.

La vie, c'était ici et maintenant, c'était le futur, et pourtant… À quoi bon se préoccuper de ce qu'on ne pouvait plus changer ? Cependant, elle se sentait tiraillée par la culpabilité en se disant qu'elle n'avait même pas essayé.

Celeste venait de rentrer des États-Unis où elle était allée fêter l'anniversaire d'un de ses petits-enfants. Elle n'arrivait toujours pas à croire que Roddy se soit enfin rangé, qu'il soit devenu un catholique romain comme son épouse irlando-italienne, et qu'il ait ouvert une chaîne de restaurants routiers à travers l'Amérique. Son entreprise était une énorme réussite. Ella et Clare avaient bien sûr été invitées à son mariage, mais le voyage aurait pris trop de temps – telle était du moins la piètre excuse qu'elle avait invoquée. Celeste et Archie avaient parlé pendant des mois de cet événement mémorable. Roddy n'avait pas regardé à la dépense. Patti ressemblait à Maureen O'Hara dans sa robe et son voile de dentelle blanche importée d'Italie. Tout le monde avait dansé jusqu'à l'aube, on leur avait servi des quantités prodigieuses de nourriture, et, après des années de privations, ils avaient dévoré chaque plat avec appétit. Il avait été question qu'ils s'installent définitivement aux États-Unis, mais Celeste savait qu'Archie ne quitterait jamais la Grande-Bretagne.

C'était assez incroyable, la façon dont les choses s'étaient déroulées : si Roddy n'avait pas rencontré cet aumônier dont la famille l'avait aidé à s'évader, il n'aurait jamais connu Patti...

Ella ne repensa plus au film jusqu'à ce que, quelques mois plus tard, elle reçoive tout à coup une invitation de Mel Russell-Cooke à un dîner privé, pour fêter la première d'*Une nuit inoubliable* à Leicester Square. Elle espérait, écrivait-elle, qu'Ella et sa famille y participeraient, à titre d'invités de la compagnie cinématographique.

« Tu dois absolument y aller, glapit Clare en faisant des sauts de joie. Tu ne peux pas rater ça. Tu vas rencontrer toutes les vedettes ! Ce n'est pas juste, je serai encore à l'école.

— Regarder des gens se noyer, ce n'est pas l'idée que je me fais d'une soirée agréable », objecta Ella. Mais quand elle en discuta par la suite avec Celeste, elle comprit qu'il lui serait difficile de refuser l'invitation.

« Nous y étions, ma chérie. Ce sera intéressant de voir comment ils auront déformé les faits dans leur scénario. Nous devons y assister pour représenter tous ceux qui n'ont pas survécu. J'ai entendu dire qu'ils avaient construit la moitié d'un navire sur un lac et coupé en deux un paquebot hors service pour trouver le bon angle. C'est la première fois depuis la guerre que le public s'intéresse de nouveau au *Titanic*. Je me demande s'il est question de toi dans ce film, si l'on montre comment le capitaine Smith a sauvé un bébé… On ne sait jamais, tu pourrais peut-être apprendre quelque chose », avança Celeste en guise d'argument.

Ella ne se laissa pas convaincre aussi facilement. « Je ne veux pas voir mon histoire s'étaler dans les journaux. Je n'irai pas.

—Nous arrive-t-il si souvent d'être invitées à Londres, tous frais payés, de nous voir offrir un dîner et les meilleures places à une première dans le West End ? Penses-y un peu. Moi, ça me semble très amusant.

—Amusant ? Comment peux-tu dire ça ? Tu étais là, tu as tout vu, se récria Ella, choquée par cette désinvolture.

—C'est de l'histoire ancienne, désormais, c'est si loin… C'est devenu une catastrophe célèbre parmi d'autres, voilà tout. Nous aurions ainsi l'occasion de parler aux autres survivants. Mais je ne pourrai pas y aller seule, Ella. »

Ce fut son ton implorant qui incita Ella à changer d'avis. Elle devait tant à Celeste ; la priver de cette soirée aurait été ingrat et impoli de sa part.

« J'irai, à une condition. J'irai en tant qu'Ella Smith, Ella Smith-Harcourt, et pas Ella Dieu sait quoi. Ce secret doit demeurer dans la famille, par respect envers ma mère.

—May voulait que tu entreprennes des recherches. Elle me l'a dit sur son lit de mort. » Pour souligner ses propos, Celeste prit la photo de May sur la cheminée et la brandit devant elle. « C'était sa dernière volonté. Ce qu'elle m'a dit dans son dernier souffle.

— Je sais, mais je n'ai pas envie qu'on réécrive l'histoire pour en faire des articles à sensation. Je vois déjà les gros titres : "La mère de l'artiste britannique avait volé le bébé sur le *Titanic*". "Le bébé disparu sur le *Titanic* enfin retrouvé !" "Reconnaissez-vous cet enfant ?" Cela n'arrivera pas.

— Tu es vraiment intraitable. Je présume que tu n'as jamais raconté à Clare ta véritable histoire ? C'est fou comme elle te ressemble. Quand elle a une idée en tête, impossible de l'en faire démordre.

— Pourquoi ? Que t'a-t-elle dit ? demanda Ella, intriguée.

— Elle m'a donné un album d'autographes et m'a chargée de recueillir les signatures des acteurs. Elle espère les vendre une livre pièce, pour financer ses futurs voyages. Alors, tu vois, nous sommes obligées d'aller à cette soirée. »

117

Roddy et Patti veillèrent à ce que Kathleen soit assise entre eux deux lors de la première d'*Une nuit inoubliable*. On avait déconseillé à Angelo d'assister à la projection, en raison de ses problèmes cardiaques. Cette réalisation britannique avait reçu un accueil mitigé dans la presse américaine. William MacQuitty, le producteur, s'était fait un devoir d'inviter certains des rescapés du *Titanic*, ainsi que des officiers et des membres d'équipage, pour montrer que ce film à grand spectacle était basé sur des événements bien réels, vécus par des personnages de chair et de sang. Il avait lancé des appels radiophoniques pour demander aux survivants américains de venir raconter leur histoire. Des immigrants de toutes origines, à présent devenus des citoyens bien établis, avaient répondu à son appel, et Kathleen avait reçu une invitation en tant que sœur d'une des victimes.

Grâce à ses relations à Broadway, Patti s'était arrangée pour qu'ils obtiennent de bonnes places et puissent rencontrer toutes les célébrités. Et Roddy fit en sorte qu'ils passent un week-end absolument fabuleux. Ils rendirent visite aux parents et aux amis et allèrent chez Macy's acheter des cadeaux pour Frankie junior et la petite Tina, qui étaient restés à la maison avec leur nounou.

La réussite seyait à Roddy, mais il avait travaillé dur pour développer sa chaîne de restaurants. Will Morgan continuait à assurer la direction de Freight Express, et, grâce à Patti et à son sens du décor, ils avaient accaparé le marché des relais routiers, avec leurs établissements à prix modérés proposant de la cuisine italienne ou irlandaise.

Ils avaient racheté à bas prix du vieux matériel roulant et l'avaient installé au bord des grandes routes, dans des champs, ou à proximité des stations-service. Ils avaient transformé les wagons en salles à manger en les équipant de jolis rideaux et de mobilier confortable.

Comme beaucoup de vétérans, Roddy n'en revenait toujours pas de s'en être sorti sans une égratignure. Les cicatrices qu'il gardait n'étaient pas visibles à l'œil nu, mais ses nuits étaient hantées de rêves atroces.

Quand le film fut terminé, il éprouva le besoin soudain de téléphoner à sa mère en Angleterre. Comment avait-elle pu survivre à une telle expérience et rester toujours aussi calme? La musique résonnait encore dans sa tête, telles les vagues martelant le rivage. Le scénario était simple mais bien construit. Il montrait l'histoire de différentes familles confrontées à la tragédie, la destinée de l'officier commandant l'une des chaloupes de sauvetage, les rescapées à bord de celle-ci essayant de se réconforter mutuellement, le stoïcisme de grands industriels regardant leurs épouses quitter le navire sans eux, la colère provoquée par le nombre insuffisant de canots, qui avait soulevé tant de questions demeurées sans réponse.

Dans la salle, l'émotion était palpable. Ce n'était pas un de ces films hollywoodiens avec de grandes stars dans des rôles taillés sur mesure; on y voyait simplement de bons acteurs au visage banal, et un décor assez convaincant qui donnait une bonne idée du gigantisme du paquebot.

Les spectateurs sortirent dans un silence pensif, bouleversés par l'ampleur de la catastrophe. Roddy comprit que le film allait être un succès.

« Alors, qu'en pensez-vous ? demanda-t-il à Kathleen en lui prenant le bras.

— Je vais allumer un cierge pour Mary Louise et pour la pauvre épouse d'Angelo. Si ce qu'il croyait jadis au sujet de sa petite fille est vrai, elle verra peut-être ce film un jour, sans se douter qu'elle était à bord, ni savoir qui elle est vraiment. Nous avons toujours refusé d'ajouter foi à cette hypothèse. Mais nous avons eu tort, n'est-ce pas ? Nous pourrions raconter l'histoire aux journaux, ils pourraient effectuer des recherches…

— Nous devons d'abord vérifier les faits. Papa a fini par accepter l'idée que le chausson appartenait à quelqu'un d'autre. Il ne faudrait pas ranimer inutilement ses espoirs, répondit Patti. Je n'arrête pas de penser à cette jeune mère et à ses enfants, au petit garçon qui a continué à dormir pendant le drame, et à l'expression de son père quand il lui a dit au revoir… Ça m'ôte toute envie de remonter dans un bateau avec les enfants. Comment ces hommes ont-ils pu supporter de laisser partir leurs familles en sachant qu'ils ne les reverraient jamais ? »

Roddy haussa les épaules. « Chacun fait ce qu'il a à faire, c'est l'instinct. » Il frémit en songeant aux horreurs qu'il avait vues pendant la guerre, les gosses criblés de balles, les mères s'accrochant désespérément aux petits cadavres. Les hommes abattus devant leurs familles pour avoir aidé les Alliés.

« Ce qui me met hors de moi, c'est que tant de canots étaient pratiquement vides. On aurait pu sauver beaucoup plus de passagers, comme ma sœur, Maria et Alessia. C'étaient eux les vraies victimes, ceux qui voyageaient dans l'entrepont. Je suis contente qu'Angelo n'ait pas été autorisé à voir ça. Le paquebot était voué à la catastrophe, n'est-ce pas ? Insubmersible, tu parles ! Quelle arrogance de défier ainsi la providence ! » fulmina Kathleen.

Ils allèrent dîner dans un restaurant, mais l'atmosphère demeura lourde, chargée de tristesse. Roddy se creusa la tête pour dénicher un sujet de conversation susceptible de les dérider. Ils se trouvaient dans l'une de leurs trattorias préférées, sur Mulberry Street, avec des peintures de paysages italiens sur les murs, des peupliers et de jolies églises sur fond de collines. Elles firent remonter à sa mémoire les souvenirs de son évasion, et un sourire apparut sur ses traits. Il venait d'avoir une idée lumineuse.

Celeste s'adossa à la tête du lit et partit d'un rire joyeux. « Écoute ça, Archie. Roddy et ses idées faramineuses !

J'ai réservé des billets à destination de l'Europe pour nous tous, en juillet prochain. J'ai loué une immense maison pour que la famille puisse se réunir au grand complet pendant quelques semaines sous le soleil de la Toscane. Je sais que ça va vous paraître insensé, mais je souhaite que vous veniez nous y rejoindre. Ne vous inquiétez pas pour les frais, ils seront à ma charge. J'aimerais que tout le monde soit là : Ella et Clare, bien sûr, et aussi Selwyn, si vous arrivez à l'arracher à son pub. Kathleen, Patti et les enfants ont hâte de faire la connaissance du reste de la famille et de voir le pays natal de grand-papa Angelo. Nous espérons qu'il sera en état de nous accompagner. Bien entendu, nous irons rendre visite à Frank dans sa dernière demeure, ainsi qu'à ces braves gens qui m'ont donné refuge pendant la guerre. Tout a été réservé, les billets d'avion, la location de voitures... Vous me connaissez, quand j'ai décidé

quelque chose, ça ne traîne pas. Je meurs d'impatience.
Ce seront des vacances mémorables. »

Se tournant vers son mari, Celeste s'enquit : « Que dirais-tu d'aller en Italie par la route ?

— Non, je préfère prendre le train. Au moins, il y a des toilettes à bord. Avec mes problèmes de vessie…, répondit Archie en riant. Crois-tu qu'Ella acceptera de venir ?

— Si elle refuse, Clare ne lui laissera pas un instant de répit. Elle vit pratiquement en recluse ces derniers temps, enfermée dans son atelier jusqu'à des heures indues.

— C'est son métier qui l'exige, le mode de vie qu'elle a choisi. Mais l'Italie a toujours eu beaucoup d'attrait pour les artistes, et je pense que nous n'aurons pas trop de mal à la convaincre. Je me demande ce qui a donné cette idée à Roddy. Il semble extrêmement déterminé. »

Celeste se laissa retomber sur son oreiller, songeuse. « La culpabilité du survivant. Je présume qu'il veut remercier toutes les personnes qui l'ont aidé. C'est un sentiment que nous connaissons bien, toi et moi », soupira-t-elle.

Depuis la première du film, elle rêvait sans cesse de cette terrible nuit – les cris effroyables, puis le silence, plus effroyable encore. La reconstitution du naufrage comportait une erreur : le *Titanic* n'avait pas sombré silencieusement d'un coup, il s'était brisé en deux avant de disparaître, et cette vision était à jamais gravée dans sa mémoire.

La ressemblance entre l'acteur incarnant le capitaine Smith et son modèle était saisissante, et

Mme Russell-Cooke leur avait confié combien elle en avait été troublée. Elle avait tenu à merveille son rôle d'hôtesse et pris le temps de bavarder avec tous les survivants, leur dispensant la même affabilité que son père quand il conviait des passagers à sa table, s'était dit Celeste.

Ella lui avait glissé à voix basse que non seulement la fille du capitaine avait perdu son fils unique pendant la guerre, mais que sa fille, Priscilla, était morte de la polio peu de temps après son mariage. On murmurait que son mari s'était tué « accidentellement » dans son bureau en nettoyant une arme, six mois avant que sa propre mère périsse dans un accident de la route. Cette femme courageuse était un bel exemple du cran britannique, parmi tant d'autres réunis ce soir-là autour de la table.

Ils avaient rebâti leur vie, comme bien des gens avaient dû le faire après la guerre. Celeste aurait aimé pouvoir produire son petit effet en expliquant que la femme superbe assise à côté d'elle était une orpheline du *Titanic* qui n'avait jamais connu ses vrais parents. Mais elle avait promis à Ella de garder le silence, et elle ne trahirait pas ce serment. Combien d'autres secrets resteraient-ils à jamais enfouis avec les morts du *Titanic* ? Elle frémit en se rappelant avec quelle ferveur elle avait souhaité que Grover, son premier mari, ait trouvé la mort cette nuit-là. Aujourd'hui, lui aussi était décédé, juste à la fin de la guerre. Elle n'éprouvait plus aucune amertume à son égard, seulement de la pitié, car il n'y avait eu personne pour le pleurer.

Regarder ce film lui avait donné l'impression de revoir un monde disparu – les vêtements, le savoir-vivre, le raffinement d'une époque à jamais révolue. La Grande Guerre avait tout changé. Elle appartenait à ce temps-là, née sous l'ère victorienne, mais vivant sous le règne d'Elizabeth, dans une Grande-Bretagne à nouveau prospère et paisible.

Ils prendraient le ferry pour traverser la Manche, ensuite le train jusqu'à Milan où ils loueraient une voiture pour se rendre en Toscane. Ce serait une occasion unique de se trouver tous réunis, et aussi de rendre hommage à ceux qui n'étaient plus là. C'était un cadeau fabuleux, et elle était fière que son fils en ait eu l'idée.

118

Ella n'avait pas eu son mot à dire, une fois que Clare eut pris les choses en main. Sa fille pouvait se montrer incroyablement autoritaire par moments, songea-t-elle en souriant. « J'en profiterai pour faire le tour de l'Europe avant d'entrer à l'université, maman, annonça-t-elle. Je veux voir Paris, les Alpes suisses, le Sud de la France, et ensuite descendre jusqu'à Florence, évidemment. Tu pourras me montrer les musées, et après, nous pourrions pousser jusqu'à Arezzo et voir les peintures de Piero della Francesca. Nous nous relaierons au volant, maintenant que j'ai mon permis. À une condition, toutefois. Tu vas t'acheter des vêtements corrects, pour changer. Je refuse de me montrer à côté de toi si tu t'obstines à t'habiller comme une clocharde. »

C'était l'ennui, avec les filles : elles vous disaient la vérité sans fard, contrairement à Roddy qui adorait sa mère et la traitait avec autant de précaution qu'une fragile porcelaine de Chine. Néanmoins, ce serait agréable de changer de décor. Selwyn, de son côté, refusa de partir, ce qui ne fut une surprise pour personne. Il garderait la maison, nourrirait les chats et le chien et entretiendrait le jardin, ce fut du moins ce qu'il prétendit. Ella était curieuse de voir enfin Patti, une beauté typiquement irlandaise, à en juger par les photos du mariage.

Celeste disait qu'ils formaient une famille aimante et que Roddy était très fier de sa progéniture. Si Ella en éprouva une pointe de jalousie, elle repoussa ce sentiment en hâte. Chacun sa vie, et sa fille, la fille d'Anthony, comblait tous ses vœux, même si elle grandissait trop vite. Bientôt elle partirait pour l'université et Ella se retrouverait seule, perspective qui, tout à coup, l'emplissait d'incertitude et de peur. Par instants, elle se sentait désemparée et aurait aimé la retenir près d'elle, mais quand Clare se mettait à l'asticoter, elle avait hâte de la voir partir.

Ces vacances à deux leur seraient certainement bénéfiques. Le plus drôle, c'était qu'elle n'avait jamais eu l'intention de refuser l'invitation. Le long trajet ne l'inquiétait guère ; ce serait amusant de rouler à bord du break sur les routes françaises. Si seulement Anthony avait pu être là... Il semblait si loin, à présent. Quand Clare avait eu quatorze ans, elle lui avait donné la lettre qui lui était destinée, et celle-ci se trouvait toujours dans le tiroir de sa table de chevet, en dessous de la photo de son père en uniforme.

« Je ne lui ressemble pas du tout, n'est-ce pas ? soupira la jeune fille en regardant la photo sur son passeport. Nous sommes si brunes, toutes les deux. Comment cela se fait-il ?

— Je l'ignore », ce fut la seule réponse qui vint à l'esprit de Celeste. Elle était un peu troublée de ne pas éprouver davantage de curiosité pour ses propres origines – un sentiment ambivalent composé de crainte, d'appréhension et d'une bonne dose de paresse.

Peut-être aborderait-elle le sujet au cours du voyage. Cela ne pouvait plus faire aucun mal à May, maintenant. Depuis la sortie du film, d'autres révélations sur les rescapés du *Titanic* avaient été diffusées. Il ne serait sans doute pas impossible de découvrir une partie au moins de la vérité. Si elle avait trop peur de le faire pour elle-même, elle devait le faire pour sa fille. C'était son héritage à elle aussi.

Le buste d'Anthony, qu'elle avait sculpté à l'intention de Clare, garderait une jeunesse éternelle, mais elle n'avait pas été épargnée par l'âge. Ses boucles noires étaient saupoudrées de gris, toutefois ses yeux avaient gardé l'éclat du jais et l'ovale de son visage était encore assez ferme, même si son menton commençait à s'affaisser.

Peut-être une nouvelle garde-robe ne serait-elle pas du luxe, après tout. Clare n'accepta aucun compromis et insista pour qu'Ella achète un maillot de bain moulant et de la jolie lingerie, deux robes bain de soleil, des pantalons corsaires et une élégante robe de soirée. «Tu pourrais avoir l'air très séduisante, si tu faisais un petit effort.

— Je resterai à l'abri du soleil, sinon ma peau ressemblera au bout de quelques semaines à du vieux cuir craquelé. C'était ce qui s'était passé la dernière fois.»

Cela lui procura un sentiment étrange de parcourir de nouveau l'Europe, comme au temps de sa jeunesse, mais dans le plus grand confort cette fois, de dormir dans un petit palazzo et non sur une paillasse infestée de puces dans un grenier. Ella sourit, se revoyant telle qu'elle était à l'époque, non conformiste, libre de tout souci, flânant sur les marchés français avec seulement quelques centimes en poche. Les jeunes ne connaissent pas la peur, ils n'ont aucune raison de douter de l'avenir, se dit-elle. Elle avait été jadis confiante, sociable et sûre d'elle-même, mais elle ne l'était plus depuis longtemps. Elle enviait sa fille. Comme c'était beau de voir son jeune visage s'épanouir comme une fleur sous l'effet du bonheur… Elle espéra qu'un jeune Casanova n'allait pas effacer ce sourire en lui brisant le cœur. La guerre avait causé suffisamment de ravages parmi les gens de sa génération. Elle ne devait pas laisser de cicatrices chez les plus jeunes.

La guerre avait été excitante, au début, malgré le danger ou à cause de lui, et Ella avait aimé cette vie pleine de passion et de risque, où l'on savourait chaque instant comme s'il était le dernier. Mais il avait fallu en affronter ensuite les conséquences inévitables, la douleur et le deuil. Elle aurait voulu pouvoir protéger Clare des chagrins d'amour. Pour elle, c'en était bien fini des histoires sentimentales et de leurs tourments, mais pour sa fille, l'existence commençait à peine.

119

Italie, juillet 1959

En découvrant le cimetière américain de Florence, Roddy demeura tout d'abord interdit devant le nombre impressionnant de croix blanches. Puis il parcourut les allées bordées de stèles de granit où étaient gravés les noms des disparus, contempla le haut mémorial de pierre en forme de pylône et pria à la mémoire de ses camarades devant la chapelle à flanc de colline. Il songea à tous les hommes qu'il avait connus et qui étaient à présent enterrés ici, et tout lui revint alors en mémoire – les visages, les odeurs et le bruit des explosions.

Ici, tout était si propre, si bien entretenu, si tranquille et si émouvant... Angelo ne s'était pas senti la force d'effectuer ce long voyage, et Kathleen était donc allée pleurer seule sur la tombe de son fils. Roddy prit son fils Frankie par la main en priant pour qu'il n'ait jamais à connaître une telle expérience. Ses enfants étaient encore trop jeunes pour bien comprendre, mais ils étaient néanmoins sensibles à l'atmosphère des lieux et marchaient autour des tombes en silence, intrigués mais respectueux.

Il voulait leur faire percevoir la pleine signification du mot « sacrifice ». Chacune de ces croix représentait une vie interrompue, une bougie dont la flamme s'était éteinte bien avant qu'elle soit consumée. Nous donnons à la mort un aspect hygiénique et paisible, dans un endroit comme celui-ci, pensa Roddy, mais la réalité des combats était tout autre. La guerre était une chose sale et laide.

Ils avaient d'abord séjourné à Rome et visité autant de sites culturels que possible. Fatigués par le décalage horaire et les longues heures de vol, ils s'étaient tenus sur la place Saint-Pierre et s'étaient imprégnés de l'atmosphère de la Cité du Vatican avant de remonter vers Florence en voiture pour rendre hommage aux morts. À présent que Kathleen savait où reposait son fils, sa tristesse s'en trouverait un peu allégée.

Roddy ne s'était pas attendu à pleurer, à sentir les larmes ruisseler sur ses joues devant l'étendue de ces champs de mort. Mais les souvenirs le submergèrent, et il se demanda si la violence de ses émotions n'allait pas leur gâcher le reste des vacances.

« Pourquoi il pleure, papa ? demanda Tina, tandis que Patti le serrait dans ses bras pour le réconforter.

— Parce que ses amis sont restés ici. Ils n'ont pas pu rentrer en Amérique avec lui. Ton oncle Frank est ici, lui aussi.

— Mais on a gagné la guerre, hein ? s'enquit le petit Frankie.

— Dans une guerre, il n'y a jamais de gagnants, mon chéri. Seulement des gens qui croient avoir gagné. »

Deux jours plus tard, ils arrivèrent en Toscane et s'installèrent dans une vieille maison de campagne pleine de coins et de recoins, à la lisière de la ville médiévale fortifiée d'Anghiari. La demeure était perchée en haut d'un coteau boisé et offrait une vue magnifique sur la plaine. En respirant le parfum de cyprès, de pin et d'herbe qui embaumait l'air, Roddy se trouva ramené à l'époque de sa clandestinité. Il se rappela ces mois de terreur permanente, où il se cachait dans les bois le jour et au fond des étables la nuit, dans la puanteur du fumier et des lampes à pétrole.

Il avait hâte de revoir tous les braves *contadini* qui lui avaient donné asile. Au fil des années, il avait veillé à leur envoyer des cadeaux en nature : des pneus neufs pour leurs camions, des vêtements. Les Bartolini avaient été informés de leur venue et il leur apportait des présents de la part d'Angelo, de son vieil oncle Salvi et des enfants de celui-ci. Ils donneraient une grande réception où tout le monde serait invité, dès que le contingent anglais serait arrivé.

Il se demandait comment le voyage allait se passer pour sa mère et Archie, et si Ella allait débarquer en retard, ou briller par son absence. Il ne l'avait pas revue depuis l'époque où Clare n'était encore qu'un bébé, quand il avait fait une brève escale en Angleterre avant de rentrer chez lui.

Ella était une inconnue pour lui, à présent. Elle avait choisi de ne pas venir à son mariage, ce qui l'avait blessé, il devait l'avouer. Même si elle était devenue une artiste réputée, elle était restée modeste ; dans ses rares lettres, elle ne lui parlait que de Clare, jamais d'elle-même ni de son succès. Elle était pour lui ce qui se rapprochait le plus d'une sœur, et il espérait qu'ils auraient le temps de renouer enfin connaissance. Il voulait qu'elle apprécie Patti et Kathleen, qu'elle ait le sentiment qu'ils ne formaient qu'une seule et même grande famille.

Ella avait toujours été une solitaire, une étrangère que la bonté de sa mère et de son grand-père avait introduite parmi eux. Elle n'avait que Clare, et pas d'autre famille que celle de Roddy. Il espérait qu'elle consentirait à participer à cette grande réunion familiale. Il ne comprenait pas grand-chose aux artistes, mais ce pays en avait vu naître un grand nombre, et le village natal du célèbre Michel-Ange se trouvait juste au bout de la route. Il souhaitait que tout le monde se sente aussi bien ici que lui-même.

Celeste leva un regard émerveillé vers la Villa Collina. La demeure était aussi jolie qu'une image de carte postale, avec sa pierre dorée, ses volets peints et son toit de tuiles ocre. Elle se dressait majestueusement au milieu des oliveraies et des bois, au bout d'une allée déroulant ses gracieux méandres au flanc de la colline. On pouvait faire confiance à Roddy pour dénicher ce qu'il y avait de mieux. Ils avaient déjeuné sur la Piazza Baldacci à Anghiari, admiré les vieux murs des rues médiévales et les anciens bâtiments, typiquement italiens. Cela valait vraiment la peine d'avoir fait un si long voyage, même si elle avait du mal à s'habituer à cette chaleur sèche. Le cadre était absolument féerique. On s'attendait presque à voir des hommes en pourpoint et haut-de-chausses surgir dans la rue pavée pour se battre en duel, ou à découvrir sur un balcon la douce Juliette attendant son Roméo.

Un peu plus tard, après avoir défait ses bagages dans une chambre ravissante, ornée d'un exquis miroir en bois doré, Celeste alla rejoindre les autres qui dégustaient du vin à l'ombre des arbres en regardant le soleil décliner lentement à l'ouest.

Elle observa Frankie et Tina en train de jouer sur la pelouse en pente. Frankie était tout en jambes et portait un appareil dentaire ; avec ses cheveux noirs, il ne ressemblait en rien à Roddy. Tina, quant à elle, avec les mêmes boucles rousses que sa mère et sa grand-mère, promettait de devenir une vraie beauté. Frankie lui rappelait quelqu'un, sans qu'elle puisse savoir exactement qui. C'étaient des enfants bien élevés mais pleins de vie, qui faisaient honneur à leurs parents. Elle allait profiter pleinement de son séjour près d'eux et les gâter autant qu'elle l'oserait.

Quelle troupe disparate ils formaient ! Archie se prélassait au soleil, installé sur une chaise longue, un ouvrage historique sur les genoux. Kathleen avait sorti son tricot et Patti courait en tous sens pour s'assurer que la gouvernante et le personnel savaient qu'il fallait attendre le reste des invités avant de servir le dîner aux chandelles sur la terrasse.

Comment allaient-ils s'entendre pendant ces trois semaines ? C'étaient les plus longues vacances qu'elle ait jamais prises, mais il y avait suffisamment de terrain et d'espace pour qu'ils ne se sentent pas à l'étroit et ne se gênent pas les uns les autres.

Kathleen lui dit qu'il y avait une boutique à Sansepolcro, tout près de là, où l'on pouvait acheter de la dentelle locale. « C'est de là que venait la dentelle de la robe que Patti portait pour son mariage, mais le voile était un cadeau de la famille Bartolini. Je crois qu'il avait appartenu à Maria. Le motif était très original et d'une grande beauté. »

Celeste n'osa pas lui répondre qu'elle n'avait pas vraiment fait attention au motif, ni à aucun autre détail de la robe de mariée, tant elle avait été angoissée à l'idée de rencontrer tous les membres de la famille italo-irlandaise et devoir essayer de s'adapter à leurs coutumes. Patti avait ressemblé ce jour-là à une vedette de cinéma...

Elle regarda sa montre. Ella et Clare étaient en retard, comme d'habitude. Elle espéra que le voyage n'avait pas été trop éreintant pour elles. Peut-être s'étaient-elles perdues. Le séjour avait pourtant été organisé avec la précision militaire typique des Forester, l'itinéraire minutieusement détaillé : où trouver les plus belles églises, les meilleurs restaurants et hôtels, quelles routes emprunter, quels sites visiter. Ce cher Roddy attachait tellement d'importance à cette réunion ! Pourvu qu'Ella ne le déçoive pas…

120

Il y avait tellement de choses à voir en cours de route, et elles devaient se dépêcher de trouver la Villa Collina si elles voulaient arriver à temps pour le dîner… Ella était contrariée de devoir descendre aussi vite vers le sud, alors qu'elle aurait préféré prolonger ce voyage en tête-à-tête avec Clare. Elles avaient traversé la France sans se presser et s'étaient attardées à Florence pour visiter tous les monuments et les musées, y compris la Galerie des Offices et la célèbre statue de David. C'était merveilleux de faire connaître à sa fille les lieux qu'elle avait hantés dans sa jeunesse, de redécouvrir leur magie à travers ses yeux, de se promener avec elle le long des rues et partager son éblouissement devant toutes ces splendeurs architecturales. Elles étaient tombées amoureuses de Sienne, et tout particulièrement du vin et de la cuisine qu'on leur y avait servis, se gorgeant de salades, de poisson et de succulente *pasta*.

En gravissant la route qui menait à Anghiari, Ella se surprit à ralentir, tant elle renâclait à voir s'achever cet intermède bienheureux. L'idée de devoir s'intégrer à la famille sans cesse croissante de Celeste lui inspirait des sentiments mélangés. Et elle n'avait toujours pas trouvé le courage de parler à Clare de la confession de May. Chaque fois qu'elle y pensait, son cœur s'arrêtait de battre. Peut-être plus tard, quand elle aurait bu un verre de vin – ou trois...

Roddy s'était montré tellement généreux envers elles qu'elle se serait sentie mesquine de lui en vouloir. Si seulement elle avait eu une famille bien à elle... À mesure que les années passaient, cette situation la mettait de plus en plus mal à l'aise. May et elle avaient dépendu toute leur vie de la bonté d'autrui. Les Forester leur avaient donné un toit, avaient pourvu à son éducation. Celeste avait été une mère pour elle, mais sa vie tout entière avait été entourée de mystère et maintenant il était presque trop tard pour découvrir la vérité. Ce qui était sûr, c'était que ses vrais parents ne s'étaient jamais manifestés.

Les foules continuaient à se passionner pour le *Titanic* et tout ce qui s'y rattachait. Il y avait eu quantité de livres et d'articles sur le sujet, et des clubs s'étaient même formés. Peut-être pouvait-elle encore partager son histoire avec d'autres, tenter d'en apprendre plus, mais, bizarrement, elle avait honte de ne pas savoir qui elle était. Être la veuve d'Anthony lui conférait un statut dans la société, et si un jour Clare avait des enfants, elle serait leur grand-mère légitime. Cela aurait dû lui suffire...

«Tu t'es trompée de route, maman! s'exclama soudain Clare. Il fallait tourner à gauche, pas à droite.

— Zut ! Tu en es sûre ? Laisse-moi regarder. » Elle s'arrêta pour consulter la carte. La route était en pente abrupte et incroyablement étroite. Comment allait-elle réussir à faire demi-tour ?

C'est alors qu'une voiture de sport s'arrêta derrière elles et que, voyant leur embarras, un homme vint se pencher contre la vitre. «*Inglese ?* Vous vous êtes perdues ? Puis-je vous aider ?

— *Dove e Villa Collina, per favore ?* demanda Ella, dans son meilleur italien.

— Ah, *signor* Forester, c'est ça ? Faites demi-tour. Non, se ravisa l'inconnu en souriant, il vaut mieux que je vous y conduise. Suivez-moi.

— Ce n'est pas la peine, protesta Ella.

— Je vous conduis. Suivez, répéta l'Italien d'un ton sans réplique.

— Oh ! là, là ! murmura Clare. Il ressemble comme deux gouttes d'eau à Vittorio de Sica.

— À qui ? » s'enquit Ella d'un ton irrité. Elle redescendait en marche arrière et venait de faire une embardée.

« La vedette de cinéma… Oh ! aucune d'importance. Contente-toi de le suivre. Tu es vraiment désespérante, maman », soupira Clare, l'air découragé. Elles étaient toutes deux fatiguées. Le soir commençait à tomber et elles étaient presque arrivées. Ella rassembla ses forces pour accomplir un dernier effort. Tu apprécieras ce séjour, que tu le veuilles ou non, maugréa-t-elle intérieurement, quand le portail de la Villa Collina apparut à leur vue.

À mesure que les jours passaient, elles s'accoutumèrent avec délices à leur nouveau rythme de vie – les grasses matinées, les déjeuners dans un café proche, les siestes, les excursions, les longs dîners sous les étoiles où chacun relatait ses activités de la journée.

Elles se rendirent à Arezzo pour voir les fresques de Piero della Francesca, s'extasier devant sa *Légende de la vraie croix.* Elles prirent plaisir à pique-niquer au bord de la rivière et visitèrent avec Roddy tous ses anciens repaires. Certaines fermes n'étaient malheureusement plus que des ruines et leurs habitants s'étaient dispersés. D'autres familles avaient construit de nouvelles maisons, et des villas de stuc blanc s'élevaient maintenant au flanc des collines. Mais partout on voyait des signes de pauvreté et de négligence. La vie avait été difficile ici, après la guerre, et les jeunes de la région s'exilaient tous vers les villes ou les États-Unis.

Ils étaient toujours accueillis comme des rois par ces gens adorables, plus vieux à présent, leurs visages plus burinés encore par le soleil et le vent. Leurs enfants étaient aujourd'hui mariés et étaient devenus parents à leur tour. Le moment le plus émouvant de tous fut celui où Roddy emmena Kathleen, Patti et leurs enfants chez les Bartolini. Bien des larmes furent versées durant cette réunion, tandis que les précieuses photos passaient de main en main.

Ce fut là que Roddy apprit la vérité sur la mort du père Frank. Des miliciens déserteurs l'avaient pris pour un prisonnier évadé et abattu de sang-froid. Ils avaient abandonné son corps sur place, mais un chasseur l'avait trouvé et ramené au camp. Il y avait eu une enquête et le commandant allemand avait été démis de ses fonctions pour avoir laissé entrer le vieux prêtre. Et quand les partisans avaient découvert ce qui était arrivé à l'un des leurs, ils avaient entrepris de se venger en pourchassant les miliciens et en les tuant jusqu'au dernier.

Pour la première fois, Roddy prit alors pleinement conscience du prix qu'il avait fallu payer pour son évasion, et il eut du mal à ne pas s'effondrer. Giovanni lui étreignit le bras. « C'était la guerre, *amico*, ce sont des choses qui arrivent. Mais ça ne se reproduira plus. »

Roddy n'en était pas aussi sûr. La nature humaine recelait autant de bonté que de cruauté. Il repensa aux paroles de Frank, tant d'années auparavant. Les familles qui l'avaient hébergé étaient capables de s'entretuer pour des questions futiles, poussées par l'instinct animal. Il en allait de même dans certaines rues de New York et de Chicago. Il avait eu son compte de violence pour le reste de sa vie. Il souhaitait seulement la paix pour ses enfants.

« Nous ne sommes pas venus ici pour gémir et nous lamenter, mon chéri. Nous sommes venus pour remercier ces braves gens et faire la fête. Nous vous invitons tous à la villa pour dîner avec nous et faire connaissance avec le reste de la famille, intervint Patti avec autorité, sauvant la situation. Des voitures viendront vous chercher. »

121

Clare observa avec intérêt les dentellières assises sur le seuil de leurs maisons avec leurs coussins et leurs tabourets, le long des ruelles étroites de Sansepolcro. Les hautes bâtisses les protégeaient de la chaleur du soleil, tandis qu'elles se promenaient dans la ville en examinant les vitrines des magasins. Puis elles s'assirent sur la *piazza* pour regarder les gens passer. La veille, ils avaient dîné à l'*Albergo Fiorentini* et savouré de délicieuses spécialités entre ses murs emplis de souvenirs de l'époque napoléonienne. En entendant l'aubergiste raconter comment un des officiers de Napoléon était passé à l'ennemi pour épouser une fille du coin, Archie avait acquiescé. « Je comprends qu'il ait préféré ça à la marche forcée à travers les Alpes. Et puis, les femmes sont si belles, par ici… »

Celeste s'était alors exclamée, d'un air faussement horrifié : « Si je comprends bien, tu comptes m'abandonner ici ?

— Il existe des endroits bien pires sur la terre », avait rétorqué Ella, rieuse, la peau aussi bronzée que celle des habitants du pays. Elle avait senti sa tension se dissiper à mesure qu'elle s'imprégnait des couleurs de la ville : ocre, terre de Sienne brûlée, terre cuite, se fondant les unes aux autres dans une harmonie tellement apaisante pour le regard…

Pour la première fois depuis des années, elle se sentait totalement apaisée, assise sur cette *piazza*, la chaleur du soleil sur sa peau. Ce lieu semblait exercer sur elle un effet magique. Elle soupira en se rappelant qu'elle avait laissé son carnet à dessin dans la voiture.

« Ah ! *signora, signorina !* » Un homme portant des lunettes de soleil venait de s'arrêter devant leur table. « Votre séjour à la Villa Collina se passe bien ?

— *Si, grazie.* » C'était leur chevalier à la Lancia blanche, qui les avait escortées jusqu'à la porte de la villa. Il se présenta comme Piero Marcellini, notaire à Sansepolcro.

« Je suis heureux que la maison vous plaise. C'était celle de ma famille. Ça l'est toujours, mais à présent nous devons, comment dites-vous, la louer aux visiteurs durant la saison d'été.

— C'est une magnifique demeure, *signor* Marcellini, répondit Ella en levant les yeux pour contempler sa haute stature.

— Je vous en prie, appelez-moi Piero, *signora* Forester. » Il ôta ses lunettes et lui sourit.

« Je suis Ella Harcourt, Mme Harcourt, et voici ma fille Clare.

— Ah, *la bella Clara*, elle ne passe pas inaperçue dans le village. Et le *signor* Arkot… ? »

Ella secoua la tête. « Il a été tué pendant la guerre. » C'était étrange de pouvoir prononcer ces mots calmement, sans trembler, songea-t-elle en elle-même.

« *La guerra, si, mi dispiace.* Je suis désolé, il s'est passé tant de choses tristes… Combien de temps resterez-vous ici ?

— Nous devons partir dans une semaine. Je vais faire ma rentrée à l'université, expliqua Clare.

— Votre mère accepterait-elle de dîner avec moi avant votre départ ?

— Peut-être, répondit Ella, prise au dépourvu, en se sentant rougir.

— Je vous téléphonerai, dans ce cas, dit Piero avant de s'éloigner rapidement.

— Maman, tu as un rancard ! Tu lui plais, on dirait.

— Ne dis pas de bêtises. Les continentaux sont tous comme ça.

— Et pourquoi ne lui plairais-tu pas ? rétorqua Clare en riant. Tu n'es pas si vieille que ça. C'est sensass ! Quelle robe vas-tu mettre ?

— Ça suffit. Il est temps de rentrer, déclara Ella en se levant d'un bond pour cacher son embarras.

— Mais je voulais voir le magasin de dentelle, protesta sa fille.

— Une autre fois. Nous devons aider à préparer le dîner. C'est ce soir que nous recevons les Bartolini, tu te souviens ? »

Ella avait hâte de s'en aller, tant cette invitation inattendue l'avait troublée. Il y avait si longtemps qu'un homme ne s'était pas intéressé à elle... Et les rares fois où cela s'était produit, ils étaient généralement trop vieux, ou trop jeunes. Mais Piero était dans la cinquantaine, peut-être un peu moins, et doté de la beauté ténébreuse des Italiens. Il ferait un modèle parfait pour une sculpture, avec son nez aquilin, sa mâchoire ferme, son long cou et ses grands yeux. Elle sourit en prenant conscience qu'il l'attirait. Et pourquoi n'irait-elle pas dîner avec lui ? Le soleil avait dû lui monter à la tête et lui ramollir la cervelle, se tança-t-elle. Mais en voyage, tout pouvait arriver... Dans l'immédiat, c'était l'heure d'aller éplucher les pommes de terre et de mettre la table, pour faire en sorte que les invités de Roddy passent une soirée mémorable.

Rien ne pressait toutefois, elles étaient en vacances et bientôt elles rentreraient chez elles et reprendraient leur train-train quotidien. Pourtant, l'idée de quitter le soleil pour retrouver le ciel gris et l'hiver, les nuits glaciales et la pluie, l'emplissait de regrets. Ce pauvre Selwyn devait guetter son retour avec impatience, afin qu'elle remette un peu d'ordre dans son fouillis. Et Clare partirait pour l'université. Tout ce qui attendait Ella à la Maison-Rouge, c'était le travail.

Si Piero Marcellini téléphonait (mais elle en doutait), elle accepterait son invitation, rien que pour mettre un peu de couleur dans sa vie.

Patti, Kathleen et la gouvernante s'affairaient à dresser les longues tables installées sur la terrasse, les recouvrant de nappes blanches, essayant de rassembler des chaises et des bancs en nombre suffisant pour tous les invités. En plus de leurs parents Bartoloni, ils avaient convié un grand nombre de villageois. Ella se dirigea vers la cuisine pour aider à préparer les salades, et Clare reçut l'ordre d'aller cueillir des fleurs pour orner la table. Ç'allait être un véritable festin : *zuppa di cipolle*, *tonno e fagioli salate*, *pollo alla campagna*, *ricciarelli*, *gelati*, pour ne nommer que quelques-uns des plats. Chaque mets serait accompagné d'un bon vin.

« Qu'en penses-tu, sœurette ? s'enquit Roddy, en inspectant la table avec fierté. Est-ce que ça ira ? »

Ella adorait qu'il l'appelle ainsi. Cela lui donnait l'impression de faire partie de la famille, même si ce n'était pas vrai. « Tout le monde sera sur son trente et un, ce soir. Tu connais la règle imposée par ma mère : après dix-huit heures, chemise et cravate obligatoires. Mais par cette chaleur, nous sommes dispensés de cravate.

— Tu ferais bien de m'expliquer qui est qui. Y en a-t-il quelques-uns parmi eux qui parlent anglais ?

— Ne t'en fais pas, tu n'auras aucun mal à trouver des interprètes. Tu ne peux pas savoir ce que cette réunion représente pour moi. C'est tellement extraordinaire que Patti et Kathleen rencontrent la famille d'Angelo ! Si seulement Frank... Je veux que tout le monde passe une bonne soirée. Tu ne vas pas disparaître, n'est-ce pas ?

— Que veux-tu dire ? s'enquit Ella en se hérissant.

— Tu as l'air si lointaine, parfois... Je sais qu'Anthony te manque énormément. Je me sens coupable d'être là alors que lui n'a pas eu cette chance. »

Elle lui prit la main et la pressa dans la sienne. « Non, ce n'est pas ça. C'est juste que je t'envie d'avoir une si grande famille.

— Tu en fais partie, tu le sais bien.

— Je sais, mais quelquefois... » Elle secoua la tête, incapable de lui expliquer ce qu'elle ressentait.

« Allons, je ne veux pas te voir triste. Ce soir, nous allons danser et chanter et faire de cette nuit quelque chose d'inoubliable.

— Tu as vu le film ? demanda-t-elle en souriant.

— Bien entendu. Je ne l'aurais manqué pour rien au monde. Il y a encore tellement de choses que nous ignorons au sujet de cette nuit, n'est-ce pas ?

— Tu ne crois pas si bien dire, murmura Ella d'une voix pensive. Mais ne pensons plus à tout ça. C'est ta soirée, et à en juger par la nourriture, ça va être un véritable repas de fête. J'ai hâte de l'attaquer. »

Elle se prépara avec le plus grand soin, relevant ses cheveux en un chignon natté et se parant de ses plus belles boucles d'oreilles en or. Dieu merci, Clare lui avait fait acheter une robe habillée en coton d'un bleu turquoise profond, avec une jupe ample et un décolleté qui mettait son bronzage en valeur, tout comme le collier de pierres qu'elles avaient choisi à Arezzo. Elle avait également fait l'acquisition d'espadrilles avec des brides autour des chevilles. Elle se contempla dans le miroir de la coiffeuse et sourit. « Te voilà à peu près présentable, ma vieille. Pas trop mal, pour ton âge. »

Elle se sentait légère comme une jeune fille se rendant à son premier bal, habitée par une gaieté comme elle n'en avait pas éprouvée depuis bien des années. Oui, ç'allait être une soirée inoubliable, elle l'espérait de tout son cœur.

122

Un verre de champagne à la main, Celeste regardait les invités gravir le chemin menant à la villa dans les dernières lueurs du soleil couchant. On mangeait tard en Italie. Il faisait presque nuit et des lanternes éclairaient le sentier de leurs flammes dansantes. Les habitants de la ferme voisine, ceux qui entretenaient les oliveraies, furent les premiers à arriver, vêtus de costumes sombres et de robes de cotonnade aux couleurs vives. Puis une voiture amena la vieille *nonna* Bartolini jusqu'à la porte. L'aïeule était habillée en noir de la tête aux pieds, la tête couverte d'un foulard bordé de dentelle qui lui donnait l'air d'une nonne. Penchée sur sa canne, elle s'appuyait au bras de son petit-fils Giovanni, entouré de ses filles en jolies robes à fanfreluches, également ornées de dentelle. Ensuite apparurent le prêtre local, le père Michael, et un homme de grande taille à l'air distingué, le propriétaire du domaine. D'autres Bartolini suivirent, ainsi que des villageois en camionnette ou en scooter à trois roues. Le bruit s'amplifia, tandis que Patti et Kathleen accueillaient chacun des nouveaux arrivants en l'embrassant sur la joue. Celeste éprouvait une réticence toute britannique à les imiter. Archie s'était mêlé aux convives, et elle chercha quelque chose à faire pour s'occuper. Clare était en train de distribuer des boissons. Ella venait de faire son apparition, éblouissante, d'une beauté incroyablement latine. En la voyant si détendue, si joyeuse, Celeste en eut la gorge serrée. Ces vacances lui avaient fait un bien fou, elle semblait avoir rajeuni de dix ans. La soirée s'annonçait vraiment exceptionnelle, songea Celeste, un sourire d'anticipation sur les lèvres. C'était le genre de soir où tout pouvait arriver.

On porta toast après toast, dans un brouhaha de rires et de voix, en levant les verres bien haut. Le vin coulait à flots, non pas l'âpre cru régional, mais les meilleurs chiantis et barolos. On fit circuler des plateaux de fromages et de chocolats durant les interminables discours en italien. Les appareils photo cliquetaient de toutes parts, et Ella éprouvait une envie irrépressible de capturer la scène sur son carnet à dessin. Mais elle se contenta de tout enregistrer dans sa mémoire.

Son attention se trouva bientôt détournée quand Piero Marcellini apparut à son côté comme par magie. Décidément, il n'y avait pas moyen de lui échapper, se dit-elle. Mais pourquoi Roddy n'aurait-il pas invité le propriétaire de la villa ? Elle lui avoua sa profession, et il se révéla être un fin connaisseur en matière d'art. Il lui était de plus en plus difficile de feindre l'indifférence, et Clare n'arrêtait pas de lui lancer des regards entendus et de lui chuchoter : « Vittorio de Sica n'a aucune chance, face à lui », ou d'autres sottises du même genre. Mais, après quelques verres d'un excellent vin rouge, Ella n'était plus en mesure de s'en formaliser.

Le plus âgé des Bartolini se leva et porta un toast aux absents, à Maria et Alessia, et au père Francesco, le frère de Patti, qui avait sauvé la vie de Roddy. Piero s'efforçait de traduire au fur et à mesure. Il lui expliqua que le dialecte local était si incompréhensible qu'il ne parvenait à en comprendre que les grandes lignes. « Il dit que la guerre nous a divisés pendant quelque temps. Mais maintenant nous sommes unis. Le vaste Atlantique a séparé les frères Bartolini il y a des années, mais les liens familiaux sont solides et aujourd'hui, nous sommes réunis pour toujours. C'est ce que Francesco aurait voulu, et aussi Angelo. Nous lui souhaitons longue vie et meilleure santé!

— Qui sont Maria et Alessia? murmura-t-elle à l'oreille de Piero, assez près pour respirer le parfum subtil de sa lotion après-rasage.

— Maria était la première femme d'Angelo. Elle est morte avec son bébé, Alessia, dans le naufrage du *Titanic*.

— Encore des victimes de cette catastrophe... Comme c'est triste.

— Mais Alessia n'est pas morte, intervint Patti. C'est du moins ce que mon père a cru pendant longtemps. Oncle Salvatore! cria-t-elle de sa voix la plus théâtrale, parle-leur du chausson, le chausson de Frank!»

Le vieil homme se releva et brandit quelque chose à la lueur des bougies.

«Que dit-il? demanda Ella.

— Il parle d'une *scarpetta* que le père de Francesco aurait trouvée sur le quai, quand le bateau a ramené les rescapés. Il a toujours cru que ce chausson appartenait à sa fille, expliqua Piero.

— Nous l'avions donné à Frank pour qu'il lui porte chance, mais ça n'a pas marché, ajouta Kathleen en secouant la tête.

— Parce qu'il l'avait donné à *nonna* Elisabetta. Je l'ai vu, intervint Roddy. Elle a dit que c'était la preuve qu'il était bien le fils de son père. Le chausson avait été confectionné dans la région. Il ne l'avait plus sur lui, le jour où il est mort. »

Le silence se fit pendant que les convives se passaient le petit soulier de l'un à l'autre, l'air grave. «Il nous a protégés, déclara Giovanni. Beaucoup de gens ont été trahis et ruinés, mais nous avons survécu.»

Piero le tendit à Ella, mais Clare se pencha pour s'en emparer d'un geste vif. «Il ressemble à celui qui est dans la valise, celui...

—Laisse-moi regarder.» Celeste tourna le chausson entre ses mains et hocha la tête. «Oui, c'est exactement le même.» Prenant soudain conscience de ce qu'impliquait cette similitude, elle s'exclama: «Seigneur! Ella, serait-ce possible que...?»

Toutes les têtes se tournèrent vers elle. Elle demeura muette, comme paralysée de stupeur. C'était impossible qu'il s'agisse du même...

«C'est maintenant ou jamais», l'encouragea Celeste.

Ella prit une profonde inspiration. La tête lui tournait, sous l'effet du vin, de la chaleur et de la surprise. «Non, je t'en prie, ne dis rien pour le moment, je dois d'abord en être sûre.» Elle s'interrompit et chercha du regard la vieille dame. Puis elle se mit debout, et, brandissant le chausson, elle expliqua: «J'ai déjà vu un chausson pareil à celui-ci. Il était dans une valise remplie de layette, avec une chemise de nuit bordée de dentelle. Il avait été repêché dans la mer...» Se sentant sur le point de défaillir, elle murmura: «Je ne peux pas en dire plus.»

Pendant un bon moment, personne ne parla.

«Cela se peut-il? s'écria le prêtre. Dans ce cas, ce chausson serait vraiment béni. La *nonna* a-t-elle entendu ce qui vient d'être dit?» Ils regardèrent la vieille dame qui s'était mise à pleurer.

«C'est trop pour moi, je n'en puis plus, gémit Ella en repoussant sa chaise.

— Restez», l'implora Piero en la saisissant par le poignet. Mais elle se dégagea et courut se réfugier dans sa chambre.

«Comment es-tu au courant de cette histoire, maman? Et pourquoi tout ce mystère? s'enquit Roddy, un cigare à la main, en contemplant la table vide, les taches de vin, les miettes d'*amaretti* et les serviettes froissées.

— Tout ce que j'ai dit, c'est qu'il y a à la Maison-Rouge, dans le placard à linge, une valise emplie de layette en provenance du *Titanic*, et que ce chausson en fait partie.

— Plus maintenant. J'ai découpé les habits pour confectionner des robes pour mes poupées, intervint Clare.

— Mais à qui appartenaient ces vêtements? demanda Patti. Je ne comprends pas. Et pourquoi Ella s'est-elle enfuie?»

Celeste but une gorgée de son énième espresso et soupira. Quelle étrange soirée! Après le départ précipité d'Ella, les questions avaient fusé, tout le monde se demandant ce qui se passait, s'étonnant de cette réaction… Dépassée par les événements, Ella s'était cachée dans sa chambre et avait obstinément refusé de revenir à table.

594

« J'étais là, la nuit où l'on a repêché ce bébé. C'était le capitaine Smith lui-même qui l'avait hissé à bord du canot de sauvetage. On l'a tendu à May, et tout le monde a cru que c'était le sien. Je suis certaine que c'est ainsi que les choses se sont passées, mais la mémoire nous joue parfois des tours bizarres.

— Quel bébé ? interrogea Patti en se tournant vers Kathleen. Que se passe-t-il, à la fin ?

— Es-tu en train de dire ce que je crois avoir compris, maman ? reprit Roddy.

— Oh, je ne sais plus. Je ne suis plus sûre de rien, à présent, mais en voyant ce petit chausson… Peut-être ne s'agit-il que d'une coïncidence.

— S'il y a une chose qui ne peut pas mentir, c'est cette layette, ou du moins ce qu'il en reste, intervint Archie. Je suis surpris que les souris n'aient pas tout dévoré, depuis le temps.

— Il doit bien rester quelque chose dans cette valise, dit Celeste en se tournant vers Clare, qui haussa les épaules.

— Que faisons-nous, à présent ?

— Rien, répondit Celeste. Ce n'est pas notre histoire, en tout cas, pas la mienne. Ta mère saura ce qu'elle doit faire. Laisse-lui le temps de réfléchir. Quoi qu'elle fasse, sa décision sera la bonne. C'est à elle qu'il appartient de décider. Elle a toujours été loyale envers May. Elle nous dira le reste quand elle sera prête.

— Allons, il est temps d'aller dormir, lança Archie. La journée de demain risque d'être des plus intéressantes.

— Mais que se passe-t-il, enfin, allez-vous m'expliquer ? Que signifie cette histoire de chausson ? s'exclama Patti, excédée.

— Nous verrons bien ce que demain nous apportera », répondit son mari.

Ella se réveilla, l'esprit encore habité par les vestiges du rêve le plus étrange qu'elle eût jamais fait. Elle se trouvait dans une vaste maison vide et parcourait une galerie aux murs couverts de tableaux représentant des navires, des églises et des paysages. Ses pas résonnaient sur les dalles de marbre. Il faisait froid, le vent secouait les portes et elle avait peur. Elle vit la peinture d'un avion volant au ras de l'eau et une autre d'un immense bateau en train de sombrer dans l'océan. Elle sentit dans sa bouche le goût de l'eau salée, son contact glacé sur sa peau. Elle se débattit, ballottée par les vagues, puis se mit à nager dans cette galerie interminable, jusqu'à ce qu'elle se retrouve entraînée vers un recoin secret où une femme lui sourit en ouvrant une porte. Elle reconnut ce visage, qu'elle avait chéri toute sa vie. C'était celui de May qui lui montrait la voie vers le jour et la sécurité.

Ella se rendit dans la chambre de Clare.

« Maintenant, tu sais tout, déclara-t-elle un peu plus tard, étendue sur le lit à côté de sa fille. Je voulais te le dire plus tôt, mais c'est une histoire si triste que j'ai toujours reculé au dernier moment. Et puis, hier soir, en voyant ce petit chausson…

— Tu crois qu'ils font partie de la même paire ?

— Je ne sais pas, mais ils se ressemblent beaucoup. Il existe sans doute un moyen d'en avoir le cœur net.

— Tout cela est tellement bizarre… Pourrions-nous vraiment être des Bartolini ? Cela ferait de Patti ta demi-sœur. Les gens vont être étonnés quand nous leur apprendrons que nous sommes italiennes !

— Non ! C'est une affaire qui ne regarde que nous pour l'instant. Je ne veux pas qu'on en parle dans les journaux. C'est notre secret. Il ne s'agit peut-être que d'une coïncidence, la mit en garde Ella. Il faut d'abord essayer d'en savoir un peu plus sur cette dentelle.

— J'ai bien peur qu'il n'en reste pas grand-chose, à part la bordure sur ma jupette de tennis.

— Ça devrait suffire. Nous irons à Sansepolcro et visiterons tous les magasins de dentelle, pour regarder les motifs de plus près. Peut-être y trouve-rons-nous la clé du mystère. »

Après un petit déjeuner composé des restes d'entremets et de gâteaux du banquet, tout le monde s'entassa dans deux voitures et se dirigea vers la ville fortifiée. Patti et Kathleen étaient dévorées par la curiosité et la harcelaient de questions, mais Ella se contentait de sourire en répétant : « Attendez et vous verrez bien. » Elle se sentait différente ce matin, après ce rêve, libre de contempler la splen-deur embrumée des collines et la lumière dorée sur les maisons comme si elle les voyait pour la première fois. Se pouvait-il réellement qu'elle soit née ici ?

Combien d'autres jeunes mères de la région s'étaient-elles trouvées à bord du *Titanic*? Il devait être relativement facile de le vérifier en consultant les archives. À l'idée que son père était peut-être encore en vie, son cœur se mit à battre plus vite, mais elle devait avant tout en obtenir la certitude. Donner de faux espoirs au vieil homme aurait été trop cruel.

Il y avait de nombreuses boutiques spécialisées autour des piazzas, mais les vitrines de la plus grande regorgeaient de tentures, de nappes, de draps et de serviettes bordés de dentelle, ainsi que de layette.

Patti se rua à l'intérieur et se mit à parler à toute vitesse en italien.

«Interrogez-les sur les motifs, demanda Ella. Qui fait ce genre de travail?»

La vendeuse se montra prolixe en explications, ravie de voir des touristes manifester un tel intérêt pour l'artisanat local. «Vous devez aller à la *scuola di merletto*, parler à la *signora* Petri et à son mari. Ce sont eux qui ont créé cette école, il y a déjà longtemps de ça. Leurs élèves ont remporté de nombreuses médailles d'or, leur travail est le meilleur de toute l'Italie. Ils vous raconteront leur histoire.»

Sur le chemin de l'école de dentellières, Celeste rattrapa Ella. «Comment vas-tu? As-tu réussi à dormir? Moi pas. J'ai pensé à ce chausson toute la nuit. C'est forcément le même que le tien.

— Qui sait? murmura Ella. C'est dans la dentelle que réside la vérité. Mais sans la nôtre, nous ne pourrons rien prouver. Tu l'as vue plus souvent que moi, je n'ai jamais aimé regarder ces vêtements. Cela me rappelait l'époque où May était malade. Crois-tu que tu pourras reconnaître les motifs ? Je n'en ai absolument aucun souvenir. Mais ce matin, j'ai dit à Clare tout ce que je savais.

— Dieu merci. Cela aura au moins servi à ça. Je me rappelle combien tu étais furieuse quand…

— Chut, je sais. J'étais bouleversée, mais à présent, il est temps de résoudre la question une fois pour toutes, d'une façon ou d'une autre. »

Ils s'arrêtèrent pour boire un café puis reprirent la route de l'école. Les jeunes filles assises dans la grande pièce, penchées sur leurs coussins, le fuseau à la main, levèrent les yeux à l'entrée de cette bande disparate d'étrangers. Partout dans la salle, on pouvait admirer des échantillons de leur travail, panneaux, nappes, cols, exposés dans des vitrines, ainsi que des certificats et des photos de somptueuses robes. C'étaient les plus beaux ouvrages de dentelle qu'Ella eût jamais vus.

Patti expliqua la raison de leur visite. On leur montra des catalogues des différents motifs et l'une des filles leur fit une démonstration de la technique utilisée pour les reproduire. Ella aperçut des animaux, des fleurs, des étoiles et même des personnages dans les bordures. Elle demanda à Kathleen de montrer le petit chausson que les Bartolini leur avaient remis la veille.

« A-t-il été fabriqué dans la région ? s'enquit Patti.

— Oui, nos élèves utilisent ce motif pour des chaussons spéciaux, ceux que les enfants portent à leur baptême, parfois à leur enterrement. Celui-ci est assez ancien. »

Patti exposa l'étrange histoire du petit soulier. «Savez-vous qui aurait pu le confectionner?»

La *signora* Petri secoua la tête. «Non, malheureusement. C'est un modèle relativement courant. La bordure a l'air de fabrication locale, mais il n'y en a pas assez pour pouvoir l'identifier avec précision. Avez-vous d'autres vêtements en votre possession?»

Patti acquiesça. «Il y a mon voile de mariée aux États-Unis, et d'autres choses en Angleterre, peut-être…?» ajouta-t-elle en regardant Ella qui hocha la tête.

«Si vous pouviez m'envoyer d'autres échantillons de ce travail, je pourrais peut-être retrouver le nom de la dentellière dans les archives. Mais le chausson ne comporte aucune marque distinctive, je suis désolée.»

Ella promena son regard autour de la pièce, le cœur serré. *Ma mère travaillait-elle ici? Si elle était restée en Italie, serais-je aujourd'hui une de ces dentellières?*

Ils repartirent, profondément déçus. «Allons manger une glace pour nous réconforter, suggéra Celeste. Mes jambes demandent grâce.»

Dans la tête d'Ella, les pensées se bousculaient. Il faudrait des mois pour que les échantillons parviennent à la *signora* Petri et qu'elle puisse entamer des recherches, et elle était impatiente d'en apprendre plus.

Il devait bien exister quelqu'un qui pourrait les aider… Comme ils regagnaient leur voiture, une idée jaillit à son esprit. Bien sûr, la solution était simple! Elles trouveraient peut-être d'autres échantillons bien plus près, mais cette fois, elles devraient effectuer le voyage seules, Clare et elle.

123

Le lendemain matin, Ella redescendit en ville et se rendit à l'étude de Piero Marcellini. S'il fut surpris de la voir, il n'en montra rien ; il envoya quelqu'un lui chercher un espresso et la fit asseoir dans un confortable vieux fauteuil en cuir.

« Qu'est-ce qui me vaut l'honneur de votre visite ? » demanda-t-il en souriant.

Elle lui raconta tout ce qu'elle savait de sa propre histoire et pourquoi le petit chausson l'avait bouleversée à ce point. Elle lui parla de la dentelle et de ses recherches pour identifier celle qui l'avait confectionnée.

« Je ne veux pas en dire plus aux Bartolini avant d'avoir acquis une certitude. Angelo, le père de Patti, qui est resté à New York, ne sait rien de tout ceci. Je voudrais qu'on m'aide à retrouver la famille de Maria Caprese, la première épouse d'Angelo. Elle possède peut-être encore certains ouvrages que nous pourrions comparer avec le chausson. Je veux savoir s'il existe un lien entre nous. Tout ce que nous découvrirons devra rester dans la famille, et ne doit jamais être porté à la connaissance du public. » Levant les yeux vers lui, elle reprit : « Si vous acceptiez de nous servir d'interprète et de témoin, nous vous en serions infiniment reconnaissantes, ma fille et moi.

— Je serais ravi de vous aider. Cette famille doit être assez facile à localiser. Nous sommes plutôt doués pour ficher les gens, c'est le Duce qui nous en a donné l'habitude. Nous pourrions partir dès ce soir... »

Devant le tour que prenait la conversation, Ella s'empressa de répondre : « Clare doit venir avec nous. C'est important qu'elle participe à cette entreprise. Je l'ai trop longtemps laissée dans l'ignorance.

— Bien sûr. Voulez-vous que je passe vous prendre ?

— Non, c'est nous qui viendrons ici. »

« Pourquoi tout ce mystère ? murmura Clare en riant, quand elles se faufilèrent furtivement dehors après la sieste.

— J'ai eu une idée qui pourrait peut-être accélérer les choses. Nous allons rendre visite à des gens, je ne sais pas encore où, mais Piero va nous y conduire.

— Es-tu sûre que je ne serai pas de trop ? Je me demandais pourquoi tu t'étais pomponnée ainsi...

— Détrompe-toi. » Ella ne put s'empêcher de sourire, en constatant une fois de plus que rien n'échappait à sa fille. « Mais il s'agit de quelque chose d'important, et nous avons besoin d'un témoin, au cas où...

— Je suis de plus en plus intriguée.

— Nous allons voir les parents de Maria Bartolini. Ils ont peut-être conservé des dentelles de sa fabrication. Cela vaut la peine d'essayer. »

À bord de sa voiture étincelante au moteur ronronnant, Piero les emmena dans les environs d'Anghiari, pas loin de l'endroit où habitaient les grands-parents de Patti. La route sinueuse les conduisit de plus en plus haut, jusqu'à un petit hameau composé de quelques maisons de pierre accrochées au flanc d'une colline. Des poules et des canards s'égaillèrent à leur approche, des chiens se mirent à aboyer et des visages apparurent dans l'entrebâillement des portes. Piero demanda où était la maison des Caprese, et on lui indiqua une minuscule bicoque qui ne devait guère comporter plus d'une pièce, avec un escalier extérieur menant à un grenier. Une femme vêtue de noir leur ouvrit la porte, écouta Piero lui débiter leur histoire et, avec un sourire édenté, les invita à entrer.

À l'intérieur, il faisait si sombre qu'ils ne distinguèrent pas grand-chose en dehors d'une table et d'un fourneau. Une forme remua dans un coin. C'était une très vieille dame courbée en deux par l'âge.

« C'est la mère de Maria, Alessia. Elle est pratiquement sourde à présent, et sa vue n'est plus ce qu'elle était, expliqua Piero. Katerina, que voici, est la femme de son fils défunt. Elle dit qu'elle n'a jamais connu sa belle-sœur. Je vais essayer de savoir si elles possèdent des dentelles de Maria qu'elles pourraient vous montrer, mais je ne crois pas que la vieille dame puisse m'entendre. » Il faisait de son mieux, se dit Ella, mais les choses se présentaient mal.

« Ont-elles des photos ? » s'enquit-elle, en lui demandant de traduire.

Katerina montra un mur rugueux tapissé de photographies sépia – des portraits d'ancêtres disparus depuis longtemps, hommes en uniforme, matrones en robe au corset rigide. La famille avait visiblement connu des jours meilleurs ; aujourd'hui, les deux femmes avaient à peine de quoi vivre, comme tant d'autres depuis la guerre.

Dans un angle, tout au fond de la pièce, se trouvait la photo d'une jeune fille dans un cadre orné de fleurs séchées. En dessous était accrochée une carte postale représentant un paquebot. Le cœur d'Ella se mit à battre plus vite quand elle s'en approcha, et elle comprit qu'elle avait devant elle une chose dont elle n'aurait jamais osé rêver.

C'étaient les yeux de Maria qui avaient attiré son attention, des yeux qu'elle aurait reconnus n'importe où, pour les avoir si souvent contemplés dans le miroir, de même que le dessin des lèvres et le petit creux au-dessus. Ce visage avait été le sien quand elle était jeune, et c'était à présent celui de sa fille.

Piero examina à son tour le portrait, puis recula pour les dévisager l'une et l'autre en souriant. « Vous n'avez pas besoin de la dentelle, n'est-ce pas ? Il suffit de vous regarder toutes les trois. Venez voir, Katerina. »

La femme les scruta du regard, puis, avec un grand sourire, elle décrocha la photo du mur et la tendit à l'aïeule en lui hurlant quelque chose à l'oreille. Elles se signèrent et secouèrent la tête, avant de se mettre à pleurer et à rire en même temps. Ella sentit les larmes lui monter aux yeux tandis qu'elle s'agenouillait devant la vieille dame. «*Nonna ?* Je suis la fille de Maria…» Sa grand-mère tendit vers elle une main osseuse pour lui caresser le visage. Trop émue pour parler, Ella adressa à Piero un regard de gratitude, pendant que Katerina cherchait fébrilement des verres et une bouteille de vin.

Clare restait plantée devant la photo, l'air médusé. «C'est ici que tout a commencé, murmura-t-elle. C'est incroyable.»

Ella acquiesça. *Mais cela ne se terminera pas ici*, ajouta-t-elle en elle-même.

124

New York, décembre 1959

«Allez, papa, dépêche-toi de t'habiller. Il ne faut pas faire attendre nos invités.» Patti houspilla affectueusement son père, confortablement assis devant la cheminée. «Va mettre ton costume et ta chemise neuve. Il fait froid dehors, alors couvre-toi bien.

—Il nous reste largement assez de temps», marmonna Angelo, réticent à s'extraire de son fauteuil. Il n'avait pas envie d'aller sur les quais pour assister à l'arrivée du *Queen Mary* en provenance de Southampton, même si la famille de Roddy se trouvait à bord. Pourquoi ne pouvaient-ils pas le laisser au chaud et aller les accueillir sans lui ? C'était déjà bien assez ennuyeux de devoir se transporter jusqu'à la maison de Patti pour passer un Noël traditionnel à la campagne. Que d'histoires ils faisaient !

Depuis leur retour d'Italie à l'automne, ils ne parlaient plus que de ces vacances, des gens qu'ils avaient rencontrés et de ce qu'ils avaient fait, en répétant que c'était vraiment dommage qu'il n'ait pu se joindre à eux. La maison était remplie de dentelles et de coûteux bibelots de verre. Bien sûr que c'était dommage, et il le déplorait lui aussi, mais son cœur recommençait à faire des siennes. Et avec l'hiver qui approchait, ses vieux os étaient douloureux. Ils voulaient donc l'achever, en l'obligeant à les accompagner au port ? À son âge, il avait besoin de paix et de tranquillité, pas d'une maison pleine de gamins bruyants et d'étrangers.

Dans ce port, il n'avait rien d'autre que de mauvais souvenirs. Tous les navires se ressemblaient. Pourquoi ne pouvaient-ils pas simplement revenir le prendre avant de partir pour Springfield ou, mieux encore, le laisser bouder dans son coin ?

On le hissa dans le break chargé de cadeaux et de provisions, tous les plats de fête cuisinés par Kathleen. Elle lui adressa un clin d'œil. « Ça va être un Noël dont nous nous souviendrons longtemps. »

En quoi serait-il différent des autres ? se demanda Angelo. Ils allaient trop boire et trop manger, avoir une indigestion, dormir pour cuver tout ça, et après il faudrait affronter les mois d'hiver et la neige durcie. Il avait beau adorer sa femme et sa fille, il trouvait qu'elles exagéraient vraiment, aujourd'hui.

«T'es-tu bien rasé? Nous voulons que tu paraisses à ton avantage.

— Ha! grommela-t-il. Qu'est-ce que cette journée a donc de si spécial? Si j'attrape la mort sur ces quais, ce sera une date à marquer dans le calendrier, ça c'est sûr.

— Joyeux Noël à toi aussi, papa», répliqua Patti d'un ton rieur.

Accoudées au bastingage, Ella et Clare regardaient la statue de la Liberté et Ellis Island, muettes d'émerveillement. Tant de choses avaient changé, depuis leur retour d'Italie!

Clare étudiait maintenant l'histoire à l'université de Durham et avait profité des vacances de Noël pour effectuer le voyage. Ella avait regagné Lichfield en sachant qu'elle n'y resterait plus très longtemps, à présent qu'elle avait retrouvé l'autre partie d'elle-même.

Celeste, Archie et Selwyn avaient été excités au plus haut point par leurs découvertes. Quant à Roddy et Patti, de même que Kathleen, ils avaient été la gentillesse même, et avaient soigneusement gardé le secret vis-à-vis du seul homme qui pouvait écrire la fin de l'histoire.

Ella aurait voulu sauter dans le premier avion en partance pour aller le rencontrer, mais elle avait des travaux de commande à terminer, et il lui avait fallu un peu de temps pour s'habituer à sa nouvelle identité et essayer d'en apprendre plus sur son héritage.

Ses cours d'italien se révélaient utiles. Elle avait expédié les morceaux de dentelle à la *signora* Petri, pour se faire confirmer ce qu'elle savait déjà. Patti avait envoyé son voile de mariage comme preuve supplémentaire que toutes les parures étaient l'œuvre d'une seule et même personne.

Ella avait vu de ses yeux la liste des passagers du *Titanic*. Il n'y avait pas à son bord d'autre femme originaire de Toscane que Maria Bartolini, ni d'autre bébé dont l'âge et le signalement correspondent à ceux d'Alessia. À son ravissement, elle avait découvert qu'elle était de quelques mois plus jeune qu'elle ne l'avait cru.

Piero Marcellini s'était comporté en véritable ami. Il traduisait à Katerina et Alessia les lettres qu'elle leur envoyait et leur transmettait les cadeaux et les photos. En fait, il était en train de devenir bien plus qu'un ami, mais elle avait tout le temps d'y songer. Dans l'immédiat, ses préoccupations allaient ailleurs.

Le moment qu'elle avait tellement attendu allait enfin arriver. Mais, tandis qu'elle repaissait ses sens des images et des bruits du port de New York, elle ne put s'empêcher de penser à la première traversée, celle qu'elle avait terminée dans les bras d'une étrangère, emmitouflée dans des vêtements d'emprunt, et à leur triste arrivée, en ce 15 avril 1912. Comment auraient-elles pu passer près des lieux du naufrage sans prier pour toutes ces âmes perdues, pour sa mère par le sang et sa mère adoptive, dont l'amour conjugué l'avait amenée jusqu'ici ? Ce que May avait fait, elle l'avait fait par amour et Ella lui avait depuis longtemps pardonné, comme elle avait pardonné à Anthony de l'avoir quittée.

Tout cela appartenait au passé. Ç'avait été un voyage riche en émotions, et il allait bientôt atteindre son apogée. Elle frémit à la pensée qu'elle allait enfin rencontrer son père. Elle s'y était minutieusement préparée, avait répété d'innombrables fois dans sa tête les mots qu'elle lui dirait.

Angelo allait-il être déçu ? Incrédule, ou désorienté ? Elle espérait que le choc ne serait pas trop grand pour lui.

La dentelle avait joué un rôle dans son histoire depuis le début. Pour découvrir qui elle était, il avait fallu presque toute une vie, une série d'étranges événements entrecroisés comme les fils sur le coussin de la dentellière. Le capitaine Smith avait sauvé un bébé, May l'avait recueillie et Angelo n'avait jamais perdu espoir. Frank avait sacrifié sa vie pour que Roddy retrouve la liberté et l'avait conduit jusqu'à Patti : c'était de tous ces fils qu'était constituée son histoire, et tout avait commencé par ces petits chaussons.

Angelo leva vers le paquebot un regard dénué d'émotion, au début. Mais les odeurs du quai, les vapeurs de gazole, les cris des mouettes et le brouhaha ambiant firent remonter en lui un profond sentiment de chagrin. Pourquoi l'avaient-ils amené ici, alors qu'ils savaient très bien que cela ne pourrait que l'attrister ?

Les pieds glacés, il attendait entre Kathleen et Patti, chacune le soutenant par le bras, tandis que le flot des passagers s'écoulait lentement dans le hall des arrivées. Les voyageurs agitaient les mains, souriaient, se précipitaient vers leurs familles, tout comme autrefois, quand il s'était retrouvé ici, seul et désespéré. Au moins, aujourd'hui, le débarquement était-il plus joyeux.

«Les voilà, papa!»

Il aperçut une femme superbe, drapée dans un manteau de fourrure et un foulard rose vif, accompagnée d'une jeune fille en duffel-coat – une ravissante jeune fille aux cheveux noirs coiffés en queue-de-cheval, qui lui souriait comme si elle le connaissait. Il y avait quelque chose dans son sourire qui lui rappelait quelqu'un, quelque chose de chaleureux et de familier.

«Papa, je te présente Ella et sa fille Clare qui arrivent d'Angleterre. Ella a quelque chose pour toi», dit Patti en le poussant vers la femme.

Celle-ci sourit en sortant un petit paquet de son sac à main. «Je crois que vous avez le second, déclara-t-elle en plongeant ses yeux dans les siens. Un soulier ne sert à rien sans son semblable, quand on a deux jambes.»

Angelo retourna le chausson entre ses doigts, puis se tourna vers Kathleen, l'air perplexe. «Qu'est-ce que ça veut dire? Pourquoi a-t-elle mon chausson?

— Ce n'est pas le tien, celui que tu avais donné à Frank. Il est à la maison. Nous te l'avons rapporté d'Italie, tu te souviens?»

Il se tourna alors vers la jeune fille et son cœur se mit à tambouriner dans sa poitrine tandis qu'il examinait ses traits, avec l'impression de retrouver une image depuis longtemps estompée dans son souvenir, de voir s'animer une photo fanée. «Elle a le visage de Maria, et vous aussi. Est-ce vrai? Comment cela peut-il être vrai? Alessia? Pendant toutes ces années, j'ai espéré… Est-ce vraiment toi?

— Je l'espère… Je le crois», répondit-elle en souriant.

Il sentit ses bras l'enserrer, des larmes couler sur ses joues. Patti et Kathleen se tenaient discrètement en retrait. Il tourna les yeux vers elles. «Vous le saviez, vous tous?»

Kathleen acquiesça, radieuse. «Nous voulions célébrer l'événement comme il convient. Il a fallu toute une vie pour vous réunir. Quel meilleur endroit pouvions-nous trouver que celui où tout a commencé?

— Mais comment? répéta-t-il, abasourdi. Comment un tel miracle a-t-il pu se produire?»

Ses deux filles le prirent chacune par un bras pour sortir avec lui dans la lumière hivernale.

«C'est une longue histoire, papa. Il va nous falloir du temps pour te la raconter.»

Note de l'auteur

« Il faudrait être bien téméraire pour se risquer à porter un jugement définitif sur ce qui s'est passé au cours de cette nuit incroyable où le Titanic *a sombré. »*
Walter Lord, *La Nuit du* Titanic

Cette histoire m'a été inspirée par la lecture des témoignages des survivants de la catastrophe. Certains rapportaient que le capitaine E. J. Smith avait repêché un enfant, sans qu'aucune preuve soit jamais venue étayer cette affirmation. Si ce sauvetage avait été confirmé, la réputation de l'officier aurait sans doute retrouvé un peu de son lustre et l'inauguration de sa statue à Lichfield en juillet 1914 n'aurait pas suscité une telle controverse.

Mes recherches sur le *Titanic* et ses passagers m'ont conduite du musée de la Marine de Liverpool, où j'ai pu contempler les médailles offertes à l'équipage du *Carpathia* et bien d'autres choses encore, jusqu'à la Société historique du *Titanic* à Springfield, dans le Massachusetts, un véritable mausolée contenant des reliques offertes par les familles des disparus. Ses propriétaires, Edward et Karen

Kermuda, ont su conférer à ce lieu une atmosphère tout à fait envoûtante.

Je suis reconnaissante à tous les passionnés du *Titanic* qui m'ont prêté des livres et exposé leurs théories sur ce qui aurait pu advenir si le mystérieux navire croisant dans les parages s'était porté au secours des naufragés. Merci à mon ami David Croll de m'avoir fait partager ses documents et ses idées, à Josh Wiggin de m'avoir servi de chauffeur sur la côte Est pour visiter quelques-uns des autres musées américains et m'avoir aidée à étoffer ma description d'Akron, à mon mari David, mon photographe attitré, pour sa patience infinie, et à tous mes amis de Lichfield pour leur hospitalité ; enquêter sur un tel sujet a été un travail qui a donné soif !

Bien qu'il s'agisse d'un roman et que mes personnages principaux soient purement fictifs, des personnes ayant réellement existé font de brèves apparitions dans mon récit, en tant que figurants ou simples silhouettes : notamment l'«insubmersible» Margaret Brown, le capitaine Smith, de même que sa fille, Helen Melville Russell-Cooke, née Smith, ainsi que le fils de celle-ci, le chef d'escadrille Simon Russell-Cooke, tué en 1944, et sa sœur jumelle, Priscilla Phipps.

Chaque fois, j'ai essayé de « coller » au plus près de la réalité, et de ce que l'on connaît de ces hommes et de ces femmes. Bien sûr, il n'y a aucune preuve que les faits que je décris aient pu se produire, mais, si l'on apporte quelques légères altérations à leur vie et à leur parcours, ces événements n'ont rien non plus d'invraisemblable. Quoi qu'il en soit, toute erreur à ce propos serait entièrement de mon fait.

J'ai puisé les informations sur Helen « Mel » Smith dans l'article de John Pladdys pour le magazine de la Société historique du *Titanic, Commutator. Vol.17.1992*. Je tire également mes références des ouvrages suivants : *Rubber's Home Town*, de Hugh Allen ; *Lichfield in the First World War* ; *The Diaries of W. E. Pead* ; *The History of St Matthew's Hospital Burntwood*, de David Budden, 1989 ; *Memories of a Cathedral City*, de Cuthbert Brown, 1991 ; *No Moon Tonight*, de Don Charwood ; *The Cinderella Service* ; *RAF Coastal Command*, d'Andrew Hendrie ; *A Small Place in Italy*, d'Eric Newby ; *Soldiers of God*, de Christopher Cross, 1945.

La dentelle constitue un élément important de mon récit : Audrey Pemberton et les dentellières de Settle m'ont permis d'en comprendre le processus de fabrication. Par la suite, je me suis rendue dans la ville de Sansepolcro, en Italie, afin de visiter son merveilleux musée de la Dentelle, que l'on a ouvert tout spécialement pour moi. Merci à Leila Riguccini (présidente de l'association Il Merletto nella Citta del Piero) et à Anna Nespoli, pour leur enthousiasme et leur gentillesse sans bornes. Malgré mes faibles connaissances en italien, elles ont su trouver exactement les articles que je cherchais. Ce voyage a été rendu possible par la générosité de mon frère et de ma belle-sœur, Chris et Cerys Wiggin, qui ont mis à notre disposition leur maison de Toscane.

J'ai ensuite rédigé le premier jet de mon roman durant les mois d'hiver, au milieu des congères, avant de le soumettre à mon éditrice, qui a émis d'excellentes suggestions et qui, par un travail de relecture rigoureux, m'a encouragée à donner le meilleur de moi-même. Merci à toute l'équipe de Simon & Schuster de m'avoir fourni l'occasion d'explorer l'un des grands drames du vingtième siècle et de relever ce qui constituait pour moi un véritable défi.

Achevé d'imprimer par GGP Media GmbH, Pößneck
en juillet 2012
pour le compte de France Loisirs,
Paris

Composition:
Soft Office – 5 rue Irène Joliot-Curie – 38320 Eybens

N° d'éditeur: 68763
Dépôt légal: mai 2012

Imprimé en Allemagne